교과목별로 정리한

직업 백과사전

SHIN 13 SAI NO HELLO WORK

Text by MURAKAMI Ryu

Illustrations by HAMANO Yuka

Copyright © 2010 MURAKAMI Ryu / HAMANO Yuka / GENTOSHA

All rights reserved.

Originally published in Japan by GENTOSHA, Tokyo.

Korean translation rights arranged with GENTOSHA, Japan

through THE SAKAI AGENCY and YU RI JANG LITERARY AGENCY.

교과목별로 정리한

직업 백과사전

이 시대를 이끌어가는 **권위자**
무라카미 류 지음
하마노 유카 그림 · 김남미 옮김

에듀멘토르

첫 책을 출간한 지 어느덧 7년이 지났습니다. 그사이 새로운 직업이 생겨나고, 사회 환경도 크게 바뀌어 개정판을 내게 되었습니다. 그러나 열세 살 아이들을 위한 직업 도감이라는 점에는 변함이 없습니다. 구판의 '책머리에'에 썼던 고용·직업에 관한 생각에도 변화가 없습니다. 개정판에서 크게 변한 점은 '~가 좋다'라고 표현한 것을 교과별로 나눈 것입니다. 자신이 무엇을 좋아하는지 잘 알지 못하는 아이라도 좋아하는 과목은 있으리라 생각했기 때문입니다. '쉬는 시간이 좋다', '방과 후가 좋다' 같은 항목도 있습니다.

먼저 구판도 복습할 겸 직업과 일, 노동에 관한 기본적인 것을 생각해 봅시다.

어린이는 누구나 어른이 된다

어른이 되면 사는 것이 힘들다고들 말합니다. 그래서 평생 어른이 되지 않길 바라는 어른도 의외로 많습니다. 그러나 당연한 이야기이지만, 어른이기에 할 수 있는 일도 매우 많습니다. 결혼, 출산, 자유로운 여행, 좋아하는 음식을 마음껏 먹거나 술을 마시는 일 등이 있지요. 그에 비하면 어린이는 자유롭지 못합니다. 어른이나 사회의 보호가 없으면 살아가지 못합니다. 그래서 어린이는 살아가기 위해 필요한 것들을 학습한 뒤에야 어른이 됩니다.

어린이와 어른은 어떻게 다를까?

어린이와 어른의 가장 큰 차이점은 사회적으로 자립할 수 있느냐 없느냐 하는 것입니다. 어른은 스스로 생계를 꾸려갈 수 있습니다. 따라서 구두닦이를 하면서 돈을 버는 열다섯 살 소년은 나이에 관계없이 어른의 요소를 갖춘 셈입니다. 한편 일도 하지 않고 학교도 다니지 않으며 직업 훈련도 받지 않는, 부모에게 빌붙어 사는 30대는 어른이라고 보기 어렵습니다. 자립하려면 다양한 조건을 갖추어야 하지만 가장 중요한 것은 살아가는 데 필요한 돈을 스스로 벌 수 있느냐 없느냐, 이것이 아닐까요?

돈을 어떻게 벌까?

일과 돈

우리는 일을 해서 돈을 법니다. 그 일을 가리켜 직업이라고 합니다. 저의 직업은 작가이지만 이 밖에도 수많은 직업이 있으며, 어른이 되려면 직업이 있어야 합니다. 주부로 불리는 여성은 사회에 나가 일하지 않습니다. 그러나 돈을 벌지 않는 주부라도 가정에서 중요한 일을 많이 합니다. 이를테면 남편과 가족을 위해 식사를 준비하고 자녀를 돌봅니다.

주부는 빨래와 청소를 하고 시장을 보고 가계부를 쓰며 은행 거래를 하고 사무적인 일도 합니다. 사회에 나가서 일하지 않는 주부를 가리켜 '전업주부'라고 합니다. 주부는 직업이 아니라 인생에서 차지하는 위치나 과정, 진로를 의미할 때가 많은데, 어쨌든 주부가 상당히 중요하고 고마운 존재인 것은 분명합니다.

일과 호기심

어른이 되려면 일을 해서 돈을 벌어야 합니다. 이때 마지못해 하는 일, 즉 자신에게 맞지 않는 일을 하기보다는 자신에게 적합한 일을 하는 편이 낫다는 것이 구판《13세를 위한 헬로 워크》의 기본자세였습니다. 이 기본자세는 개정판에서도 변화가 없습니다.

자신에게 적합한 일은 저마다 다릅니다. 제 직업은 작가이지만 누구에게나 작가가 어울리는 것은 아닙니다. 일을 계속하면서 그 일을 하는 데 필요한 지식과 기술, 능력을 갈고닦으려면 노력을 해야 합니다. 이는 어린이든 어른이든 똑같습니다. 노력에는, 힘들어서 금방이라도 그만두고 싶은 노력과 아무리 해도 괴롭거나 지치지 않는 노력이 있습니다. 관심 있는 책이나 영화를 보고 있으면 즐겁지만, 관심 없는 것을 억지로 읽거나 봐야 한다면 괴롭습니다. 우리는 자신의 호기심을 채워주는 일에는 질리지 않고 얼마든지 집중할 수 있습니다. 오랫동안 집중할 수 있고 질리지 않는 일, 그것이 그 사람에게 '걸맞은 일'입니다.

어떤 일을 하더라도 노력을 해야 하며 공부나 훈련도 게을리할 수 없습니다. 이때 자신에게 적합한 일이라면 훈련이나 공부를 반복하더라도 고통스럽지 않습니다. 따라서 자신에게 맞는 일을 하는 것이 맞지 않는 일을 하는 것보다 훨씬 낫습니다. 그리고 성취감을 느끼고 성공할 확률도 높아집니다.

일과 좋아한다는 말

하지만 자신에게 '걸맞은 일'을 하는 사람은 그리 많지 않습니다. 저는 사실 소설 쓰는 일을 좋아하지 않습니다. 힘들다거나 고통스럽게 느끼는 것은 아니지만 좋아하는 것은 아닙니다. 소설을 쓸 때는 평소보다 뇌를 많이 써야 해서 쉽게 지치기 때문입니다. 그렇지만 확실히 걸맞다는 생각은 듭니다. 싫증나지 않기 때문입니다. 또 소설을 다 쓴 뒤에 느끼는 만족감과 성취감은 다른 곳에서는 결코 맛볼 수 없는 특별한 감정입니다.

따라서 소설 쓰는 것을 좋아하지 않는다고 해서 다른 일을 해야겠다는 생각은 들지 않습니다. 소설을 쓰기 위해 전문가를 만나 이야기를 듣거나 자료를 찾기 위해 책을 읽는 것도 고통스럽지 않습니다. 자신에게 걸맞은 일이란 좋아한다는 말로 표현할 수 없는 것일지도 모릅니다. 계속되는 노력이 고통스럽거나 싫증나지 않는다면 그것이 자신에게 걸맞은 일이 아닐까요?

저는 열세 살 때쯤 여러 가지 일을 상상하기를 좋아했습니다. 다른 아이들은 생각지도 못하는 일을 떠올리고 친구들에게 들려주는 것을 좋아했습니다. 그림을 그리거나 책을 읽는 것도 좋아했습니다. 글을 써서 상을 많이 받기도 했지만 귀찮았던 탓에 글 쓰는 것을 '좋아하지'는 않았습니다. 소설을 쓸 때는 글쓰기가 좋다기보다는 갖가지 일을 상상하기를 좋아하는 것입니다. 글을 쓸 수 있는 사람은 많지만, 다른 사람은 상상조차 못하는 일을 생각해내는 사람은 그다지 많지 않기 때문입니다.

좋아한다는 것은 입구와 같습니다. '국어가 좋다', '과학이 좋다', '쉬는 시간이 좋다' 등이 적힌 입구에 들어가 맞은편에 있는 직업 백과사전을 펼치면 됩니다. 현실적으로 자신과 어울리는 일을 하는 사람은 적을지 모릅니다. 하지만 열세 살의 어린이라면 누구나 어울리는 일을 할 가능성이 있습니다. 공부를 못하는 아이, 매사에 자신이 없고 내성적인 아이, 친구가 없는 아이, 집이 가난한 아이 할 것 없이 누구나 어른이 되기까지 시간이 많이 남아 있기 때문입니다. 그 시간이 가능성입니다. 그리고 자신에게 어울리는 일이 꼭 있다고 굳게 믿는 것이 중요합니다.

찾는 것이 아니라 만나는 것

'좋아하는 일을 찾아보세요'라는 말을 종종 듣습니다. 하지만 어떻게 찾아야 할지, 어떻게 하면 발견할 수 있을지 가르쳐주는 사람은 없습니다. 그것은 열세 살 어린이가 좋아하는 일, 어른들에게 걸맞은 일이 찾는다고 해서 꼭 찾아지는 것은 아니기 때문입니다.

모래사장에서 조개를 찾거나 들판에서 메뚜기를 찾거나 꽃밭에서 나비를 찾듯이 찾는다고 찾을 수 있는 것이 아닙니다. 즉 이것은 '찾아내는' 것이 아니라 '만나는' 것입니다.

만나기 위해서는 호기심이 필요합니다. 수학을 잘 못하는 열세 살 어린이는 선생님이 칠판에 공식을 쓰고 있을 때 노력하지 않으면 칠판에 집중하지 못합니다. 의식적으로 노력해서 칠판에 집중해야 합니다. 그러나 좋아하는 사람이 근처에 있으면 별다른 노력을 하지 않아도 자연스럽게 그 사람의 얼굴이나 몸집, 행동에 신경이 쓰입니다. '어라? 이게 대체 뭘까?' 하고 주의를 기울이는 것은 호기심과 관련이 있습니다. 호기심이 자극을 받으면 노력 없이도 자연스럽게 마음이 기웁니다. 모든 일은 '어라? 이게 대체 뭘까?'라는 의문에서 시작됩니다.

그리고 자신에게 맞는 일과 만나려면 '분명 어딘가에 내가 좋아하는 일이 있을 거야', '내게 어울리는 일이 반드시 있을 거야'라는 굳은 믿음이 있어야 합니다. 그렇지 않으면 어떤 일에 관심이 갈 때 그것이 자신에게 맞는 일이라는 사실을 미처 깨닫지 못합니다. 또 멍하게 하루를 보내기보다는 매사에 적극적이고 흥미를 보일 때 자신에게 맞는 일과 만날 확률이 높아집니다. 나중에 보니 자신에게 맞는다고 생각한 일이 사실은 착각이었다든지, 실제로는 그다지 좋아하는 일이 아니었더라도 실망할 필요는 없습니다.

우주비행사에 흥미가 있는 열세 살 어린이는 우주에 대해 알고 싶어할 것입니다. 우주에 관한 다양한 책을 읽고 영화와 텔레비전 방송도 보겠지요. 그러는 사이 우주 엘리베이터 같은 미래의 탈것으로 흥미가 옮겨갈지도 모릅니다. 그다음에는 우주 엘리베이터의 견인벨트에 이용되는 카본 나노튜브 같은 신소재에 눈을 돌리다가 나노테크놀로지 같은 첨단기술에 흥미를 느낄 수도 있습니다. 무엇이든 한 가지에 흥미를 느낀다면 그 뒤에 있는 막대한 정보와 지식에 다가설 수 있습니다. 즉 '만날' 확률이 높아지는 것입니다.

무의미한 자아 찾기

'자아 찾기'라는 말이 있습니다. 제가 몹시 싫어하는 말 중 하나입니다. 어떤 책에 따르면, 자아 찾기란 나는 어떠한 인간인가, 어떠한 인간이 되고자 하는가, 어떻게 해야 행복해질 수 있는가와 같이 과거에서 현재까지 자신을 뒤돌아보고 미래를 상상하며 자신만의 가치관을 발견하는 일이라고 합니다. 그러나 이 질문에 대한 답은 자기 안에 있지 않습니다. 다른 사람이나 흥미 있는 대상과 만나야만 발견할 수 있습니다. 나는 어떠한 사람에게 흥미가 있는가, 어떠한 일에 호기심을 느끼는가, 무엇을 하면 행복해질 수 있는가와 같은 물음에는 자신이 아닌 다른 사람과 만나고 흥미 있는 대상과 만남으로써 답할 수 있습니다.

20년 전에 자동차를 타고 사하라사막을 여행한 적이 있습니다. 정신이 아찔할 정도로 광활한 사막에는 모래와 모래언덕 외에는 아무것도 없어서 시속 120킬로미터로 몇 시간을 달려도 주변 풍경에 변화가 없었습니다. 캄캄해서 아무것도 보이지 않는 밤에도 사막을 달렸습니다. 그럴 때 인간은 자기 자신과 마주하게 됩니다. 사방은 변화가 없고 주위에 아무것도 없기 때문에 나는 과연 누구인가, 나는 과연 어떤 인간인가 하고 생각에 잠기게 되는 것입니다. 그러나 아무리 생각해도 답을 얻지는 못합니다. 자아 찾기에 답은 없기 때문입니다.

답이 없기 때문에 자아를 찾는다는 것은 무의미합니다. 그보다는 우리가 살아가는 이 사회를 비롯해 세계를 알아가는 일이 훨씬 중요합니다. 사회나 세계를 아는 방법은 매우 다양합니다. 가장 잘 알려진 것이 독서입니다. 그러나 열세 살 어린이 누구나가 독서를 좋아하는 것은 아닙니다. 책을 읽는 것이 고통스러운 어린이도 있을 것입니다. 그러나 '흥미 있는 일', '좋아하는 일'과 만나고 싶어한다면, 이미 만났다면 독서는 가슴 설레는 일이 됩니다. 다시 말해 흥미 있는 일, 좋아하는 일이 무엇인지 아는 열세 살 어린이와 자신에게 적합한 일이 무엇인지 아는 어른은 자아 찾기와 같은 말에 현혹되지 않습니다.

직업이 사람을 선택한다고 하지만

사람이 직업을 선택하는 것이 아니라 직업이 사람을 선택한다는 말이 있습니다. 예를 들어 키가 155센티미터인 여성은 패션모델이 되기 어렵습니다. 패션모델이라는 직업에서는 키가 큰 사람을 원합니다. 눈이 나쁜 사람이 파일럿이나 레이서가 되는 것도 거의 불가능하고, 100미터를 15초에 달리는 사람이 프로 축구선수가 되는 것도 어렵습니다. 악보를 읽지 못하는 사람이 오케스트라의 연주가가 되는 것도 어렵습니다. 예술과 예능, 프로 스포츠뿐 아니라 전문성이 높으면 높을수록 그 직업에 종사하는 사람은 제한적입니다.

직업이 사람을 선택한다는 말은 사실입니다. 그러나 열세 살 어린이라면 설령 키가 155센티미터에서 더 자라지 않더라도 패션모델이 되겠다는 꿈을 포기할 필요는 없습다. 패션이나 유행에 관한 동경을 버리지 않아도 됩니다. 패션모델을 향한 흥미를 잃지 않고 패션 세계를 깊이 알게 되면, 패션모델 외에도 다양한 직업이 있음을 깨닫게 될 것입니다. 패션 카메라맨, 옷이나 가방이나 액세서리 디자이너, 헤어 디자이너, 메이크업 아티스트, 네일 아티스트, 패션쇼 연출가, 패션잡지 편집자, 패션 평론가 등은 키와 상관없이 패션과 유행의 매력을 충분히 맛볼 수 있는 직업입니다.

직업, 사람과 사회·세계를 잇는 존재

직업은 단순히 돈을 벌기 위한 수단이 아닙니다. 우리는 일을 함으로써 살아가는 데 필요한 성취감과 자부심은 물론 동료와 친구도 얻을 수 있습니다. 더욱이 일을 통해 다양한 정보, 지식, 기술, 기능을 익히고 자신을 발전시키며 사회의 구조와 세계에서 일어나는 현상을 이해하게 됩니다. 비유하자면 직업은 그 사람과 사회, 세계를 잇는 창이자 가교 같은 존재입니다.

현재 사회를 어떻게 볼 것인가

고용 환경의 악화

직업을 고를 때는 자신에게 어울리면서도 현재 사회에 대해 어떠한 생각을 품고 있으며, 앞으로 사회와 어떤 식으로 관계를 맺을지 고려해야 합니다. 사회는 늘 변화하며 특히 최근 몇 년 사이 일어난 변화는 두드러집니다. 그중 가장 큰 변화는 고용입니다. 최근에는 일하는 측과 경영하는 측의 관계가 기본적으로 악화되고 있습니다.

경제는 수출을 통해 성장했지만 일하는 사람들의 임금은 오르지 않고, 비정규 직원처럼 약자 처지에 놓인 노동자가 늘어났습니다. 정규 직원 중에도 고된 노동과 잔업을 강요받는 사람이 많습니다. 워킹 푸어, 즉 일하는 빈곤층이라는 말이 나올 정도로 살아가는 데 필요한 최소한의 임금을 받으며 일하는 젊은이가 늘어나고 있습니다.

이처럼 상황이 좋지 않은데도 정부는 젊은 층을 위한 직업 교육이나 직업 훈련을 게을리하고 적절한 대책도 내놓지 못하고 있습니다. 의료나 간호 현장과 농업, 어업, 임업과 같이 일차산업으로 일컬어지는 분야도 심각한 문제를 안고 있습니다.

최근에 일어난 세계적 대불황은 우리 사회에 어떠한 영향을 미쳤을까요? 미국이나 서유럽에 자동차와 PDP 텔레비전 등 고가 상품을 수출하고 돈을 버는 일은 이제 불가능해질지도 모릅니다. 미국은 리스크 상품과 같은 금융업으로 돈을 벌었지만 이제는 그것도 어려워질 것입니다. 서유럽은 EU라는 연합체를 이용해 성장해 왔지만 영국, 프랑스, 독일 등 주요 국가의 경제는 이미 나빠져 예전과 같은 기세를 찾아보기 힘듭니다. 국내 경제 활동이 활성화되어야 하는데 연금이나 의료 같은 사회보장제도에 불안을 느끼는 사람들이 많아지면서 좀처럼 소비가 살아나지 않고 있습니다.

미국과 서유럽을 중심으로 움직이던 세계가 최근 중국, 인도, 러시아, 브라질 같은 신흥 국가의 경제 성장에 따라 크게 변하고 있으며 우리도 그 영향을 받고 있습니다. 사회가 앞으로 어떻게 변할지는 아무도 모르지만, 앞으로 10년 안에 경제가 회복되기는 어려울 것입니다. 더욱이 자금 여유가 없기 때문에 연금과 의료 분야를 재정비하기 어려워 많은 사람이 불안 속에서 살게 될 것입니다.

앞으로의 사회

지금과 같은 상황이 계속된다면 우리 사회는 앞으로 경제 양극화와 빈부 차가 더욱 심해질 것입니다. 불황이 닥친 지금도, 사실 국민 모두가 경제적으로 고통받는 것은 아닙니다. 일부 사람들은 아무런 불편 없이 살고 있습니다. 앞으로 전문적인 지식, 기술, 능력을 갖추지 못한다면 더 살아가기 힘들어질지도 모릅니다.

사회 공헌과 직업

사회에 어떤 생각을 품고 있으며 사회와 어떤 식으로 관계를 맺을지가 직업을 선택하는 데 중요하다고 말했습니다. 공정 무역을 예로 들어 자세히 설명하겠습니다.

현재 많은 기업이 개발도상국에 공장을 세워 그곳에서 제품을 만들고 있습니다. 이는 개발도상국의 노동력이 선진국보다 싸기 때문입니다. 기업으로서는 같은 노동력이라면 임금이 싼 곳에서 만드는 편이 유리합니다.

방글라데시와 같이 가난한 나라 사람들은 싼 임금으로도 일을 합니다. 이것을 이용해 최소한의 돈만 주고, 언제든 해고하거나 공장을 폐쇄해 최대한 이익을 올리는 기업이 많습니다. 그에 반해 공정 무역이란 기업의 이익만 추구하는 것이 아니라 개발도상국 사람들에게 공정한 임금을 주면서 일할 기회를 제공하고, 남녀를 차별하지 않으면서 안전한 노동 조건을 준수하고, 환경을 배려하며 적정한 가격으로 거래하고, 아이들의 권리를 보장하며 신뢰와 경의를 바탕으로 무역을 하는 양심적인 운동입니다.

사피아 미니라는 여성이 있습니다. 인도계 영국인으로 일본과 런던을 거점으로 피플트리라는 이름의, 공정 무역을 바탕으로 한 패션 브랜드를 경영하는 사람입니다. 미니

씨는 젊은 시절 해외를 여행하다가 선진국의 일부 사람들이 개발도상국 사람들에게 불공정한 노동을 강요한다는 것을 알았습니다. 그녀는 런던에서는 잡지 편집자로 일했지만 남편을 따라 일본에 와서 공정 무역을 접한 뒤 이를 직접 실천하고 있습니다.

방글라데시와 남미의 페루, 아프리카의 케냐 등에서 현지인들이 양복을 만들면 공정한 임금을 지불하고 그것을 전 세계에 판매합니다. 인도에서 목화에 농약을 대량 사용하는 대신 유기농으로 재배한 오가닉 코튼을 개발했습니다. 런던의 유명한 디자이너에게 의뢰하여 세련된 양복을 만들기도 합니다. 이와 같은 피플 트리를 지지하는 팬들은 계속 늘어나고 있습니다. 미니 씨는 자신의 이익보다 혜택받지 못하는 사람들의 행복을 먼저 생각하는 패션 비즈니스를 하는 것입니다.

하지만 공정 무역이리도 사업이기 때문에 이익이 이느 정도 나오지 않으면 경영을 계속할 수 없으며 개발도상국 사람들에게 일을 줄 수도 없습니다. 그저 이익을 내는 것이 최우선은 아니라는 것입니다. 미니 씨처럼 경제 활동을 하는 기업은 앞으로 많은 사람의 지지를 얻을 것입니다. 공정 무역은 세계를 더 좋게 바꿀 힘을 가지고 있습니다. 돈을 많이 벌어 큰 집에서 살기보다는, 공정한 사회와 세계를 실현하기 위해 일하는 사람들이 점차 늘고 있습니다.

사회에 공헌하는 일은 이익만 추구하는 일보다 어렵습니다. 미니 씨의 경우, 런던에서 잡지 편집자로 일한 경험과 패션에 대한 흥미가 공정 무역에 도전하는 발판이 되었습니다. 공정 무역과 같이 사회 공헌을 목적으로 하는 일이라도, 그것에 적합한 사람이 아니라면, 또는 적합한 사람이 되기 위해 노력하지 않는다면 결코 실현할 수 없습니다.

직업과 욕망

원하는 것을 손에 넣는다

〈굳세어라 금순아〉라는 드라마가 있었습니다. 주인공 금순은 젊어서 결혼하지만 곧 교통사고로 남편을 잃고 아들을 혼자 키우게 됩니다. 금순은 마음을 굳게 먹고 어린 자식을 시부모님에게 맡긴 뒤 미용사가 되려고 미용실에서 일하기 시작합니다. 그리고 그 미용실 원장의 외아들이자 의사인 재희라는 청년의 사랑을 받게 되는데, 처음에 금순은 그의 청혼을 거절합니다. 금순은 "저는 지금까지 살면서 원하는 것을 손에 넣어본 적이 없어요"라고 재희에게 말합니다.

"지금껏 주어진 환경에 만족하며 살아왔어요. 그런 제가 태어나서 처음으로 원하는 것을 손에 넣으려고 해요. 바로 미용사라는 직업이에요. 하루라도 빨리 미용사가 되어서 우리 아들을 키워야 해요. 평생 시부모님에게 신세 질 수는 없어요. 그러니 저는 잊어주세요.”

금순이라는 젊은 여성이 태어나서 처음으로 진심을 다해 손에 넣으려고 하는 것은 미용사라는 ‘직업’이었습니다.

돈

원하는 것을 손에 넣으려면 자신이 무엇을 원하는지 알아야 합니다. 그러나 자신이 무엇을 원하는지 아는 사람은 그다지 많지 않습니다. 어린아이들은 주로 과자나 장난감을 원하는데, 과자나 장난감은 돈만 있으면 쉽게 살 수 있습니다. 하지만 아이들은 돈이 없기 때문에 부모나 어른들이 사주게 됩니다. 부모가 자녀에게 과자나 장난감을 사주는 것은 ‘준다’는 개념으로, 원하는 것을 자신의 힘으로 손에 넣는 것과는 다릅니다.

자신이 원하는 것을 찾기는 의외로 어렵습니다. 원하는 것이 무엇이냐는 질문에 많은 사람이 ‘돈’이라고 대답합니다. 확실히 돈은 살아가는 데 중요하며 여러 가지 상품이나 서비스로 교환할 수 있어 좋아하는 음악이나 예쁜 옷을 사거나 맛있는 음식을 먹거나 해외여행을 갈 수 있습니다. 돈이 있으면 불행을 피할 수도 있습니다. 결혼해서 가정을 꾸리고 살다 아이가 태어났을 때, 병에 걸렸을 때, 나이를 먹어 혼자가 됐을 때 돈이 있으면 상당히 의지가 됩니다.

그러나 돈으로는 결코 살 수 없는 것도 있습니다. 바로 사람과 사람 사이의 신뢰입니다. 돈이 아무리 많아도 다른 사람의 신뢰는 사지 못합니다. 돈을 잘 써서 친구와 애인, 동료가 생겼다 해도 그러한 사람들은 돈이 목적인 경우가 많기 때문에 내게 돈이 없어지는 순간 떠나고 맙니다. 신뢰는 가족이나 친구와 같은 소중한 관계에서는 없어서는 안 되는 것입니다. 따라서 돈 버는 것을 일의 최우선 목표로 삼는 것은 나쁘지 않으나 가족이나 친구처럼 소중한 사람들의 신뢰는 쉽게 잃을 수 있습니다. 돈으로는 인생에서 가장 중요한 신뢰를 살 수 없습니다.

지위와 명성

손에 넣고 싶은 것으로 지위와 명성을 꼽는 사람도 많습니다. 주위 사람들에게서 존경을 받거나 융숭한 대접을 받거나 아니면 누구나 아는 유명인이 되면 얼마나 좋을까 하고 한 번쯤 생각해 봤을 것입니다. 주변에서 형편없는 사람으로 취급받기보다는 따뜻하고 친절하게 대접받기를 바랄 테지요. 바보 취급을 당하지 않고 존경받고 싶어하는 것은 당연합니다.

그러나 어떻게 하면 지위와 명성을 손에 넣을 수 있을까요? 세상에는 젊은 나이에 명성을 얻어 유명해진 사람이 많습니다. 저는 글을 써서 24세에 아쿠타가와 상을 받아 유명해졌습니다. 그러나 상을 받아 유명해지겠다고 생각하지는 않았습니다. 당시에는 소설을 쓰는 것 외에는 살아갈 길이 보이지 않았습니다. 소설을 쓴 뒤 상과 명성이 마치 부록처럼 딸려왔습니다.

물론 좋은 점도 있었습니다. 그러나 젊은 나이에 유명해진 탓에 앞으로 글을 계속 쓸 수 있을지 불안감도 있었습니다. 그 불안감에서 벗어나기 위해서는 소설을 쓸 수밖에 없었고, 그러면서 점차 작가로서 자신감도 생겨났습니다.

지위와 명성을 손에 넣고자 하는 것은 사언스러운 일이시 결코 살못된 일이 아닙니다. 그러한 욕구와 욕망은 목표를 달성하는 데 도움이 되기도 합니다. 그러나 문제는 무엇을 통해 지위와 명성을 얻느냐는 점입니다. 그것을 스스로 알지 못하는 사람은 제아무리 발버둥쳐도 지위와 명성을 얻지 못합니다. 그리고 거의 모든 사람이 직업과 일을 통해서가 아니면 지위와 명성을 얻지 못합니다. 올림픽에서 금메달을 따면 지위와 명성을 얻을 수 있지만 그런 사람은 많아야 열 명 안팎이고, 거기에는 부단한 노력이 필요합니다. 게다가 올림픽은 4년마다 한 번씩 열립니다.

외국의 왕족이나 귀족과 결혼한 여성도 지위와 명성을 얻을 수 있을지 모릅니다. 국내 유수 대기업 임원이나 유명인과 결혼해서 유명해질 수도 있습니다. 하지만 결혼은 상대가 있어야 가능한 일이어서 노력한다고 반드시 실현되지는 않습니다. 아무리 노력해도 실현할 수 없는 일을 목표로 삼을 수는 없습니다.

자유

손에 넣고 싶은 것이 자유라고 답하는 사람도 많습니다. 자유에는 다양한 의미가 들어 있습니다. 법률과 도덕이 허용하는 범위에서 자신이 원하는 대로 행동하는 것, 다른 사람이나 조직으로부터 발언과 행동을 무시당하거나 빙해빋지 않는 깃, 자기 의사에 따라 발언하고 행동하는 것 등입니다. 저는 '선택'을 자유라고 생각합니다. 무엇을 해도 용서받을 수 있는 것이 자유가 아니라 발언, 행동, 생각을 선택할 수 있는 것을 자유라고 생각합니다.

저는 어릴 적부터 아침 일찍 일어나기가 힘들었습니다. 일찍 일어나지 않아도 되기 때문에 작가가 된 점도 있습니다. 저는 집이나 호텔에서 원고를 씁니다. 회사에 다니지 않기 때문에 정해진 시간에 일어날 필요가 없습니다. 자고 싶은 만큼 잘 수 있다는 것이 아니라 일어나는 시간을 선택할 수 있다는 점이 자유롭습니다.

배가 고프면 음식점에 가서 메뉴판을 보며 무엇을 먹을까 생각하는 일도 즐겁습니다. 메뉴판에 있는 요리 가운데 카레라이스를 먹을까, 새우필래프를 먹을까, 피자를 먹을까 고르다보면 즐겁습니다. 용돈을 받아 백화점에 가서 옷을 고를 때 느끼는 즐거움과 같습니다. 이럴 때 우리는 자유를 즐기는 것입니다.

그러나 자유가 답답하게 느껴질 때도 있습니다. 경영이 어려워진 회사에서 종업원을 해고해야만 도산을 피할 수 있을 때, 경영자는 어떤 사원을 그만두게 할지 선택해야 합니다. 누구를 그만두게 할지 결정하는 사람은 경영자입니다. 경영자에게는 해고할 사람을 결정할 자유가 있지만 이러한 자유가 즐거울 리는 없습니다. 이처럼 고르는 일이 즐겁지 않은, 즉 행복하지 않은 자유도 있습니다.

그래도 우리는 매일 다양한 선택을 하며 살고 있습니다. 열세 살 어린이라면 버스를 탈까 걸어갈까, 열이 있는 것 같은데 양호실에 갈까 말까, 점심시간에 시험공부를 할까 친구와 수다를 떨까, 방과 후에 누구와 어떤 놀이를 할까와 같이 무언가를 선택할 때마다 자유를 '사용'합니다.

자유로운 인생이란 어떤 것일까요? 회사나 집에 속박되지 않은 노숙자들을 자유롭다고 할 수 있을까요? 자유가 자기 마음이 내키는 대로 하는 것이라면, 노숙자들을 자유롭다고 할 수 있을지도 모릅니다. 그러나 자유가 무언가를 선택하는 것이라면 대답은 완전히 달라집니다. 노숙자들은 배가 고파도 어디에서 무엇을 먹겠다는 선택을 할 수 없습니다. 병에 걸려도 병원에 갈지 말지, 간다면 어떤 병원에 갈지 선택할 수 없습니다. 노숙자들은 매우 부자유스러운 생활을 합니다. 자유, 즉 무엇을 선택한다는 것은 답답하게 느껴질 때도 있지만 우리의 소중한 권리입니다.

긴 인생에서 가장 중요한 선택은 무엇일까요? 그것은 어떠한 방식으로, 어떻게 살아갈지 선택하는 일일 것입니다. '어떻게 살아갈 것인가?' 이 물음은 어떻게 사회와 관계를 맺을까 하는 질문과 같습니다. 인간은 혼자서 살아가지 못하기 때문입니다. 앞에서 설명했듯이 우리는 직업을 통해 사회와 관계를 맺습니다. 따라서 어떻게 살아갈지 선택하는 것은 직업을 고르는 일과 같습니다. 다만, 선택하는 것은 직업이지 회사가 아니라는 점을 주의해야 합니다.

직업에서 손에 넣을 수 있는 것

돈은 살아가는 데 필요하며, 지위와 명성을 향한 욕망은 자연스러운 것입니다. 저도 돈을 원하며 지위나 명성도 잃고 싶지 않습니다. 나이를 먹어 몸이 쇠약해졌을 때, 돈도 없고 존경도 받지 못하며 살아간다면 고통스러울 것입니다. 그리고 돈과 지위, 명성을 가장 효율적으로 손에 넣는 방법은 '자신에게 걸맞은 직업'에 종사하는 것입니다.

저는 돈과 지위, 명성을 모두 손에 넣고 싶어하는 욕심 많은 인간이지만 소설을 쓸 때는 돈과 지위, 명성에 관해 전혀 생각하지 않습니다. 소설 쓰기를 좋아하지는 않는다고 앞에서 말했습니다. 좋아하지는 않지만 제게 '걸맞은' 일이며 쓰면서 고통을 느끼지도 않고, 한번 집중하면 능력을 100% 발휘하기 때문에 다른 일은 전혀 신경 쓰이지 않습니다. 과연 이 소설은 잘 팔릴까, 작가로서 평판은 높아질까 같은 일은 어찌되든 상관없습니다. '자신에게 걸맞은 직업'이란 이처럼 집중할 수 있는 일을 말합니다. 완성된 작품은 많은 사람에게 기쁨을 주며, 운이 좋으면 돈과 지위, 명예는 알아서 따라옵니다.

우리는 직업과 일을 통해 다양한 것을 손에 넣습니다. 돈과 지위, 명예가 뒤따라올 뿐 아니라 일을 통해 사회와 관계를 맺는다는 사실도 잊지 마십시오. 사회와 연결되어 있다는 것은 무척 중요합니다. 그것은 사회에서 나를 필요로 하며, 타인에게서 인정받고 있다는 뜻입니다. 우리는 일을 함으로써 보람과 성취감을 느끼고 친구와 동료를 얻습니다. 또 집단과 사회, 조직에 소속됨으로써 자신이 있어야 할 곳을 확인하게 됩니다.

인류의 선조는 오랜 세월 지금의 유인원처럼 네 발로 걸었습니다. 그러다 어느 순간 두 발로 걷기 시작했습니다. 사실 어떻게 두 발로 걷게 되었는지는 확실히 밝혀지지 않았습니다. 그러나 두 발로 걷기 시작한 뒤 어떤 일이 일어났는지는 확실히 압니다. 바로 두 손을 사용하게 된 것입니다. 두 다리로 걷기 시작한 선조들은 자유로워진 두 손으로 먹이를 사냥하고 과일과 곡물 등을 채집해 가족과 동료들에게 가져다주기 시작했습니다.

인류의 큰 특징 중 하나는 가족이나 동료들과 함께 식사한다는 점입니다. 동물을 사냥해 오거나 과일과 곡물을 채집해 온 사람은 고마워하는 가족과 동료들의 모습을 보며 기뻤을 것입니다. 소중한 사람을 위해 무엇을 한다는 것 자체가 기쁨이라는 것은 현대를 사는 우리에게도 시사하는 바가 있습니다. 다시 한 번 말하지만 우리는 직업을 통해 사회와 관계를 맺습니다. 따라서 직업을 고른다는 것은 타인·사회·세계를 위하여 나는 무엇을 하고 싶고 또 무엇을 할 수 있는지 스스로 답하는 것입니다.

열세 살에는 초조해할 필요가 없다

28세라는 나이

긴 서문을 읽고 '직업을 고른다는 것은 어려운 일이구나, 나는 괜찮을까?' 하고 불안해하는 열세 살이 있을지도 모릅니다. 하지만 괜찮습니다. 조급해할 필요가 전혀 없습니다. 제가 아는 어느 교육자와 경제전문가는 28세가 직업을 결정하기 적정한 때라고 말합니다. 교육을 받고 사회에 나가 얼마간 시간이 흐른 뒤인 28세 전후에 앞으로 어떻게 살아갈지, 즉 직업을 결정하면 된다는 것입니다. 28세에 직업을 고르면 대개 35세까지는 그 일을 하는 데 필요한 훈련을 하고 경험을 쌓습니다.

프로 축구선수나 야구선수는 28세가 전성기라고 합니다. 이 시기에 체력, 기술, 정신력이 가장 잘 조화된다고 합니다. 28세가 넘어가면 생물학적으로 체력은 점차 약해지는 반면 경험과 지식은 늘어납니다. 28세라는 나이는 젊은 어른과 성숙한 어른의 '중간점'이라고도 할 수 있습니다. 열세 살 어린이는 누구나 28-13=15년이라는 긴 시간적 자원을 가지고 있습니다. 무엇을 하기에도 충분한 시간입니다.

넉넉한 시간

앞으로 15년 동안 무엇을 할지는 여러분의 자유입니다. 여러분 스스로 선택하는 것입니다. 학교에 가는 사람도 있을 테고, 사회에 나가 일하는 사람도 있을 것입니다. 직업 훈련을 받는 사람, 자격증을 따는 사람도 있을 것입니다. 집안 형편에 따라 돈이 없어 대학이나 고등학교에 들어가지 못하는 사람도 있을 수 있습니다. 저마다 조건은 다르지만 주어진 시간은 똑같습니다. 사회에서 무엇을 하고 싶은지, 무엇을 할 수 있는지, 어떻게 살지, 내게 걸맞은 직업은 무엇인지 전혀 생각하지 않고 대학에서 허송세월을 하는 사람보다는 그 답을 진지하게 생각하는 사람이 유리할 수 있습니다.

무엇보다 '내게 걸맞은 직업'과 반드시 만날 수 있다는 믿음이 늘 있어야 합니다. 그 믿음은 호기심이 사라지는 것을 막아줍니다. 또 매사에 흥미를 갖고 다양하게 시도해볼 수 있도록 용기를 북돋아줍니다.

일을 쉽게 그만두는 청년

최근에는 학교를 졸업하고 취직하더라도 일을 금세 그만두는 청년이 많습니다. 물론 인내심이 부족한 어른도 있습니다. 그러나 일을 쉽게 그만두는 청년이 많은 것은 당연한 현상이라고 생각합니다. 계약직이나 아르바이트 같은 비정규직 사원은 열악한 조건에서 일하는 경우가 많습니다. 정규 사원이 되더라도 매일같이 잔업에 시달리고 언제 해고될지 모른다는 불안감에 시달립니다. 평생 안심하고 일할 수 있는 직장과 직업이 적기 때문입니다.

요즘 청년들에게 인내심이 없다고 말하는 것은, 한번 회사에 들어가면 평생 안심하고 일할 수 있었던 옛사람들의 오해에서 비롯되었습니다. 옛날 고도성장기에는 꾹 참고 회사에 붙어 있으면 임금이 올랐지만 지금은 그렇지 않습니다.

또 사회에 나가 일하면서도 그 일이 자신에게 맞는지 모르는 경우가 많습니다. 이럴 때는 일단 시작한 만큼 노력하며 일해 보는 것도 합리적이며 유효한 방법입니다. 열심히 노력해 보지 않으면, 그 일이 내게 맞는지 판단하기 어렵기 때문입니다. 또 노력을 기울이다 보면 다양한 발견을 할 수 있기 때문에 자신에게 걸맞은 일과 만날 확률도 커집니다.

소설을 쓰는 것이 제게 '걸맞다'고 생각한 것도 데뷔하고 몇 년이 지난 뒤였습니다. 군마 현의 온천 마을 변두리에 있는 산장에서 장편소설을 썼는데 그곳은 무척 조용했습니다. 주변에 나무 외에는 아무것도 없었습니다. 이런 곳에서는 이틀만 놀아도 금세 질릴 것 같았습니다. 그러나 저는 한 달이나 그 산장에서 머물며 소설을 썼습니다. 소설 쓰기를 좋아하지는 않지만 어쩌면 내게 맞는 일인지도 모른다고 태어나서 처음으로 깨달았습니다. 그 소설이 28세 때 완성되었습니다. 그리고 28세 때 작가로 살아가겠다고 결심했습니다.

죽지 않고 살아남으려면

현대는 살아가기 힘든 시대입니다. 저는 지금 제가 젊지 않아서 다행이라고 생각합니다. 요즘 젊은이들은 생각이 유연하고 새로운 기술이나 패션에도 뛰어납니다. 다만, 지금은 변화가 적은 시대이기 때문에 그 이점을 살리기가 어렵습니다. 이것은 어느 시대나 마찬가지이지만, 젊은이들은 어른들에게서 사회적 모순과 불공정을 강요당합니다. 전쟁 중에는 특공대라는 비상식적인 자살 공격을 강요받기도 했습니다.

현재는 백 년에 한 번 있을까 말까 한 세계적 불황이 계속되어 빈곤층이 늘어나고 국민 간의 경제적 격차도 커지고 있습니다. 정부와 지자체에서는 어떻게든 대책을 세우려고 노력하지만, 정부에게만 기대서는 살아남기 힘든 것이 현실입니다. 요즘은 일을 얻기 위해 이전에는 생각할 수 없었던 고도의 능력을 일상적으로 요구합니다. 과학기술과 생산기술이 급속히 진보하면서 일의 수준이 높아지고 복합해지고 있기 때문입니다. 능력과 기술을 습득해야만 비로소 직업의 길이 열리는 분야는 IT·컴퓨터 관련 기술, 어학을 비롯해 범위가 넓습니다. 그래도 모든 어린이와 젊은이는 어떻게든 쓰러지지 않고 살아남아야 합니다. 호기심을 잃지 않도록 매사에 적극적으로 관심을 가지면서 어린 시절에는 '좋아하는 일'을, 어른이 되면 '자신에게 걸맞은 직업'을 찾기 바랍니다. 이 개정판이 그것을 찾는 데 도움이 된다면 무척 기쁠 것입니다.

책머리에

구판 책머리에

열세 살 전후 어린이에게 중요한 일은 호기심을 잃지 않는 것과 호기심의 대상을 찾는 것입니다. 나는 중학교 시절, 학급 질서를 어지럽히고 교칙을 따르지 않는다는 이유로 혼나기 일쑤였습니다. 선생님과 어른들의 지시와 명령에 무조건 복종하기가 싫었습니다. 하지만 무작정 따르지 않았던 것은 아닙니다. 스스로 생각하기에 불공평하고 불합리하다고 여겨지는 일이면 선생님과 주위 어른들에게 '옳지 않다'고 주장했습니다. 그래서 툭하면 혼났지만 스스로 생각하는 자세 덕분에 선생님이나 어른들에게 휘둘리지 않고 소중한 호기심을 간직할 수 있었습니다.

어린이라면 누구나 호기심이 왕성합니다. 호기심은 어른이 되어 혼자 살아가는 데 필요한 전문적 기술과 그 기술을 습득할 때 매우 중요합니다. 어른들은 어린이의 호기심을 억누르지 않으면서 어린이에게 다양한 선택지를 제시해야 합니다. 쉬운 일은 아니지만 호기심을 품고 살아가는 게 얼마나 즐거운 일인지 어린이에게 가르쳐준다면 어린이는 자연스럽게 호기심의 대상을 찾게 됩니다. 자신이 좋아하는 학문이나 운동, 기술, 직업 등을 되도록 빠른 시기에 선택할수록 어린이에게는 더없이 좋습니다.

이 책은 호기심을 대상별로 나누어 그 대상이 되는 일과 직업을 소개하려고 만들었습니다. 혹시 여러분은 일이 힘든 것이라고 생각하나요? 결코 그렇지 않습니다. 예를 들어, 나는 소설을 쓰는 일을 합니다. 쉬운 일은 아니지만 힘들어서 그만둬야겠다고 생각한 적은 한 번도 없습니다. 그 이유는 소설을 쓰면서 성취감을 느끼기 때문입니다. 소설을 쓰는 것 이상으로 내게 성취감을 안겨주는 일은 없습니다. 그래서 나는 계속해서 소설을 씁니다.

그렇다면 누구나 소설을 쓸 수 있을까요? 그렇지는 않습니다. 나는 하루에 열두 시간씩 원고를 씁니다. 그것을 몇 개월이나 몇 년을 계속해도 아무렇지 않습니다. 이는 소설 쓰기가 내게 딱 맞는 일이기 때문입니다. 그러나 적성에 맞지 않는 사람은 두 시간만 원고를 마주하고 있어도 싫증을 냅니다. 쉬운 일은 아니지만 그만둘 생각은 없고, 그 일을 빼앗기면 살아갈 수 없다고 생각되는 일이 바로 자신에게 맞는 일입니다. 그리고 자신에게 딱 맞는 일은 누구에게나 있습니다. 되도록 많은 어린이가 자기 적성에 맞는 일, 자신에게 어울리는 일을 찾기 바라며 이 책을 만들었습니다.

그러나 이 책은 '이런 일을 하세요', '이런 일이 좋아요' 하고 지시하거나 직업을 추천하지는 않습니다. 개개인의 특성, 즉 각자의 개성과 자질, 각자 지닌 재능을 저는 모릅니다. 그것은 스스로 찾아야 합니다. 이 책에서는 선택지만 제시할 뿐입니다. 이 책을 넘겨보면 알겠지만 현대사회에는 일과 직업이 매우 다양합니다. 더욱이 10년 전에는 없었던 새로운 직업도 많이 생겨났습니다. 예를 들어 네일 아티스트나 인터넷 웹 디자이너 등은 10년 전에는 존재하지 않았거나 잘 알려지지 않은 직업이었습니다.

예전에는 대다수가 어른이 되면 회사에 취직해야 한다고 생각했습니다. 51세가 된 내가 어렸을 적에는 집안에 가전제품이 거의 없었습니다. 집에 있는 가전제품이라고는 천장에 매달린 전구와 라디오가 전부였습니다. 그러한 생활이 유치원 때까지 계속됐습니다. 우리 집뿐 아니라 다른 집들도 대부분 가난했습니다. 텔레비전과 세탁기, 냉장고가 집안에 들어온 것은 초등학교에 다닐 무렵이었습니다.

그 무렵 거의 모든 사람이 가난에서 벗어나고자 밤낮없이 일했고, 외국에서도 값싸고 품질 좋은 제품을 대량으로 만들어 외화를 벌어들였습니다. 일한 사람은 급료를 받아 저축하고, 그 돈으로 생활을 윤택하게 해 줄 가전제품과 자동차, 집을 샀습니다. 열심히 일해서 번 돈으로 필요한 물건을 사는 것입니다. 그리하여 모든 상품과 제품은 폭발적으로 팔렸습니다. 잇달아 새로운 집과 아파트, 빌라가 지어졌고 토지와 공업용지가 개발되었으며 도로와 상하수도, 다리, 터널, 항구, 공항 같은 사회 기반 시설도 정비되었습니다. 이 시기를 고도성장기라고 합니다.

삶이 윤택해지는 것은 기본적으로 좋은 일입니다. 그 증거로 전쟁 직후와 비교해 고도성장기에 국민의 평균 수명은 비약적으로 늘어났습니다. 평균 수명은 노년층이 장수하는 것도 중요하지만 갓난아이와 어린이의 사망률이 떨어져야 비로소 늘어납니다. 고도성장기 이전에는 영양실조나 질병으로 수많은 영유아가 세상을 떠났습니다. 상하수도가 정비되지 않아 생활환경이 더러웠기 때문에 여름이면 모기가 많아 아이들이 일본뇌염과 같은 질병으로 사망했습니다. 또 건강보험제도가 없던 시대에는 치료를 받지 못하는 사람도 많았습니다.

고도성장은 많은 변화를 불러왔습니다. 현재의 아프가니스탄이나 이라크와 같았던 우리는 이제 어린아이가 쉽게 죽지 않는 사회를 만들어냈습니다. 이는 결코 쉬운 일이 아닙니다. 물론 희생도 뒤따랐습니다. 가장 큰 희생은 환경 파괴입니다. 공업화를 진행하고, 택지를 조성하고, 거기에 수많은 댐과 도로, 터널을 만들면서 아름다웠던 자연은 파괴되었습니다. 그렇지만 전체적으로 봤을 때 고도성장이 결코 잘못된 선택은 아닙니다. 피괴되고 오염된 환경은 앞으로 긴 시간을 들여 되살려야 하지만, 우리는 고도성장을 함으로써 풍족한 삶과 가능성을 손에 넣었습니다.

하지만 이제 고도성장은 끝났습니다. 가전제품, 주택, 가구, 자동차가 경이적으로 팔리던 시대가 끝난 것입니다. 생필품이 부족했기 때문에 폭발적인 수요가 뒤따랐던 것입니다. 지금은 집집마다 텔레비전이 있습니다. 전 국민이 앞 다퉈 텔레비전을 사들이던 시대는 끝났습니다. 그리고 휴대전화와 컴퓨터를 마지막으로 더는 어떤 물건에 대한 폭발적 수요는 없을 것이라고들 말합니다. 이처럼 경제 상태가 변하면 기업의 경영과 고용 시스템도 변하고 사회 전체가 변하게 됩니다. 또 1980년대 말에는 세계 시스템의 근간을 이루던 자본주의와 사회주의의 대립이 끝나고 인터넷 같은 통신 분야에서 혁명이 일어나는 등 세계 전반에 변화의 물결이 일었습니다.

텔레비전이나 신문을 통해 알고 있듯이 현재 경제는 불황에 빠져 있습니다. 왜 불황을 맞게 되었을까요. 경제는 끝난 것일까요. 그렇지 않습니다. 고도성장이 끝나고 우리 사회는 크게 변했습니다. 또 냉전이 끝난 뒤 세계도 크게 변했습니다. 그러나 지금도 시스템은 대부분 고도성장기에 멈춰 있습니다. 즉 안팎의 변화에 대응하지 못하고 있는 것입니다. 변화에 대응하지 못하는 것은 시스템뿐만이 아닙니다. 사람들의 사고방식과 의식도 여전히 고도성장기를 벗어나지 못하는 부분이 많습니다. 고도성장은 사람들과 사회에 매우 강렬하고도 성공적인 체험이었기 때문에 기존의 사고방식과 의식을 쉽사리 바꾸기는 어렵습니다.

경제 변화의 영향으로 경영 방법과 고용 형태도 크게 바뀌었습니다. 고도성장기에는 거의 모든 기업이 엄청난 수익을 올렸기 때문에 한 회사에 입사하면 평생을 그 회사에서 일하는 것이 상식이었습니다. 수익이 많았기 때문에 해고될 일이 없었고, 상품과 제품이 폭발적으로 팔렸기 때문에 해마다 신입사원을 뽑았습니다. 그러나 지금은 그렇지 않습니다. 변화가 매우 빠르고 회사 간 경쟁도 심해져 한 회사에서 평생 일한다는 원칙이 무너졌습니다. 어디든 큰 회사에만 들어가면 되는 시기는 끝나가고 있습니다. 대기업이라도 하루아침에 무너지고 파산합니다. 중소기업은 더욱 어렵습니다. 공무원은 어떨까요? 관청은 국가나 지자체가 운영하므로 괜찮을까요? 그렇지 않습니다. 앞으로는 빚을 갚지 못하는 지자체가 늘 것입니다. 또 국가재정이 넉넉지 않아 언제 공무원 수를 대량으로 줄이고 급료를 낮추며 퇴직금도 주지 못하는 시대가 올지 모릅니다.

좋은 대학을 나와 좋은 회사나 관공서에 들어가면 되는 시대가 끝나가고 있습니다. 그런데도 여전히 많은 학교의 선생님과 부모가 '열심히 공부해 좋은 대학을 나와서 좋은 회사에 들어가라'고 말합니다. 열심히 공부해서 좋은 대학을 나와 좋은 회사에 취직해도 안심할 수 없는데 왜 많은 교사와 부모가 그렇게 말할까요. 이는 대다수 교사와 부모가 어떻게 살아야 좋을지 모르기 때문입니다. 열심히 공부해서 좋은 대학에 들어가고 좋은 회사에 취직하는 것이 지금까지 삶의 방식이었기 때문에 다른 방법은 모르는 것입니다.

어떻게 살아야 할까? 이는 어려운 문제입니다. 갖가지 생각이 떠오를 것입니다. 그러나 여기에 단순하고 알기 쉬운 사실이 있습니다. 모든 어린이는 어른이 되어 일하면서 생활할 양식을 얻어야 한다는 점입니다. 사회적 보살핌이 필요한 중증 장애가 있다든지 핸디캡이 있는 아이라도 할 수 있는 일이 반드시 있습니다. 아이들은 언젠가 어른이 되어 일을 해야만 합니다. 일은 우리에게 살아가는 데 필요한 돈은 물론 성취감을 줍니다. 돈과 성취감은 어쩌면 이 사회에서 가장 중요한 것일지도 모릅니다. 언젠가 어린이가 어른이 되어 어떤 방법으로든 생활할 양식을 얻어야 할 때, 하기 싫은 일을 마지못해 하기보다는 좋아하는 일을 하는 것이 당연히 좋습니다.

좋아하는 일을 하며 살 수 있다면 그보다 행복한 일은 없습니다. 이 세상에는 두 종류의 사람과 어른이 있다고 생각합니다. 그것은 '훌륭한 사람과 보통 사람'도 '부자와 가난뱅이'도 '나쁜 사람과 좋은 사람'도 '영리한 사람과 멍청한 사람'도 아닙니다. 바로 자신이 좋아하는 일, 자신에게 맞는 일을 하면서 생활할 양식을 얻는 사람과 그렇지 않은 사람입니다.

그리고 자신이 무엇을 좋아하는지, 적성은 무엇인지, 재능은 어디에 있는지를 알기 위한 중요한 무기가 호기심입니다. 호기심을 잃으면 세상을 알고자 하는 에너지도 함께 잃고 맙니다. 이 책은 현재의 호기심이 장차 직업 선택과 연결되도록 선택지를 소개합니다. 책을 읽다보면 세상에 정말 다양한 직업과 일이 있다는 것을 깨닫게 됩니다. 반복하지만 자신에게 맞는 일은 결코 괴롭게 느껴지지 않습니다. 어떤 일이라도 그것이 자신에게 맞는 일이라면 재미있을 것입니다.

제목을《13세를 위한 헬로 워크》라고 지은 것은 13세라는 나이가 어른의 세계로 들어가는 입구이기 때문입니다. 미국에서는 12세까지는 어린이로 보살핌을 받지만 13세가 되면 베이비시터 같은 아르바이트를 할 수 있습니다.

일을 하면서부터 현실과 마주칠 때마다 불안하고 당황스러울 것입니다. '나는 대체 어떤 삶을 살게 될까' 하는 막연한 불안감에 차라리 평생 어린이로 살고 싶다는 갈등도 생길 것입니다. 사실 그러한 불안함과 당황스러움은 자유와 가능성 때문에 생깁니다. 신분제도가 엄격했던 근세 농가에서 태어난 아이는 태어나면서부터 100퍼센트 농가에서 일하도록 결정됩니다. 그 시대의 아이들은 장차 어떤 어른이 될까 하는 불안감에 방황하지도 않았습니다.

그러나 지금 13세에게는 자유와 가능성이 있습니다. 그 때문에 세상이 거대하게 보이고 불안함과 당황스러움을 느끼는 것입니다. 일과 직업이야말로 현실이라는 거대한 세계로 들어가는 '입구'라고 생각합니다. 우리는 자신의 일과 직업을 통해 세계를 보고 느끼고 생각하고 대처할 수 있게 됩니다. 자신의 일과 직업을 통해 세상과 만납니다. 더욱이 현대는 일과 직업의 형태가 변해 가는 과도기입니다. 예를 들어, 공무원이면서 비영리민간단체(Non-Profit Organization, NPO)에 소속되어 활동하는 사람도 있고, 동시에 여러 회사의 계약사원으로 일하는 사람도 있습니다. 아르바이트하면서 자격증을 따거나 해외 유학 자금을 마련하는 사람도 있습니다.

이 책에 실린 수백 개의 직업 중에서 여러분의 호기심을 충족해 주는 대상을 찾기 바랍니다. 호기심의 대상은 언젠가 구체적인 직업으로 연결되고, 그 일이 끝없이 넓은 세계로 들어가는 '입구'가 될 것입니다.

추천사

이 책은 일본에서 《개정판 13세를 위한 헬로 워크》라는 제목으로 출간되었다. 이 책의 한국어판 출간을 축하한다. 일본에서 초베스트셀러로 자리한 《개정판 13세를 위한 헬로 워크》는 일본인의 직업에 대한 호기심을 자극하는 책으로 자리매김했다.

열세 살은 어린이에서 청소년으로 넘어가는 중요한 시기이다. 따라서 열세 살 즈음의 어린이에게 다양한 직업 세계를 알려주고 꿈을 키우게 하는 것은 무척 중요하다. 그런 점에서 이 책의 저자는 열세 살에 초점을 맞춰 글을 쓴 것 같다. 하지만 이 책은 세상에는 어떤 직업이 있는지 궁금한 열세 살 어린이는 물론 아직 무엇을 할지 정하지 않은 청소년에게도 도움이 많이 될 것이다. 또한 부모한테서 자립해서 이상과 현실을 조화시킬 어린이에게도 많은 기여를 할 것으로 생각한다. 이 책은 사전처럼 곁에 두고 찾아가면서 읽기 편하게 구성되어 있다. 문장을 보면 간단하면서도 필요한 내용은 모두 담는 스타일을 구사하였다. 특히 모든 직업 세계를 한 권에 담고자 하는 시도는 좋은 아이디어이다. 인문, 사회, 자연과학, 예체능, 대중예술에 이르는 다양한 직업 세상을 한 권에 담는다는 것은 여간 힘든 일이 아니다. 그런데 이런 노력을 마다하지 않은 편집팀의 노고를 칭찬하고 싶다.

이 책이 가정의 필수품이 되기를 기대한다. 자녀들이 자라서 직업을 갖기를 원하는데 부모님이 이런 수요에 다 맞춰주기 힘들다면 대안이 있어야 한다. 그런데 마침 한국인의 정서에 맞추고 한국 자격 제도의 틀을 고려한 직업 백과사전이 나오게 된 것은 세계 직업 시장에서 한국의 미래를 이끌고 갈 우리 청소년을 위해 다행스러운 일이다. 아이들이 스스로 꿈을 만들어가는 데 이 책이 훌륭한 안내자가 될 것이다.

이 책을 읽어가면서 글이 상당히 정제된 느낌이 들었다. 따라서 독자들은 불필요한 이야기는 데이터 마이닝을 하는 기술로 억제하면서 필요한 부분만 표현한 글을 만나게 될 것이다. 특별히 이 책을 청소년, 어린이 여러분과 학부모님에게 추천하고자 하는 이유는 세 가지다.

첫째, 열세 살이 되면 인간은 누구나 자기가 추구할 커리어, 다시 말해서 직업 진로를 정하는 시간을 가져야 한다. 열세 살은 직업을 선택해야 하는 나이가 되었음을 의미한다. 이런 의미를 생각하면서 이 책을 열세 살의 생일 선물로 주는 것도 의미가 있을 것이다.

둘째, 인간의 생각은 변한다. 어린이, 청소년기에 사람의 생각은 변한다. 변화하는 생각 속에서 다양한 지식은 어린이나 청소년이 자신의 진로를 정하는 데 기여할 것이다. 이런 순간에 친구 같은 존재로서 이 책이 등대가 될 것이다.

셋째, 일본의 직업 발달 과정은 한국과 비슷한 상황에서 진행된 부분이 많다. 그래서 일본에서 집필된 책, 일본인이 초베스트셀러를 만들어서 긱 가정에서 필수품처럼 비치한 이 책이 우리나라 가정에서도 필수품이 되기를 기대한다.

《교과목별로 정리한 직업 백과사전》은 우리나라 부모들이 아이들의 미래 직업 진로를 설계하는 데 구체적으로 도움이 될 것이다. 그런 점에서 세계의 직업과 노동연구를 30년간 해 온 사람으로서 직업에 대한 다양한 연구결과를 담은 이 책을 여러분에게 추천한다.

2013년 1월

김준성(김준성직업연구원장)

차 례

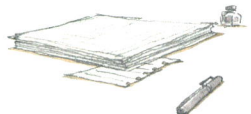

01 국어 국어를 좋아하고 흥미있어 한다 | 35

02 사회 사회를 좋아하고 흥미있어 한다 | 53

08 보건·체육 보건·체육을 좋아하고 흥미있어 한다 | 283

11 쉬는 시간, 방과 후, 학교 행사가 좋다 | 363

자동차 디자이너 | 자동차 정비사 | 슈퍼카 전문 정비사 | 레이싱팀 정비사 | 오토바이 정비사 | 자전거 정비사 | 기구 조종사 | 항공 교통 관제사 | 항공 정비사 | 항공기 유도원 | 테스트 드라이버

12 좋아하는 것이 없어 실망한 어린이를 위한 특별편 | 409

33

34

차례

일러두기
이 책의 한국어판에는 원서에 없는 직업으로 '한의사, 안경사, 한복 디자이너, 한국무용가, 한국어교사'를 추가하였습니다. 직업 명칭과 직업 정보도 우리 실정에 맞게 바꾸었습니다.

국어

⁰¹

"국어를 좋아하고
흥미있어 한다."

❶ | 수필과 소설을 읽는다

수업시간에 교과서에 실린 수필과 소설, 시 읽기를 좋아할 뿐만 아니라 도서관에서 책 읽는 것도 좋아한다. 책이라면 무엇이든 좋아하는 경우와 연애소설이나 모험소설처럼 특정 장르만 좋아하는 경우가 있다.

서점 직원

서점 직원은 단순히 책을 판매하는 일만 하지는 않는다. 최근에는 대형 서점의 출현과 출판물의 증가, 독자의 다양화로 더욱 고도의 지식과 능력이 요구된다. 매장마다 담당직원이 책과 잡지 주문, 정리와 진열, 이벤트 기획, 재고 관리 등에 대한 결정권을 갖는 경우가 늘고 있다. 화제가 되는 책과 고객의 수요를 파악해서 출판사와 대리점에 책을 주문하고 고르기 쉽도록 배치하는 일을 한다. 책이 의외로 무거워서 육체노동에 가까운 일이다. 아르바이트로 시작해 정직원이 되는 사람도 많다. 반드시 책을 좋아해야 하는 것은 아니다. 고객과 동료, 거래처와 소통이 중요하며 책이 좋다는 이유만으로 일을 시작했다가 현실과 차이를 느끼고 혼란스러워하기도 한다. 그러나 서적·출판·독서에 대한 존경심은 있어야 한다. 책과 독서에서만 얻을 수 있는 가치를 손님과 공유할 때 큰 만족감과 기쁨을 얻을 수 있다.

평론가

문학과 관련해서는 비평가라고도 한다. 대표적인 것이 '문학평론가'로 소설과 시를 비평하거나 평론해 독자의 이해를 돕고 문학의 질을 높이는 데 공헌한다. 국가가 근대화를 추진할 때, 즉 근대 문학이 국민에게 필요할 때 평론가는 사상과 이데올로기, 가치관을 마련하는 중요한 역할을 한다. 근대화는 낡은 시스템과 사고방식을 세계화하고 새로운 것으로 바꿔가는 과정이므로, 필연적으로 여러 방면에서 억지와 모순이 발생한다. 그러나 대개 국민의 생활은 좋아지기 때문에 근대화의 모순은 번영의 그림자에 가려지고, 문학은 그 가려진 모습을 이야기로 엮어 보여주며, 평론가는 그 작품에 함축된 의미를 읽어내야 한다. 사회가 성숙기에 접어들면 문학평론가의 필요성이 점차 사라지지만 문학평론가로 불리는 사람들은 있다. 이 밖에도 경제평론가, 군사평론가, 정치평론가 등 다방면에 평론가가 있다. 평론가가 되려면 전문 분야에 대한 지식을 습득해야 하며 그 분야에 대한 호기심도 왕성해야 한다.

출판업계에서 일하기

출판업계는 주로 서적, 잡지 등을 발행하는 출판사, 상품의 출하를 관리하고 출판사와 서점 사이를 잇는 도매 중개업자, 일반 독자에게 상품을 판매하는 서점의 세 분야로 나뉜다. 일부의 경우를 제외하면 책은 출판사→중개업자→서점의 경로로 독자의 손에 들어간다. 출판업계라는 말에서 사람들은 대개 출판사에 근무하는 편집자를 떠올리는데, 편집자 외에도 출판업계에는 다양한 직종이 있다. 이를테면, 출판사에는 주로 출판 제작 일정을 관리하는 사람이 있고, 중개업자 중에는 책을 전국에 효율적으로 유통하기 위해 고민하는 사람이 있으며, 서점에는 그 서점만의 독자적인 색깔을 내기 위해 어떤 책을 얼마나 매입할지 기획하는 사람이 있다. 글이 좋아서 어떻게든 책과 관련된 일이 하고 싶은 사람은 먼저 책이 어떠한 공정을 거쳐 만들어지고, 어떻게 자기 손안에 들어오는지 생각해 보는 것도 좋다. 어떤 회사든 그곳에서 일하기 위해서는 정규 시험을 치르고 입사하거나 아르바이트 등을 하면서 연고를 만드는 것이 일반적이다.

편집자

일반적으로 편집자라고 하면 출판사에 근무하며 서적이나 잡지를 편집하는 사람을 가리킨다. 편집 업무는 잘 팔릴 만한 책을 기획하는 것에서 시작된다. 이어서 그 기획을 실현하기 위해 누구에게 어떤 일을 의뢰하면 좋을지, 그러려면 돈이 얼마나 들지를 생각하며 일을 진행한다. 그리고 의뢰한 글과 사진이 완성되면 확인해 인쇄소에 넘기고, 기획물이 형태를 갖추는 데 필요한 디자인과 홍보문구 등을 생각한다. 상품이 완성되면 판매 전략도 생각해야 한다.

이러한 업무 내용은 만드는 책이나 잡지의 종류에 따라 크게 달라진다. 예를 들어, 에세이와 소설을 편집하는 문학편집자는 작가에게서 원고를 받는 일이 가장 중요한 업무이고, 패션잡지 편집자는 현재 어떤 스타일이 인기 있는지를 분석하고 지면을 어떠한 방식으로 꾸밀지 생각하는 일이 가장 중요하다. 한편 텔레비전 드라마에 곧잘 등장하는 '우아하고 지적인 출판사 업무'라는 이미지는 장기간의 출판 불황 탓에 거의 찾아볼 수

없게 되었다. 편집자는 대개 노동시간에 비해 적은 급료를 받으며, 방대한 업무에 시달리고, 휴일에도 출근할 때가 많은 것이 현실이다. 연예인이나 유명작가와 만날 수 있기도 하지만, 그러한 사람들과 원활히 일하려면 기획력과 문장력 외에 특별한 센스가 필요하다.

원고 교정자

잡지나 단행본을 만들 때, 원고를 임시로 찍어낸 교정지를 본래 원고와 비교하면서 오·탈자와 언어의 용법을 체크하고 잘못된 내용을 바로잡는다. 자격증은 필요하지 않다. 방대한 양의 단어와 문장을 체크할 수 있는 집중력과 체력, 원고 내용을 이해할 수 있는 지식이 필요하며, 의문이 들 때는 다양한 종류의 사전, 백과사전, 인터넷을 활용해 단어, 문장, 문맥의 정합성을 철저하게 추구해야 한다. 재택근무를 하는 사람도 많다. 편집자 양성학교 등에서 기초를 익히는 사람도 많으며 출판사에 근무하다 프리랜서가 되는 사람도 있다. 출판계에서는 눈에 띄지 않는 존재이지만, 원고 교정자의 지식과 기술이 단행본과 잡지의 완성도를 결정한다고 해도 지나친 말이 아니다.

고서점

고서점은 주인의 기호에 따라 보유하는 책도 다양하며 대개 고서점마다 전문 분야가 있다. 책은 기본적으로 자력으로 수집한다. 고서점을 하려는 사람은 대부분 책수집가이며, 먼저 자신의 장서를 파는 것으로 시작한다. 수입이 많은 일은 아니지만 찾고 있던 책이나 희귀한 작품을 발견했을 때 무엇과도 바꿀 수 없는 기쁨을 느낀다고 한다. 최근에는 인터넷 고서점과 전국에 체인점을 둔 중고서점이 눈에 띄는데, 이 경우 수요가 있으면서도 회전이 빠른 만화와 문고본, 출간된 지 얼마 되지 않은 새 책이 중심이 된다.

이런 **직업**도 있다   지도편집자 **p.56**/ 지방지 발행 **p.57**/ 천문잡지 편집자 **p.168**/ 만화가 **p.207**/ 한국어교사 **p.318**/ 번역가 **p.323**/ 언어학자 **p.323**/ 저작권 에이전트 **p.325**/ 영화감독 **p.378**/ 예고편 제작 **p.391**

❷ | 시와 작문 등 문장을 쓴다

시나 작문을 쓴다는 것은 머릿속으로 상상한 것을 여러 단어로 표현하여 다른 사람들도 알 수 있게끔 전달하는 것이다. 따라서 이 항목에는 상상하기를 좋아하는 것도 포함된다.

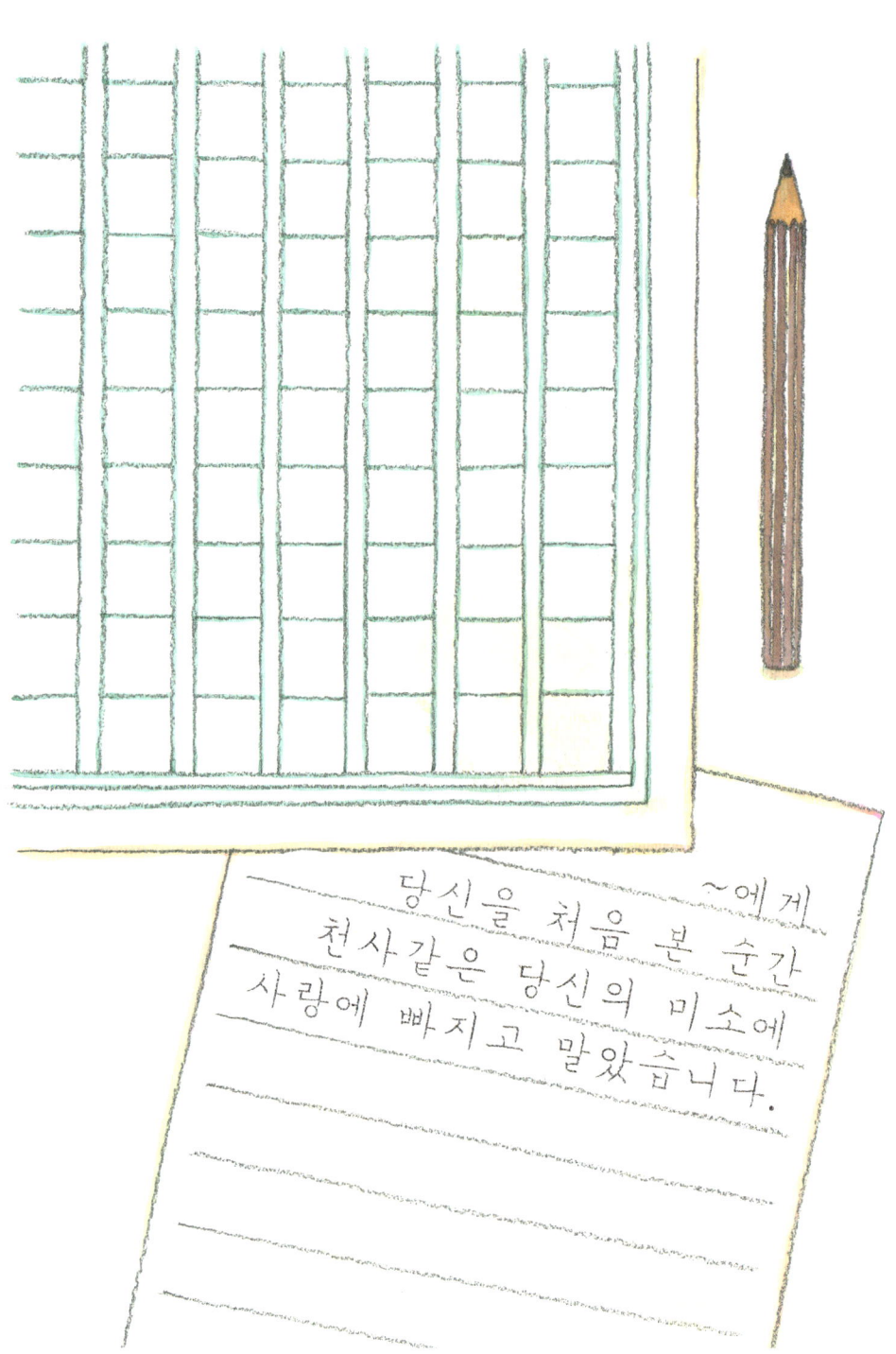

작가

열세 살 때부터 '작가가 되고 싶어요'라고 말하는 아이가 있다면 '작가는 인간에게 남겨진 최후의 직업이다. 작가가 되려고 마음만 먹으면 언제든 될 수 있으니까 지금은 다른 일을 찾아보는 게 낫다'고 충고해야 한다. 의사에서 작가가 된 사람, 교사에서 작가가 된 사람, 신문기자에서 작가가 된 사람, 편집자에서 작가가 된 사람, 정치가에서 작가가 된 사람, 과학자에서 작가가 된 사람, 경영자에서 작가가 된 사람, 죄를 저질러서 복역한 뒤 작가가 된 사람, 도박을 하다 작가가 된 사람 등 '작가가 되는 길'은 작가 수만큼이나 다양하다.

그러나 작가에서 정치가가 된 사람은 많지 않다. 또 작가를 하다 의사나 교사가 되는 사람은 거의 없다. 이는 작가가 '한 번 시작하면 그만둘 수 없는 재미있는 직업'이기 때문이 아니라 달리 전직할 수 없는 '최후의 직업'이기 때문이다. 복역수, 환자, 사형수, 망명자, 범죄자, 노숙자 할 것 없이 누구나 될 수 있는 것이 작가이다. 작가의 조건은 단 하나, 사회나 특정한 누군가에게 전할 필요와 가치가 있는 정보를 지녀야 한다는 것이다. 전달할 필요와 가치가 있는 정보를 가지고 있고 이제 남은 길은 작가밖에 없다고 생각될 때 작가가 되면 된다.

시인

옛날부터 시를 써서 생계를 꾸려나가는 일은 쉽지 않았는데, 요즘은 더욱 어려워졌다. 기본적으로 시는 상징적이어서 단어의 단순한 조합으로 보편적인 것을 상징한다. 한 나라가 근대화를 이루는 과정에는 전쟁, 내란, 공황 등 반드시 격동기가 따르며, 민족과 사회에 공통된 슬픔과 기쁨, 특별한 감정이 생겨난다. 뛰어난 시인은 시구 몇 줄로 이러한 슬픔과 기쁨, 감정을 표현한다. 예를 들어, 일본의 시인 미야자와 겐지의 〈비에도 지지 않고, 바람에도 지지 않고〉라는 시도 당대 사람들의 마음을 표현했다. 격동기에서 성숙기로 접어들면 많은 사람이 공유할 수 있는 기쁨과 슬픔은 사라진다. 요즘에는 어린아이부터 노인에 이르기까지 모든 국민이 즐길 수 있는 노래가 없는데, 이는 작곡가나 작사가, 가수의 탓이 아니라 국민에게 공통된 기쁨과 슬픔이 사라졌기 때문이다. 노래와 마찬가지로 시도 사회의 격동기에 요구된다고 할 수 있다.

그러나 표현의 도구로 시가 전부 사라진 것은 아니다. 범국민적인 기쁨과 슬픔은 사라졌지만, 예컨대 십대 여자아이들만의 '특유한' 감정은 남아 있다. 그래서 특정 세대에 걸맞은 시가 필요하고 그 세대에게는 시가 상품 가치를 지니게 된다. 다만, 이러한 시는 대개 젊은 여성을 위해 쓰이며 일러스트나 사진이 첨부되고 가볍게 읽을 수 있는 것들이 많다. 격동기의 시처럼 삶을 변화시키는 충격을 주는 대신 주로 '너는 혼자가 아니야' 같은 일체감을 주는 시가 많다. 가요와 마찬가지로 십대 소녀들의 구매력에 의존하는 상품이므로 역사에 남지는 않는다. 기본적으로 시를 쓰기 위한 교육과 훈련 과정은 불필요하다. 시는 모든 사람에게 열려 있는 표현으로, 자신과 세계를 객관적으로 관찰할 수 있는 감각을 갖추면 된다. 또 시는 자신의 마음속 상처와 마주할 때 쓰면 효과적인데, 이러한 개인적 표현과 직업으로서 시인을 목표로 하는 것은 전혀 다르다는 사실을 염두에 두어야 한다.

라이터

잡지는 사진과 활자로 채워져 있는데 잡지 등에 글을 쓰는 이들이 바로 라이터이다. 잡지 외에도 단행본과 출판물로는 분류되지 않는 회원용 인쇄물 등도 있어 흔히 생각하는 것보다 프리랜서 라이터의 수는 많다. 간단히 일을 시작할 수 있다는 점도 이 직업의 특징이다. 일이 다양해 전문성과 노하우를 갖추지 않아도 되는 업무가 많다. 실제로 지인이 편집자나 라이터라는 이유로 일을 시작하는 경우도 있다. 물론 이러한 경우에는 일을 시작한 뒤 점차 실력을 늘려간다. 보수는 대체로 낮다.

테이프 리라이터

잡지나 신문, 텔레비전의 기자나 라이터가 테이프에 녹음한 인터뷰 또는 회의 내용을 듣고 지면에 옮겨 적거나 요약문을 만든다. 정확하고 바른 단어를 적재적소에 사용하는 능력이 필요하다. 테이프에 녹음된 내용은 매스컴, 의학회, 정계 등 분야가 다양하며, 정보공개법 시행 이후 행정 관계 회의의사록을 기록하는 일이 늘었다. 프리랜서로 일하면서 거래처를 넓히는 사람도 있으나 일반적으로는 학원을 졸업한 뒤 테이프 리라이터 전문회사에

소속되어 일감이 주어지기를 기다린다. 집에서도 할 수 있기 때문에 종사자는 대부분 주부이다. 일한 만큼 돈을 벌며, 개인의 지식과 일을 소화하는 능력에 따라서는 테이프 리라이터로 일하며 먹고살 수도 있다. 뭐니뭐니해도 그동안 몰랐던 새로운 세계의 정보를 접할 수 있다는 점이 가장 큰 매력이다.

카피라이터

상품의 '캐치프레이즈'를 만드는 사람이다. 카피는 본래 그 상품을 잘 아는 판매자, 즉 스폰서가 만드는 것이었다. 그러나 시대가 변하면서 광고대행사에 외주를 주게 되었고, 광고대행사도 제작회사에 외주를 주게 되었다. 이런 과정에서 홍보문구를 전문적으로 만드는 카피라이터가 출연하게 되었다. 프리랜서라는 이미지가 강하지만 광고대행사나 제작회사에 소속된 카피라이터가 많다. 한때 몇몇 스타 카피라이터가 나오면서 직업으로 인기를 끈 적이 있으나 기업의 광고비 지출 억제 경향과 맞물리면서 그러한 현상도 주춤해지고 현재는 광고 제작이라는 공동 작업의 일부를 담당하는 기술직으로 자리 잡았다. 하지만 광고가 존재하는 이상 카피는 필요하며, 우수한 인재도 항상 필요하다. 대부분 광고대행사나 제작회사에 들어가 제작 현장을 익히는 일로 시작한다.

속기사

대담이나 강연 등에서 발표 내용을 빠르고 정확하게 기호로 입력하고 그것을 원래 단어로 풀어낸다. 전문학원에서 속기를 배운 뒤 속기사 자격증을 따면 취직에 유리하다. 우리나라는 대한상공회의소에서 1년에 두 번 시험을 실시하여 속기사 자격증을 발급한다. 속기사무소에 취직하기도 하지만 프리랜서로 일하는 사람도 많다. 최근에는 녹음 테이프만 듣고 컴퓨터로 옮기는 일도 늘고 있어 재택근무를 원하는 여성에게도 알맞다. 국회나 법원, 각종 의회에서 일하는 속기사도 있다. 속기사에게는 집중력과 정확한 국어 구사 능력이 필요하며, 폭넓은 지식과 전문용어를 이해하는 능력도 필요하므로 항상 노력해야 한다. 급여는 공무원 속기사의 경우 호봉에 따라 급여가 책정되고 프리랜서로 일하는 경우에는 능력에 따라 천차만별이다.

구성작가

텔레비전이나 라디오의 대본을 쓴다는 의미에서 구성작가라는 명칭이 붙었지만 실제 모습과는 거리가 있다. 구성작가는 드라마나 보도를 제외한 오락 프로그램과 정보 프로그램에서 일한다. 작가라는 명칭이 붙지만 프로그램에서는 대부분 대본을 쓰는 것은 그다지 중요하지 않아 아무것도 쓰지 않는 사람도 있다. 따라서 방송작가와 비슷해 보이지만 실제로는 많이 다르다.

보통 구성작가는 디렉터와 함께 프로그램 내용에 관해 다양한 아이디어를 낸다. 오락 프로그램의 경우 많을 때는 열 명이 넘는 구성작가가 함께 일하기도 한다. 시나리오 작가에 비해 프로그램 한 편당 보수는 적지만 일주일에 열 편 이상 담당하는 사람도 있다. 하지만 프리랜서든 프로그램 제작회사에 소속되었든 일이 언제 끊길지 몰라 힘들어 한다. 리서처 등 텔레비전과 관련 있는 일을 하다가 인정을 받아 프로그램 스태프가 되는 경우도 있지만 인기 탤런트의 고교 동창생이라는 이유로 일하는 사람도 있다.

시나리오작가

영화, 텔레비전 드라마, 무대 등의 각본을 쓴다. 영화처럼 특정 분야에서만 활동하는 사람도 있지만 영화감독을 목표로 했다가 방송 관련 일을 하게 된 사람, 텔레비전 드라마가 화제가 되어 영화로 진출한 사람도 있다. 이 가운데 비교적 직업으로 삼기 쉬운 텔레비전 드라마 작가에 관해 살펴보면, 자신이 쓰고 싶은 드라마를 쓸 수 있는 경우는 상당히 줄었다. 시청률이 중시되는 것은 물론, 기획 자체보다는 출연자 스케줄이 우선시되는 등 제약이 많다. 보수는 경력과 지명도에 따라 차이가 상당하다. 일반적으로 텔레비전이나 영화제작사에서 다양한 업무를 거친 뒤 시나리오를 쓰기 시작한다.

작사가

노랫말을 쓴다. 싱어송라이터가 늘어난 탓에 수요가 줄어든 것처럼 보이지만 텔레비전 드라마나 애니메이션, 광고의 테마송, 새로운 동요, 교가 등 노래 자체의 수는 오히려 늘었기 때문에 작사가는 여전히 중요하다. 학원에서 작사하는 법을 가르치지만 가사를 쓰는 데 정해진 틀이 있는 것이 아니기 때문에 학원을 다닌다고 해서 전문 작곡가가 되는 것은 아니다. 멜로디를 글로 표현하여 음반제작회사의 프로듀서나 디렉터에게 보내는 방법도 있다. 그러나 이런 방법으로 작사가가 되는 사람은 매우 적다.

동화작가

어떤 나라든 할아버지와 할머니가 손자손녀에게 들려주는 옛날이야기가 있다. 이러한 옛날이야기를 모은 동화는 고전문화의 한 장르로 그림책이나 영화, 텔레비전 만화의 원작이 된다. 시대의 흐름과 함께 새로운 동화가 탄생하고 그림이 삽입되어 출판된다. 일본에서는 오가와 미메이의 동화 잡지 〈붉은 새〉(1918~1936)가 새 동화를 제공한 이후 많은 작품이 만들어졌다. 동화작가가 되려면 어린이에게 뒤지지 않는 상상력이 필요하다. 동화는 그림과 뗄 수 없는 관계에 있기 때문에 이야기를 지으면서 그림도 그릴 수 있으면 금상첨화이다. 최근에는 어린이뿐 아니라 부모가 독자 대상이 되기도 한다. 여러 출판사와 단체에서 동화를 공모하지만 책을 출판하려면 아동서 전문 출판사 편집자의 이해와 지지가 필요하다.

인터넷소설가

소설을 쓰는 점은 일반 소설가와 같지만 인터넷이라는 사이버 공간에서 활동하기 때문에 화면에서 읽기 쉽게 문자 배열, 줄과 칸의 간격 등을 고려하면서 글을 써야 한다. 눈이 피로해지지 않도록 적당한 분량으로 써야 하므로 글만 쓰면 되는 작가와 차이가 있다. 네티즌이 글을 빨리 읽게 하고 글의 분위기와 상황에 대한 이해를 돕기 위해 이모티콘과 통신어체를 많이 쓴다. 인터넷소설은 네티즌의 반응을 바로 알 수 있고 내용 오류나 잘못된 표현 등을 지적받으면 곧바로 반영할 수 있다. 하지만 독자의 요구로 처음 생각했던 줄거리가 바뀌는 경우도 있다. 인터넷소설 전문 사이트도 생겨났는데, 현재 활동하는 인터넷소설가는 대부분 십대나 이십대이다. 이들은 온라인에 소설을 써서 돈을 버는 것이 목적이 아니라 유명한 인터넷소설가가 되어 소설이 출판되거나 시나리오작가, 만화 스토리작가 등 대중작가로 등단하기 위해 글을 쓴다.

이런 **직업**도 있다

평론가 p.37/ 구성작가 p.43/ 지방지 발행 p.57/ 저널리스트 p.61/ 신문기자 p.62/ 그림책 작가 p.196/ 필경사 p.197/ 서예가 p.198/ 만화가 p.207/ 스포츠 라이터 p.286/ 여행작가 p.317/ 번역가 p.323/ 영자신문기자 p.324/ 리서처 p.367/ 영화감독 p.378

무라카미 류

    지금은 고인이 된 작가 마누엘 푸익(Manuel Puig)은 아르헨티나에서 태어났다. 그는 아르헨티나에서 망명하여 이탈리아, 미국, 멕시코에서 살았다. 라틴아메리카의 작가 중에서 내가 가장 좋아하는 작가로, 한 출판사가 주최한 강연회에서 딱 한 번 만난 적이 있다. 거칠게 다루면 깨질 듯 섬세하고 부드러운 사람이었다. 푸익이 강연을 끝낸 뒤 통역을 붙여 대담을 했다. 푸익은 아르헨티나의 팜파스에 둘러싸인 작은 마을에서 태어나 할리우드 영화를 동경하며 소년 시절을 보냈다. 이탈리아로 건너가 영화 조감독 등을 했지만 할리우드 영화에 대한 열망이 큰 나머지 당시 세계의 주목을 받던 이탈리안 리얼리즘에는 익숙해지지 못했다. 그러다 미국으로 건너갔지만 할리우드의 현실에 환멸을 느끼고 절망감에 휩싸여 멕시코로 건너갔다. 그곳에서 푸익은 소설을 쓰기 시작했다. 그는 강연회에서 당시 기억을 다음과 같이 조용히 회고했다.

    "내게는 아무것도 남아 있지 않았습니다. 고국을 떠나 건너간 이탈리아에서 리얼리즘 영화에 환멸을 느꼈고, 그토록 동경하던 할리우드에서마저 환멸을 느낀 뒤 절망적인 기분으로 하루하루를 보냈습니다. 그러나 곧 한 가지 사실을 깨닫게 되었습니다. 나는 이탈리아 영화나 할리우드 영화가 아닌 나 자신에게 엄청난 환멸을 느꼈던 것입니다. 나는 성격이 내성적으로 바뀌어 집에 틀어박히게 되었고, 어느덧 나 자신을 미워하고 탓하는 일조차 지겨워졌습니다. 소설을 쓰겠다는 강한 의지가 있었던 것은 아닙니다. 우연히 펜과 노트를 손에 들었을 뿐인데, 그때 이상한 일이 일어났습니다. 아직 아무것도 쓰이지 않은 하얀 노트를 바라보는데 내가 태어나서 자란 고향 아르헨티나의 마을이 머릿속에 생생하게 떠올랐습니다. 정말로 신기한 체험이었습니다. 나는 콜로니얼풍의 낡은 건물에서 태어났는데, 석조 빨래터에서 여자들이 이야기하는 소리가 들렸습니다. 나를 키워준 할머니와 숙모였습니다. 귀가 아닌 마음속에 울려 퍼지는 그녀들의 대화 내용을 펜을 움직여 노트에 그대로 적었습니다."

    푸익은 연단에 서 있었고 나는 조명이 꺼진 객석에 앉아 있었다. 마치 영화가 시작되는 것처럼 눈앞의 어두운 공간 속에서 기억이 되살아났다. 푸익의 이야기를 들으며 내가 처음 소설을 쓰던 때가 떠오른 것이다.

'비행기 소리가 아니었다. 귀 뒤쪽에서 날고 있던 벌레의 날갯짓 소리였다.'

나는 처녀작의 첫줄을 이렇게 시작했다. 그 당시 나는 미대에 다녔고 책상 주위에는 수채화용 켄트지가 어수선하게 널려 있었다. 그중 한 켄트지 위에 담배자국으로밖에는 보이지 않는 작은 벌레가 기어가는 것이 눈에 들어왔다. 그 벌레를 죽이려다가 문득 이 작은 벌레도 살아 있는 생명체라는 생각이 들어 살려주었다. 그러고 나서 커피를 끓이고 담배를 피우며 원고지를 펼쳐 펜을 들고 처음 한 줄을 그렇게 썼다. 두 번째 문장으로 벌레의 날갯짓 소리에 대해 썼을 때, 나는 소설을 쓸 수도 있겠다는 생각을 했다.

푸익의 이야기는 내게 기억을 되새겨주었다. 어떤 작가라도 처녀작의 처음 한 줄을 쓰던 순간이 있다는 것을 푸익이 확인해 준 것이다.

2003년에 쓰다

❸ | 시나 문장을 낭독한다

소리를 내면 기분이 좋아진다. 교실과 복도에서 큰 소리를 마구 지르면 혼나지만 교과서에 실린 시나 문장은 큰 소리로 낭독해도 혼날 일이 없다. 소리 내서 말하기를 좋아하는 어린이도 이 항목에 포함된다.

아나운서

지금은 어디까지가 아나운서의 영역인지 불분명해지고 있지만 기본적으로는 텔레비전 프로그램이나 라디오 프로그램에서 원고를 읽고 정보를 전달하는 사람을 가리킨다. 인기가 높아지면 프로그램의 사회를 맡거나 탤런트에 가까운 일을 하게 된다. 모든 방송사에서 일반직과는 별도로 채용하지만 중앙 방송사가 한 해에 수십 명을 뽑는 데 반해 지방 텔레비전 업계에서는 한 명도 뽑지 않기도 하는 등 문이 좁다. 이렇게 문이 좁으면 실력만으로 선발되기는 매우 어려우며 외모가 어느 정도 되고 운도 따라야 한다. 그러나 방송사와 프로그램 수가 늘어나 프로덕션 등에서 사원이 아닌 프로그램 단위로 아나운서를 채용하는 사례가 늘고 있다.

캐스터

보도 프로그램이나 정보 프로그램의 사회자를 가리킨다. 실제로 어떤 사람이 캐스터가 될지는 전적으로 그 프로그램에 날렸다. 뉴스는 아나운서가 캐스터를 하는 사례가 많고 오락 프로그램은 유명 연예인이 기용되는 경우가 많다. 날씨 정보 프로그램의 경우 기상예보관이 캐스터를 하기도 한다. 프로그램 안에서 차지하는 비중이 크며, 특히 간판 프로그램이면 방송사의 '얼굴'과 같은 존재이기 때문에 인기와 경력, 실력이 모두 중요시된다. 프로그램에 따라서는 저널리스트나 전직 운동선수 등 전혀 다른 분야에서 발탁되기도 한다.

라디오 DJ

라디오 프로그램에는 주로 음악을 들려주는 프로그램과 얘기를 중심으로 하는 프로그램이 있다. 라디오 방송사의 방침에 따라 다르나 현재는 후자 쪽이 많다. 라디오 프로그램의 사회자나 진행자 중에서도 음악 프로그램의 진행자를 가리켜 DJ라고 한다. 라디오 DJ는 프로그램의 내용에 따라 방송사의 아나운서나 유명 탤런트를 기용하는데, 프로그램 단위로 외부인과 계약하는 일도 흔하다. 실제로는 프로덕션에 소속된 사람이 많지만 프리랜서로 활동하는 사람도 있다. 방송전문학교 출신자가 많은 이유는 학교에서 기본 훈련을 받고 학교 소개로 오디션을 볼 기회가 주어지기 때문이다. 기본적으로 목소리와 발음이 좋아야 한다.

탤런트

재능이 있어서 방송에 출현하는 방송 출연자를 말한다. 'talent'는 재능 또는 재인(才人)이라는 뜻인데, 일반적으로 탤런트라 하면 텔레비전 연기자·배우만 말하는 경우가 많다. 좀 더 정확하게 말하면 가수, 코미디언, 사회자, 단골출연자, 영화나 라디오 등의 연기자를 총칭하는 말이다. 탤런트는 텔레비전에 관계하는 사람들 중에서 가장 인기 있는 직종으로 일반 대중에게 누구보다도 널리 알려진다. 특히 우리나라에서는 텔레비전 드라마가 인기가 좋아 텔레비전 프로그램의 주종으로 확고한 위치를 차지하고 있다. 오늘날 텔레비전 대중문화의 새로운 별로 등장한 탤런트는 우리 사회의 문화적 표상이 되고 있다.

리포터

취재 현장에서 리포트를 하는 사람들을 총칭하는 말이다. 따라서 프로그램의 종류에 따라 요구되는 인재도 천차만별이다. 시청률이 높은 오락 프로그램은 유명 방송인이 맡는 경우가 많고 뉴스는 보도부 기자가 담당한다. 최근에 방송사와 콘텐츠의 수가 증가함에 따라 전문 리포터도 늘어나고 있다. 일반적으로는 프로그램 단위로 계약하는데 대다수가 젊은 여성이다. 리포트 기술을 요구하는 경우도 있으나 '화면이 잘 받는다' 같은 이유로 리포터가 되는 사례도 많다. 전문성과 지역성을 살려 오랫동안 활동하는 사람도 있고 아르바이트 수준으로 일하는 사람도 있다. 프로그램에 따라 오디션을 보는 곳도 많고 예능 프로덕션 중에는 지원자를 수시로 모집하는 곳도 있다.

복화술사

특수한 발성법(입술을 움직이지 않고 말하는 복식 발성)으로 듣는 사람에게 마치 다른 사람이 이야기하는 것처럼 보이게 하는 기술이 복화술이다. 대개 인형을 들고 그 인형과 복화술사가 대화를 한다. 활동 장소는 극장, 이벤트 장소, 길거리, 텔레비전 등이다. 대사와 이야기를 직접 만들며 인형을 직접 만들기도 한다. 미국과 유럽에서는 복화술사가 나오는 쇼가 인기가 있다. 학원이나 강습회에서 복화술을 배우거나 복화술사에게서 개별적으로 가르침을 받거나 독학한다.

복화술은 예전부터 경찰관이나 소방관이 교통안전 교육과 화재예방 활동을 펼칠 때 이용되었다. 또 봉사활동으로 보육시설이나 노인복지시설에서 공연을 하기도 했다. 최근에는 신경정신과 의사나 심리치료사가 자폐 아이들을 치료할 때 이용하거나 교사가 수업에 이용하는 등 다양한 분야에서 활용된다.

개그맨

개그맨은 주로 텔레비전이나 라디오 프로그램에 출연해 말과 몸짓으로 사람들에게 웃음을 주는 사람을 말한다. 단막극 형식의 짧은 희극을 만들어 사람들을 즐겁게 할 수 있는 언어를 구사하거나 우스꽝스러운 행동을 한다. 개인적으로나 단체로 대사를 연습하고, 무대나 드라마에서 사람들을 즐겁게 한다. 신속한 상황판단력과 재치로 사람들을 웃게 할 수 있는 능력이 필요하다. 새로운 개그 또는 희극 아이디어를 만드는 창의성이 있어야 하

며, 매일 새로운 아이디어를 끄집어내야 하는 스트레스를 잘 견디는 성격이 적합하다. 무엇보다 사람들에게 웃음을 선사하는 일에 적성과 소질이 있어야 하며, 끊임없는 자기 변신과 연기에 대한 열정이 있어야 한다.

개그맨이 되기 위한 학력 제한은 없지만 전문대학이나 대학교의 연극영화 관련 학과에 진학해 연기 전반에 대한 체계적인 교육을 받으면 유리하다. 사설 연기학원에서 개그맨이 되기 위한 교육과 훈련을 받을 수 있다.

성우

성우는 목소리로 모든 것을 청취자에게 들려주어야 하기 때문에 무엇보다 청취자의 상상력과 추리심을 불러일으키는 기교가 풍부해야 한다. 성우는 글자 그대로 목소리 배우이다. 애니메이션에서 목소리 출연을 하거나 외화 더빙을 하거나 광고·일반 프로그램에서 내레이션 등을 한다. 배역의 성격과 내용에 따라 어린이, 청소년, 노인 등 다양한 목소리로 연기한다. 시간이 흐름에 따라 성우 개개인의 연기력과 개성에 맞는 배역에 주의를 기울이게 되었고, 자기 영역을 구축하는 성우들이 속속 나타나고 있다.

02

사회

"사회를 좋아하고
흥미있어 한다."

❶ | 지도와 지구본을 본다

지도와 지구본을 보면 재미있다. 굳이 산맥이나 해협, 호수, 반도, 도시를 찾지 않고 그저 가만히 아프리카 대륙과 아라비아 반도를 쳐다보기만 해도 즐겁다.

국토지리정보원에서 일하기

국토지리정보원의 업무는 크게 측량과 지도 두 분야로 나뉜다. 측량 분야에서는 GPS(인공위성이 발신하는 전파를 수신해 위치를 측정하는 시스템)를 이용한 전자기준점을 전국에 정비하여 관측하고 지각 변동을 감지한다. 또 수십억 광년 떨어진 준성(準星)에서 방사되는 전파를 이용해 1만 킬로미터나 떨어진 두 지점의 거리를 밀리미터 단위의 오차까지 측정한다. 지도 분야에서는 최신 상황을 반영해 지도를 제작하고 지형도와 항공사진도 제작한다. 그 밖에 고지도를 수집하는 분야도 있다. 일상적인 일로는 외딴섬에 GPS 수신기 설치, GPS 데이터 관리, 지진·화산폭발 예상, 태평양판 해석 연구 등이 있다. 산에 올라가 기준점을 측량하거나 지형도를 제작하기 위한 사진 측량, 외국의 지도제작기관과 공동 연구, 남극 관찰과 개발도상국 측량 같은 국제협력 업무도 한다. 지도를 보는 것이 재미있는 사람, 최첨단 기술에 흥미가 있는 사람, 호기심이 왕성하며 미지의 세계를 엿보고 싶어하는 사람이 즐길 수 있다.

지도제작자

도시계획도, 토지이용도, 지형분류도, 방재도 등 목적에 따라 다양한 지도를 제작한다. 이러한 지도는 대부분 관공서의 의뢰를 받아 제작한다. 아날로그 지도 만들기는 제작할 지역의 항공사진을 촬영하는 것으로 시작한다. 그다음 촬영한 사진을 가지고 현지를 직접 방문 조사하여 빠진 부분이 없는지 확인한다. 그러고 나서 도화기라고 불리는 기계를 사용해 사진과 정보를 반영한 지도를 그린다. 필요에 따라 수작업을 거쳐 지도가 완성된다. 그러나 최근에는 지도 수정에 필요한 필름이 공급되지 않아 컴퓨터를 이용한 디지털 지

도 제작이 주류를 이룬다. 지도제작자가 되려면 전문학교에서 배우는 것이 가장 좋으며, 지도 제작회사에서 일한다.

지도편집자

어느 지역을 다룰지, 어느 도시를 확대하여 소개할지를 고려하면서 지도를 기획·제작한다. 지도는 지리적으로 변동되는 부분이 많으므로 기본 내용을 토대로 시대에 맞게 바꿔 나간다. 실제로 직접 현지 구석구석을 돌며 지리적 변동을 확인하는 업무도 있지만 이 경우에는 대개 프리랜서에게 외주를 준다. 특별한 자격증은 필요하지 않지만 지리에 관한 예비지식이 있는 편이 유리하다. 또 지도를 좋아하고 지도와 시각표 등을 보고 공간을 이미지화할 수 있는 사람에게 적합하다. 최근에는 내비게이션 등의 분야에서 기술혁신이 눈부시지만 여전히 종이지도만의 특성이 필요한 상황이 많기 때문에 한동안 수요가 꾸준할 것으로 전망된다.

측량사

토지를 개발하거나 도로나 교각, 주택이나 빌딩을 건축할 때 측량 계획을 세우고 기초 데이터를 작성한다. 건축물이 완성된 뒤 설계대로 되었는지도 확인한다. 공항 건설 같은 대규모 측량에서부터 농지 측량이나 개인의 토지 경계선 책정을 위한 측량 등 활동 범위가 넓다. 이 밖에도 지도 작성을 위한 국토지리정보원의 기본 측량과 도시 계획 등을 세울 때 하는 공공측량이 있다. 측량사가 되려면 대학에서 측량을 공부한 뒤 실무경험을 쌓거나 관련 자격증을 취득하면 좋다. 건설토목 업계에서는 반드시 필요한 직업이다. 대규모 개발을 할 때는 환경영향평가에도 관여하는 등 업무의 폭이 넓다. 최근에는 측량 기술이 발달하고 컴퓨터나 GPS를 이용한 측량이 일반적이어서 개인의 기량에 차이가 있다. 여성 측량사도 조금씩 늘고 있다. 일반적으로 건설회사, 토목회사, 측량회사 등에 취직하며, 국토지리정보원에서 근무하거나 직접 측량사무소를 여는 사람도 있다.

고지도 연구가

고지도는 과학적인 측량과 도법이 확립되기 이전에 만들어진 지도를 말한다. 그림지도와 겨냥도, 조감도 등 다양한 종류의 지도가 남아 있다. 고지도 연구가는 이러한 고지도를 역사, 지리, 박물학, 민속학, 비교문화, 미학 등 다양한 시각에서 연구한다. 고지도 연구가는 크게 두 유형으로 나뉜다. 하나는 대학교수나 박물관, 미술관의 학예연구사처럼 고지도를 이용하여 자신의 전문 분야를 연구하는 사람들이고, 다른 하나는 초등학교 선생님이나 공무원처럼 전혀 다른 일을 하면서 취미로 고지도를 연구하는 사람들이다. 후자의 경우 대개 고지도연구회나 세미나에 참가해 그 지역과 관련된 고지도를 연구한다. 역사와 지도를 좋아할 뿐 아니라 탐구심과 조사 능력도 갖춰야 한다. 누구도 알지 못하는 과거를 다루는 작업이므로 상상하고 추측하는 능력이 없으면 일하기 어렵다. 고지도의 매력에 빠져 고지도 연구를 평생 직업으로 삼는 사람도 있다.

지방지 발행

지방지는 어떤 도시·지방·지역의 생활·소비·사건 등의 정보를 게재한 작은 잡지를 뜻한다. 유료 지방지도 있으나 광고료만으로 운영하는 무료 지방지도 늘고 있다. 편집·간행은 대개 지방지를 발행하기 위해 설립된 지방의 작은 출판사에서 한다. 지방지는 서점이나 지방지에 광고를 낸 점포에 비치한다. 무료 지방지의 경우 신문에 끼워서 배포하거나 거리에서 나눠준다. 음식점이나 패션 잡화점, 노래방, 이벤트, 결혼식, 구인 광고가 주를 이룬다. 지방·지역에 따라서는 관광 정보가 실려 있어 여행객에게 안내서가 되기도 한다. 지방지를 만들려면 출판사와 직접 교섭하는 것이 가장 효과적이다. 사람을 고용할 경제력이 있는 출판사에서 취재나 광고를 따낼 능력을 인정받으면 된다. 다만, 대개 아르바이트로 채용되므로 수입은 그다지 많지 않다.

❷ | 우리나라와 세계의 역사를 안다

현재는 50년 전, 100년 전, 1,000년 전의 우리나라는 물론 세계와 연결되어 있다. 역사적인 사건의 전개 과정이 다른 결과로 이어졌다면 우리나라와 세계의 모습은 지금과 달랐을 것이다. 역사는 단순히 과거에 대해 아는 것이 아니라 과거와 연결된 현재를 생각하는 학문이다.

유적발굴원

땅속이나 바닷속에 묻힌 유적과 유물을 가리켜 매장문화재라고 한다. 공사하다가 매장문화재가 발견되어 긴급 조사하는 사례는 자주 있다. 유적발굴원은 매장되어 있는 유적이나 유물에 대한 발굴 조사를 하거나 발굴 유물에 관하여 연구한다. 발굴 조사는 한번 하면 두 번 다시 본래 상태로 되돌릴 수 없다는 의미에서 일종의 파괴 행위라고도 할수 있다. 따라서 발굴 조사를 할 때는 고도의 지식과 기술이 필요하다. 역사 자료, 문헌등을 연구·분석하여 유적지의 위치와 지역을 확인하고 현장의 지표조사를 실시한다. 고고학자, 역사학자, 지질학자, 민속학자, 고생물학자 등과 협의해 발굴 방법과 절차 등을 결정한다. 현장을 답사하여 매장문화재가 있을 확률이 높은 지역을 대상으로 시굴조사를 한다. 발굴 순서를 논의하고 삽, 곡괭이, 긁는 기구, 먼지 터는 기구 등을 사용해 문화재를 발굴한다. 발굴 조사가 끝나면 조사보고서를 만들며 최신 정보를 학계에 발표하기도 한다.

골동품 가게

주로 우리나라와 일본, 중국의 골동품을 다룬다. 무엇보다 연대별로 회화, 도자기, 가구 등을 식별할 능력이 있어야 한다. 이 능력은 단시간에 습득할 수 없으며 시간을 들여배워야 감정사가 될 수 있다. 처음에는 주로 가게를 보기 때문에 기본 접객 매너를 갖추어야 한다. 경력이 쌓이면 골동품을 팔러 오는 손님과 상담하여 매입 가격을 정하는 일을 한다. 골동품은 정해진 가격이 없기 때문에 시세를 염두에 두고 거래 가격을 교섭하는 것이 매우 중요하다. 대량으로 매입하려고 일본, 중국, 타이완이나 지방의 유서 있는집안, 골동품 시장 등을 찾아다니기도 한다. 골동품 가게를 열려면 고물 운영 허가를 받아야 한다. 애호가가 정해져 있기 때문에 단골을 만드는 것이 중요하다. 흥정이 승부를결정짓지만 무엇보다 손님의 신뢰를 얻어야 한다. 이런 점을 즐길 수 있고 정신 연령이높은 사람에게 적합하다.

이런 **직업**도 있다

고서점 **p.39**/ 고지도 연구가 **p.57**/ 불꽃놀이 전문가 **p.160**/ 판화가 **p.196**/ 서예가 **p.198**/ 미술품 복원가 **p.213**/ 학예연구사 **p.216**

❸ | 세상의 구조가 알고 싶다

세상은 과연 어떤 구조로 움직일까. 이곳저곳에서 공사가 벌어져 도로와 다리, 공항과 댐이 건설된다. 대체 누가 돈을 내기에 이와 같은 대규모 공사가 가능할까. 그 돈은 어떻게 해서 모일까. 도로와 다리, 공항과 댐을 그곳에 지으라고 결정한 사람은 누구일까. 세상의 구조를 아는 일은 무척 중요하고도 흥미진진하다.

저널리스트

넓은 의미로는 보도에 종사하는 사람을 가리키고, 좁은 의미로는 특정 방송사에 소속되지 않고 프리랜서로 활동하는 사람을 가리킨다. 전문성을 갖춘 사람으로 평가받기 때문에 해외에서는 매우 권위 있는 직업으로 여긴다. 정치, 경제, 군사, 과학, 스포츠, 영화 등 활동 분야가 다양하고 실적과 경험이 실력을 말해 준다. 우리나라에서는 신문기자가 곧 저널리스트라고 보기는 어려운데, 이는 담당부서가 자주 바뀌어 반드시 그 분야의 일인자가 취재 현장에 나간다고 할 수 없기 때문이다. 저널리스트가 되는 길은 두 가지다. 하나는 신문사나 출판사, 텔레비전 방송사 등 매스컴에 들어가는 것이고, 다른 하나는 자신이 좋아하는 분야의 일을 하며 실적과 경험을 쌓은 뒤 그 분야를 취재하는 것이다.

법무사

개인이나 회사가 법원이나 경찰청에 내야 할 서류를 대신 작성해 주고 수속을 밟는다. 이를테면 토지나 건물 등 부동산을 매매하거나 상속할 때, 등기 명의변경 서류를 작성하고 소유권이전등기 수속을 대행한다. 검찰청에 제출할 소송 서류나 조정 서류를 준비하기도 한다. 사람들이 일상생활에서 법률 지식이 필요한 상황에 직면했을 때 어려운 법률을 알기 쉽게 설명하고 최선의 방법을 이끌어내는 이른바 '거리의 법률가'이다. 대법원이 해마다 1회 실시하는 법무사 시험에 합격한 뒤 연수과정을 이수하면 법무사가 될 수 있다.

행정사

개인이나 회사가 행정기관에 제출해야 하는 서류를 대신 작성해 주고 수속을 밟는다. 기업을 설립할 때 허가를 요청하는 서류를 작성하거나 음식점의 영업 신청서를 작성한다. 개인 간에 또는 개인과 회사 간에 토지나 건물을 임대할 때 쌍방의 동의 아래 계약서를 작성하는 일도 한다. 법무사나 변호사의 업무와 연계되는 부분이 있기 때문에 행정사 겸 법무사로 개업하는 사람도 많다. 지명도는 높지 않지만 갈수록 수요가 늘 것으로 예상된다. 사업을 시작하려는 사람과 처음부터 함께 일하면서 회사의 미래를 내다보고 앞으로 필요하게 될 행정 수속을 조언하는 과정에서 보람을 느낀다. 어려움에 빠진 사람을 도와주려는 마음가짐이 없으면 계속하기 어려운 일이다.

변리사

발명품이나 창작품은 다른 사람이 마음대로 도용할 수 없도록 특허권, 실용신안권 등의 산업재산권으로 보호를 해 준다. 변리사는 의뢰자를 대신해 이러한 산업재산권을 신청한다. 변리사가 되려면 특허청에서 실시하는 변리사 시험에 합격하거나 변호사 시험에 합격해 변리사로 등록하면 된다. 변리사 시험은 만 20세 이상이면 누구나 볼 수 있으며, 변리사 시험에 응시하려면 일정 점수 이상의 공인영어성적을 반드시 얻어야 한다.

법률과 관련된 일이지만 발명품을 제대로 이해하고 서류를 작성하는 능력을 갖추어야 한다. 이 때문에 이공계열 학문을 전공한 사람이 많다. 근무지는 기업의 특허 관련 부서나 특허사무소 등이다. 독자적으로 일하는 사람도 있다. 발명품이 창출하는 이익은 권리가 보호되는 범위에 따라 달라지므로 그 범위를 확대하는 능력이 필요하다. 남보다 먼저 특허권을 신청해야 하기 때문에 일분일초를 다툰다. 발명품을 살리느냐 마느냐가 변리사 손에 달렸다고 할 수 있다. 현대는 기술혁신 속도가 빠르기 때문에 자격증을 취득했어도 꾸준히 공부해야 한다. 국제화에 발맞춰 영어 실력을 갖추면 더욱 좋다.

신문기자

신문사에 입사하면 연수를 받은 뒤 경찰서를 도는 것으로 시작해서 여러 사건을 담당하면서 기자의 기본을 익힘과 동시에 자신의 진로를 정하게 된다. 본인의 희망과 적성에 따라 정치부, 경제부, 국제부, 사회부, 문화부 등 전문 부서에 배치된다. 기사는 기본적으로 혼자서 쓰지만, 팀으로 취재를 하고 기사를 쓰는 경우도 있다. 어떤 분야에 배치되든 기사를 쓰려면 끈기 있게 취재하는 자세가 필수적이다. 사회부 기자의 경우, 자신이 쓴 기사가 비참한 사건과 사고를 조금이나마 줄이고 좋은 사회를 만드는 데 도움이 되길 바라는 마음으로 매일 취재

를 하고 기사를 쓴다. 호기심이 강할 뿐 아니라 정의감과 책임감, 균형 감각이 있는 사람이 아니면 기자직에 알맞지 않다. 사람들이 정보를 필요로 하는 한 사라지지 않을 직업이다.

공무원(일반 행정직)

교사나 경찰 등 전문직이 아닌 관공서에서 사무 업무를 보는 공무원을 일반 행정직 공무원이라고 한다. 크게 국가의 관공서에서 일하는 국가공무원과 지방자치단체에서 일하는 지방공무원으로 나뉜다. 일반 행정직 공무원이 되려면 직급별로 실시되는 공무원 임용시험을 통과해야 한다. 현재 공무원 시험은 채용시험, 승진시험, 전직시험으로 나뉘며 채용시험과 승진시험은 공개경쟁시험과 특별시험으로 구분해 실시된다.

이런 **직업**도 있다

경영 컨설턴트 **p.70**/ 전당포 **p.74**/ 경매회사에서 일하기 **p.220**/ 통역 **p.315**/ 관광가이드 **p.316**/ 영자신문기자 **p.324**/ 국제연합 직원 **p.327**/ 외교관 **p.328**/ 변호사 **p.332**/ 판사 **p.332**/ 검사 **p.333**/ 정치가 **p.333**/ 가정재판소 조사관·보호관찰관·법무교관 **p.339**

❹ 경제나 상업에 흥미가 있다

편의점에서 1,200원짜리 아이스크림을 샀다. 아이스크림은 1,000원도 1,500원도 아니고 왜 1,200원일까? 편의점에서 아이스크림 하나를 팔 때 얻는 이득은 얼마일까? 아이스크림을 만든 회사는 어디일까? 이런 것을 생각하는 일이 무척 재미있다.

접객·안내 서비스 분야

서비스를 제공하고 그에 대한 대가를 받는 일을 서비스업이라고 한다. 서비스의 내용은 전문적인 기술과 정보를 제공하는 것부터 단순히 손님에게 만족감과 즐거움, 편안함을 주는 것까지 다양하다. 물건을 파는 것은 물론 의료나 금융 등의 분야와 같이 손님이 있는 일이라면 대부분 서비스를 파는 요소가 있다. 물론 각각의 업무에 따라 필요한 능력은 전혀 다르다. 세탁, 이발, 미용, 관혼상제 관련 서비스, 호텔·민박, 자동차 정비와 수리, 물품 임대, 방송, 광고, 정보, 세무 상담 등의 전문 서비스업, 학원, 사회복지 등이 포함되어 있다. 다른 장에서 소개한 직접 중에도 서비스업이 포함되어 있으며, 그 밖에 다음과 같은 직업이 있다.

호텔에서 일하기

호텔 업무는 객실을 관리하는 '숙박 부문', 레스토랑이나 바의 운영을 관리하는 '요식 부문', 결혼식장 등의 연회장을 관리하는 '연회 부문', 조리를 관리하는 '조리 부문'으로 나뉜다. 각각의 업무 내용은 다음과 같다.

숙박 부문
- 예약과: 객실 예약과 관련된 업무를 담당한다.
- 도어맨: 호텔 입구의 주변 일체를 관리한다.
- 프런트: 체크인, 체크아웃 업무를 하며 투숙객을 상대한다.
- 객실 예약 상담원: 투숙객의 상담에 대응한다. 이동수단 확보, 티켓 예약, 레스토랑 예약 등도 담당한다.
- 벨맨: 짐을 나르고 투숙객을 방까지 안내한다.
- 하우스키퍼: 객실 청소와 세탁을 담당한다.

요식 부문
- 매니저: 각 레스토랑과 바의 운영을 책임진다.
- 캡틴: 각 테이블을 담당하고 이용객을 상대한다.
- 웨이터·웨이트리스: 캡틴의 지시 아래 테이블로 요리를 나른다.
- 버스보이: 식사가 끝난 테이블을 정리하고 빈 그릇을 치운다.
- 스튜어드: 식기 조달, 세정, 관리를 담당한다.

연회 부문(결혼식을 중심으로 한 경우)

- 기획: 결혼상품을 기획하고 알림, 판매 활동을 담당한다.
- 예약: 결혼식, 피로연의 예약 주문을 받는다.
- 웨딩 코디네이터: 결혼 예정자와 상담한다(상세한 내용은 다른 항목 참조).
- 연회 서비스: 결혼식, 피로연 날의 연회 서비스를 담당한다.

※ 연회 부문은 주말과 공휴일에 수요가 몰리기 때문에 인력 관리가 어려워 인재 파견회사에 연회 서비스를 위탁하는 경우가 많다.

조리 부문

- 핫섹션: 굽기, 찌기, 수프 등 주로 따뜻한 요리, 메인 요리를 담당한다.
- 콜드섹션: 오르되브르, 샐러드, 과일 등 차가운 요리를 담당한다.
- 부처: 고기, 생선 등을 미리 손질한다.
- 베이커리: 빵을 굽는다.
- 페스트리: 케이크를 포함한 디저트를 만든다.

※ 조리 부문과 같은 전문직 외에는 각 호텔에서 일괄 채용하고 희망과 적성에 따라 배치한다. 호텔은 연중무휴이고 야간근무도 많기 때문에 건강은 기본 조건이다. 또 다양한 계층의 사람을 상대하는 접객업이기 때문에 세심한 배려와 외국어 실력도 필요하다. 그러나 무엇보다 중요한 것은 손님의 기쁨이 곧 나의 기쁨이라는 서비스 정신이다.

관광버스 가이드

관광버스에 승차하여 관광지를 안내·설명하고, 차 안 분위기를 띄우기 위해 퀴즈와 게임을 진행하는 등 여행을 연출한다. 관광객들이 휴식을 취하거나 식사하는 시간에 차 안을 청소하고, 운전기사를 보조해 차를 유도하기도 한다. 시즌에 따라 수요가 크게 변하기 때문에 시즌에만 경력자를 임시로 고용하는 회사도 많다. 역사와 지리에 관한 지식은 물론 전통과 풍습에 대한 이해도 필요하다. 대개 서서 일하고 사람을 상대하는 접객업이기 때문에 건강이 필수적이다. 젊은 여성이 많으며 평균 근속 연수는 짧다.

객실 승무원

항공기 객실을 안내하고 기내식을 배부한다. 비행 중 문제가 생기면 보안요원 역할도 한다. 보통 전문학교나 대학을 졸업하고 항공회사에 입사한다. 신장과 시력에 제한이 있고 뛰어난 외국어 실력을 응시 조건으로 두는 회사가 많아 입사하기가 쉽지는 않

다. 객실 승무원은 국제적인 일이므로 외국어 실력이 뛰어나야 하지만, 그 이상으로 바른 우리말을 구사하고 섬세한 서비스를 제공할 수 있어야 한다. 화려한 이미지가 강해 인기가 높지만 몸을 많이 쓰는 일을 하기 때문에 요통과 같은 직업병에 시달리는 사람도 많다.

항공 지상직

공항 데스크에서 항공권 발권을 하거나 체크인, 게이트 안내 유도 등 지상에서 승객 서비스를 담당한다. 일반적으로 전문학교나 대학을 졸업하고 항공사에 입사하지만 항공사의 채용보다 지상직 전문회사(대개 항공사의 자회사)의 채용 수요가 많다. 계약사원으로 근무하다가 정사원이 되는 경우가 많다. 신장이나 시력의 제한은 없지만 외국어 실력이 뛰어나야 하고 승객이 쾌적하게 공항을 이용하도록 배려할 줄 알아야 한다. 비상근무가 많고 몸을 많이 움직이는 일이다.

이벤트 도우미

상품 발표회나 전람회에서 옷을 갖춰 입고 상품과 전시물을 설명하거나 자료를 나누어주며 이벤트가 원활하게 진행되도록 돕는다. 일단 에이전시에 들어가 오디션에 합격한 뒤 연수를 받고 이벤트 도우미가 된다. 일은 봄과 가을에 많고, 그 밖에는 다른 일을 하는 경우가 많다. 기업의 얼굴이기 때문에 이미지에 맞는 용모와 분위기가 요구된다. 젊음과 건강이 절대 조건이며 오랫동안 할 수 있는 일은 아니다.

비서

정치가나 기업의 경영자 또는 고위 관리자 등 각종 전문직에 종사하는 사람을 상사로 모시며 상사가 업무 처리를 원활하게 할 수 있도록 보좌한다. 스케줄 관리, 자료 정리에서 관혼상제까지 다양한 업무를 처리하므로 어떤 일에든 대처할 수 있는 임기응변이 필요하다. 상사를 대신하여 외부 사람과 만나는 일도 많기 때문에 사교성과 기본 매너, 말솜씨는 필수적이다. 우리나라의 경우 상공회의소에서 1년에 두 번 국가기술자격시험인 비서 검정시험을 실시한다. 일반 사무직으로 일하는 경우가 많지만 비서라는 직업의 전문성은 갈수록 평가받고 있다. 예전에는 여비서를 뽑을 때 외모가 중요한 심사기준이었다. 지금도 그러한 경향은 다소 남아 있지만 점차 외모 중시에서 능력 중시로 바뀌고 있다. 그러나 능력이 같다면 용모가 깔끔한 사람이 유리하다.

가사도우미

일반 가정이나 기숙사 등의 시설에서 취사, 세탁, 청소, 장보기 등 가사 전반을 담당한다. 재택환자나 거동이 불편한 노인을 돌보고 간병인처럼 간호 보조업무도 한다. 입주 근무와 통근 근무 중에서 선택할 수 있고 요일과 시간대, 근무처도 상의해서 정할 수 있다. 가사도우미가 되려면 직업소개소에 등록하는 것이 일반적이다. 자격증이나 경험은 특별히 필요하지 않지만 있다면 급여가 높고 조건이 좋은 근무처를 고를 수 있다. 가사도우미는 성실하고 예의 바르며 대인 관계가 원만해야 한다. 근무하는 가정의 사생활을 누설하지 않는 자세가 절대적으로 중요하다.

장례지도사

장례의 법적 절차를 점검하고 장례에 필요한 장의용품을 준비한다. 유족과 장례 절차, 일정, 안치, 염습 방법, 장의용품 등에 대해 상의한다. 장례 일정과 비용, 규모, 종교, 가풍 등 특이 사항에 대해 상담이 끝나면 장례식장이나 상을 당한 고객의 집을 방문해 장례식을 총괄한다. 유족에게 조문객 접대 준비 사항을 안내하고 예법을 지도한다. 시신을 깨끗하게 한 뒤 수의를 입혀 입관하며 운명할 때 입었던 옷 등을 불태울 수 있도록 유족에게 전달한다. 시신 냉장시설과 기타 물품을 살균 소독하고, 위험한 질병 사망자에 대해서는 위생처리를 한다. 장례 행렬 절차를 점검하고 제사를 준비한다. 시신을 영구차로 운반할 때 관리하며, 시신이 장지에 도착하면 묘역을 살피고 하관한다. 장례가 끝난 뒤 제례 의식, 화장, 이장 등에 관하여 상담한다.

장례식장에 취직하는 것이 일반적이지만 가족 경영을 하는 곳이 많아 일자리가 얼마 없다. 인생의 마지막을 돕는 매우 중요한 일이므로 책임감과 배려심이 강해야 한다. 야간 업무와 장시간 노동을 요구하는 경우가 많기 때문에 체력이 약한 사람에게는 맞지 않는다. 전통적인 관습에 따라 장례를 치르는 경우가 줄고 있어 장례식에서 장례지도사의 역할이 더욱 중요해지고 있다.

웨딩 플래너

결혼을 앞둔 커플에게서 원하는 결혼식 이미지를 듣고 결혼식 당일까지 그것을 실현하기 위해 힘쓴다. 특별한 자격증은 필요하지 않지만 많은 업체에서 양성 강좌를 열고 있다. 최근 영화와 드라마의 영향으로 여성들 사이에서 인기 직종이 되어 경쟁률이 높다. 일단 웨딩업체에 취직하여 업무를 보조하며 노하우를 배운다. 커플은 웨딩잡지 등을 통해 다양한 정보를 얻으므로 그 커플만을 위한 개성 있는 연출을 고안하여 예산에 걸맞게 계획을 짜는 능력이 있어야 한다. 풍부한 상상력과 판매 의욕이 필요한 직업이다.

커플 매니저

결혼을 원하는 남녀 회원을 대상으로 원하는 조건에 가까운 이성을 소개하고 결혼에 이르도록 중개한다. 커뮤니케이션 능력이 떨어지는 사람을 위해 연애상담을 하기도 한다. 결혼상담소에서 근무하거나 개인적으로 사무실을 연다. 풍부한 인생 경험이 필요한 직업이기 때문인지 젊은 사람은 많지 않다. 능력제이며 많은 커플을 탄생시킬수록 수입이 높다. 사회 정서가 아무리 변해도 남녀가 함께하고자 하는 마음은 인간의 기본 욕구이기 때문에 수요가 꾸준할 것으로 예상된다.

경영 컨설턴트

기업이나 조직의 의뢰를 받아 문제를 조사·분석하여 원인을 밝혀내고 해결책을 제시한다. 대부분 재무·회계, 영업·마케팅, 경영 전략, 생산 효율, 조직·인사 등의 분야이다. 기업의 고문이 되어 정기적으로 조언을 하거나 세미나를 열어 사원연수를 실시하기도 하며, 판매 목표를 달성했을 때 성공 보수를 받기도 한다. 일반적으로 고객이 대기업인 경우에는 대규모 경영 컨설팅 회사가, 중소기업인 경우에는 프리랜서나 개인 사무소가 일을 맡는다. 어느 쪽이든 풍부한 경험이 중요하며 정보 수집 노하우와 분석력, 정확한 보고서 작성 능력, 고객을 설득할 수 있는 표현력이 필요하다.

광고업계에서 일하기

광고회사에는 광고 업무를 종합적으로 담당하는 광고대행사를 중심으로 특정 분야만 취급하는 대행사, 광고를 제작하는 전문제작회사 등이 있다. 광고대행사는 대기업, 중견기업을 불문하고 도태와 합병이 줄을 잇고 있고 앞으로도 재편이 계속될 것이다. 종합대행사 외에 마케팅 리서치나 PR 등 특정 분야에만 특화된 광고회사도 많다. 인기가 높은 직종이지만 극단적인 노동집약형 산업인 만큼 구속되는 시간이 긴 것이 특징이다. 대개 광고대행사가 사원을 일괄적으로 채용하기 때문에 제작 업무를 희망해도 영업을 하게 되는 경우가 많다. 그것이 싫어서 처음부터 제작회사를 노리는 사람도 있다. 광고대행사의 주요 업무는 다음과 같다.

영업

광고대행사의 핵심 업무이다. 스폰서에게 다양한 기획을 제안하거나 주문을 받는다.

이를테면 기업이 텔레비전 광고를 하는 경우, 스폰서 측 대리인이 되어 방송사와 교섭을 한다.

매체

텔레비전, 라디오, 신문, 잡지 4대 매체와 인터넷 광고가 과반수를 차지한다. 각각의 광고를 스폰서에게 팔 때 매체 측 대리인이 되어 스폰서와 교섭한다. 요컨대 같은 회사의 영업자와 짝을 이뤄 스폰서·매체 쌍방과 조정해 나간다.

SP·마케팅

스폰서의 상품을 팔기 위한 다양한 활동을 지원한다. 예를 들어 홍보용 메일을 발송하거나 전포에서 이벤트를 열거나 소비자 의식을 조사한다.

제작

실제로 광고를 제작한다. 매체에 따라 다르지만 디렉터와 디자이너, 카피라이터 등 전문가를 사내에 두고 있는 곳도 있고, 광고의 일부나 전부를 외부 제작사나 스태프에게 외주하는 곳도 있다.

기타

교통 광고나 유인물, 스포츠나 콘서트 등 기업의 광고 활동에는 어떤 형태로든 광고 대행사가 관여하며 이를 담당하는 사람이 있다.

펜션 경영

주로 가족이 경영하는 소규모 숙박시설을 가리킨다. 숙박자 수가 적기 때문에 손님 하나하나를 가족처럼 대할 수 있지만 예약을 받기 위한 홍보부터 청소, 식재료 구입, 조리까지 전부 운영자의 몫이다. 관광과 스포츠를 즐길 시설이 있고 고속도로 등 교통 여건이 잘 갖추어진 곳이 입지로 적합하다. 펜션 주변의 특성과 재미를 손님에게 잘 전달하는 것이 중요하며 운영자가 관광, 놀이, 스포츠 등 안내 역할을 겸하는 경우가 많다. 지금까지 펜션 경영은 주로 젊은 층을 대상으로 했으나 앞으로 가속화될 고령화 사회에서 살아남으려면 본질적인 변화를 도모해야 한다.

열차 승무원

승객의 승하차를 안내하고 도와준다. 운행 중인 열차를 순회하며 고객의 편의를 도모하며, 승객의 안전을 위해 객실 선반의 물건을 정리하고 확인한다. 무선이동단말기를 이용해 승차권을 발행하거나 열차 정보를 제공한다. 승객의 질문에 응하고 사고 발생, 승객의 불만과 요구사항에 대하여 여객전무(열차팀장)와 상의해 처리한다.

여행 기획자

단체 관광에서 개인 여행에 이르기까지 다양한 여행을 기획한다. 비행기와 호텔 예약은 물론, 손님의 요구와 예산에 맞춰 관광지를 선정하고 레스토랑, 콘서트, 연극 등의 행사를 넣어 일정을 짜고 계획을 세운다. 비자 취득이나 콘서트 티켓 마련 등의 수속도 대행한다. 대부분 여행사나 대행사에 소속되어 있다. 대학에서 관광 비즈니스 등을 공부하고 외국어 실력이 뛰어나면 취직에 유리하다. 최근에는 개인 여행이 증가해 문의사항도 다양해지고 있다. 일반상식, 외국어 실력과 더불어 선박, 클래식 콘서트, 스포츠, 영화 촬영지, 맛집이나 패션 등 자신 있는 분야가 있으면 기획을 하는 데 도움이 된다. 관광 기획은 해외뿐 아니라 국내에서도 매우 중요하다.

콜센터 상담원

콜센터에서 고객의 문의나 주문, 불만 등에 대해 지침서에 따라 응답하거나 시스템 오류 등에 대해 처치 방안을 설명해 준다. 전문적으로 답변하기 위해 전화를 담당자에게 연결한다. 업무 결과를 기록하는 등 일지를 작성하고 업무를 교대할 때는 인수인계를 한다. 이전에는 기업이 독자적으로 콜센터를 운영하는 경우가 많았으나 접수 시간을 연장해 달라는 소비자의 요구가 있자 최근에는 콜센터 전문회사에 위탁하는 경우가 많다. 전문회사에 등록해 파견사원으로 일하는 사람도 많다. 상품 지식이 있어야 하고 전화로 응대하기 때문에 커뮤니케이션 능력이 필요하다. 기업의 내부 정보와 개인 정보를 함부로 발설하지 않는 자세도 갖춰야 하며 특별한 자격증은 필요하지 않다.

물건 판매

일반 소비자에게 물건을 파는 일을 소매라고 한다. 소매점은 '파는 물건'과 '파는 방식'에 따라 몇 가지로 나눌 수 있다. 예를 들어 '파는 물건'의 시각에서 보면 채소는 채소 가게, 책은 서점, 약은 약국에서 파는 것으로 분류할 수 있다. 그러나 실제로는 이러한 특정 상품을 가족 경영 형태로 판매하는 가게가 급속히 줄고 있다. 그 대신 슈퍼마켓이나 편의점, 다양한 체인점, 할인 마트 등이 늘고 있다. 이러한 점포는 '파는 방식'에 따라 분류하는 것이 이해하기 쉽다. 최근에는 카탈로그나 인터넷을 이용한 판매 등 무점포 형태의 소매업도 주목을 끌고 있다. 어떤 방식으로 팔든 물건을 파는 일이 사라질 수는 없다. 다만, 어떤 가게에서 일하느냐에 따라 일의 내용과 필요한 능력은 달라진다. 이를테면 조직화가 진행된 편의점 등은 매뉴얼이 준비되어 있어 갓 들어온 아르바이트생이라도 곧바로 일을 할 수 있다. 한편 전문점에서 일할 경우 상품에 관한 전문 지식을 갖추어야 한다.

전당포

고객의 물건을 담보로 물건의 가치에 걸맞은 돈을 빌려준다. 기한 안에 현금과 이자를 갚으면 물건을 돌려주는데, 실제로는 그대로 사들이는 경우가 많다. 전당포가 취급하는 물건은 예전에는 텔레비전이나 냉장고 같은 가전제품이 많았지만 최근에는 명품이나 귀금속 같은 소형 고가 상품이 대부분이다. 물건 가격은 전당포에서 결정하기 때문에 물건의 가치를 가려낼 수 있는 정확한 안목이 필요하다. 유행에도 민감해야 하며, 인기 상품에 대한 지식도 있어야 한다. 기존의 전당포나 귀금속을 다루는 곳에서 일하면서 물건에 대한 지식과 노하우를 익힌 후 독립한다.

상품권 가게

비행기와 열차표, 고속도로 통행권, 영화 관람권, 우표, 인지, 백화점의 각종 상품권 등 다양한 '상품권'을 구입·판매한다. 총이익이 1~2%밖에 안 되는 박리다매이기 때문에 인기 상품을 대량으로 사들여 단시간에 처분해야 한다. 안정적인 매입 경로를 확보하는 것이 필수적이다. 예를 들어, 영화사나 스폰서 기업이 관객을 동원하기 위해 대량으로 푼 예매권을 구입하는 루트 등이다. 상품 가격은 매수와 회전율로 결정된다. 팔림새에 속도가 붙으면 이익률이 낮아도 장사가 된다. 고객의 수요에 따라 좌우되는 비즈니스이므로 상품권 가게에서 일하며 시세 감각을 익히는 것이 좋다.

편의점 점장

자기 땅과 건물만 있으면 편의점을 개업해 점장이 되는 일은 그다지 어렵지 않다. 세븐일레븐이나 GS25 같은 편의점의 본사와 '프랜차이즈 계약'을 맺고 출점 협력을 구한다. 창업비용 외에 아르바이트를 고용할 자금 등 경영이 궤도에 오르기까지 적지 않은 자금이 들어간다. 편의점은 대개 소매점을 경영했던 사람이나 회사를 다니던 사람이 시작한다. 아르바이트로 시작해 점장으로 승격되는 일은 거의 없다. 점장의 업무는 보통 이른 아침, 즉 아침식사 도시락을 사려는 사람들로 붐비기 전인 8시쯤 시작된다. 심야에 가게를 본 아르바이트생에게서 보고를 받고, 매상을 계산하고, 본사에 상품을 발주한다. 수백 종류에 이르는 상품의 상태를 항상 파악해야 한다. 매일 상품을 발주하는 양이 가게의 경영을 결정짓는다.

도시락 가게

패스트푸드나 패밀리 레스토랑이 없었던 시절, 즉 외식산업이 발달되지 않았던 시절에는 도시락이 필수품이었다. 그러나 도시락업체들이 프랜차이즈 사업을 시작한 뒤 도시락은 개인의 필수품에서 비즈니스가 되었다. 프랜차이즈 도시락 가게도 많지만 사무실과 가정에 직접 배달해 주거나 편의점에서 파는 도시락도 있다. 최근에는 거리에서 파는 저렴한 도시락이 대도시 중심부에서 유행하고 있다. 개인이 경영하는 도시락 가게도 늘고 있다.

욕망과 신뢰의 커뮤니케이션

무라카미 류

암표상의 쾌감

일이나 장사를 하면서 물건을 팔아본 적은 없지만 비슷한 행위를 경험한 적은 있다. 약 20년 전에 뉴욕에서 테니스 경기를 취재하던 때의 일이다. 매디슨스퀘어가든에서 열린 테니스대회 티켓이 계산 착오로 몇 장 남았다. 환불은 불가능했기 때문에 암표로 팔기로 했다. 물론 위법행위이지만 귀중한 티켓을 무용지물로 만드는 것도 아깝다는 생각이 들었다.

대회장에 모인 사람들에게 '티켓 있습니다. 싸게 팔아요'라고 말을 걸었지만 대부분 이미 티켓을 가지고 있었고, 나를 수상히 여길 뿐 아무도 사지 않았다. 그래도 주눅 들지 않고 계속 말을 걸어 겨우 한 장을 팔았다. 그때 느낀 독특한 쾌감과 흥분은 지금도 생생히 기억한다. 동시에 어쩐지 나쁜 짓을 한 것 같은 기분이 들었다. 암표를 파는 것이 위법행위라서가 아니라, 남은 티켓을 판다는 행위 자체에 양심의 가책을 느꼈기 때문이다.

티켓은 여전히 남아 있었다. 대회장 근처에서 암표를 파는 것에 한계를 느껴 판매 방식을 바꾸기로 했다. 당시 헌팅월드라는 브랜드의 가방이 인기가 있었는데, 그 가게 안에 JAL의 스튜어디스들이 모여 있다는 정보를 들은 것이다. 헌팅월드에 찾아가 일본인 스튜어디스에게 티켓을 팔았다. 반값에 팔아줘서 고맙다는 말과 함께 누군가에게 식사를 얻어먹은 기억도 있다. 그때도 왠지 뒤가 켕기는 느낌이 들었지만 다 팔았다는 쾌감과 흥분은 여전했다. 액수가 문제가 아니었다. 무언가를 팔았다는 행위 자체가 자극이 되었다.

물건을 파는 행위

물건을 팔아 이익을 얻는 행위는 어른만이 누릴 수 있는 것으로 어린이의 세계에는 그런 행위가 존재하지 않는다. 옛날 아이들은 팽이나 딱지로 승부를 겨뤄 이긴 아이가 진 아이의 팽이나 딱지를 갖기도 했지만 그것은 일종의 전리품이지 판매 행위는 아니었다. 침팬지, 돌고래, 고래의 지능은 인간에게 뒤지지 않는다지만 이런 동물은 동료끼리 무언가를 판매하는 행위는 하지 않는다. 물건과 서비스를 팔아 이익을 얻는 행위는 인류만이 누릴 수 있는 것으로 그 역사는 비교적 짧다. 수백만 년이나 지속된 소수의 수렵·채집 사회에서는 수탈과 교환은 있었지만 상업과 교역은 일반적이지 않았다. 원시적인 수렵·채집 사회에서는 자신들이 소비할 식료품과 연료를 손에 넣기도 어려웠기 때문이다.

대규모의 농경과 고기잡이, 방목이 조직적으로 시작되고 '잉여 생산물과 식량'이 생산되자 인류의 행동양식과 사고방식은 크게 변했다. 잉여 생산물과 식량은 농경과 고기잡이에 종사하지 않는 왕족과 관료, 종교인, 군인들에게 돌아갔다. 이러한 대규모 집단은 이윽고 국가를 형성하게 되었고, 그 무렵에는 이미 화폐가 만들어져 상업과 교역도 시작되었다. 최초의 상업과 교역은 물물교환 방식이었지만 곧 화폐를 이용한 거래가 주류를 이루게 되었다. 상업과 교역의 밑바탕에는 욕망과 커뮤니케이션, 신뢰가 깔려 있다. 사람들은 식량이나 그 밖의 필수품에 대한 욕망을 커뮤니케이션과 신뢰를 이용해 이익으로 바꾼다. 그리하여 상업과 교역은 인간 고유의 행위로 정착되었다.

욕망을 획득하다

나는 테니스 대회 티켓을 팔고 왜 양심의 가책을 느꼈을까. 그것은 어차피 불필요한 티켓이었기 때문에 누군가에게 공짜로 선물하면 될 텐데 돈을 주고 팔았다는 생각이 들었기 때문이다. 상대방의 욕망을 커뮤니케이션을 통해 채우기 위해서였다면 티켓을 팔 필요는 없었다. 실제로 티켓을 팔고 돈을 받았지만 티켓을 팔게 된 계기는 돈이 아닌 파는 행위 자체에 있었다는 느낌이 든다. 그것에는 타인의 욕망을 '획득한다'는 근원적인 쾌감과 흥분이 있었다. 내가 제공한 물건과 서비스에 타인이 욕망을 보이고 매매가 성립되는 순간 무료봉사를 하고 감사 인사를 받는 것과는 다른 종류의 근원적 쾌감과 흥분을 느끼는 것이다.

인류가 합리적 행위라는 이유만으로 상업과 교역을 발달시킨 것은 아니라고 생각한다. 거기에는 인간의 욕망과 관련된 근원적 쾌감과 흥분이 존재하지 않았을까. 만약 그것이 사실이라면 이 세상에서 물건과 서비스를 파는 행위는 결코 사라지지 않을 것이다. 그러나 원칙적으로 어린이의 세계에는 매매·상업·교역 같은 개념이 없다. 비슷한 행위를 하는 어린이는 있을지 모른다. 실제로 종전 직후에 물건과 서비스를 파는 어린이도 있었다. 그러나 그들은 나이로는 어린이였는지 몰라도 정신적으로는 어른이었다.

영업왕이란

물건과 서비스를 파는 일이 적성에 맞는 사람, 잘하는 사람은 분명히 있다. 이유는 알 수 없지만 그 사람이 가게에만 나오면 상품이 잘 팔린다든지, 결코 미인이 아닌데도 손님에게 인기가 많다든지, 이렇다 할 이유는 없지만 영업의 천재라고 불리는 사람들이 물건과 서비스를 파는 어른들의 세계에는 있다. 하지만 그러한 사람이 어렸을 때 무엇을 좋아했는지는 알 수 없다. 그래서 물건과 서비스를 파는 일이 중요한 것이다.

물건과 서비스를 팔기 위한 요령과 비결, 기술은 다루는 상품에 따리 디르다. 예를 들이, 고급 외제차와 국산 대중차는 판매 방식이 다르다는 이야기를 들은 적이 있다. BMW와 벤츠, 재규어를 파는 우수한 영업사원은 재력가들을 요령 있게 다루는 사람이 아니라 고급 외제차를 탔을 때 느끼는 기쁨과 만족감을 정확하게 설명할 수 있는 사람이라고 한다. 반면

국산 대중차를 잘 파는 우수한 영업사원은 각 자동차만의 특성과 효율성을 알기 쉽게 설명하는 사람이라고 한다.

결론: 고객을 기다리기만 해서는 물건을 팔 수 없다

불황과 디플레이션의 영향으로 물건이 예전만큼 팔리지 않는다는 소리를 자주 듣는다. 그러나 물건이 팔리지 않는 이유가 그 탓만은 아니라는 지적도 있다. 이제 우리 사회에는 고도성장기 때 같은 엄청난 수요는 없다. 단순히 상품을 진열하고 손님이 와서 사가기만 기다려서는 물건이 팔릴 리가 없다는 의견도 있다. 텔레비전 홈쇼핑이 좋은 예이다. 그들은 상품이 얼마나 매력적이고 가치가 있는지를 전문 쇼핑호스트나 연예인을 기용해 호소한다. 그리고 홈쇼핑 바이어들은 팔 수 있는 상품을 찾아 개발하려고 엄청나게 노력한다. 물건을 파는 형태와 방법은 시간이 갈수록 변할지 모른다. 하지만 거기에 최소한의 공통점은 있다. 그것은 어떻게 하면 팔 수 있을지 필사적으로 연구하는 것이다.

수학 03

"수학을 좋아하고
흥미있어 한다."

❶ | 계산을 한다

수학 문제를 풀었을 때 답이 딱 맞아떨어지면 기분이 좋다. '수학'은 언어와 더불어 인류의 위대한 발명품 중 하나이다. 숫자의 무한한 가능성을 깨닫는 것도 이 항목에 포함된다.

금융업계에서 일하기

금융업이란

금융업이라고 하면 보통 은행에서 돈을 계산하는 사람을 떠올리는데, 이는 금융업에서도 극히 일부에 해당하는 일이다. 본래 금융이란 '돈을 융통한다'는 뜻으로 여러분의 돈을 필요한 곳에 빌려준다는 의미였다. 그러나 현대에 이르러 금융 거래가 복잡해지면서 이 정의만으로는 설명하기 어려운 분야가 늘어났다. 따라서 종합적으로는 '사회 속에서 돈이 흘러가는 모습'으로 이해하면 된다.

그중에서도 중심 역할을 하는 곳은 금융기관으로 은행, 증권회사, 보험회사와 같이 다양한 종류가 있다. 법률에 따라 엄격하게 구분되어 있던 각각의 영역이 시대가 변하면서 비슷해지고 중복되면서 각자 다른 분야에 진출하거나 틈새를 노리고 새로운 유형의 금융기관이 생겨나는 등 급격한 변화가 일어났다. 또 국제화가 진행되면서 외국계 금융기관도 많이 들어오고 있다. 즉, 금융업은 과도기에 놓여 있다고 할 수 있다. 그렇다면 금융업이란 과연 어떤 일일까? 대략적인 흐름을 살펴보자.

돈을 모은다

금융업은 한마디로 말해 영업이다. 그 대상은 개인에서 대기업, 불특정다수에서 특정 소수에 이르기까지 폭넓다. 금융업은 돈을 모아야 할 수 있기 때문에 영업이 무엇보다 우선적으로 행해져야 한다. 단, 효율성이 높아야 하므로 수적 우세만 내세워 계약을 따내거나 방방곡곡에 지점을 두는 것은 불가능하다. 전문 지식을 갖춘 사람과 그렇지 못한 사람 사이의 업무 내용과 수입은 크게 다를 것이다.

돈을 운용한다

금융업은 고객이 맡긴 돈과 자사의 돈을 최대한 유리하게 투자하는 일이다. 투자 대상은, 은행이라면 기업이나 개인에게 하는 대출이 중심을 이루고, 그 밖의 금융기관이라면 주식, 채권, 외환 등인데 저마다 다양한 방법에 여러 전문가가 있다. 매우 전문적인 일이므로 경제 지식은 물론 분야에 따라 다방면의 지식이 필요하다.

리서치를 한다

투자할 때는 기업의 업적과 그 산업의 전망, 경제 전체의 동향 등에 관한 정보가 필요하다. 이 정보를 조사·분석하여 기관투자가와 개인에게 제공한다.

상품과 서비스의 개발·연구

은행에 예금을 하거나 주식을 사는 것 외에도 금융기관은 고객의 요구에 맞춰 다양한 금융상품을 개발한다. 일반 고객을 위한 금융상품에는 외화예금, 투자신탁, 중국 펀드 등이 있다. 또 기존의 금융상품을 응용한 금융상품(금융파생상품) 등 복잡한 것도 많다. 이 또한 전문 지식이 필요하다.

사무·관리

현재 금융과 관련된 일을 하는 사람은 많은데 그중에는 앞에서 설명한 전문적인 일을 뒷받침하는 사무직도 많다. 편의점이나 인터넷에서도 금융거래가 가능해지면 은행에서 돈을 계산하는 일은 줄어들고 새 금융 서비스가 탄생해 업무도 새로 생길 것이다.

금융업계의 업종

우리나라에는 은행금융기관과 비은행금융기관이 있다. 은행금융기관에는 중앙은행(한국은행), 일반은행(시중은행, 지방은행, 외국은행 국내지점), 특수은행(기업은행, 한국외환은행, 한국산업은행, 한국수출입은행 등)이 있으며 비은행금융기관에는 투자금융회사, 종합금융회사, 상호신용금고, 증권회사, 보험회사, 리스회사 등이 있다.

리테일 뱅커

은행 업무 가운데 주로 각 지점에서 개인이나 그 지역의 중소기업을 대상으로 하는 소매영업을 리테일이라고 한다. 은행 업무는 예금을 모으고, 투자신탁과 같은 금융상품을 판매하며, 개인에게 주택자금을 대출해 주거나 기업에 융자를 내주는 등 다양한데, 은행원 가운데 많은 사람이 이 업무를 한다. 은행 창구를 담당하는 사람을 텔러라 하는데 이들이 은행의 얼굴이 된다. 전통적 업무이지만 시대에 발맞춰 새로운 시도도 꾀한다. 단순한 입금과 송금 등은 ATM 같은 기계에서 처리하고, 주로 개인을 대상으로 자산운용에 관해 조언해 주는 파이낸셜 플래너나 부유층을 겨냥한 프라이빗 뱅커 같은 전문가도 생겨나고 있다.

홀세일 뱅커

은행 업무 중에서, 대기업 등의 법인을 대상으로 하는 영업을 홀세일이라고 한다. 지점에서 하는 경우도 있지만 대부분 본점에서 담당한다. 주된 업무는 융자를 내주는 것으로, 한 건당 금액은 리테일보다 훨씬 크다. 거래처인 기업이 금융에 요구하는 서비스는 다양화·고도화되어 있어, 담당하는 영업사원도 신뢰관계를 충분히 구축해야 그 요구에 부응할 수 있다. 올라온 안건은 심사 부문에서 적절성을 판단한 뒤 권한을 가진 사람이나 부서의 결재를 받아 실행한다.

인베스트먼트 뱅커

예금을 모아 융자를 내주는 것을 기본으로 하는 전통적 은행 업무와 달리 기업 등이 발행하는 주식이나 채권을 인수해 자금을 조달하거나 M&A(기업의 인수·합병)를 중개하며, 주식 상장을 돕는 것을 투자은행(인베스트먼트 뱅크) 업무라고 한다. 증권회사 등에서 이러한 업무를 담당하는 사람이 인베스트먼트 뱅커이다. 한 건당 규모가 크며 고도의 금융 노하우가 필요하다.

애널리스트

돈에 관한 정보 산업이기도 한 금융기관의 조사 부문에는, 투자에 필요한 다양한 정보를 조사·분석하고 예상하는 전문가가 있다. 조사 대상은 개별 기업에서 자국 내 경제, 세계 경제 전반에 이르며, 그 결과는 회사 내부나 투자가 또는 일반 고객에게 널리 전달된다. 기업이나 업계를 대상으로 분석하는 애널리스트, 시장 전체를 대상으로 투자 전략을 세우는 스트래터지스트, 경제 정세 전반을 대상으로 하는 이코노미스트가 있다.

펀드매니저

투자신탁이나 연금과 같이 타인이 맡긴 돈(펀드)을 주식이나 채권 등으로 운용하는 운용 전문가이다. 만약 주식이라면 어떤 상품을 얼마나 활용할지를 결정한다. 투자신탁이란 불특정다수의 투자가가 투자한 돈을 하나로 모아 펀드매니저 같은 전문가가 운용해서 그 수익을 투자가에게 분배하는 구조와 금융상품을 가리키는데, 종류가 다양하다. 펀드매니저는 신탁은행, 투자신탁회사, 투자고문회사, 생명보험회사, 손해보험회사 등에서 활약한다.

트레이더

넓은 의미로는 주식 등의 금융상품을 매매하는 사람을 가리키지만(개인 데이트레이더 등), 직업으로서 트레이더는 은행이나 증권회사 같은 금융기관에서 외국환, 주식, 채권, 금융파생상품 등을 직접 매매하고 수익을 올리는 사람을 말한다. 트레이더는 딜러라고도 한다. 짧은 시간에 수백억 원 내지 수천억 원을 다루기 때문에 금융기관의 전문적 업무라고 할 수 있다. 수익을 내면 성공보수를 많이 받기도 하지만 실패하면 큰 손해를 보게 된다.

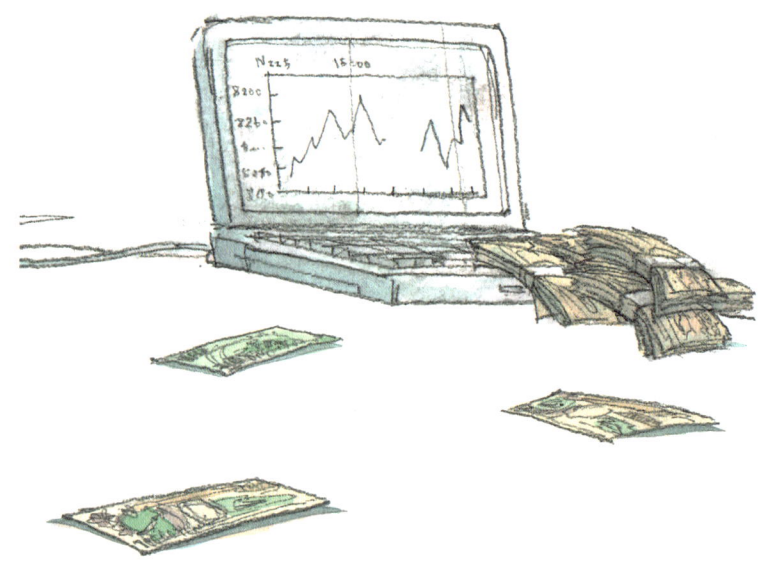

금융상품 개발자

주식이나 외국환 같은 전통적 금융상품에서 파생된 금융상품을 금융파생상품이라고 한다. 본래는 상품을 매매하던 업자가 장래의 가격 변동 회피 수단으로 개발한 보험과 같은 것이었지만 이제는 그 자체를 투자 대상으로 보며, 현재도 다양한 신상품이 개발되고 있다. 복잡한 수학과 컴퓨터를 활용해 개발한다. 한때 로켓 사이언티스트 같은 과학자가 금융기관으로 전직해 화제가 되기도 했다.

컴플라이언스 담당자

컴플라이언스는 법령을 준수하는 것을 말한다. 경영이라는 관점에서도 기업에게 중요성이 높아지고 있다. 돈을 다루고 공공성이 높으며 법과 같은 다양한 규제 위에 세워진 금융기관은 더욱 그러하다. 각 지점과 부서에 담당자를 두거나 따로 감사 부서를 개설한다. 외부에서 전문가를 초빙하는 금융기관도 많다. 전문직으로서 각종 신고, 계약 확인과 사원 지도 등을 한다.

금융 시스템 담당자

금융기관에서 시스템 분야·IT 분야의 중요성은 점차 높아지고 있다. 초기의 컴퓨터화는 사무의 생력화와 합리화가 주목적이었지만 현재는 인터넷뱅킹이 일상화되고, 해외 네트워크나 24시간 체제의 구축도 IT를 빼놓고는 생각할 수 없게 되었다. 물론 안전성도 요구된다. 이공계열 학과를 졸업하고 금융기관에 취직하면 대부분 시스템 분야에 배치된다.

보험 판매원

고객에게 보험상품을 판매한다. 대형 생명보험회사에는 판매원(여성이 많은 것도 특징)이 많은데 주로 영업을 한다. 급여는 대부분 능력제이며, 고객을 다수 확보해 높은 소득을 올리는 사람도 있다. 최근에는 복잡한 보험상품이 많아지고 외국계 보험회사 등 경쟁상대도 늘어난 탓에 단순한 방문 판매만으로는 살아남기 어려워지고 있다. 라이프 플래너라고도 하며, 보험에서 자산운용에 이르기까지 폭넓은 컨설팅을 행하는 판매 담당자를 키워 성과를 내게 하는 보험회사도 있다.

보험 계리사

보험회사에 소속되어 보험료를 설정하고 새로운 상품을 개발한다. 생명보험의 경우, 사회의 사망률과 사고 발생률을 분석하고 고객에게 부담이 되지 않으면서도 보험회사를 운영하는 데 석낭한 요금을 산출한다. 또 신탁은행 등에 근무하며 기업의 실적과 수지를 계산하여 기업연금을 결정하는 것도 주요 역할이다. 단순히 수집한 데이터를 계산하는 것이 아니라 확률론과 통계학을 구사해 사회 상황, 경제, 행정 등의 흐름을 날카롭게 분석하는 능력이 필요하다. 장차 더욱 복잡해질 연금문제나 보험문제에 개인과 회사가 대응하기 위해 없어서는 안 될 존재로 수요도 많다.

파이낸셜 플래너

개인의 자산운용이나 금융에 관해 종합적으로 조언한다. 금융기관에 근무하면서 이러한 자격증을 취득해 고객과 상담하고 자사 금융상품을 판매하는 등 본업에 활용하기도 한다. 반면 독립적으로 활동하는 파이낸셜 플래너도 있다. 수입은 고객에게서 받는 상담료 외에 강의를 하거나 잡지에 글을 기고해 벌어들인다. 공인회계사나 세무사, 공인노무사 등이 파이낸셜 플래너 자격증을 취득해 개업하는 사례도 많다.

금융업계에서 일하려면

예전에는 일반적으로 대학의 경제학과나 법학과를 졸업하고 금융기관에 취직했다. 그러나 현재는 일류 대학 경제학과를 나왔다고 해서 반드시 금융기관에 취직한다고 장담하기가 어렵다. 이익을 올리는 중소금융기관, 예를 들어 인터넷으로 주식을 매매하는 증권회사 등은 신규 졸업자 대신 경력자만 채용하거나 퇴직금 제도를 폐지한 곳도 있다. 중도 채용과 전직의 비율이 높은 것도 이 업계의 특징이다. 능력주의, 경쟁주의에 따라 노동시장이 새롭게 정비되고 있는 것이다.

모든 직업 가운데 금융은 환경, IT와 더불어 가장 변화가 심한 분야이고 10년 후 금융기관의 모습은 상상조차 하기 어렵다. 다만 금융이라는 일 자체가 사라질 일은 없으며, 새로운 능력과 전문 지식을 갖춘 인재는 항상 필요하다. 따라서 금융 전문 지식과 능력을 갖추려는 사람에게 알맞은 일일 수 있다.

세무사

세무에 관한 전문가로 세금을 납부할 의무가 있는 개인과 기업의 의뢰를 받아 납부해야 할 세금을 계산하고 서류 작성과 수속을 대행하며 세금 상담을 한다. 세무사가 되려면 세무사 시험에 합격하거나 변호사, 공인회계사 자격증을 취득한 뒤 세무사회에 등록해야 한다. 일반 기업이나 회계사무소에 근무하는 사람도 있으나 독립적으로 사무실을 내는 경우가 많다. 세금을 징수해 국가예산이 확보되는 한 계속해서 필요한 직업이다. 세금에 관한 법률과 판례는 자주 바뀌기 때문에 늘 새로운 정보와 지식을 수집해야 한다.

공인회계사

기업이 해마다 결산을 공표할 때, 사전에 그것을 감사하고 회계의 공정성을 보증한다. 감사는 법적으로 의무화되어 있는데, 기업의 의뢰를 받아 기업 경영 상태를 장부 등에 적힌 숫자 자료로 파악하고 그 기업이 회계를 제대로 하는지 증명한다. 자격증을 취득한 뒤에는 대개 회계법인에서 근무하지만, 일정 기간 근무한 뒤 독립하여 사무실을 여는 사람도 많다. 지방자치체도 법정감사가 의무화되는 한편, 기업의 정보 공개를 요구하는 주주도 늘고 있어 수요는 증가하는 추세이다.

우리나라의 경우, 공인회계사 시험은 기획재정부장관이 해마다 1회 이상 실시하는데(공인회계사법시행령 제6조), 1·2차 시험으로 나뉘며, 4년제 대학 전임강사 이상 또는 전문대학 조교수 이상으로 3년 이상 회계학을 교수한 자, 5급 이상 공무원으로 회계업무를 3년 이상 전담한 자, 금융기관 등에서 대리급 이상으로 5년 이상 회계업무를 담당한 자, 대위 이상의 경리장교로 5년 이상 근무한 자는 1차 시험이 면제된다(공인회계사법 제2조 제2항). 공인회계사의 자격을 얻은 자가 업무를 개시하고자 할 때는 1년 이상 실무실습을 마친 뒤 기획재정부장관에게 등록해야 하는데, 1차 시험 면제자는 바로 등록할 수 있다. 자산총액이 100억 원 이상인 주식회사는 공인회계법인의 회계감사를 받도록 의무화함에 따라 공인회계사 업무가 더욱 중요해지고 있다.

인터넷 주식 트레이더

인터넷에서 주식을 매매하는 사람이다. 회사원, 젊은 여성, 주부, 학생 등 이용자가 늘고 있으며 이것으로 생계를 유지하는 사람도 생겨났다. 자본주의 경제 시스템은 회사(주식회사)가 주식을 발행하고 그 주식을 매매해 자본을 모으는 것이 기본이다. 회사 경영이 좋으면 그 회사의 주식을 사는 사람이 늘어나고 주가가 오르나 그 반대라면 주가는 떨어진다. 과거에는 자산가를 중심으로 주식 매매가 이루어졌으나, 인터넷이 보급되고 인터넷 증권회사가 많이 설립되면서 개인이 참여하기가 손쉬워졌다. 인터넷 주식을 하려면 먼저 인터넷 증권회사에 계좌를 개설해야 한다. 그리고 나서 주가 시황을 인터넷으로 확인하면서 주식을 사고판다. 인터넷 주식은 용돈 범위에서 즐기는 거라면 괜찮지만, 이것을 전업으로 삼거나 고수익을 내기 위해 일을 키우면 큰 손실을 입을 수도 있다. 2008년 미국발 '금융위기' 때는 주가 폭락으로 하룻밤 사이에 큰 손해를 입은 주주들이 속출했다. 주식에서 발생한 손실은 어디까지나 본인 책임이므로 주의해야 한다.

증권분석사

증권은 회사나 상품 등 재무에 관한 권리·의무를 말하며 증권양도(매매)는 경제 활동과 깊이 관련되어 있다. 대표적인 증권에는 주권과 채권이 있다.

증권분석사는 은행, 증권회사, 생명보험회사 등에 소속되어 증권거래가 유리하게 이루어지도록 조언하는 전문가이다. 최근 들어 금융계는 더욱 복잡화·세계화되고 어떤 형태로 이익이 발생할지 예측하기가 어려워졌기 때문에 우수한 증권분석사의 인기가 높아지고 있다. 현재는 일반 기업에서도 필수라고 할 정도로 IR(investor relations, 투자가를 대상으로 한 홍보 활동) 같은 투자에 특화된 분야가 있으며 활동의 장도 넓어지고 있다. 거대한 자금을 운용한다는 묘미도 있으나 그들의 동향이 한 나라의 경제 상황에 큰 영향을 미치기도 하기 때문에 책임이 막중하다. 금융투자협회에서 자격증을 발행한다. 시장을 바라보는 날카로운 통찰력, 펀드 상품을 개발하는 기획력 등을 기반으로 실력을 쌓는다면 인정받는 증권분석사가 될 수 있다.

암호작성자

암호는 수신자 외에는 알 수 없도록 비밀리에 정보를 전달하는 특수 메시지로, 예부터 다양한 목적을 이루기 위해 이용되었다.《갈리아 전기》의 저자인 율리우스 카이사르가 부하에게 보내는 메시지를 암호로 작성했다는 기록도 남아 있다. 이때 카이사르가 사용한 것은 환자(換字)식 암호로, 알파벳의 각 문자를 세 번째 뒤의 문자로 바꾸어 표시하는 것이다. 카이사르가 사용한 암호도 그러했지만, 지금까지 암호는 일반적으로 군사적 목적으로 이용되었다. 적이 해독할 때마다 그 수법은 더욱 발달했다. 역사상 최고의 암호로는 독일의 발명가인 아르투르 슈르비우스가 고안한 암호인 '에니그마'가 있다. 에니그마는 제2차 세계대전 때 독일이 사용하였다.

오늘날 암호는 군사적 목적뿐 아니라 비즈니스를 위해 널리 이용된다. 인터넷의 보급으로 정보화 사회가 도래했기 때문이다. 이메일이나 전자상거래, 인터넷 쇼핑 등에서 정보 보호는 필수적이다. 따라서 오늘날 암호작성자는 일반적으로 물리학이나 수학에 관한 고도의 지식을 갖추었으며, 컴퓨터 과학 분야와 관련되어 있다. IT기업의 엔지니어나 연구자로 일하면서 암호 시스템과 소프트웨어를 개발해 특허를 취득한 사람도 적지 않다.

암호는 장차 비즈니스에 필수적인 것으로 고도의 기술을 갖춘 암호작성자의 수요는 계속 늘어나는 추세이다. 또 누구도 해독할 수 없는 암호를 만든다는 점에서 가슴이 설레는 매력도 있다. 암호작성자가 되려면 수학과 양자역학, 컴퓨터에 관한 지식뿐 아니라 높은 윤리 의식과 균형 감각을 갖추어야 한다.

이런 **직업**도 있다 측량사 **p.56**/ 경영 컨설턴트 **p.70**/ 전당포 **p.74**/ 엔지니어 **p.232**/ 외환 딜러 **p.422**

돈의 흐름을 감시·기록하는 일

무라카미 류

회계사나 세무사라는 직업에는 '타인의 돈을 계산하는 사람'이라는 수수하고 성실하면서도 어쩐지 따분할 것 같은 이미지가 있다. 하지만 실제로는 그렇지 않다. 불성실하거나 나쁜 사람이 있다는 말이 아니다. 경리나 세리의 업무는 돈의 흐름을 주의 깊게 감시하고 기록하는 것으로, 그 일에 종사하는 사람들에게 물어보니 매우 흥미진진한 일이라고 말한다.

돈의 흐름은 무언가를 이야기한다. 어떤 프로젝트에서 누가 자금을 대고 누가 그것을 받는지를 알면 그 프로젝트의 성격이 대강 파악된다. 예를 들어 장기이식 프로젝트가 있다고 하자. 긴급을 요하는 일이기 때문에 기증자가 제공한 장기는 이식을 기다리는 환자가 있는 병원까지 헬리콥터로 운반된다. 그 헬리콥터 비용은 누가 낼까? 헬리콥터 업체와 파일럿이 많고, 헬리콥터를 이용한 운송 비즈니스가 일반적인 미국은 헬리콥터 사용료가 싸다. 누가 그 돈을 지불하는지를 알면 장기이식의 현재 모습이 보인다.

만약 국가에서 헬리콥터 비용을 지불한다면 장기이식은 국가 프로젝트라고 할 수 있다. 수술을 담당하는 병원이 부담한다면 장기이식은 각 병원의 열의와 이익에 관련된 프로젝트가 된다. 그리고 이식을 받는 환자가 부담한다면 장기이식을 받을 수 있는 사람은 기본적으로 부자라는 추측이 가능하다. 즉, 경비 흐름은 중요한 정보를 포함하고 있다. 돈의 흐름은 이해타산을 반영하기 때문이다.

그러나 어떤 이유에서인지 우리 사회에서는 돈의 흐름에서 정보를 얻겠다는 생각을 하지 않는다. 장기이식에 이용되는 헬리콥터 사용료를 누가 지불하는지 텔레비전 뉴스에서 밝히는 일은 없다. 우리가 알고 싶어하지 않기 때문이다. 반면에 유명인의 사생활이나 참혹한 살인사건의 뒷이야기 등 우리가 궁금해하는 일은 반복해서 자세하게 보도한다.

왜 우리는 돈의 흐름에 흥미가 없을까? 거기에는 다양한 이유가 있지만, 이 에세이의 주제와 다른 내용이므로 자세히 다루지는 않겠다. 다만 확실한 것은 돈의 흐름을 개인적으로 생각할 기회가 적다는 것이다. 샐러리맨의 원천징수는 그 좋은 예이다. 우리는 급여를 받은 뒤 세금을 내는 것이 아니라 처음부터 세금을 빼고 급여를 받는다. 일단 자기 주머니에 들어올 돈을 국가가 가져가는 것이므로 '대체 어디에 쓰는 걸까?' 하고 생각할 법도 한데, 처음부터 빠져 있기 때문에 그것이 사실은 자기 돈이었다는 것을 깨닫지 못하고 어디에 사용되는지에 대해서도 흥미가 없다. 살고 있는 아파트의 공동보수 비용은 10원이라도 적게 내려고 하면서 수조 원이 드는 다리 건설에는 전혀 관심이 없다는 것은 이상한 일이다. 많은 사람이 이처럼 국가의 돈에 자기 돈이 포함되어 있다는 사실을 실감하지 못한다.

회계사와 세무사, 넓은 의미에서는 은행원을 포함해도 될지 모르겠지만, 그들의 일은 돈의 흐름과 관련되어 있다. 돈의 흐름은 많은 의미를 담고 있어 중요한 정보가 된다. 특히 기업회계는 감사를 포함하여 지금까지 내부에서 처리하는 경우가 많았지만 투자가와 주주를 위해, 그리고 금융 시스템 전체의 건전성을 위해 점차 공개하는 추세로 바뀌고 있다. 은행의 회계감사법인과 같이 국가 규모의 금융 문제에 대해 결정하는 중대한 역할을 수행하기도 한다. 회계사와 세무사, 은행원 등과 같이 돈의 흐름을 감사하고 기록하는 사람은 앞으로 독립성과 중요성이 더욱더 높아질 것이다.

2003년에 쓰다

❷ | 도형을 생각한다

도형에 관해 연구하는 '기하학'은 지금부터 약 2,000년 전 고대 오리엔트에서 나일 강의 범람을 조사하기 위해 토지를 측량할 때 탄생했다. 도형은 세상의 불가사의를 밝히는 도구이다.

기계설계사

공업 제품의 디자인에 맞춰 제품 시스템을 구축해 나가는 기술직이다. 모든 공업 제품 제조 공장에 필요하지만 그중에서도 자동차 산업에는 반드시 필요하다. 예를 들어 신차를 개발할 때는 자동차회사가 기획·입안을 하고, 공업 디자이너가 정한 디자인에 기존 부품을 가공하거나 새 부품을 만들어 세부적으로 조합한 뒤 도면을 그린다. 그리고 최종적으로 생산 라인에 올린다. 현대에 와서는 컴퓨터상에서 3D(3차원) CAD(캐드, 컴퓨터를 이용한 설계·제도)를 다루는 능력이 가장 중요시된다. 기계설계사는 대부분 공과대학의 기계공학과를 졸업한 뒤 기계설계를 전문으로 가르치는 전문학교를 거쳐 취직한다. 운동역학과 열역학, 재료역학 등에 대한 풍부한 지식이 필수적이다. 기본적으로 기계 만지기를 좋아하고 사물을 3차원으로 볼 수 있어야 한다. 종이에 그려진 도면을 머릿속에서 3D로 구성하는 능력이 필요하다.

부동산 감정평가사

토지를 담보로 금융기관에서 돈을 빌릴 때나 국가 또는 지방에서 토지를 매수할 때 의뢰를 받아 토지의 가격을 금액으로 평가한다. 현지 부동산업자를 방문해 의견을 듣거나 토지의 권리관계가 기록되어 있는 등기부를 열람하여 면밀하게 조사한 뒤 공평하게 평가해야 한다. 부동산 재테크에 관해 컨설팅하기도 한다. 부동산 감정평가사가 되려면 한국감정평가협회에서 시행하는 2차에 걸친 감정평가사 시험에 합격해야 한다. 대학에서 법률이나 경제 관련 학과를 졸업하면 유리하지만 시험은 학력과 관계없이 응시할 수 있다. 전문학교에 다니면서 공부하는 사람도 많다. 합격한 뒤 부동산회사나 신탁은행, 보험회사 등에 취직하기도 하지만 대개 부동산감정사무소를 연다. 국가에서 감정업무를 의뢰받는 경우도 있다. 토지 감정은 사회적 책임이 따르는 일이므로 강한 정의감과 도덕심이 필요하다.

정원설계사

개인 주택의 정원을 비롯해 공공녹지, 공원 등을 설계·시공한다. 정원을 설계하려면 나무와 풀, 흙, 돌, 물 등에 관한 지식이 있어야 한다. 병충해와 농약, 환경에 관한 지식도 필요하다. 실제로 공사를 지휘하고 감독할 뿐 아니라 직접 작업에 참여하기도 한다. 특별한 자격증이 없어도 정원설계를 할 수 있지만 보통 대학의 토목공학과나 건축학과 등에서 기초 지식을 배우고 정원설계회사나 건축회사에 취직한다. 이러한 자격증은 공원을 설계하거나 공공시설의 녹지를 관리할 때 필요하다. 남자를 중심으로 한 일이었으나 최근 들어 불기 시작한 정원 꾸미기 열풍으로 여성 희망자도 늘고 있다. 그중에서도 영국식 정원이 인기가 있어 영국에서 정원설계를 배우는 사람도 있다.

건축사

국토해양부장관의 면허를 받아 건축물 설계, 공사감리 업무를 수행한다. 건축사법에 따라 국토해양부에서 시행하는 건축사 자격시험에 합격하고 면허를 받아야 한다. 응시자격은 건축사예비시험에 합격한 사람으로서 예비시험 응시자격 취득일부터 실무경력이 5년 이상인 사람, 외국에서 건축사 면허를 받거나 자격을 취득한 사람으로서 합계 5년 이상 실무경력이 있는 사람에 한한다. 건축사예비시험 응시자격은 대학에서 건축 관련 소정의 과정을 이수하고 졸업하거나 그와 동등 이상의 학력이 인정되는 사람, 전문대학에서 건축 관련 소정의 과정을 이수하고 졸업하거나 그와 동등 이상의 학력이 인정되는 사람으로서 2년 이상 실무경력이 있는 사람, 고등학교나 3년제 고등기술학교에서 건축 관련 소정의 과정을 이수하고 졸업하거나 그와 동등 이상의 학력이 인정되는 사람으로서 4년 이상 실무경력이 있는 사람에 한한다. 건축사가 개업할 때는 단독 또는 합동으로 건축사사무소를 내고 국토해양부장관에게 등록해야 한다.

토지·가옥조사사

토지 소유자는 건물을 짓거나 팔고 살 때, 논밭을 메워 택지로 조성하는 등 토지 사용 목적을 변경할 때, 토지 면적에 변동 사항이 있을 때는 등기를 해야 한다. 토지·가옥조사사는 이러한 고객의 의뢰를 받아 부동산 등기에 필요한 토지나 가옥을 조사·측량하고 도면을 작성하여 신청 수속을 밟는다. 토지 측량도 하기 때문에 측량사 자격증을 취득한 사람도 많다. 또 부동산 매매로 권리소유자가 바뀌는 경우, 등기는 법무사의 일이므로 법무사 자격증이 있는 사람도 있다. 현재 우리나라에는 자격증이 없지만 일본에서는 유망 직종으로 주목받고 있다.

❸ │ 명제를 증명하거나 분석한다

수학은 숫자와 도형, 정리를 이용해 다양한 현상의 옳고 그름을 증명할 수 있다. 따라서 수학은 물리학, 논리학, 철학 등 모든 학문의 기초라고 할 수 있다.

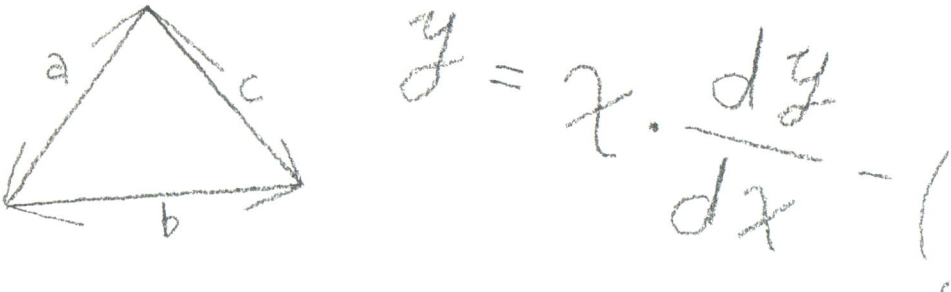

체스 플레이어

체스 플레이어 중 상금을 받아 생활할 수 있는 사람은 세계 랭킹 100위 정도까지라고 한다. 100위 안에 들면 국제시합에 초청되어 교통비, 체재비는 물론 체재기간에 보증금이 나오고 이기면 상금도 받을 수 있다. 세계 정상급 플레이어가 되면 연수입이 10억 원을 넘지만 상금만으로 생활이 가능한 체스 플레이어는 없다.

바둑기사

국내 프로바둑기사는 한국기원에 소속되어 바둑대회 참가, 국내외 교류활동, 바둑 연구 등 모든 공식적인 업무를 관리받는다. 바둑의 기력을 측정하는 데는 단과 아마추어의 기력을 나타내는 급이 있다. 아마추어바둑기사에서 프로바둑기사가 되면 초단부터 시작하며 9단이 되면 최고 경지에 오른다. 각종 바둑경기에 참가해 받는 상금이 가장 큰 수입이 되지만, 바둑학원을 운영하거나 초등학교 특기적성 교사로 활동하기도 한다. 문화센터, 사회교육원, 바둑TV 등에서 강사로 활동하기도 하며, 바둑과 관련된 출판활동을 하거나 바둑이론 등의 연구원으로도 활동한다. 프로바둑기사가 되려면 아마추어

과정을 거친 뒤 한국기원에서 주최하는 프로바둑기사 선발전을 거쳐야 한다. 대학교에 바둑학과가 개설된 곳도 있고 석사과정도 있다.

장기기사

장기를 두는 사람을 일컫는다. 일반적으로 장기 기전에 참가하는 프로 전문기사를 가리키지만 아마추어에게도 적용된다. 우리나라의 경우 공식 프로 입단대회를 통해서 프로장기기사로 입단하거나 우승자에게 프로 초단을 주는 전국 아마추어 장기대회를 통해서 입단할 수 있다. 공식 프로 입단대회 같은 경우 아마 유단자들만 참가할 수 있다. 현재 대한장기협회 소속 프로장기기사는 프로 초단부터 프로 9단까지 있다. 대회에서 좋은 성적을 거두거나 승단대회에서 일정 점수를 쌓으면 승단이 가능하다. 장기 기전에 참가해 다른 기사와 대국을 하며, 방송 대국일 경우 시청자들에게 대국을 해설하기도 한다.

이런 직업도 있다

법무사 **p.61**/ 인터넷 주식 트레이더 **p.88**/ 암호작성자 **p.88**/ 우주비행사 **p.165**/ 나사에서 일하기 **p.166**/ 천문대에서 일하기 **p.167**/ 경매회사에서 일하기 **p.220**/ 소믈리에 **p.252**/ 감독·코치 **p.286**/ 마술사 **p.300**/ 정치가 **p.333**

과학 04

"과학을 좋아하고
흥미있어 한다."

❶ | 꽃과 식물을 관찰하거나 기른다

길을 걷다가 예쁜 꽃이 피어 있으면 문득 발길을 멈춘다. 시들어가는 꽃이나 식물을 발견하면 물을 준다. 이 꽃의 이름은 무엇일까 도감에서 찾는다. 집 앞마당과 학교 화단에 씨앗을 심고 싹이 트기를 기다린다.

플랜트 헌터(식물 채집 · 보급 전문가)

오렌지와 레몬은 북서 유럽의 귀족들이 동경하는 나무였다. 이 나무들은 이탈리아와 스페인에서 알프스를 넘어 운반되어 여름 내내 북서 유럽 귀족들의 정원을 아름답게 빛냈다. 영국인이 유럽 대륙에 와서 버찌와 오렌지, 아네모네, 튤립 등을 구입한 것이 플랜트 헌팅의 기원이라고 한다. 그리고 19세기에 진귀한 꽃과 나무를 찾아 유럽을 떠나 아시아, 아프리카, 중남미, 카리브 해로 떠난 사람들을 플랜트 헌터라고 부르게 되었다. 본래 수도사나 범죄자였던 이들은 본국의 왕족과 귀족들의 이국적인 욕구에 부응하기 위해 아득히 먼 미지의 땅을 찾아가 갖가지 방법으로 꽃의 씨앗과 묘목을 구해서 돌아왔다. 이윽고 플랜트 헌터는 일종의 직업으로 자리를 잡아 조직적으로 운영되기 시작했고 식물학자가 채집을 담당하게 되었다. 그렇게 해서 세계 각지에서 유럽으로 들여온 식물은 1만 종에서 10만 종에 이른다고 한다.

지금은 물론 플랜트 헌터라는 직업은 존재하지 않는다. 그러나 플랜트 헌터는 다양한 면에서 '일'과 '직업'의 본질을 보여준다. '어떤 물건을 원산지에서 그 물건을 원하는 사람들이 많은 곳으로 운반하면 이익이 발생한다.' '진귀한 물건, 희소가치가 있는 물건을 거래하면 막대한 이익이 생긴다.' '누구도 하지 않는 일을 하면 이익이 커지지만 그에 따르는 위험 또한 크다.' 부와 명예를 얻은 소수 플랜트 헌터들의 삶 이면에는 본국에서 멀리 떨어진 미지의 땅에서 생명을 잃은 수많은 플랜트 헌터가 있었을 것이다. 같은 일을 같은 방식으로 하면 크게 성공하기 어렵다는 것을 플랜트 헌터라는 직업은 보여준다.

그린 코디네이터

관엽식물에 관한 지식이 있고 관엽식물을 이용하여 가정이나 상업시설, 음식점과 소매점 등의 가게, 호텔, 사무실, 이벤트장 등을 연출하는 전문가이다. 그린 코디네이터는 관엽식물의 종류와 재배·관리 방법에 관한 노하우를 비롯해 인테리어와 옥외장식 디자인 센스, 식물과 조명의 관계, 생태학과 환경 지식 등을 갖추어야 한다. 또 고객에게 디자인 내용을 알기 쉽게 설명하는 프레젠테이션 능력과 꽃의 매입량을 결정하는 매니지먼트 능력, 무거운 관엽식물을 옮길 수 있는 체력이 뒷받침되어야 한다. 원예점이나 꽃집, 식물대여회사, 인테리어회사 등에서 일하며 프리랜서로 활동하는 사람도 많다.

플라워 디자이너

고객의 요구와 장소에 맞게 꽃을 장식한다. 예를 들어, 결혼식이나 파티 등에서 꽃을 장식한다. 전문학교를 나오거나 꽃집에서 배운 뒤 꽃집이나 호텔, 결혼식장, 전문회사 등에 취직하는 사람이 많다. 독립하는 경우 대개 꽃집을 경영하는데 이때는 물론 영업 능력도 갖춰야 한다. 플라워 디자이너 외에도 플라워 코디네이터, 플라워 아티스트 등 다양한 명칭으로 불리는데 실제로 명칭에 얽매이는 사람은 별로 없다. 무엇보다 꽃을 얼마나 아름답게 장식하는지가 플라워 디자이너의 평가기준이 된다.

플라워 어렌지먼트 강사

꽃꽂이나 부케 만드는 법을 학생들에게 가르치고 가게나 레스토랑에 꽃을 장식한다. 자격증이 없어도 플라워 어렌지먼트 강사로 일할 수 있다. 독학으로 배워도 좋고 꽃집에서 일하며 어렌지먼트 기술을 익히는 방법도 있다. 영국 등 해외 플라워 어렌지먼트 스쿨에서 단기 유학하며 본고장의 기술과 감성을 습득할 수도 있다. 성공 여부는 최종적으로 본인의 감각과 기술에 달려 있다. 인간적인 매력과 영업 능력도 큰 영향을 미친다.

분재관리사

소나무나 철쭉 같은 나무를 화분에서 기르면서 자연스럽게 자란 나무처럼 손질한다. 가지의 모양새를 정리하면서 나무를 키우려면 시간이 걸리기 때문에 무엇보다 끈기가 있어야 한다. 일반적으로 분재사가 되려면 분재원 등에서 기술을 연마한다. 이 기간의 수입은 매우 적다. 어엿한 분재사가 되기까지는 5~10년이 걸린다. 전문 분재사가 되면 해외의 분재 클럽에서 지도하거나 이벤트에서 시범을 보이기도 한다. 국제성과 발전성이 있는 직업으로, 분재를 아름답게 만들어내는 기술과 경험에 따라 수입이 좌우된다.

정원사

정원에 대한 각종 지식을 바탕으로 지역의 기후와 토양, 풍토에 맞는 정원을 가꾸고 나무 손질 등 유지 관리를 한다. 특히 개인주택의 경우 정원을 고풍스럽게 가꾸는 일이 많다. 정원사가 되기 위한 특별한 자격증이나 학력은 필요 없으며 실무를 통해 기술과 지식, 전통 기법을 체득한다(물론 대학에서 조경을 배우면  취직하기가 유리하다). 조경회사에 취직하거나 정원사의 제자로 들어가는 경우가 많다. 높은 나무에 오르거나 시멘트를 반죽하거나 큰 돌을 옮기는 등 힘쓰는 일이 많으므로 체력도 뒷받침되어야 한다. 고객에게 소중한 정원을 다루는 일이므로 고객의 의견을 듣고 조언을 하는 등 섬세한 배려와 커뮤니케이션 능력이 필요하다.

조경종사원

화초와 나무를 심거나 이식한다. 몇 년 후 가지가 자라게 될 방향과 다른 나무나 화초와의 궁합, 정원 전체의 균형을 고려하면서 가지를 손질한다. 식물을 통해 계절감과 자연의 운치를 느낄 수 있으며, 일하면서 위로받는 사람도 많다. 다만 날씨의 영향을 많이 받기 때문에 맑은 날엔 늦게까지 일하고 비가 계속 내리면 수입이 줄어드는 것도 각오해야 한다. 고소공포증이 있는 사람이나 벌레를 싫어하는 사람에게는 맞지 않는다.

수목의

천연기념물로 지정된 큰 나무, 명목(名木), 노목(老木)은 물론 공원, 식물원, 거리, 개인정원 등의 나무를 진찰하고 치료한다. 병든 수목을 치료하려면 몇 년씩 걸리는 경우가 적지 않다. 천년 된 노목을 살리기 위해 처방전을 작성하고 기중기를 이용해 몇 년에 걸쳐 이식하는 대대적인 작업을 지휘하기도 한다. 금방 죽을 것 같았던 노목이 재생했을 때는 매우 감격스럽다고 한다. 수목을 쓸데없이 연명시키지 않고 베어야 할 최적기를 알아내는 일도 한다. 수목 자체의 치료뿐 아니라 식수의 균형과 가지치기 방법, 토양 관리 등 주위 환경도 관리할 줄 알아야 한다.

잔디밭관리원

'잔디 전문가'라고도 한다. 골프장이나 축구장, 경기장 등에 깔린 천연 잔디를 유지·관리한다. 선수의 멋진 경기를 뒷받침해 주는 중요한 일이다. 천연 잔디를 유지·관리하려면 전문적인 지식과 능력이 필요하다. 한편 천연 잔디를 사용한 경기장이 계속 늘어나는 추세여서 경험 있는 잔디밭관리원의 수요도 늘고 있다. 잔디밭관리원이 되기 위해 대개 골프장 코스 관리부나 잔디관리회사, 조경회사 등에 취직하여 경험을 쌓는다. 잔디와 토양, 세균, 날씨에 대한 지식과 더불어 직원들을 단결시키는 관리 능력 또한 잔디밭관리원에게는 빼놓을 수 없는 요소이다. 잔디밭관리원은 자신이 혼을 쏟아 손질한 잔디가 칭찬받을 때 가장 큰 기쁨을 맛본다고 한다. 스스로 만족할 수 있는 잔디를 키우는 것이 평생 목표일지도 모른다.

식물원 직원

수많은 식물을 키우는 식물원은 최근에는 저마다 특색을 자랑거리로 내세우고 있다. 장미, 선인장, 허브 등만 다루는 전문식물원과 곤충, 식물 등 생태계를 관찰할 수 있는 열대식물원, 습지원 등이 있다. 식물원에서 하는 일은 식물 재배, 시설 관리와 유지, 식물 관리로 나뉜다. 학술적 지식보다 식물에 대한 흥미와 애정, 야생에 대한 이해와 관찰력이 있고 아름다운 것에 솔직하게 감동하는 사람에게 적합하다.

경관기획자

역사적 건축물이나 자연 풍경을 보존하면서 광장과 거리를 디자인하거나 설계한다. 아직 직업으로 확립되지는 않았지만 환경보전에 대한 의식을 나타내고자 이렇게 부르는 사람이 있다. 관공서의 도시정비과나 공원녹지과, 도시공단, 민간 설계사무소, 건설회사 등에서 일한다. 관공서로 진출한 경우 보전 계획과 녹화 계획 같은 계획을 세우며, 민간의 경우 실제로 도면을 그리고 일에 종사하는 경우가 많다. 대학의 조경학과나 원예학과, 환경디자인학과를 졸업하면 유리하지만 특별한 자격증은 필요하지 않다. 꽃과 나무를 이용하는 경관 설계는 일반 건축과 달리 식물이 자라야 비로소 완성된다. 식물에 대한 애정도 잊어서는 안 된다.

임업

환경면에서도 수자원을 저장하고 토사의 유실과 붕괴를 막는 '초록 댐'인 숲을 보호하자는 움직임이 일어나고 있다. 최근 아웃도어 열풍 속에서 야생동물과 조류, 곤충의 보고이자 신선한 공기를 제공하는 장소로서의 숲을 관광자원으로 보는 시각도 나타나고 있다. 목조주택의 수요도 회복세를 보이고 있고, 전통공에 재료로서 숲을 재생해야 한다는 목소리도 나오고 있다. 바이오매스 등 신에너지를 개발하기 위해 숲에서 활동하는 사람도 늘고 있다. 환경에 대한 의식 확대, 아웃도어 열풍과 함께 수목의와 산림관리원 등 숲과 수목을 다루는 직업에 대한 관심도 높아지고 있다. 그러나 임업의 기본은 나무를 심고 기르는 것이다. 심은 묘목을 보호하기 위해 잡초를 베고 간벌하는 작업은 매우 고되고 보수도 적다.

산림관리원

전국 국유림 보호 관리의 최전선에 있는 산림관리소에서 근무한다. 직접 국유림을 걸으며 순찰하거나 국유림을 보호하기 위한 조사와 관리를 행한다. 따라서 나무와 숲에 관한 전문가여야 한다. 하루를 대부분 숲에서 보내기 때문에 체력도 필수 조건이다. 숲은 물을 저장하는 등 우리 생활에 중요한 역할을 하는데, 그것을 뒷받침해 주는 산림관리원의 역할도 커지고 있다.

꽃집

꽃집을 동경하는 사람은 많다. 그러나 꽃집 수는 그다지 많지 않으며 대규모 체인점도 다른 직종에 비하면 적다. 이는 꽃집을 경영하기가 어렵다는 점을 나타내는 것이다. 아무리 꽃이 좋고 꽃에 대한 지식이 있고 뛰어난 기술이 있어도 꽃집을 경영하려면 특별한 재능과 독자적 경험이 있어야 한다. 생화는 신선도가 며칠밖에 유지되지 않기 때문에 어떤 꽃을 얼마나 매입해서 얼마에 팔지 결정하는 일이 매우 중요하다.

최근 도시에서는 도매를 통하지 않고 꽃을 산지에서 직접 매입해 싸게 파는 꽃집이 잇달아 생기면서 경쟁이 치열해지고 있다. 꽃집을 열려면 일단 꽃집에서 일하며 경영을 배워야 한다. 가게 앞에 꽃을 진열하거나 물을 빼는 일도 하므로 체력이 소모되고 손은 거칠어진다. 아름다운 꽃은 마음을 위로해 주지만 장사는 결코 만만치 않다. '꽃을 얼마나 사랑하는지'를 냉혹하게 시험당하게 된다. 하지만 인터넷에서 꽃바구니를 팔거나 부케를 만들어 팔고, 프리마켓에서 가게를 여는 등 다양한 도전을 할 수 있는 매력적 직업인 것에는 변함이 없다.

농업

독립 경영자가 되려면 토지, 노동력, 자본을 갖추어야 한다. 스스로 어떤 농사를 지을지가 불분명하면 경영은 불가능하다고 생각하는 것이 좋다. 또 지역 사회와 관련되는 일이 많기 때문에 지방의 특성을 이해하고 지역 사회에 참여하려는 의식이 있어야 한다. 직접 경영 외에 기업 형식의 농업법인에 취직하는 방법도 있다. 농업은 뜻하지 않은 자연재해를 입는 등 노력만으로는 안 되는 부분이 많기 때문에 긍정적이고 대범한 사람에게 알맞다. 요즘에는 농작물을 생산하는 것만으로는 충분하지 않다. 수확한 농작물을 가공하여 부가가치를 높이는 등 다각적 전략이 필요하다. 다음에는 농산물의 종류를 소개한다.

쌀

벼농사만으로 생계를 유지하려면 정리된 토지가 있어야 한다. 그래서 처음 농사를 시작하는 사람은 금전적으로 곤란을 겪는다. 독자적 재배법과 판매 경로를 개척한다면 소비자에게 직접 쌀을 판매할 수도 있다.

채소

종류에 따라 필요한 설비와 자금이 다르다. 무엇을 어디에서 경작할지가 핵심이다. 유행, 수입 채소의 동향과 출하시기에 따라 가격이 달라진다. 유기농업을 하거나 약초를 전문으로 생산하는 곳도 있다. 허브농장이나 레스토랑을 함께 경영하는 등 다각적인 형태를 생각할 수 있다.

과수

토지와 기후 조건에 좌우되는 경향이 크고 다른 작물로 전환하기도 어렵다. 묘목이 자라서 수확하기까지 몇 년이 걸린다. 따라서 최소 10년 정도 장기 전망을 보고 계획을 세워야 한다. 수확할 수 있을 때까지 다른 작물을 재배하거나 방치된 과수원을 빌려 경영하는 방법도 있다.

화훼 재배 농가

꽃집에 출하할 꽃을 재배한다. 장미나 카네이션 등의 절화, 시클라멘과 난, 관엽식물 등의 분재, 그 밖에 모종이나 구근 등 다양한 종류를 생산한다. 주로 재배단지나 하우스에서 생산한다. 흙 만들기부터 씨뿌리기, 물주기, 거름주기, 온도 관리, 병충해 방제 등 해야 할 일이 많다. 매일 세심하게 관리해야 하기 때문에 농한기를 제외하고는 쉬는 날이 없다. 꽃의 생육 상태와 시장 상황을 보고 출하시기를 결정한다. 화훼 재배는 비교적 소규모 토지에서도 할 수 있어 새롭게 농업을 시작하고자 하는 사람에게 적합하다. 농업대학 등에서 지식과 기술을 배우는 것도 좋지만 토양과 기후 등에 크게 좌우되기 때문에 무엇보다 경험이 중요하다. 그 지방의 선진농가에서 기술을 배우는 사람도 많지만 경영하기는 쉽지 않다. 어떤 토지에서 어떤 꽃을 재배해 언제, 어떤 방식으로 팔지에 대한 전략이 중요하다.

바이오 기술자

생물공학, 생명공학, 유전자공학에 대한 지식과 기술, 즉 바이오테크놀로지를 활용하여 실험과 연구, 개발에 종사하는 사람이다. 생물이 지닌 고유의 힘을 효율적으로 이용하여 새로운 기술과 상품을 개발한다. 실험은 평범하고 단조로운 것이 많기 때문에 탐구심뿐 아니라 인내심과 집중력도 필요하다. 최첨단 과학 분야이므로 영어 등 외국어 공부를 꾸준히 해야 한다. 바이오 관련 학과가 있는 대학이나 대학원에서 생물학, 생명공학, 유전자공학, 생화학, 미생물학, 약학 등을 배운다. 일반적으로 양조, 발효식품, 주조 등의 기술 개발, 비료·사료, 종묘 등 농작물 개량, 화학제품, 의약품 연구·개발 등을 하는 기업에 연구직으로 취직한다.

이런 **직업**도 있다	펜션 경영 **p.71**/ 산장 경영 **p.157**/ 풍경 카메라맨 **p.201**/ 파크레인저 **p.306**/ 자연 가이드 **p.306**

동물원이나 수족관에 가는 것이 좋다. 코끼리와 사자, 돌고래, 열대어와 해파리, 앵무새, 독수리, 도마뱀, 개구리를 관찰하면 가슴이 설렌다.

동물원 사육사

동물 보호, 번식, 품종 보존에 관한 연구에서부터 시설 유지와 관객에 대한 서비스까지 동물과 사람이 쾌적하게 보낼 수 있도록 다양한 일을 한다. 채용 기준은 동물원에 따라 다르지만 수의, 축산, 농업 등 동물과 관련된 학과를 나오면 좋다. 학교에서 소개를 받아 실습을 하고 취직하는 사람도 있다. 공무원으로 채용되는 공공시설을 제외하면 결원을 보충하기 위해 채용하는 경우가 많다. 원숭이나 곰, 조류만 취급하는 전문동물원도 있다. 사육사는 말 못하는 동물의 마음을 읽어내 대변하는 일을 하므로 동물을 좋아해야 할 뿐 아니라 커뮤니케이션 능력과 교육에 대한 흥미, 인간에 대한 애정이 있는 사람에게 어울린다.

수족관 사육사

물고기와 바다 동물을 돌보거나 공연을 하기 위해 훈련시킨다. 물개의 경우 먹이를 받아먹는 방법부터 가르치면서 여러 훈련을 통해 사람과 물개 사이에 상하관계를 형성한다. 개와 달리 사람과 신뢰관계를 본능적으로 갖추지 못한 동물을 길들여지지 않은 상태에서 조련하기 때문에 능숙하게 다루지 못하는 사람에게는 어려운 일이다. 다이빙이나 선박 관련 면허가 있고 전문학교를 나오면 일하는 데 도움이 되지만 취직에 유리한 것은 아니다. 사육과 관련 없는 부서에서 일하다 능력을 인정받아 사육사가 되는 경우도 있을 만큼 인간적인 매력과 성품이 중요하다. 최근에는 인간에게 경계심이 없는 돌고래 쇼가 화제가 되면서 돌고래 트레이너가 주목을 받고 있다.

개 훈련사

도그 트레이너라고도 하며 개를 조련한다. 경찰견, 마약탐지견, 안내견, 재해구조활동에 이용되는 구조견, 훈련이 필요한 애완견, 텔레비전 등에 출연하는 연예견 등 다루는 개의 종류는 많다. 반드시 자격증이 필요한 것은 아니다.

우리나라의 경우 사단법인 한국애견협회와 사단법인 한국애견연맹에서 애견훈련사 자격증을 발급한다. 1등 훈련사 자격증을 취득하기까지는 보통 5~10년 걸린다. 다른 훈련사도 이와 같은 훈련소에서 수습기간을 거친 뒤 독립하는 경우가 많다. 각종 대회에 나가기 위한 개 훈련과 애완견 교육을 의뢰하는 애견가가 많아지면서 개 훈련사의 수요는 꾸준히 늘고 있다. 개를 좋아하는 것은 물론 체력에 자신이 있고 인내력이 강한 사람에게 적합한 일이다.

브리더

애완동물을 계획적으로 번식시켜서 판다. 개의 경우 강아지를 낳을 '대리모'를 키우면서 수컷은 다른 곳에서 빌려오는 경우가 많다. 예쁘고 건강한 강아지가 태어나도록 혈통과 자질 등을 따져본 뒤 교배시킨다. 자격증은 필요하지 않지만 경험 있는 브리더 밑에서 수련한 후 독립하는 것이 일반적이다. 동물을 키울 수 있는 넓은 땅과 시설, 수컷을 빌릴 자금이 필요하기 때문에 젊은 나이에 개업하기는 어렵다. 브리더의 수입만으로 생활할 수 있으려면 개의 경우 보통 50~100마리를 사육해야 하는데, 생각한 대로 강아지가 태어나지 않을 수도 있고 강아지가 팔리지 않을 때는 직접 길러야 하는 부담도 있다. 또 동물을 상대하기 때문에 휴일이 없다. 그러나 손님이 기뻐하는 모습을 볼 때 매우 큰 보람을 느낀다고 한다.

애완동물 미용사

개나 고양이의 미용사를 말한다. 트리머
(trimmer)라고도 한다. 보통 애완동물점이
나 동물병원에서 일한다. 국가자격증은 없
으며 몇몇 민간단체에서 인증시험을 실시
하고 있다. 자격증이 있으면 이력서를 넣
을 때 기준이 될 수는 있지만 실제로 취직
할 때 자격증 유무를 묻는 일은 거의 없다.
동물을 좋아하는 사람에게 적합한 일로,
손님을 대하는 밝고 예의 바른 성격도 중
요하다. 수입은 많지 않지만 경험을 쌓고
기술을 익히면 프리랜서로 일하거나 독립
해 가게를 차릴 수도 있다.

펫시터

여행이나 입원 등으로 주인이 애완동물을 돌볼 수 없을 때 주인 집에서 애완동물에게
먹이와 물을 주고 청소 등을 한다. 애견호텔과 달리 자택에서 돌보기 때문에 애완동물
이 스트레스를 받지 않아 펫시터를 찾는 주인들이 늘고 있다. 펫시터 회사에 취직하거
나 회사가 주재하는 양성소에서 공부하는 길도 있다. 필요한 자격증은 딱히 없으며 동
물을 좋아하는 마음이 가장 기본 조건이다. 동물들의 생활 습성을 잘 이해하고 애정을
가지고 돌보는 것이 중요하다. 주인이 안심하고 집 열쇠를 맡길 수 있도록 신뢰감을 주
어야 한다.

핸들러

도그 쇼를 자동차경주에, 개를 자동차에 비교할 때 자동차 정비와 드라이버를 겸하는
존재가 핸들러이다. 핸들러는 도그 쇼를 위해 개를 최고 상태로 준비하고, 쇼에서는 개
가 그 품종의 이상적인 모습을 보이도록 유도하며 앞에서 이끈다. 개의 건강관리와 손
질 등 개에 관한 종합적 지식과 기술이 필요하다. 도그 쇼는 누구나 참가할 수 있기 때
문에 특별한 자격증은 필요하지 않다.

안내견 훈련사

안내견 훈련은 위탁가정에서 돌아온 한 살 된 강아지부터 시작한다. 반년에서 1년에 걸쳐 복종 훈련과 주인의 명령과 관계없이 스스로 위험상황을 인지하여 행동하는 불복종 훈련, 거리 훈련을 하며 안내견에 적합한 개를 선정한다. 그리고 사용자와 공동 훈련을 거쳐 안내견으로 성장하게 된다. 보통 개 여러 마리를 담당한다. 훈련시키기 외에도 먹이와 물주기, 운동시키기, 목욕시키기, 화장실 청소, 개집 청소를 비롯해 훈련 평가와 관찰 보고 등 일이 매우 많기 때문에 때로는 밤을 새우기도 한다. 개에 대한 깊은 애정과 더불어 엄격함과 인내심이 필요하다. 사용자의 사회생활을 돕는 일도 중요하다. 최근 몇 년 사이 안내견이 사회에 널리 알려지면서 교통기관이나 시설, 점포를 이용하는 일이 크게 늘었다. 매우 보람 있는 일이지만 안내견 훈련사를 전문적으로 양성하는 기관이 없다. 안내견 훈련사는 삼성 마이도그 같은 안내견 학교에서 인력충원 계획이 있을 때만 비정기적으로 뽑고 있다.

수의사

병이 들거나 상처 입은 동물을 치료하고 예방주사 등을 놓는 동물 전문 의사이다. 소와 말, 돼지, 닭 등 축산동물과 개와 고양이, 새 등 애완동물을 진료한다. 활동 범위는 매우 넓다. 동물병원을 개업하거나 관공서 직원으로 일하기도 하고, 농협 등에서 운영하는 가축진료소를 비롯해 동물원, 수족관, 경마장에서 일할 수도 있다. 대학이나 제약회사, 애완동물사료회사 등에서 시험·연구하는 사람도 있다. 수의사가 되려면 대학에서 6년간 수의학 과정을 이수한 뒤 수의사 국가시험에 합격해야 한다.

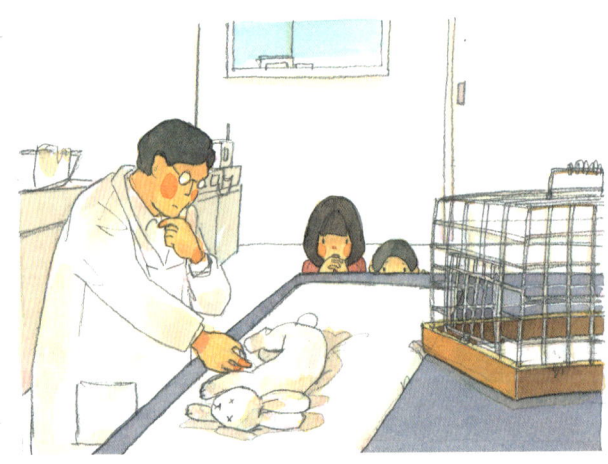

동물을 사랑하는 마음이 기본 조건이지만 말로 증상과 고통을 호소하지 못하는 동물을 상대해야 하므로 지식과 기술 외에 동물의 마음을 헤아릴 수 있는 통찰력도 필요하다. 앞으로 더욱 심화될 저출산·고령화 사회에서 애완동물에게 의지하는 사람은 늘 것으로 예상되므로 수의사는 더욱 필요한 존재가 될 것이다. 또 품종개량과 질병예방 등을 연구하는 수의사도 사회적으로 중요한 역할을 하게 될 것이다.

동물 간호사

동물병원 등에서 수의사를 보조한다. 진료와 수술을 돕는 것 외에도 혈액검사와 분뇨검사, 주인에 대한 예절지도 등 하는 일이 매우 다양하다. 때에 따라서는 접수와 회계, 병원 청소도 담당한다. 이전에는 고등학교를 졸업한 뒤 직접 동물병원에 취직해 기술을 배우는 경우가 많았지만 현재는 전문학교에서 기술을 익힌 다음 학교 소개로 취직하는 것이 일반적이다. 자격증은 필요하지 않지만 몇몇 민간단체가 관련 자격증을 발행한다. 튼튼한 체력과 동물을 사랑하는 마음은 물론, 주인에게 동물의 질병을 알기 쉽게 설명하는 능력도 갖춰야 한다. 전에는 수의사 혼자 일하는 동물병원이 많았지만 현재는 동물 간호사를 두는 병원이 늘고 있다. 동물의 수명이 길어짐에 따라 전문 지식을 갖춘 동물 간호사의 수요는 더욱 늘어날 것이다.

조교사

경주마를 육성·관리한다. 기수 출신이 조교사가 되는 일이 많다. 조교사가 되려면 한국마사회에서 주관하는 학과시험, 실기시험, 면접시험의 전형절차를 거쳐야 하는데, 응시조건이 까다롭다. 마필관리사로 들어가서 조교사가 되는 방법도 있다. 일상 업무는 주인이 맡긴 경주마의 육성 계획을 세우고, 마필관리사에게 계획에 따른 먹이와 훈련을 지시해 경주마가 최고 컨디션으로 경주에 출전할 수 있게 하는 것이다. 주인이 원하는 망아지를 찾아 목장을 방문해 목장주에게 지도·지시를 하기노 한다. 이처럼 경주마 육성에 관한 모든 일을 책임지기 때문에 무엇보다도 말을 좋아해야 한다. 망아지 때부터 돌보면서 말에게 정이 들기 때문에 말이 잘 자라기만 하다면 갖은 고생도 조련사에게는 즐거운 일이 된다. 경주마가 경주에서 획득한 상금이 자신의 수입으로 이어지기 때문에 우승마를 키워내면 고수입을 올리며, 말 주인들의 신뢰를 얻어 돌보는 말의 수도 늘어난다.

경마기수

경마 시합에 참가해 말을 타고 승부를 겨룬다. 기수가 지닌 기술이 승패의 향방을 좌우하기 때문에 팬들이 가장 주목하는 사람이기도 하다. 경마기수는 소속된 경마공원(경마장)에서 실시하는 경주에만 참가할 수 있다. 경마기수는 조교사의 지도 아래 연습과 훈련을 하고 경기에 출전하는데, 조교사 1명당 2, 3명의 경마기수가 계약을 맺는다. 조교사는 경주마를 관리하며 기수에게 경기 작전을 지시한다.

경마기수는 능력에 따라 조교사 또는 조교보 등으로 전직도 할 수 있다. 경마기수가 되려면 한국마사회법 제14조에서 정하는 교육을 이수해야 한다. 한국마사회에서는 경마교육원을 운영하는데 이곳에서 기수후보생 교육과정을 수료하고 면허를 취득해야 한다. 1999년부터는 여성에게도 개방되어 2001년에 여성기수들이 배출되었다. 국내 경마공원은 서울과 경남, 제주 세 곳에 있으며, 각 경마공원 여건에 따라 기수 선발과 요건에 차이가 있다.

마필관리사

마분을 제거하거나 톱밥 또는 건초를 교체하는 등 마방을 깨끗이 관리하고, 마필에게 급식과 급수를 한다. 조교사, 승마(경마)교관의 지시에 따라 마사지역 내에서 말을 운동시키거나 훈련시킨다. 출주·승마할 때 필요한 안장, 고삐 등 장구를 채우기 위해 장안소로 출주마필을 인도한다. 마필을 세척하고 솔로 닦는 수장작업을 한다. 마필의 상태를 파악하여 조교사에게 알리거나 조교사의 지시에 따라 마필수의위원에게 인도한다. 마필 장제를 위해 장제실에 의뢰하고 장제사를 보조한다. 창고·승마장 또는 경마장의 주변 환경을 정리하고 각종 관련 장구를 손질한다.

장제사

말의 발굽을 정돈하고 편자를 박는 일을 한다. 말의 신체적 특징을 파악해 각각의 말에게 맞는 편자를 박는 세심함이 요구되는 기술직이다. 생리학과 생물학, 운동학 등의 지식도 필요하며, 편자를 조정해 말의 부상과 질병을 치료하는 편자요법도 습득해야 한다. 경마장이나 승마 클럽, 목장 등 말이 있는 곳에는 반드시 장제사가 있다. 클럽에 소속되거나 개업을 하는 등 일하는 형태는 다양하다. 장제기술 하나로 말의 성적이 바뀔 정도로 중요한 역할을 한다. 말을 상대로 하기 때문에 강한 체력이 필요하지만 여성 장제사도 있다. 젖소의 발굽을 관리하는 일도 전문화되어 있어 장제사회가 인증하는 장제사가 목장과 농가를 돌며 젖소의 발굽을 관리한다. 고등학교 졸업 정도 학력이면 누구나 장제사가 될 수 있다. 우리나라에서는 장제사를 육성하기 위해 한국마사회에서 1년 과정으로 무료 훈련을 실시한다.

가축인공수정사

유전적으로 우수한 수컷의 정자를 인위적으로 채취하여 암컷의 자궁에 주입하는 인공수정을 통해 우수한 송아지를 다수 출산하게 한다. 젖소와 고기소, 돼지를 중심으로 행한다. 소의 경우, 자연교배로는 수컷 한 마리가 연간 50에서 100여 마리와 교배하는 것이 한계였지만 인공수정을 통해 수백 마리에서 수만 마리까지 교배할 수 있게 되었다. 그중에는 수컷 한 마리가 송아지 4만 마리의 아버지가 된 예도 있다. 시·도지사가 시행하는 수정사 시험에 합격하거나 축산업기사 이상의 자격을 취득하면 시·도지사가 발행하는 가축인공수정사 면허를 받을 수 있다. 과거에는 농림수산식품부장관이 지정하는 교육기관에서 1개월 이상 교육을 이수해야 했지만 이 제도는 폐지되었다. 경기, 강원, 충남, 전북에서 2년에 한 번 주기로 면허시험을 시행한다. 수의사는 이 면허가 없어도 인공수정을 시킬 수 있다. 전업으로 삼는 사람도 있지만 대개 목축생산자를 겸하거나 농협, 공제조합 진료소에서 근무한다.

병아리감별사

부화장에서 부화되고 나서 30시간 이내인 병아리의 항문을 손으로 개장(開張)해 암수를 식별하는 사람으로, 시력이 좋고 색맹이 아니어야 하며, 손가락이 가는 편이 좋다. 또 건강하고 성격이 세심하며 침착한 사람이 적격이다. 이론보다는 개장 실습이 선행되어야 하는데, 3개월 정도 훈련하면 평균 90% 감별이 가능하고, 6개월 이상 매일 연습하면 98% 감별힐 수 있다. 부화, 육종, 닭의 사양관리에 대한 상식이 있어야 하는데 보통 5분 정도에 걸쳐 암실의 전깃불 아래에서 실시하며, 병아리 1수당 수수료를 받는다.

1년에 1, 2차례(봄·가을) 양계협회에서 주관하여 자격시험을 치르는데 갑종감별사와 고등감별사 2직급으로 나뉜다. 갑종감별사는 고등감별사에 비해 실기 위주의 기초 내용으로 시험을 치른다. 자격증 소지자는 외국에 파견되는 경우도 많은데 우리나라 감별사는 세계 각처에서 식별능력이 뛰어난 것으로 유명하다.

축산업

젖소의 우유를 짜고 유제품을 만드는 낙
농과 고기소, 돼지, 닭 등을 사육하고 생산
하는 일을 통틀어 축산업이라고 한다. 생
산량으로 따지면 쌀이나 채소보다 많다.
그러나 종사자의 고령화와 후계자 부족,
값싼 수입 고기의 유입, 광우병의 영향 등
으로 최근에는 어려움을 겪고 있다. 직업
으로 볼 때 축산업은 다른 농업에는 없는
특징이 두 가지 있다.

하나는 동물을 관리하는 데 매일 상당한
시간을 투자해야 하기 때문에 겸업하기 어
렵다는 점이다. 다른 하나는 사육하는 농가 수는 크게 줄어드는데 가축 수는 그만큼 줄
지 않아서 한 농가당 사육하는 가축 수가 증가하고 있다는 점이다. 가족 경영에서 기업
경영으로 바뀌고 있기 때문에 기업에 취직하면 축산업에 종사할 수 있다. 농과대학이나
축산시험장 등에서 축산기술과 경영에 관해 배울 수 있다. 결코 쉬운 일은 아니지만 도
시에 살면서 전혀 관계없는 일을 하던 사람이 처음부터 배우며 축산을 시작하는 사례도
있다.

야생동물 조사

야생동물의 수와 분포, 생식 환경, 식생, 번식 상황 등을 조사한다. 야생동물 보호 관
리대책을 세우기 위해 과학적 자료가 필요한 국가와 지자체로부터 위탁을 받아 조사하
는 경우가 많다. 숲과 농작물에 피해를 주는 야생동물과 최근 급증하는 외래종 동물에
의한 피해 실태를 조사하고 대책을 마련하는 일이 늘고 있다. 미국에서는 와일드라이프
매니지먼트(Wildlife Management)로 정착된 일이지만 우리나라에는 취직할 곳이 많지
않다. 대학에서 생태학이나 수의학 등 관련 분야를 전공한 사람이나 야외 조사 경험이
있는 사람, 통계·분석, 보고서 정리 능력을 갖춘 사람에게 적합하다. 외국어와 컴퓨터
에 능숙하면 유리하다.

동물 프로덕션

텔레비전 광고와 드라마, 광고 사진 등의 미디어에 등장하는 동물들을 훈련하고 관리한다. 예를 들어, 텔레비전 광고에서 고양이를 쓰고 싶다는 의뢰가 들어왔을 때, 고양이에게 필요한 연기를 훈련시키고 촬영 당일에는 현장에서 연기를 지도한다. 동물들이 좀처럼 생각대로 움직이지 않는 경우도 많기 때문에 장난감이나 먹이를 이용해서 연기를 이끌어내는 전문가다운 기술이 필요하다. 따라서 동물의 생태와 습성에도 정통해야 한다.

동물 프로덕션은 대부분 동물들을 자사에서 직접 기르며 건강관리부터 일정관리, 연기 지도까지 통합적으로 관리하기 때문에 사료주기나 청소같이 잡다한 일도 해야 한다. 혼자서 여러 마리를 맡기도 하므로 체력적으로도 상당히 고되다. 또 의뢰처와 협의하는 등 매니저로서의 능력도 요구된다. 자격증은 필요하지 않지만 동물의 외견을 관리하는 애완동물 미용사, 건강관리를 할 수 있는 동물 간호사나 애견 훈련사 같은 자격증이 있으면 유리하다.

양봉가

꿀벌을 이용해 꿀을 채취한다. 고정양봉과 이동양봉이 있다. 이동양봉은 봄부터 여름에 걸쳐 유채꽃, 연꽃, 아카시아꽃 등을 찾아 남에서 북으로 꿀벌을 운반하면서 꿀을 모은다. 양봉가가 고령화된 탓에 이동양봉가의 수는 줄고 있다. 양봉가가 되려면 양봉가의 제자로 들어가거나 양봉장에 취직해 꿀벌의 건강관리와 꿀 채취 작업, 벌집 관리, 꿀벌의 천적인 말벌 대책, 겨울을 나기 위한 보온 관리 기술 등을 배운다. 고정양봉의 경우 꿀을 얻을 수 있는 식물을 키울 만한 땅을 확보해야 하고 꿀벌, 벌집, 훈연기, 원심분리기 같은 도구를 구비해야 한다. 벌채와 도시화로 꿀을 얻을 수 있는 식물이 줄어들어 양봉을 그만두는 사람이 늘어나고 있고, 해외에서 값싼 벌꿀이 수입되어 양봉이 위축되고 있다.

그러나 꿀벌은 딸기와 멜론 등의 하우스 재배, 사과, 배, 버찌 과수원에서 화분 매개체로 이용되며 로열젤리나 프로폴리스 같은 건강식품의 재료로도 이용된다. 무엇보다 자연과 함께 살아가는 일이라는 점에서 보람을 느끼는 사람이 많다.

낚시 미끼 양식

바다낚시 미끼인 갯지렁이와 강낚시 미끼인 지렁이 등을 양식해 낚시 도구점 등에 판매한다. 갯지렁이는 고급 미끼로 인기가 높지만 자연산 갯지렁이가 줄고 있어 양식의 필요성이 커지고 있다. 양식할 경우 먼저 개펄에서 반년 정도 유충을 사육한 뒤 해면으로 옮겨 약 1년간 성충으로 키운다. 지금은 대부분 수작업으로 하지만 장차 회수 장치의 개발 등이 기대되고 있다. 지렁이는 고액을 투자할 필요 없이 가벼운 노동으로도 양식이 가능한데, 낚시 미끼뿐 아니라 곤충 사료와 토양 개량, 음식물 쓰레기 유기물 처리 등에도 이용된다. 지렁이의 분토는 원예비료와 배양토 등으로 사용된다. 물고기 양식에 흥미가 있는 사람에게 적합하다.

양잠가

나방의 유충인 누에를 알부터 사육하여 누에고치를 만들고, 그 고치에서 명주실을 뽑는다. 지역 농협에서 필요한 누에와 사육도구를 알선받아 개업하는 것이 일반적이다. 양잠업은 수십 년 전에는 주요 산업 가운데 하나였지만 현재 명주실은 대부분 수입한다. 새로 양잠을 시작하려는 사람이 거의 없으며, 종사자의 평균 연령이 60세 이상으로 눈에 띄게 고령화되고 있다. 양잠을 전업으로 삼기는 어렵기 때문에 봄에서 가을까지는 양잠을 하고 겨울에는 다른 작물을 재배하기도 한다. 명주실은 수요는 많지 않지만 자연 소재로 귀한 제품이다.

사슴벌레 양식

열렬한 곤충 애호가들 사이에서 사슴벌레는 '블랙 다이아몬드'라고 불리며 인기가 높다. 크기는 물론이고 산지에 따라 가격이 다르다. 그 때문에 취미의 연장선에서 사슴벌레를 양식하는 사람도 있는데, 양질의 수컷과 암컷 사이에서 얼마나 큰 사슴벌레가 나오는지를 두고 경쟁하기도 한다. 그러나 역사가 짧고 시장이 작으며 사육 기술이 향상되면서 가격도 많이 떨어졌기 때문에 직업으로 삼는 사람은 매우 적으며, 대개 다른 일을 겸하고 있다. 사육에 드는 시간과 비용을 고려하면 곤충을 향한 웬만한 열정만으로는 할 수 없는 일이다. 하지만 '세 끼 밥보다 사슴벌레가 좋다'는 사람에게는 이만큼 매력적인 일도 없을 것이다.

별난 벌레 양식

귀뚜라미, 밀웜에서부터 거대한 지네와 노래기, 바퀴벌레에 이르기까지 별난 곤충을 양식하여 판매한다. 대개 열대어 등의 먹이로 팔기 위해 키우지만 남들이 사육하지 않는 생물을 기르고 싶어하거나 위험한 생물을 키워보고 싶어하는 일부 마니아의 수요도 아주 적지만 있다. 그러나 이러한 곤충을 키우려면 특수한 설비와 사육 기술이 필요할 뿐 아니라, 수요가 매우 한정되어 있기 때문에 선뜻 직업으로 삼기는 어렵다. 이 일을 하는 사람들은 대부분 본인이 애호가로 취미와 실익을 겸하는 이들이다.

지렁이를 이용한 폐기물 처리

식품회사 등에서 나오는 유기성 폐기물을 지렁이에게 먹이로 줘서 처리한다. 번식한 지렁이는 킬로그램 단위로 판매할 수 있고, 지렁이 배설물은 영양이 풍부한 비료로 재활용되므로 부차적 수입을 얻는다. 우리나라에서는 그다지 알려지지 않은 직업이지만 미국이나 오스트레일리아에서는 1970년대부터 시도하고 있으며, 장차 친환경적 폐기물 처리 방법으로 수요 증가가 기대된다. 지렁이는 생김새 때문에 혐오스럽게 여겨지지만 메마른 토지를 비옥하게 해 주는 유익한 벌레이다. 지렁이에 대한 애착이 없으면 하기 어려운 일이다.

낚싯배 임대업

통상 한 곳이 낚싯배를 한두 척 소유하고 있다. 가족 경영이 대부분이며 보통 선장 혼자서 승선한다. 안전이 가장 중요한데, 악전후 속에서 손님을 태우고 출항했다가 조난을 당하는 사고도 적지 않다. 낚시터를 잘 알아야 하기 때문에 초보자가 무작정 개업하기는 어렵다. 일단 기존의 낚싯배 임대 가게에 들어가는 것이 좋다. 후계자를 구하는 가게도 있으나 대개 소규모 가족 경영이기 때문에 들어가기가 쉽지는 않다.

해충 구제

고객의 의뢰를 받아 개미, 바퀴벌레, 진드기, 송충이 같은 해충의 발생 원인을 조사하고 구제한다. 지식과 경험이 필요한 일이므로 일단 해충 구제 사업을 하는 기업에 취직하는 것이 좋다. 살충제 등 여러 약품을 다루기 때문에 인체에 해를 입지 않도록 주의해야 한다. 환경 변화로 새로운 해충이 생겨나고, 곤충을 싫어하는 사람이 늘어나고 있기 때문에 수요는 계속 증가할 것이다. 육체노동이고 벌레를 죽이는 일이지만 실제로는 곤충을 좋아하는 사람이 많이 종사한다.

아쿠아리움 · 비바리움 · 테라리움

아쿠아리움은 본래 수서생물을 사육하기 위한 수조와 수족관이라는 두 가지 의미가 있었다. 그러나 최근에는 열대어 등의 수서생물을 기르는 취미도 아쿠아리움으로 불린다. 아쿠아리움은 역사가 길다. 고대 이집트 벽화에도 신성한 물고기로 일컬어지는 옥시린코스를 직사각형 못에서 기르는 모습이 새겨져 있으며, 중국 송나라 때는 도기항아리에 금붕어를 기르는 풍습이 있었다. 한편 동물과 식물이 살아가는 환경을 재현한 사육시설을 총칭하여 비바리움이라고 한다. 비바리움에는 물로 채워진 아쿠아리움과 물이 없는 육상 환경을 재현한 테라리움 두 종류가 있다. 다양한 생물의 생식환경을 유리상자 안에 재현한다는 점에서 전 세계적으로 애호가가 많다. 테라리움에서는 주로 도마뱀이나 뱀 등의 파충류를 기르고 아쿠아리움에서는 열대어를 기른다. 물과 육지를 모두 재현한 유리상자에서 기르는 생물로는 '열대우림의 보석'으로 불리는 독화살개구리가 가장 유명하다.

이 일을 취미가 아닌 직업으로 삼으려면 열대어 등을 사육·판매하는 브리더가 되는 것이 일반적이다. 직접 가게를 차리는 경우도 있고 가게와 계약을 맺거나 인터넷으로 판매하는 방법도 있다. 다만 사육하는 데 돈과 시간이 들어가기 때문에 부업으로 하는 사람이 많다. 최근에는 아쿠아리움의 '치료 효과'가 주목을 끌면서 사무실이나 클리닉의 대기실과 미용실 등에 전시하는 일도 늘고 있으며, 이것을 설치하는 사람도 있다.

애니멀 테라피스트

개나 고양이, 토끼, 새 등을 이용해 자폐증이 있는 아이나 치매에 걸린 노인, 장애인 등의 재활과 치료에 도움을 준다. 유럽의 의료현장에는 일반적인 치료법으로 보급되어 있다. 노인복지시설이나 병원에 개, 고양이 등을 데리고 가서 노인과 장애인이 동물을 접할 기회를 제공하고 살아갈 의욕과 자립심, 적극성 등을 갖추도록 하기 위해 활동한다. 전문 의료지식을 꼭 갖추어야 하는 것은 아니지만 사람을 따뜻하게 대하는 태도와 자원봉사자로서 마음가짐은 필수적이다. 전문가가 주최하는 케이스워크에 참가하거나 일정 강습을 받으면 활동할 수 있다. 다만, 어디까지나 자원봉사이기 때문에 이 일만으로 생계를 유지하기는 어렵다. 취업하고 싶다면 의사나 수의사, 사회복지사, 간호복지사 등으로 일하며 동물치료요법을 배우면 된다.

 바이오 기술자 **p.107**/ 수중 카메라맨 **p.152**/ 수중 비디오카메라맨 **p.153**/ 스쿠버다이빙 강사 **p.153**/ 양식업 **p.154**/ 동물 카메라맨 **p.201**/ 파크레인 저 **p.306**/ 자연 가이드 **p.306**/ 특수 조형: 애니매트로닉스 **p.389**

학문은 원래 재미있는 것이다 (생물학)

무라카미 류

어린이는 대부분 동물을 좋아한다. 이 지구상에는 매우 다양한 동물이 있다. 동물원에 가거나 텔레비전, 그림책에서 누구나 코끼리와 기린을 볼 수 있다. 아무리 봐도 질리지 않을 것이다. 코끼리와 기린은 정말 신기한 모습을 하고 있다. '코끼리의 코와 기린의 목은 왜 그렇게 길까?' 어린이라면 누구나 품는 의문이지만 과연 몇이나 되는 어른이 대답해 줄 수 있을까? 왜 코끼리의 코와 기린의 목이 긴지와 같은 물음들과 마주하는 것이 생물학이라는 학문이다.

생물계는 의문과 매력으로 가득 차 있다. 인간이 지구상의 모든 생물을 파악하고 있는 것은 아니다. 열대우림과 심해, 사막, 화산 분화구, 극지방에는 우리가 모르는 세계가 남아 있으며 잘 알고 있는 생물이라도 생태와 습성이 알려지지 않은 종도 많다. '아프리카의 얼룩말은 왜 가축이 되지 못했나'라는 유명한 질문이 있다. 얼룩말은 몸에 흑백 무늬가 있을 뿐 그 밖에는 말이나 당나귀와 모습이 똑같다. 아프리카의 사바나 지대에는 거대한 얼룩말 무리가 있는데, 왜 가축으로 사육하지 않았을까?

현대사회에서는 가축의 유용성이 희박해졌지만 불과 수십 년 전까지만 해도 가축은 인간에게 매우 중요한 존재였다. 1532년, 스페인의 정복자 피사로는 페루의 북쪽에서 잉카제국의 황제 아타우알파를 포로로 잡았다. 피사로가 이끌던 부대는 168명에 불과했지만 아타우알파는 8만 명이나 되는 병사를 거느리고 있었다. 그 전투에서 200명도 안 되는 피사로의 부대는 7,000명에 달하는 잉카 병사를 쓰러뜨렸다고 전해진다. 승리의 주요 원인은 스페인군의 철제 무기와 말이었다. 기록에 따르면 말에 탄 기병 수십 명이 한 사람의 희생자도 없이 수천 명의 인디오를 물리쳤다고 한다. 자신들의 500배에 달하는 적을 쓰러뜨린 셈이다.

말은 스피드와 지구력이 매우 뛰어나고 높은 위치에서 지면에 있는 적을 공격할 수 있다. 말은 군사 정보를 전달하고 부대를 멀리까지 이동시키며 엄청난 공격력을 자랑한다. 말이 있는 부대와 없는 부대는 전투력에서 엄청난 차이를 보인다. 말은 전쟁에 이용되었을 뿐 아니라 이송 수단이자 식량이었으며 밭을 경작했다. 지방은 약품이 되었으며 가죽은 의복과 도구의 재료로 쓰였다. 소, 돼지, 산양, 양 등도 같은 용도로 쓰였다. 개는 적의 침입을 알리고 때로는 썰매를 끌거나 다른 가축을 지킨다.

가축은 매우 유용한 존재이다. 그런데 왜 얼룩말은 가축으로 삼지 못했을까? 또 몸집이 거대한 아프리카물소는 왜 가축이 되지 못했을까? 초식성으로 몸집도 크고 고기도 많이 얻을 수 있는데 왜 코끼리와 코뿔소와 고릴라는 가축으로 기르지 못한 것일까? 얼룩말에 대해서만 답하자면, 얼룩말은 나이를 먹을수록 성질이 매우 난폭해지고 사람을 한번 물면 결코 놓지 않는 습성이 있다. 그것이 얼룩말을 가축으로 키우지 못하는 이유이다.

왜 얼룩말은 나이를 먹으면 성질이 난폭해지고 사람을 무는 것일까? 아마 그 물음에 대답할 수 있는 사람은 없을 것이다. 얼룩말의 DNA 배열을 전부 해독하고 뇌내물질과 그 기능을 전부 밝혀도 얼룩말이 왜 나이를 먹으면 사람을 무는지 그 답은 알 수 없다. 이처럼 '알 수 없다'는 것이 학문의 전제가 된다.

연구자들은 모든 현상을 이해하기 어렵다면 그 일부만이라도 파악하여 과학적으로 밝혀내려고 한다. 나이를 먹은 얼룩말은 왜 사람을 무는가와 같은 수수께끼에 도전하는 것이 생물학이다. DNA, 세포 같은 분자 연구에서 특정 동물과 그 무리를 연구하는 생태학까지 생물학의 영역은 매우 광범위하다.

어린이들은 대부분 동물을 좋아하지만 생물학을 배우고자 하는 아이는 그 가운데 극히 일부이다. 동물을 좋아하는 어린이는 전부 생물학을 배우라는 이야기가 아니다. 그저 동물을 좋아하는 자신의 모습을 소중히 여기길 바랄 뿐이다. 모험가이자 세계적 투자가인 짐 로저스는 인생에서 중요한 세 가지를 다음과 같이 들었다. 죽지 않을 것, 즐기며 살 것, 세계를 알 것. 세계를 아는 방법에는 몇 가지가 있는데 학문이 그 왕도이다. 지식은 인생을 유익하게 하고 충실하게 해 준다.

생물학은 호기심 왕성한 열세 살짜리를 손짓하며 부르고 있다.

2003년에 쓰다

참고 《총·균·쇠》, 제레드 다이아몬드
　　　《바이러스 현대 생물학》 상·하, 로버트 A. 윌리스 외

무라카미 류

아쿠타가와 류노스케의 유명한 단편 소설 《거미줄》의 마지막 장면에서 주인공이 매달려 있던 거미줄은 쉽게 끊어지고 만다. 아쿠타가와는 욕망에 지배당한 이기적인 인간의 '허무함'을 거미줄로 표현했다. 하지만 과학적으로 볼 때 거미줄은 매우 강하다. 많은 학자와 연구 기관이 거미줄을 신섬유소재로 연구하고 있다. 거미는 약 4만 종류가 있으며 모든 거미가 실을 만들어낸다. 반 정도가 망 형태의 집을 짓고 나머지는 불규칙한 형태의 집을 짓는다. 거미의 배에 있는 토사관은 일곱 종류의 견사선과 연결되어 있는데 각각의 견사선에서 아미노산 조성이 다른 단백질이 분비된다. 이 단백질은 저마다 다른 기능을 한다. 고착성이 있는 횡사, 생명줄 역할을 하는 견인사 등이 있는데 그중에서도 물리적 성능이 가장 뛰어난 것은 거미가 나뭇가지 등에 매달려 있을 때 생명줄로서 거미의 몸을 지탱하는 견인사이다.

곤충이 만들어내는 단백질 섬유 중에서 가장 유명한 것은 누에의 견사로, 이는 섬유의 여왕으로 불리지만 자외선 등 빛에 약하다는 단점이 있다. 자연계에서 누에처럼 섬유를 만들어내는 곤충에는 도롱이벌레와 거미가 있다. 특히 거미줄은 장시간 햇빛에 노출되어도 손상을 입지 않는다. 일본 나라현의과대학 오사키 씨는 무당거미에서 견인사를 채취하여 자외선 조사(照射)를 함으로써 실의 역학적 강도 변화를 조사했다. 그 결과 어린 무당거미의 견인사는 자외선 손상이 매우 적다는 사실을 알아냈다. 오존층이 파괴되어 자외선에 강한 섬유소재가 필요해지고 있는데, 무당거미의 견인사는 그 개발에 중요한 지침을 줄 것으로 기대된다.

캐나다의 바이오 벤처와 미국 육군의 공동 연구팀이 거미줄의 유전자를 포유류의 세포 내에 집어넣어 유전자공학적으로 합성된 단백질을 원료로 용액 속에서 실을 뽑아 천연 거미줄과 성능이 거의 같은 인조섬유를 만드는 데 성공했다. 이 거미줄은 거미 실크(견인사)라고 불리는데, 강도와 경도를 겸비한 고성능 섬유로 전 세계 소재 과학과 재료 과학계의 주목을 받았다. 더욱이 거미 실크는 화학합성섬유와 달리 흙과 물에서 쉽게 생분해되어 환경 보호에도 뛰어나다. 거미 실크는 강도, 신축성, 탄성률 면에서 자재용 나일론보다 우수하며 외부압력을 흡수하는 탄력은 강철, 유리, 직물용 나일론, 텍스타일용 나일론, 케블라, 노멕스, 천연 실크 등을 뛰어넘는다는 사실이 실험으로 증명되었다.

거미 실크는 의료, 방호, 산업용으로 이용할 수 있고 생분해성 낚싯줄이나 다른 소재와 합성해 더욱 다양한 용도가 고안되고 있다. 인조 거미 실크 개발에 박차를 가하는 나라는 가장 먼저 환경문제를 연구하기 시작한 독일이다. 유전자공학, 생물공학과 관련한 4개 연구 기관이 공동 연구 프로젝트 팀을 만들어 거미 실크 단백질의 클로닝 유전자조작, 생물공학적 분리·조성, 섬유화 실험 등에 몰두하고 있다.

거미는 거미줄 말고도 흥미로운 연구 대상이다. 대표적 다족보행 동물인 거미의 보행 방식을 분석하여 보행 로봇의 보행 알고리즘을 연구하려는 움직임도 있다. 그러고 보면 화성의 황무지 등을 무대로 한 SF영화에는 거미와 매우 유사한 보행 로봇이 종종 등장한다. 또 거미의 독을 연구하는 팀과 연구자도 있다. 아쿠타가와는 거미의 과학적 특성을 알지 못했다. 알았다면《거미줄》은 또 다른 이야기로 채워졌을지도 모른다.

2003년에 쓰다

참고 《거미줄의 미스터리 하이테크 기능에서 배운다》
　　　《독일에서의 인조 거미 섬유의 연구 개발》
　　　《다족보행의 보행 형태 분석 연구》
　　　《신섬유소재로서 자외선에 강한 거미줄 연구》

❸ | 인간의 신체·유전을 생각한다

인간의 신체는 어떻게 이루어져 있을까? 왜 추우면 감기에 걸릴까? 왜 배가 고플 때 밥을 먹으면 기운이 날까? 어떻게 아빠와 엄마를 쏙 빼닮은 아이가 태어날까? 이런 생각을 아무리 해도 질리지 않는다.

의사

의사는 직접 병원을 개업하거나 병원이나 보건소에서 일한다. 병원이나 보건소에서 실제로 환자를 접하면서 진찰하고 치료하는 의사를 임상의라고 하는데, 연구 활동을 하는 기초의학자와는 구별된다. 6년 과정의 국내 의과대학과 의학전문대학원을 졸업하거나 보건복지부장관이 인정하는 외국의 의과대학을 졸업하고 의사면허를 받은 사람이면 한국보건의료인 국가시험원에서 시행하는 의사국가시험에 응시할 수 있다. 의사면허를 취득해서 바로 개업을 하거나 1년 과정의 인턴과 4년 과정(일부 과는 3년)의 레지던트를 거쳐 전문의가 된다.

변화가 얼마나 진행될지는 미지수이지만 의과대학에 들어가 의사면허만 취득하면 많은 돈을 벌던 시대는 끝났다. 그중에는 미용성형외과처럼 전과 다름없이 높은 수익을 올리는 전문 분야도 있지만 기본적으로 의사는 육체적·정신적으로 매우 부담이 큰 직업이다. 가장 중요한 인간의 생명과 관련되어 있고 환자의 신뢰가 기본이기 때문이다. 부담이 크고 환자와 의사소통이 중요한 만큼 보람 또한 크다. 물론 의료 사고 등으로 의료에 대한 비판의 목소리도 있다. 현재 의료 제도 중에는 시대 상황에 맞지 않는 부분이 있는 것도 사실이다. 그러나 우리나라 의료 기술이나 의사들의 수준이 낮은 것은 결코 아니며 오히려 진보의 과도기에 있다고 이해하는 것이 옳다. 정확한 기술을 바탕으로 새로운 지식을 습득하려는 의지를 잃지 않고 환자와 성실하게 소통하고자 노력하는 의사는 시대 상황의 변화와 상관없이 항상 필요하다.

127

한의사

한의사는 한약과 침술 등 한방의료의 원리·기술을 바탕으로 질병과 장애를 진료하고 예방한다. 망진(望診, 환자의 얼굴색이나 피부 윤기, 혀 등을 눈으로 관찰), 문진(聞診, 환자의 말이나 호흡, 기침 등의 소리를 듣고 진찰), 문진(問診, 환자에게 질병 발생 과정·증상을 물어 진찰), 절진(切診, 맥을 짚어보거나 신체를 눌러보는 등 신체를 접촉하여 진찰) 등을 통해 진찰하고, 다양한 측정기계를 사용하여 환자를 진단한 후 치료방법을 결정한다. 환자의 체질을 감별하여 최적의 한약재를 처방하는데 환자 상태에 따라서 한약재를 처방한 뒤 탕약으로 달이거나 침, 뜸, 부항, 물리치료, 수기요법(手技療法) 등의 치료법으로 치료한다. 침술도 사용하는데, 대개 인체 내 기혈의 통로인 경락에 자극을 주기 위하여 피부, 근육 등을 깊게 혹은 얕게 찌른다. 환자의 척추나 경혈부위 등을 손이나 기계를 이용하여 치료하는 추나(推拿), 전통적으로 계승되어온 민간요법과 식이요법 등의 치료방법을 사용하며, 냉·온팩을 이용한 찜질과 다양한 기계를 사용한 물리치료를 지시한다.

한의학적 전문지식을 습득하기 위해 동양사상에 대한 폭넓은 이해, 효과적인 의사소통 능력, 상담 능력이 필요하며 한의원을 직접 운영하는 경우 경영관리 능력이 필요하다. 환자를 먼저 배려하는 자세와 봉사정신이 필요하며, 주로 환자와 상담한 내용에 따라 처방하기 때문에 친절한 태도와 원만한 대인관계가 필요하다. 한의사가 되려면 한의학을 전공한 뒤 국가자격시험에 합격해야 한다.

간호사

의사의 진료와 치료를 보조한다. 환자의 마음을 편안하게 하고 환자와 의료진의 의사소통이 원활하게 하는 것도 간호사가 할 일이다. 직장으로는 병원이나 의원, 보건소, 복지시설, 재활센터 등이 있으며 재택·방문 진료도 할 수 있다. 간호사가 되려면 간호대학이나 간호전문대학교 등 간호사 양성기관에서 공부하고 간호사국가시험에 합격해야 한다. 의료 전문화가 진행되면서 간호사 업무도 세분되고 있다. 나날이 발전하는 세계이므로 공부를 게을리하지 않는 자세도 중요하다. 야근 등 근무 일정이 불규칙하기 때문에 몸과 마음이 건강한 사람에게 적합하다. 일이 고되어 항상 인력이 부족하기 때문에 어렵지 않게 취직할 수 있다.

보건진료원

의료 취약 지역인 농어촌 보건진료소에서 근무하며 주민들을 진료하고 건강을 증진하는 데 힘쓴다. 갓난아기에서 노인에 이르기까지 모든 연령층을 상대하면서 개개인의 생활과 건강 상태에 따라 적절한 조치와 조언을 한다. 따라서 보건진료원으로 일하려면 폭넓은 의료 지식과 시야, 따뜻한 인간미, 튼튼한 체력과 정신력이 필요하다. 간호사·조산사 자격을 가진 자로서 보건복지부장관이 정하는 24주 이상의 직무교육을 받아야 보건진료원이 될 수 있다.

조산사

정상적인 출산일 경우에는 의사의 감독 없이 임산부 출산을 돕는다. 그러나 출산 과정에서 위험이 따르는 경우에는 산부인과 의사에게 협력을 구한다. 임신, 출산, 산후에 이르기까지 다양한 일을 한다. 임신 중에는 안정적 출산이 가능하도록 조언을 하고 이상이 나타나면 의료기관에 연락한다. 진통이 시작되면 출산 진행 경과를 지켜보면서 필요한 조치를 취한다. 산모와 아기를 위해 되도록 자연분만을 유도한다. 출산 후에는 산모와 아기의 건강을 관리한다. 간호사 면허를 취득하고 보건복지부장관이 인정하는 의료기관에서 1년간 조산사 수습과정을 마친 뒤 조산사국가시험에 합격하면 조산사로 활동할 수 있다. 병원과 조산원, 지역 보건센터에서 일하거나 직접 영업할 수 있다. 최근에는 조산사 손에서 자연분만하고자 하는 산모가 늘고 있어 조산원이 재조명을 받고 있다.

약사

약국이나 병원에서 일하며 의사 처방전에 따라 약을 조제한다. 그 밖에 혈액센터, 제약회사, 대학교, 생명공학연구소 등에서 일한다. 국가나 지방 관청의 공무원으로서 산업폐기물 처리시설 등의 사업 인허가와 토양 수질 검사, 약품 검사, 유해·유독 물질 검사 등을 하기도 한다. 일반대학을 2년 다닌 후 약학전문대학교 입학시험인 PEET 시험을 치러 약학전문대학에 진학해야 한다. 약학전문대학은 4년 과정으로 졸업 후 약사국가시험에 합격하면 약사가 될 수 있다. 따라서 총 6년간 대학을 다녀야 하며, 약학전문대

학마다 선수과목이 있으므로 응시하려는 약학전문대학의 선수과목을 미리 확인해야 한다. 대규모 체인점 형태의 약국이 늘어나면서 약사가 부족해지고 있다. 장차 이 일의 중요성이 높아짐에 따라 의료와 약품 정보를 공개하라는 사회적 압력도 있다. 생명공학과 관련된 새로운 약제 지식과 의사와의 연계 등 약사의 능력과 지식은 현재보다 더 요구될 것이다.

물리치료사

질병이나 부상으로 일상생활이 불편하거나 신체에 통증을 느끼는 사람을 치료하고 기본적인 운동 기능을 회복하는 일을 한다. 구체적으로는 마사지나 전기 자극, 온열 같은 물리적 치료를 하면서 보행 훈련과 휠체어 훈련을 병행해 환자의 재활을 돕는다. 물리치료사가 필요한 환자는 나이가 들어 신체 기능이 쇠약해진 노인뿐 아니라 뇌출혈이나 뇌졸중의 후유증이 있는 사람, 운동 중에 부상을 입은 선수들도 포함된다. 진로는 병원을 비롯해 재활치료센터와 노인복지시설, 재택의료 등으로 다양하다. 물리치료사가 되려면 양성과정이 개설된 대학이나 전문대학을 졸업하고 국가시험을 치르면 된다. 고령화가 진행되는 현대사회에서 물리치료사에 대한 수요는 꾸준히 증가하는 추세이다. 환자를 치료하는 데 시간이 걸리기 때문에 끈기가 있지 않으면 일하기 어려울 수 있다.

작업치료사

병원이나 재활치료센터, 노인센터, 복지시설 등에서 다양한 작업을 통해 환자가 잃어버린 신체 기능과 사회 적응력을 회복시킨다. '작업'이란 일상의 움직임과 원예, 도예, 공예, 수예 등이다. 우리는 일상생활에서 밥을 먹고 이를 닦고 청소를 하는 등 알게 모르게 신체 여러 부분을 사용한다. 꽃과 나무를 돌볼 때는 팔뿐 아니라 하반신의 근육을 사용하고, 점토를 이겨 모양을 만들 때는 손가락과 손을 섬세하게 움직인다. 환자 상태와 목적에 맞게 작업을 선택해 정신적인 부분과 함께 재활치료를 해나가는 것이 작업치료사의 역할이다. 보통 사람은 하기 쉬운 일이라도 환자는 하기가 매우 어렵기 때문에 도중에 작업을 내팽개치는 환자도 많다. 따라서 포기하지 않고 환자를 상냥하게 대하는 끈기와 친절함도 갖추어야 한다. 작업치료사가 되려면 작업치료사 양성과정을 갖춘 대학이나 전문대학을 졸업하고 국가시험을 치르면 된다. 다만 이러한 학교를 지망하는 사람이 해마다 늘고 있어 경쟁률이 높다.

시각능력훈련사

양쪽 시력에 장애가 있는 사람의 눈을 검사와 교정 훈련을 거쳐 회복하게 해 준다. 회복하기까지 시간이 걸리므로 장기적으로 내다보고 환자를 격려하면서 훈련에 임하게 해야 한다. 인내력이 강하고 목표를 향해 꾸준히 일할 수 있는 사람에게 적합하다. 보통 종합병원이나 대학병원에서 일한다. 국가자격으로 시각능력훈련사 양성소를 졸업해야 응시자격이 주어진다. 대학에서 임상심리나 시각생리학 등 일정 과목을 2년 이상 배우고 1년간 양성소를 다녀도 된다. 고령화가 진행되고 시각장애가 있는 사람이 증가하는 상황에서 시각능력훈련사 수는 절대적으로 부족하므로 장차 유망 직업 중 하나이다. 현재 시각능력훈련사의 90% 이상이 여성이다.

언어치료사

청각과 언어 기능에 장애가 있는 사람을 진단하고 재활치료를 함으로써 잃어버린 기능을 회복시킨다. '귀가 잘 들리지 않아 무슨 말이지 모르겠다', '소리는 들리지만 발성과 발음이 안 된다', '말을 이해할 수 없다'와 같은 식의 장애는 선천적인 것뿐 아니라 뇌졸중이나 뇌경색, 귓병 같은 후천적 질환이 원인이 되어 발병하는 일도 많다. 이런 경우 환자는 말하고 싶어도 하지 못하고 상대가 하는 말도 이해하지 못하는 답답함에 항상 시달린다. 따라서 환자와 접할 때는 심리학적 지식과 기술도 필요하다. 이에 덧붙여 세심한 배려와 관찰력, 기억력, 상대가 표현하려는 뜻을 읽어내는 통찰력이 필요하다. 언어치료사가 되려면 전문대학이나 대학에 개설된 언어치료학 또는 언어병리학을 전공하거나 대학원 과정을 마치고 2급준, 2급, 1급으로 나뉜 언어치료사 자격증을 취득하면 된다. 활동 영역으로는 병원이나 복지시설, 지자체, 교육기관 등이 있으며, 재택·방문 진료로 재활치료를 하는 경우도 늘고 있다.

치과의사

다양한 기구와 약품을 사용해 충치와 치주질환 치료, 치열 교정을 하는 등 치아와 관련된 모든 의료 업무를 담당한다. 자격은 국내 치의학대학을 졸업하고 치의학사 학위를 받은 자 또는 치의학전문대학을 졸업하고 석사학위나 박사학위를 받은 자로 제한된다. 6개월 내에 졸업하고 해당 학위를 받을 것으로 예정된 자는 응시자격이 있는 것으로 본다. 다만, 졸업예정 시기에 졸업하고 해당 학위를 받아야 면허를 취득

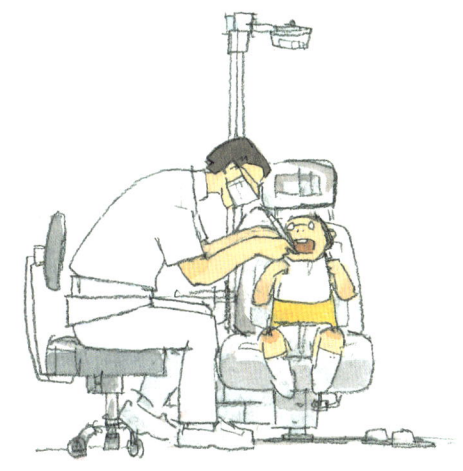

할 수 있다. 보건복지부장관이 인정하는 외국 치의학대학 또는 치의학전문대학을 졸업한 경우, 외국의 치과의사 면허를 받고 한국 치과의사 예비시험에 합격한 자만이 응시할 수 있다. 몇 년 동안 임상 수련을 거쳐 기술에 자신감이 붙으면 비로소 치과를 개업하게 된다. 최근에는 단순히 치아를 치료하는 데서 그치지 않고 치아를 더욱 아름답게 보이고자 하는 사람도 증가하는 등 치과 의료를 둘러싼 환경이 변화를 거듭하고 있다. 또 기술이 나날이 진보하고 있기 때문에 늘 공부하는 자세가 필요하다. 현재, 치과의사는 포화 상태이지만 신뢰할 만한 치과의사는 많지 않다. 확실한 기술과 지식을 갖추고 환자의 마음을 헤아리며 치료하는 것이 치과의사로 성공하는 중요한 요소이다.

치과위생사 · 치과조무사

치과위생사는 기자재와 진료 카드 관리, 진찰 보조, 치석 제거, 충치 · 치주 질환 예방 처치 같은 일을 한다. 직접 의료 업무를 하지는 않지만 치과의사가 치료하는 데 없어서는 안 될 존재이며 수요도 적지 않다. 치과의사의 진료 · 치료를 보조해 구강 관련 질환을 예방 · 치료하고 구강 관리를 안내한다. 환자의 구강 상태를 간단히 검진하고 치과위생에 필요한 방사선 촬영을 하며, 구강 내 검사, 진단, 교정뿐 아니라 치아를 뽑거나 수술할 때 보조한다. 치과 진료기구와 장비를 소독하고 관리하며, 구강상태를 간단히 시진해 치료의 종류를 분석한다. 병원, 가정, 학교에서 개인 또는 대중을 상대로 구강 보건 교육을 실시하며, 학교나 보건소에서 집단 구강 검사, 칫솔질 교육, 모자 구강 보건 교육 등을 담당한다. 치위생에 관한 기초지식과 언어전달 능력 또한 필요하다. 손놀림이 섬세하고 꼼꼼한 성격이 유리하며, 스케일링과 일부 치료를 할 때 치과 의료기기의 원활한 작동능력이 필요하다. 치과위생사가 되려면 전문대학과 대학교에서 치위생학을 전공하고 국가자격시험에 합격해야 한다.

치과조무사도 치과의사의 치료 행위를 보조하지만 딱히 자격은 갖추지 않아도 된다. 이 때문에 치과조무사는 치태 제거나 보건지도 등을 할 뿐 환자에게 직접 의료 행위는 할 수 없다.

치과기공사

치아에 문제가 있을 때 치과의사의 진단에 따라 의치, 금관도포, 교정장치 같은 처방을 받게 되는데 이러한 치아의 대체물이나 장치물을 만들고 가공하는 업무를 담당한다.

치과기공사가 되려면 전문대학과 대학의 치기공과에서 3~4년 교육을 받아야 하며 졸업 후 치과진료를 하는 의료기관이나 치과기공소에 취업하거나 치과기공소를 개설·운영할 수 있다. 시험은 국가고시로 1년에 한 번, 전문대 이상 치기공과를 졸업한 사람에게 자격이 주어진다.

노년층의 증가와 생활수준의 향상으로 단순히 씹는 기능만이 아니라 멋과 건강에도 관심을 가지게 됨에 따라 수요가 늘고 있다. 치과기공사의 해외 진출도 활발해지고 있다. 일의 특성상 개인의 숙련도에 따라 처우나 임금에 차이가 많이 나는 분야이다.

방사선사

의사의 진료활동을 보조하고 신체 내부기관의 질병, 장애를 진단하기 위해 각종 방사선 장비를 조작하며, 방사성물질을 이용하여 치료를 한다. 신체 특정 부위를 치료하기 위해 X-레이 검사, 컴퓨터 단층촬영검사(CT), 자기공명영상촬영검사(MRI), 초음파검사 등을 해서 환자의 상태를 정밀하게 진단한다. 진단 후 방사선 촬영과 치료를 위해 환자를 고정하고 검사받지 않는 다른 신체부위가 방사선에 노출되지 않도록 의사의 지시에 따라 방사선 노출 범위와 강도를 조절하여 치료한다. 방사선 촬영 결과를 정리·분석해 보고서를 작성한 뒤 의사에게 전달하며, 치료기록을 관리하는 업무를 병행한다.

방사선사는 기계를 조작하는 일이 많으므로 기계 활용 능력, 집중력, 기술력이 필요하며 의학용어, 전문용어에 대한 지식이 필요하다. 병원 내 유관기관 의료직원들과 의료정보·지시사항을 공유하는 경우가 많으므로 원만한 의사소통과 대인관계가 필수적이다. 자기통제 능력, 남에 대한 배려, 협조심 등이 좋은 사람들에게 유리하다. 방사선사가 되려면 전문대학이나 대학교에서 방사선학을 전공하고 국가자격시험에 합격해야 한다.

임상병리사

검체 또는 생체를 대상으로 병리적·생리적 상태의 예방·진단과 예후 관찰·치료에 기여하고, 신뢰성을 보장하기 위해 검사 결과를 신속하고 정확하게 제공하는 전문 의과학 기술인을 말한다. 검사 결과의 연관성을 해석하고 현재 사용 중인 검사법의 개선을 꾀하며 새로운 검사법을 평가하는 역할도 한다.

자격을 얻으려면 의료기사(醫療技士) 등에 관한 법률에 따라 임상병리사 국가시험에 합격한 뒤 보건복지부장관의 면허를 받아야 한다. 3년제 이상 대학의 임상병리과를 졸업해야 응시할 수 있다. 주로 의료기관의 임상병리과, 해부·조직병리과, 특수검사실, 건강관리과, 응급검사실, 전자현미경실, 특수건강진단기관 등에서 일하며, 그 밖에 보건기관의 임상병리검사실·방역과·의약과를 비롯해 대학의 각종 연구소, 임상병리 시약·기기 업체 등에서도 일한다.

안마사

손이나 기구를 이용해 환자나 고객의 근육을 두드리거나 주물러서 혈액순환을 원활히 하고 육체피로를 줄이는 일을 한다. 의사의 지시나 고객의 요구에 따라 증기열, 건조열, 자외선, 적외선, 물 등을 이용해 마사지를 한다. 체중감량이나 치료를 목적으로 하는 교정운동과 신체운동 등 여러 가지 요법을 병행한다. 고객에게 제공한 마사지·기타 요법을 기록하며, 운동경기 중 선수의 부상을 예방하기 위해 적절한 조치를 취한다.

신체·안마기술에 대한 전문 지식과 고객에 대한 서비스 정신이 필요하며, 자기통제 능력, 남에 대한 배려, 성취감 등이 뛰어난 사람들에게 유리하다. 안마사가 되려면 고등학교 졸업 이상의 학력이 필요하며, 스포츠마사지사의 경우 전문대학이나 대학교의 체육 관련 학과를 졸업하는 것이 유리하다.

침구사

침사와 구사를 뜻하는 침구사는 침과 뜸으로 환자를 치료한다. 민간요법으로 전승되

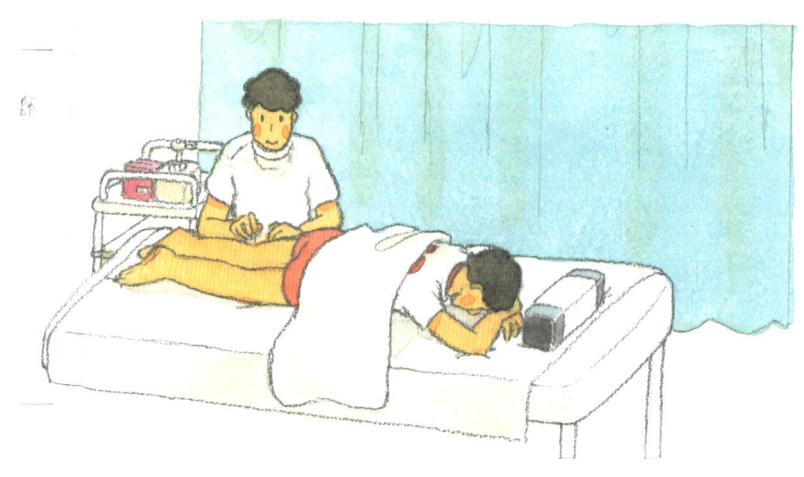

는 동양의학의 하나로, 침요법은 얇은 금속 침을 경혈에 찔러 자극을 가함으로써 혈액 흐름을 원활히 하고 근육을 이완시키거나 신경을 진정시킨다. 뜸요법은 약초인 쑥을 태워 그 열기로 몸을 회복시킨다. 1962년 의료법이 개정되면서 침구사 제도가 폐지돼 이전에 침구사 면허를 취득한 소수를 제외하고는 현재 법적으로 인정받지 못하고 있다. 그렇지만 침구는 운동선수의 부상 치료와 동물 치료에도 이용되는 등 새로운 치료법으로 재조명받고 있다.

카이로프랙터(척추교정의)

손을 사용하여 척추를 중심으로 비뚤어진 골격을 교정하고 신경 기능을 회복하며 건강 전반에 미치는 영향을 진단·치료·예방한다. 1895년에 미국에서 탄생해 지금까지 80개국 이상에 퍼졌고 미국, 영국 등 34개국에서 법제화되어 있다. 카이로프랙틱에는 세계 공통의 교육 기준이 있으며 국제연합 세계보건기구(WHO)에서도 승인을 받았다. 최근 대체의학이 주목을 받으면서 관심이 높아지고 있다. 카이로프랙틱에 대한 정확한 정의와 시술권자에 대한 법적 정의가 없으며 의료 행위로 간주되지 않아 척추교정의는 병원을 개업할 수 없다. 물리치료사, 한의사, 의사, 스포츠마사지사 등이 이 자격증을 따서 시술하고 있다. 카이로프랙틱 자격증은 협회를 통한 민간자격증과 외국 정규교육을 수료한 후 취득하는 자격증이 있다. 외국에서는 4~6년제 이상 교육기관을 졸업하고 시험을 통과해야 자격증이 나온다.

병원 코디네이터

관리직 비서와 마찬가지로 종합병원 등에서 서류 작성과 정리, 일정 관리, 방문객 대응, 전화 상담 등을 담당한다. 이러한 사무일 외에 병동이나 의국 코디네이터로도 일한다. 코디네이터로서 능력뿐 아니라 의료 지식도 필요하기 때문에 의료기관의 조직 운영, 의료 관련 법규, 의학적 기초 지식, 의료 실무 등을 배워야 한다. 상황을 적절히 판단하고 행동할 수 있는 능력과 커뮤니케이션 능력을 갖추고 여러 문헌과 자료를 꼼꼼히 수집·정리할 수 있어야 한다.

의약정보담당자(MR)

MR란 Medical Representative의 약자이다. 의사에게 자사 의약품의 성분과 사용법,

효능 등에 대해 설명한다. 약의 부작용이나 인가가 나지 않은 의약품 정보 등 카탈로그나 의학서에는 실리지 않은 의약품 정보를 전달하는 전문직이다. 우리나라와 일본에서는 영업도 겸하지만 유럽에서 MR는 의료팀의 일원으로 인식된다. 일반적으로 MR는 제약회사에서 일한다. 또 컨트럭트 MR라고 해서 프로젝트 단위로 계약을 맺는 사람도 있다. 취직하는 데 특별히 갖추어야 할 조건은 없지만 약사 면허증이 있으면 의약품에 대한 이해가 빠르기 때문에 도움이 된다. 한국제약협회가 2002년부터 현대경제연구원 인재개발원에 교육을 위탁해 MR 인증사업을 시행하고 있다. 4개월에 걸친 교육을 받고 인증시험을 치르면 MR 자격이 주어진다.

질병과 관련된 일을 하는 의사는 기분이 우울할 때가 많기 때문에 이들을 상대하려면 성격이 밝은 사람에게 적합하다. 의사와 사귀는 것도 업무의 일환으로, 많은 의사와 만나 다양한 것을 배우며 취미가 늘어나는 즐거움도 있다. 고령화 사회에 접어들면서 의약품 판매량은 더욱 늘어날 것이다. 효과적인 의약품을 하나 개발하는 데는 막대한 비용과 시간이 소요된다. 유럽권의 제약회사는 엄청난 규모를 자랑한다. 이에 각 제약회사들이 연구 개발에 열을 올리거나 외국계 제약회사와 합병하는 등 MR를 둘러싼 상황은 과도기를 겪고 있다.

장기이식 코디네이터

장기 기증자 확보와 확인, 장기와 조직의 적출, 수혜자 간호와 퇴원 후 관리까지 장기이식이 이루어지는 모든 과정에 참여해 장기 기증자와 수혜자, 의사들과 함께 장기이식을 효과적이고 원활하게 하도록 조정·중재하고, 수술이 끝난 뒤에도 환자가 사망할 때까지 관리하고 책임지는 전문간호사이다. 1960년대에 미국에서 처음 도입하였고, 1980년대에는 유럽 각국이 도입하였다. 아시아에서는 1986년 싱가포르가 첫선을 보였고, 우리나라는 1992년부터 이 제도를 시행하였다. 1994년에는 대한장기이식전문간호사회, 1999년에는 대한장기이식코디네이터회가 정식 발족하였다. 구체적으로 하는 일은 잠재 뇌사자 파악과 장기이식에 관한 적합성 여부 관찰, 장기 이식센터와 연계한 뇌사자 관리, 장기이식과 관련한 상담·교육·서류 관리, 이식 대기자 명단 관리·등록, 장기 기증에 관한 홍보·교육, 이식 관련 연구·통계 관리, 가족에 대한 수술 과정 정보 제공, 수술 후 수혜자 간호와 관리, 퇴원에 필요한 각종 교육 등이다.

의지보조기 기사

질병이나 사고로 신체 일부가 훼손된 사람이 본래 손발 모양과 기능을 보완하고자 사용하는 기구를 의지라고 하는데, 여기에는 의수와 의족 두 종류가 있다. 의수는 섬세한 작업을 할 수 있도록 손끝이 특별하게 제작된 것과 진짜 손과 구분이 안 갈 정도로 정밀하게 만들어진 것, 인체 근력에서 발생하는 전기를 응용한 것 등 종류가 다양하며 제작 기술이 나날이 발전하고 있다. 의족은 사용할 사람의 움직임 정도와 필요성에 따라 형태가 다양하고 고성능 재료를 사용해 패럴림픽 같은 대회에서 달리거나 도약할 수 있게 해 준다.

신체의 기능 장애를 줄이고자 사용하는 보조 기구는 장구라고 한다. 머리에서 발끝까지 전신을 대상으로 걷는 방법 개선, 골절 치료, 운동 시 환부 보호에 사용하는 장구 등 종류가 매우 많다. 교통사고로 경부에 충격을 입었을 때 목을 고정하는 기구도 장구에 포함된다. 의지보조기 기사는 의사의 지시 아래 의지보조기를 장착할 부위의 치수를 재고 깁스 등으로 형태를 떠서 의지와 장구를 제작한 다음 몸에 맞게 조정한다. 의지와 장구, 목발, 휠체어 등의 기기와 신체가 닿는 부분을 사용자 몸에 맞추기가 어렵기 때문에 전문 기술이 필요하다. 장애가 있는 사람의 활동이 확대되고 있고 지뢰 등으로 수족을 잃은 사람을 위한 사회 공헌 활동도 왕성해질 것으로 예상되기 때문에 의지보조기 기사의 역할은 더욱 중요해질 것이다. 응시자격은 전문대학 이상에서 보건복지부령이 정하는 의지보조기 관련 교과목을 이수하고 졸업한 자에 제한된다. 보건복지부장관이 인정하는 외국에서 전문대학 이상의 교육과정을 마치고 외국의 의지보조기 기사 자격증을 받은 자도 응시할 수 있다.

의공기사

의료현장에서 사용되는 갖가지 의료장비를 전문적으로 다루는 기술자가 의공기사이다. 2007년에 국가자격으로 신설되었다. 의사의 지시 아래 '생명 유지 관리 장치'를 조작한다. 구체적으로 인공호흡기, 인공심폐 장치, 제세동기, 혈액투석기와 혈장교환 장치, 심장카테터 등을 검사하고 집중치료실(ICU) 업무, 수술실 입회, 체외식 페이스메이커 조작 등을 담당한다. 의료장비의 보수·점검 등 안전 관리도 한다. 전문학교나 대학에서 공부하고 자격시험을 치른다. 최근 몇 년 동안 자격 취득률은 80% 전후로 주로 병원이나 보건소, 의료장비회사에서 일한다. 매일같이 새로운 의료장비가 개발되기 때문에 졸업한 뒤에도 꾸준히 공부해야 한다. 의료시설에 의무적으로 의공기사를 둬야 하는 것은 아니지만 장차 더욱더 중요한 직종이 될 것이다.

의료정보관리사

의료정보관리사는 컴퓨터와 정보 시스템에 대한 깊은 이해와 실무능력을 기반으로 의료조직에서 발생되는 모든 의료정보를 수집·가공·확대·재생산하고 시스템을 개발하기 위한 사양검토, 개발·구축을 수행함으로써 의료정보와 행정정보 관리 업무를 수행한다. 또 의료정보의 활용을 통한 각종 의료정보 시스템의 실무자로서 실제 의료기관, 의료업체 등에서 사용되는 정보화와 관련된 모든 의료행정 업무를 지원한다.

의료정보관리사는 병원정보 시스템의 사양검토, 설계, 구축, 교육, 유지·보수 전 과정을 직간접적으로 관리·운영할 수 있어야 하며, 환자정보를 포함한 진료정보와 행정정보를 적시에 제공함으로써 의료의 질적 향상에 기여해야 한다. 의료정보관리사는 전산에 관련된 전문 지식 외에 기초적인 의학, 병원 행정, 경영 등 종합 지식이 필요하다. 의료정보관리사 시험 자격을 받기 위해서는 최소한 30학점의 의료정보 관련 과목을 취득해야 한다.

간호조무사

병원이나 간호 시설에서 간호사를 보조하는 업무를 한다. 의료 행위나 간호 행위는 할 수 없다. 간호조무사가 되려면 고등학교 졸업 이상의 학력이 필요하다. 국·공립간호조무사양성소나 사설 간호조무사양성학원에서 간호조무사가 되기 위한 교육과 훈련을 받아야 한다. 간호조무사를 하면서 홈 헬퍼 같은 자격을 취득하는 사람도 많다. 주로 보조 업무를 하는데 식사 전 차를 나눠주거나 식사를 차리고 식기를 정리하는 식사 간호, 청소와 쓰레기 처리를 하거나 기저귀를 교환하는 배설 간호, 간호사나 의사에게 연락하고 전달하는 업무 등이 있다. 간호사가 부족하기 때문에 수요는 많다. 다만 급여가 낮고 고통스러워하는 환자의 등을 어루만져주는 행위조차도 할 수 없기 때문에 한계를 느껴 간호사로 나가는 사람도 많다. 간호조무사로 일하면서 병원에서 주는 장학금을 받아 공부하며 간호사를 노리는 사람도 있다.

음악치료사

음악치료는 악기를 연주해 치료대상자에게 음악을 들려주고, 함께 소리를 내고, 많은 시간을 공유하는 등 악기를 조작하면서 재활적·심리적 효과를 끌어내는 심리치료이다. 심리학, 교육학, 사회복지학 등을 배워야 하며, 음대를 나와 악기를 연주하는 것만으로는 불충분하다. 음악치료사가 되려면 대학을 졸업하고 대학원에서 음악치료 분야의 석사 또는 박사 학위를 취득하는 것이 유리하다. 민간기관에서 음악치료사가 되기위한 교육을 받을 수도 있다. 음악치료사가 되기 위해 요구되는 국가공인자격증은 없지만, 민간기관자격증으로는 대한음악치료학회와 한국음악치료교육학회에서 주관하는음악치료사 자격증이 있다.

우리나라에서는 음악치료가 일반화되어 있지 않으나 대체의학의 한 분야로 음악치료에 대한 관심과 수요가 커지고 있다. 음악치료사는 장애인 또는 우울증, 자폐증, 발달장애나 정신장애 등이 있는 환자들에 대한 거부감과 편견이 없어야 하며, 환자에 대한 애정과 봉사정신, 희생정신이 필요하다. 또 심리치료와 음악치료에 대한 전문 지식이 있어야 한다. 공채 또는 교육 기관의 소개 등으로 병원, 심리치료소, 사회복지관, 노인복지관 등에 채용될 수 있다.

너스 프랙티셔너

NP(Nurse Practitioner, 임상전문간호사, 전문간호사, 의사지원간호사, 전문실무간호사), 즉 너스 프랙티셔너는 미국에서 생겨난 간호사 자격으로, 훈련받은 의료행위라면 외과 수술을 제외하고 대부분 할 수 있다. 고도의 교육과 진단 능력을 갖춘 간호사이며 대부분 석사학위를 취득한다. 미국에서 NP가 필요한 주된 이유는 초기진료를 하는데 의사가 부족하기 때문이다. 초기진료는 환자가 처음으로 의사에게 진료를 받는 것이다. 교통사고로 긴급 수술이 필요한 경우를 제외하면 환자가 초기진료를 먼저 받는 것이 외무로 정해진 나라가 많다.

1965년 콜로라도대학에 최초로 NP 강좌가 개설되었다. 당초에는 소아과, 예방의학 등이 중심이었다. 발족 당시 간호협회에서는 '간호의 취지와 맞지 않는다. 의사의 행위를 모방해서는 안 된다'는 비판이, 의사회에서는 '환자는 진짜 의사가 봐야 한다'는 비판이 있었다.

미국에서는 시간이 흐르면서 NP가 의사와 거의 같은 수준의 의료를 제공할 수 있다는 연구가 발표되었고, 드디어 의료현장에 없어서는 안 될 존재로 인정받았다. NP와 의사의 차이는 의료 영역이 아니라 철학이다. 즉, NP의 의료행위는 '환자와 그 가족에게 교육을 제공한다', '환자가 직접 자신을 돌볼 수 있도록 한다', '건강을 유지하여 질병을 예방한다', '안전한 삶과 생활환경을 촉진한다' 등 간호학이 바탕을 이룬다.

전문 간호사

간호의 특정영역에서 지식, 기술에 정통하고 실천능력과 지도능력이 높은 간호사를 말한다. 간호직능단체, 대학, 특정 병원 등에서 연수를 받거나 인정코스·시험합격 등의 요건을 충족한 간호사에게 주어지는 자격을 얻은 간호사이다. 예를 들면 장루간호, 암, 순환계질환, 응급, 노인, 정신간호 등의 영역에 전문간호사가 있다. 간호실무 3년 이상의 경력자로 대학원에 진학하거나 그 수준의 전문간호사 교육과정을 마치고 전문간호사 시험에 합격해야 한다.

의료 미디에이터

의료 미디에이터는 번역하면 의료 중개자이다. 미디에이션(mediation)이란 대화와 문제 극복을 위한 사고를 체계적으로 학습하는 방법으로, 의사나 간호사를 비롯해 의료기관 종사자라면 누구나 의료 미디에이터로 활동할 수 있다. 의료사고가 나거나 환자와 의료진 사이에 의견이 대립했을 때, 제3자의 위치에서 중립적으로 문제를 해결한다. 대화를 중시하고 정보를 정리하는 전문 기법인 미디에이션 기법을 습득해야 한다. 환자 측과 의료진 측의 입장을 충분히 헤아리고 이해한 뒤 해결책을 쌍방에게 전달한다. 의료사고나 의료과실뿐 아니라 악질 환자 등 의료 현장에는 지금까지는 없었던 분쟁이 늘고 있다. 의료 미디에이터는 아직 널리 알려지지는 않았지만 고충이 있거나 사고가 일어났을 때 병원의 초기 대응책으로서 환자 측과 의료진 측의 불필요한 대립을 막고자 고안된 중요한 직업이다.

안경사

안경사는 고객에게 눈의 정확한 도수와 난시를 검사해 주거나 안질환 등을 확인한 뒤 교정 도수를 결정하고, 안경과 콘텍트렌즈를 맞춰주며, 시력 보조기구의 사용법을 알려준다. 고객의 얼굴 형태, 눈의 크기, 두 눈동자의 거리, 각막의 두께와 코의 높이 등을 고려해 고객의 얼굴에 가장 알맞은 크기와 모양의 안경테를 추천해 준다. 안경이나 콘텍트렌즈의 세척 방법과 착용 방법, 시력 보호를 위한 눈 관리 방법에 대하여 설명해 준다. 안경사는 고객 관리자로서 재고 관리 능력, 마케팅 능력은 물론이고 고객들과 의사소통을 원활히 할 수 있는 능력이 필요하다. 고객과 원만하게 관계를 맺고 신뢰를 줄 수 있는 단정한 용모와 태도가 필요하다. 안경을 제조할 수 있는 정교한 손동작이 요구된다. 안경사가 되려면 전문대학이나 대학교에서 안경광학 분야를 전공해야 한다.

이런 직업도 있다

바이오 기술자 **p.107**/ 브리더 **p.110**/ 안내견 훈련사 **p.112**/ 수의사 **p.112**/ 조교사 **p.113**/ 가축인공수정사 **p.115**/ 애니멀 테라피스트 **p.121**/ 인형 작가 **p.197**/ 관리영양사 **p.256**/ 영양사 **p.255**/ 메디컬 스태프 **p.309**/ 신경정신과 의사 **p.331**/ 임상심리사 **p.331**/ 의료 사회복지사 **p.339**

에세이 | **바이오는 꿈의 비즈니스인가**

무라카미 류

바이오 비즈니스의 탄생

바이오 비즈니스는 바이오 기술을 이용한 새로운 비즈니스이다. 바이오 기술이란 생물의 구조와 기능을 응용한 기술로 20세기 후반 생물을 분자 수준에서 연구하는 분자세포생물학이 비약적으로 발전하면서 탄생했다. 전자현미경 같은 연구기기의 발전과 컴퓨터 등 분석 장치·기술 진보에 힘입어 그때까지 독립된 분야였던 유전학, 생화학, 세포학의 성과가 한데 결합됐고, 세포의 구조와 기능이 분자 수준에서 밝혀지게 되었다. 그 중심에 있는 것이 세포 속 유전자의 구조와 기능을 밝혀내는 연구였고, 유전자를 인공적으로 복제하는 클로닝이라는 기술에 의해 유전자공학이 탄생했다. 세포공학, 배아공학 같은 새로운 분야의 기술이 그 뒤를 이으며 이전에는 상상도 하지 못했던 기술 체계가 갖춰져 바이오는 바야흐로 테크놀로지의 중심에 서서 인류 발전에 이바지할 것으로 기대된다. 바이오 비즈니스는 기술 체계를 이용해 이익을 내는 국가와 기업의 활동을 총칭한다.

유전자의 역할

세균에서 사람에 이르기까지 모든 생물은 세포로 이루어져 있다. 다만, 대장균은 단 하나의 세포로 되어 있지만 사람은 약 60조 개라는 수많은 세포로 구성되어 있다. 세포의 유전적 역할은 크게 두 가지로 나뉜다. 성장을 위해 DNA를 복제하고 증식하는 것과 세포가 제대로 기능하도록 단백질을 만드는 것이다. DNA의 복제와 증식은 주로 세포가 탄생하고 성장할 때 이루어지며 다 자란 세포는 '단백질 합성'을 담당한다.

인슐린 호르몬

인슐린이라는 유명한 호르몬도 단백질로 혈당치를 낮추는 기능을 한다. 췌장 내의 랑게르한스섬이라는 독특한 이름의 세포에서 만들어진다. 랑게르한스라는 독일의 병리학자가 발견한 구형이나 타원형 모양의 췌장 내 내분비 세포군으로, 여기저기 흩어져 있기 때문에 섬이라고 불린다. 랑게르한스섬은 A세포, B세포, D세포(그 밖에 PP세포가 있다)로 나뉘며 인슐린을 만들어내는 것은 그중 B세포뿐이다. A세포는 인슐린과 반대로 혈당치를 높이는 기능이 있는 글루카곤이라는 호르몬을 만들어낸다.

인슐린은 위와 눈에서는 만들어지지 않는다

사람의 DNA는 위 세포와 간, 신장, 눈 세포가 모두 같다. 그런데 인슐린은 왜 랑게르한스섬의 B세포에서만 생성될까. 왜 신장이나 눈에서는 만들어지지 않을까. 이런 의문은 분자세포생물학 탐구의 중심에 있으며 바이오 비즈니스에서도 장차 경쟁의 초점이 될 것이다. 랑세르한스섬의 B세포에는 인슐린 단백질을 합성하는 스위치가 켜져 있고, 다른 장기의 세포에는 그것이 꺼져 있다는 것이 그 의문에 대한 답이다. 하나의 수정란에서 모든 기관이 생성되는 '발생' 과정에서 켜짐·꺼짐 기능이 더욱 극적이다. 신장 세포에는 신장 효소와 특수한 막, 여과 시스템을 구성하는 단백질 합성을 지시하는 DNA가 켜져 있고 다른 스위치는 전부 꺼져 있다. 눈도 마찬가지로 눈이 기능하는 데 필요한 단백질 합성과 관련된 DNA만 켜져 있다.

문자 단 네 가지

DNA의 구성단위인 염기는 단 네 종류뿐이며 각각 A, T, G, C로 표현된다. 지구상에 있는 모든 생물의 DNA에는 예외 없이 똑같이 네 종류의 염기가 있다. 이 염기의 조합을 바탕으로 단백질이 합성된다. 염기 세 개가 한 조가 되어 아미노산 하나를 지정한다. 단백질을 합성하는 아미노산에는 20종류가 있다. 단백질은 수백 개에서 수천 개의 아미노산으로 구성된다. 하지만 염기는 단 네 개뿐인데, 이것은 '알파벳'과 같으며 조합에 따라 만들어지는 아미노산은 '단어'와 같고 단백질은 '문장'에 해당한다.

DNA의 쓸모없는 부분

바이오 비즈니스와 관련해 인간 게놈의 염기 배열을 전부 해독했다고 한 뉴스를 다시 떠올려보자. 게놈이란 유전 물질 전체를 이르는 말로, 구체적으로는 세포의 핵에 들어 있는 염색체 DNA 전체를 가리킨다. 염기 수로 추정할 때 인간 게놈은 약 10억 개의 아미노산을 지정하고 약 100만 종류의 단백질을 합성할 수 있다. 그러나 단백질을 지정할 수 있는 '유전자'라고 불리는 DNA는 전체의 10분의 1이고, 나머지 90%는 비유전자 DNA 또는 정크 DNA로 불린다. 100만 종류나 되는 단백질의 합성을 지정할 수 있는 정보가 있지만 실제로 인간이 합성하는 단백질은 약 3만 종류에 불과하다. 바이오 비즈니스에서, 인간 게놈의 염기 배열 해독은 도달점인 동시에 시발점이다. 남은 과제는 먼저 인간 게놈에서 유전자 DNA와 비유전자 DNA를 구별하고, 유전자 DNA가 어떠한 지시를 내리며 구체적으로 어떤 단백질을 합성하는지 그 기능을 구명하는 것이다. 이는 그렇게 간단한 작업이 아니다.

단백질의 효율적인 사용법

단백질은 3만 종류에 달하지만 인간의 복잡한 생명활동과 비교하면 예상 외로 적은 숫자이다. 따라서 우리 몸은 이 단백질을 효율적으로 이용하는 것으로 추측된다. 어떤 하나의 부위 또는 장기의 생명활동에는 반드시 단 하나의 특정 단백질이 관여한다는 엄밀한 법칙만 있다면, 그 역할과 특징을 밝혀내기 쉬울 것 같지만 반드시 그런 것은 아니다. 비슷한 예를 우리가 일상적으로 사용하는 언어에서도 찾아볼 수 있다. 이를테면 '쓰다'라는 단어는 '글을 쓰다, 모자를 쓰다, 입맛이 쓰다'같이 여러 의미로 쓸 수 있다. '쓰다'가 '글을 쓰다'라는 의미로만 대응했다면 분명 한국어를 배우는 외국인은 수월했을 것이다. 그러나 '쓰다'에 복수의 의미가 있기 때문에 이를 자연스럽게 사용하는 한국인에게는 언어의 풍부함과 효율성이 증가하게 된다. 영어도 마찬가지로 have나 take라는 단어가 폭넓은 의미로 쓰이는 것에 우리는 당황하지만 영어권 사람에게는 매우 편리하다. 인간의 유전자 DNA와 단백질도 폭넓은 '의미,' 즉 수많은 '기능'을 포함하고 있는 것으로 여겨진다. 이 사실은 우리 몸에게는 효율적이고 편리하지만 그것을 이해하기는 결코 쉽지 않다.

비즈니스에 이용되는 바이오 기술의 종류

- **유전자 진단(의료)** DNA 진단이라고도 하며 크게 세 가지로 나뉜다. 피험자 본인의 유전자를 연구하는 좁은 의미의 유전자 진단, 피험자에게 발생한 종양 유전자와 그 변화를 연구하는 것, 피험자에게 감염되었을 수 있는 세균과 바이러스의 존재와 유형을 조사하는 것이다. 생화학적 검사 등이 진보함에 따라 극소량의 DNA만으로도 인간의 유전자를 진단할 수 있게 되었다. 그러나 그 사람이 지닌 유전질환이 밝혀지게 되므로 정보 공개 등에 관한 법적·윤리적 대응이 필요하다.

- **유전자 치료(의료)** 유전자 요법이라고도 한다. 유전자 치료에는 돌연변이를 일으킨 유전자를 보충해 유전질환을 치료하는 방법과 유해한 물질을 만들어내는 이상 유전자의 발현을 억제하는 방법이 있다. 대부분의 유전질환에 대해 그 원인이 되는 유전자상 결함을 클로닝이라는 기술로 분석할 수 있게 되었고, 그것과 치환할 정상 유전자도 인공적으로 만들 수 있게 되었다. 기본적인 유전자 치료 방법이 확립되고 있으며 혈우병, 암, 간염, 에이즈, 성인병 등의 질환을 치료하는 데 매우 큰 도움이 될 것으로 기대된다. 그러나 유전자를 체내에 안전하게 도입하는 문제와 유전자 도입부의 컨트롤 방법 등 문제도 많이 남아 있다. 유전자 치료 임상 실험은 죽음에 이를 위험이 있는 질환 중에서 달리 안전하고 효과적인 치료법이 없을 때 시행한다.

- **복제 기술(주로 축산 분야)** 복제에는 수정란 복제와 체세포 복제가 있다. 복제 양으로 유명한 영국의 돌리는 체세포 복제로 태어났다. 유선세포에서 유전자를 가진 핵만을 추출해 핵을 제거한 다른 양의 난세포에 넣는다. 그렇게 해서 새롭게 만들어진 난세포를 대리모인 다른 양의 자궁에 착상시킨다. 즉, 체세포 복제 생물인 돌리는 아버지는 없고 '어머니'만 셋 있는 셈이다. 유선세포를 제공한 양, 난세포를 제공한 양, 자궁을 제공한 양까지 세 마리이다. 당연히 돌리는 유선세포를 제공한 양의 유전자를 물려받았다.

  수정란 복제는 수컷과 암컷의 교배로 생긴 알이 세포분열로 세포가 16~32개로 늘었을 때 각각의 세포를 분할해서 추출한 뒤 핵을 제거한 난자에 이식·세포 융합해 배양한 뒤 대리모의 자궁에 착상시키는 것이다. 수정란 복제 생물은 아버지가 있지만 그 차이는 크다. 수컷과 암컷이 있는 생물은 모두 부모로부터 유전자를 반씩 받는다. 즉 우리는 자신의 유전자를 통째로 자손에게 물려주는 것이 아니다. 새 생명은 항상 유전자를 새롭게 구성하며 이는 새로운 환경에 적응할 때 유리하게 작용한다. 유전자를 통째로 물려받는 체세포 복제의 경우 핵과 세포질이 별개이기 때문에 상호작용에 문제가 발생할 위험도 있다.

- **재생 의료(의료)**　재생 의료는 '발생' 연구의 진보와 함께 주로 분자 수준의 배(胚) 공학에서 발달했다. 배아줄기세포라고 불리는 세포는 배아 상태일 때 모든 장기와 조직으로 분화될 수 있다. 처음에는 동물 실험에서만 가능하다고 여겨졌지만 1998년에 미국에서 인간의 배아줄기세포를 최초로 배양했다. 배아줄기세포에 일정한 신호를 주어 분화를 유도함으로써 장차 이식용 장기 등을 만들 것으로 기대되지만 인간의 복제 기술을 응용해야 하기 때문에 몇 가지 심각한 문제점이 발생한다. 가령, 인공적으로 배양한 배아라도 그것이 인간의 배아라는 사실에는 변함이 없고 자궁에 착상해서 낳으면 당연히 사람이 태어나게 된다. 이처럼 '생명의 원천'이라고도 할 수 있는 사람의 배아를 조직이나 장기를 만들기 위한 '공장'으로 이용해도 되는가 하는 윤리적 문제가 있다. 또 그것이 실제로는 복제인간을 만드는 프로세스와 같다. 따라서 누군가 마음만 먹으면 인간의 배아줄기세포로 간단하게 인간을 복제할 수 있다.

  이와 같은 이유 때문에 현재는 배아줄기세포뿐 아니라 이식받는 본인의 신체에서 필요한 조직의 간세포(모든 조직에서 기관과 조직을 재생·유지하는 특별한 세포. 적혈구, 림프구, 백혈구 등을 만드는 척수의 조혈줄기세포가 대표적)를 이용하는 연구도 진행되고 있다.

- **DNA 재조합 기술(농업·식품)**　체외(시험관 등에서 인공적으로 한다는 의미)에서 DNA 분자를 결합한 뒤 생세포에 넣어 복제시키는 기술로 다음과 같은 일이 가능해졌다. 거의 모든 생물에서 특정 DNA 단편을 분리하여 증식한다. 의료·산업용 유전자 물질을 숙주생물 안에서 합성한다. 복제된 DNA가 체외에서 돌연변이를 일으키도록 해서 유전자의 구조와 기능의 관련성을 확인한다. 이러한 기술은 제초제에 강한 유전자나 살충 효과가 있는(그 농작물을 먹은 해충은 죽게 됨) 유전자를 도입한 농산물과 사료 등에 이미 응용되고 있다.

  본래 유전자 재조합 기술을 응용한 농산물과 식품은 식량 위기와 기아를 해결하기 위한 것이었다. 하지만 실제로는 개발 기업이 재조합된 종자와 제초제를 세트로 판매해 수익을 노리는 것이 주목적이 아닌가 하는 지적이 있다. 유전자 재조합 종자는 특허로 보호받으며 농가의 자가 채종은 금지되어 있다. 지금까지 종자는 농가가 직접 채종했지만 미국이나 캐나다 등의 농가들은 해마다 구입해야 한다.

  현재 미국에서 재배되는 유전자 재조합 농작물은 콩, 유채, 옥수수, 목화, 감자, 토마토, 사탕무 등이다. 식품으로는 콩기름, 옥수수기름, 유채기름, 간장, 마가린, 두부, 냉동감자(수입산), 콘스타치 등이 있다.

  이에 덧붙여 유전자 재조합 작물의 안전성은 '실질적 동등성'이라는 기준에서 심사된다. 유전자 재조합 작물을 일반 작물의 외견, 주요 성분, 성질 등과 비교하고 거의 동등하다고 판단되면 일반 작물처럼 안전하다고 생각하는 방법이다. 그러나 장기간 먹어도 안전한지에 관한 검증이 이루어지지 않았다는 지적도 있다. (참고: http://www.yasudasetsuko.com/gmo/faq.htm#1)

- **단일염기다형성(Single Nucleotide Polymorphism, SNPs, 의약품)**   개인에 따라 DNA의 염기배열이 조금씩 다르기 때문에 사람마다 키, 피부, 머리카락 색상 등에 차이가 있다. 이러한 차이는 전체 인간 게놈 중 1%의 빈도로 나타나며 위치로 보면 수백만 개소가 있는 것으로 추측된다. 최근에는 이 작은 차이가 비교적 많이 보이는 곳에 대해서도 조금씩 밝혀지고 있다. 염기문자로 표현하면 A-T쌍과 G-C쌍이 한곳에서 바뀌는데, 그것을 가리켜 SNP(단일연기다형)라고 한다. 이러한 차이가 한곳이 아니라 전체 DNA에서 많이 나타나기 때문에 SNPs로 복수형을 취한다.

  미래에는 이러한 개인차에 맞춘 오더메이드 약(개인에게 맞추어 특별히 만든 약)이 개발될 것으로 보인다. 특정 질병에 잘 걸린다, 어떤 약은 잘 들지만 다른 약은 효과가 없다, 부작용이 있다 등 개인차에 따라 약을 처방할 수 있다는 뜻인데 언제쯤 실용화될지는 알 수 없다. 의약품과 관련해서는 그 밖에도 인간 게놈 정보를 응용한 신약 등을 생각해 볼 수 있지만 현재로서는 SNPs 연구를 포함해 죽음에 이를 수 있는 유전질환 등에만 적용하도록 제한되어 있다.

- **바이오인포매틱스(Bioinformatics, 정보)**   생물정보학이라고도 한다. 컴퓨터를 이용해 게놈의 염기배열 정보와 단백질의 구조·기능·정보 등을 분석하는 기술이다. 앞으로는 바이오인포매틱스의 차이가 바이오 비즈니스의 우열을 결정할 정도로 중요한 분야이지만 인재가 매우 부족하다. 그러나 다른 시각도 있는데 바이오인포매틱스라는 학문·연구 분야가 탄생한 것은 생물학적 필요에 쫓겼다기보다는 단순히 산더미 같은 데이터가 있었기 때문이라고 지적하는 학자도 있다.

  게놈 분석으로 유명한 미국의 셀레라제노믹스사는 슈퍼컴퓨터를 여러 대 연결한 해석 장치를 300대나 늘어놓고 게놈을 해독했다. 그렇게 많은 장치를 사용하면 당연히 산더미 같은 데이터가 쏟아져 나온다. 게다가 인간 게놈을 전부 해독했다고 해서 장치를 멈추거나 철거할 수도 없다. 장치를 도입하는 데 어마어마한 비용이 들었기 때문이다. 그리고 장치는 계속 데이터를 토해낸다. 그 결과 데이터에 어떠한 의미가 있느냐는 차치하고, 데이터를 읽어내는 방법을 개발하는 연구팀이 만들어져 바이오인포매틱스가 생겨난 것이다. 또 그 데이터는 과학자가 필요해서 모은 것이 아니라 컴퓨터가 프로그램된 대로 토해낸 것이기 때문에 과학자의 직감이 작용할 만한 것이 아니다. 따라서 엄청난 양의 데이터를 어떻게 처리할지에 대한 결정적 해결책은 아직 없으며 앞으로 몇 년 내에 개발할 예정이지만 그동안에도 장치는 계속 가동되기 때문에 데이터는 더욱 쌓일 것이다.

바이오 비즈니스의 미래

- **복제 인간을 만드는 것은 합리적인가** 복제 기술과 유전자 재조합 작물을 이야기할 때 반드시 거론되는 것으로 윤리적·법적 문제가 있다. 현재 상황에서는 언제라도 복제 인간이 태어날 가능성이 있고 유전자 재조합 작물이 어떤 위험을 초래할지 알 수 없다. 다만, 복제에 관한 윤리적 문제는, 그것이 합리적인가에 대한 물음으로 바꾸는 것이 옳다고 생각한다. 복제 인간을 만드는 일은 아무리 생각해도 합리적이지 않다. 박지성 선수를 11명 복제했다고 해서 최강의 축구팀이 만들어지는 것은 아니기 때문이다. 또 핵과 세포질이 별개이기 때문에 양자의 상호작용에 지장이 생길 수도 있다. 부모에게서 반반씩 물려받은 것이 아닌 유전자 세트를 모두 복제해서 낳고 키울 때의 위험성도 아직 밝혀지지 않았다. 그리고 어마어마한 비용을 들인 박지성 선수 복제 인간이 어릴 때 넘어져 다리를 못 쓰게 될 우연성도 배제할 수 없다. 요컨대 박지성 선수의 복제 인간을 만들기보다는 우수한 코치를 고용했을 때 강한 팀이 탄생할 가능성이 높다는 것이다.

- **바이오 비즈니스의 위험** 복제 소나 유전자 재조합 작물은 식료 공급이라는 측면에서 볼 때 복제 인간과 달리 어느 정도 합리적이다. 하지만 원자력 발전과 마찬가지로 그 위험성을 단정 지을 수 없다는 결점도 있다. 즉, 예상 밖의 사고가 일어날 가능성을 배제할 수 없고 피해 규모도 예측할 수 없다. 그러나 바이오 비즈니스는 생명과학의 귀중한 성과이고 인류에게 눈부신 미래를 상상하게 해 준다. 과학 기술의 진보에는 반드시 위험이 뒤따르기 마련이고 위험이 있다고 해서 과학적 탐구를 멈추는 것은 합리적이지 않다. 필요한 것은 바이오 비즈니스를 맹신하지 않는 자세이다. 빛나는 미래가 '보장된다'고 믿는 것은 위험하다는 것이다.

결론 1: 바이오 비즈니스의 과제

바이오 비즈니스가 품고 있는 또 하나의 중요한 문제는 단기적으로 이익을 내는 비즈니스 원칙이 결과적으로 생명과학의 '기초 연구'를 경시하는 풍조를 낳는다는 점이다. 처음에 말한 것처럼 20세기 후반, 분자세포생물학의 경이적 진보는 유전자, 생화학, 세포학 등 그때까지 따로따로 이루어지던 연구 성과를 하나로 연결함으로써 가능해졌다. 그러한 연구에는 오랜 역사가 있다. 과학자나 연구자들은 돈을 벌기 위해서가 아니라 '호기심'을 동기로 여

러 의문과 수수께끼에 도전했다. 다양한 현상을 과학적 탐구로 이해하려는 호기심이다. 돈을 벌겠다는 동기는 돈을 벌 수 없게 되는 시점에서 사라진다. 단기적 이익이 최우선시되는 비즈니스의 사고방식으로는 노벨상을 수상한 일본 고시바 교수의 '카미오칸데'라는 장치도 발명하지 못했을 것이다. 호기심으로 유지되는 어린이와 젊은이의 동기를 어떻게 키우고 지속해 풍요로운 생명과학의 토양을 만들어낼 수 있을까. '바이오 대국을 추구한다'와 같은 공허한 외침의 뒤편에서 던지게 되는 질문이다.

결론 2: 바이오 비즈니스 업계에서 일하려면?

바이오 비즈니스 업계에서 일하려면 상당한 지식과 기술을 갖추어야 한다. 해외 대학이나 대학원, 연구소에서 배울 수도 있다. 민간 바이오 기업에서 일하든, 대학 연구소에 들어가든 농학, 의학, 약학, 생화학, 공학, 정보공학 등 폭넓고 깊은 지식과 기술이 필요하다. 민간 바이오 벤처 중에는 농학과 의학, 약학과 의학, 의학과 공학 등 복수 지식을 겸비한 젊은 연구자를 찾는 경향도 있다.

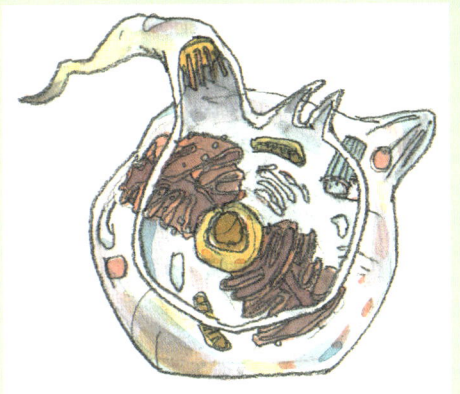

2003년에 쓰다

참고《새로운 발생 생물학》
《분자세포생물학 사전》

❹ | 구름과 하늘, 강과 바다를 바라본다

구름 형태가 변하는 모습을 보면 기분이 좋다. 저녁놀의 형태는 매일 다르지만 언제나 아름답다. 매서운 바람을 일으키는 태풍은 대체 어디에서 어떻게 만들어질까? 종종 이러한 의문을 떠올린다.

민간기상예보관

기상청에서 제공하는 다양한 기상 관측 데이터를 토대로 독자적으로 날씨를 예측하는 사람이다. 1997년 민간예보사업제도가 시행되면서 만들어진 직업이다. 날씨 예보나 기상 해설을 하는 것 외에 특정 지역의 날씨 예보, 배의 최적 항로 예측, 건설 작업 시기 조언, 나들이 갈 때 도시락과 음료수 같은 수요를 예측하는 등 활동 범위가 넓다. 민간예보사업을 하려면 기상청의 허가를 받아야 한다. 연령, 성별, 국적 제한은 없으며 대기 구조와 열역학, 기상현상 등에 대해 깊이 이해해야 한다. 기상

위성, 레이더, 기상관측 시스템 등 다양한 관측 데이터를 목적에 따라 가공하는 등 고도의 계산 능력도 갖추어야 한다.

선원

배를 타고 해상에서 일하는 사람을 총칭하여 선원이라고 한다. 구체적으로 선상에서 하는 업무는 다음과 같다.

- 선장: 배의 최고 책임자이다.
- 항해사: 갑판 업무를 담당한다. 갑판 책임자인 1능 항해사와 이를 보좌하는 2등 항해사 등이 있다.
- 기관사: 기관실 업무를 지휘·감독한다. 책임자인 기관장 아래 1등 기관사, 2등 기관사 등이 있다.
- 통신사: 무선기기 등을 이용해 외부와 통신하거나 기상 정보를 통보한다.
- 승조원: 항해사나 기관사 밑에서 일하거나 사무·주방 업무를 담당한다.

선장, 항해사, 기관사, 통신사 등 사관으로서 배에 승선할 때는 항해 지역과 배의 크기, 추진 기관의 출력 등에 따라 법률에 정해진 해기사 자격증이 필요하다. 어선의 사관이 되려면 수산계 대학이나 수산계 고등학교를 졸업한 뒤 면허를 따면 된다.

잠수부

잠수 장비를 이용해 수중 구조물 작업이나 샐비지(침몰선을 인양하는 작업), 해양 개발, 환경 조사, 카메라 촬영 등 다양한 수중 작업을 한다. 지금까지는 항만 건설과 관련된 일이 많았지만 현재는 감소하는 추세이다. 그래서 석유 기지 건설 작업을 찾아 해외로 나가는 사람도 있다. 잠수부가 되려면 국가자격인 잠수산업기사, 잠수기능사 면허가 필요하다. 위험한 작업이 많기 때문에 고수입을 올릴 수 있지만 공공공사가 줄어들어 일과 수입 모두 감소하는 추세이다.

수중 카메라맨

잡지나 서적, 광고를 위해 수중 사진을 찍는다. 풍경, 해양 스포츠 등 바다와 관련된 사진을 찍는 경우가 많다. 사진학원이나 미술대학에서 사진 기술을 배우고 카메라맨의 보조로 일하며 실력을 쌓은 뒤 독립하거나 출판사나 광고대행사 등에 작품을 보내 일감을 얻는다. 다이빙 실력과 사진 기술을 모두 갖추어야 한다. 완벽한 능력주의 세계로 수입은 일에 따라 천차만별이다. 기술과 센스뿐 아니라 자신을 파는 영업 능력도 있어야 한다. 수중 카메라맨이 많지만 고소득을 올리는 사람은 얼마 되지 않는다.

수중 비디오카메라맨

방송사 또는 프로그램 제작사의 요청을 받아 바다, 강 등에서 수중 촬영을 한다. 제작사에 소속된 경우가 많지만 독립해 프리랜서로 일하는 경우도 있다. 다만, 프리랜서로 일하는 것은 결코 쉽지 않기 때문에 다이빙 숍에 근무하는 등 부업을 겸하는 사람이 많다. 어려운 촬영이 많고 위험도 적지 않은 직업이다. 지상파 방송 외에도 채널이 많이 생기면서 수요는 늘어날 것으로 예상되지만, 요구가 다양화되고 예산은 줄어드는 실정이다. 한정된 예산 안에서 스폰서 요구에 얼마나 부응할 수 있느냐가 성공의 중요한 열쇠이다.

스쿠버다이빙 숍 경영

다이빙 기재 판매와 수리, 다이빙 투어 기획과 실시가 주된 업무이다. 보통 숍에 취직해 경험을 쌓은 뒤 독립한다. 대학의 해양학부나 면허 취득 목적의 전문학교 등을 졸업하고 취직하는 길도 있지만 경험이 곧 전부인 세계이므로 숍에서 일하며 경험을 쌓고 바다에 대한 이해를 높이는 것이 독립을 위한 지름길이다. 세계적 다이빙 교육 지도 기관인 PADI나 NAUI 등이 발행하는 잠수 인정서인 'C카드'가 있으면 취직에 유리한 경우도 있다. 투어나 강습을 할 때는 고객을 즐겁게 할 수 있는 서비스 정신과 안전 관리 능력이 필요하며, 체력과 근성도 요구된다. 스쿠버다이빙을 동경하는 마음만으로는 하기 어려운 일이다.

스쿠버다이빙 강사

손님에게 스쿠버다이빙 기술을 지도하고 바닷속을 안내한다. 스쿠버다이빙 지도자 면허가 필요하며 잠수 기술은 물론 위험한 어패류에 관한 지식도 있어야 한다. 스쿠버다이빙 지도자 자격은 지도 단체에 따라 취득 조건이 다르다. 자격증을 취득

한 뒤에는 스쿠버다이빙 스쿨이나 다이빙서비스회사에서 일한다. 시즌이 아닐 때는 잠수부의 일손을 돕고 정치망 손질, 선저 청소 등 부업을 하기도 한다. 다이빙은 잠수복이나 기재 구입 등 비용이 많이 들어가는 취미이기 때문에 불황기에는 강습생이 줄어든다. 또 잠수는 항상 위험이 따르는 일이라는 것을 염두에 두어야 하며, 경험이 적은 다이버를 가르치려면 하루에도 여러 번 잠수해야 하므로 체력이 뒷받침되어야 한다. 무엇보다 바다를 좋아하고 물고기를 잘 아는 사람만이 할 수 있는 일이다.

양식업

마래미와 잿방어 등 치어, 굴과 가리비 등 조개류, 김 등 해조류를 상품이 될 만한 크기로 키워 시장에 판매한다. 양식업은 바다에서 하는 낙농업과 축산이라고 생각하면 이해하기 쉽다. '어떤 물고기를 어떤 시설에서 양식하는가'에 따라 일의 내용이 달라진다. 수영장과 같은 수조를 이용하는 '육상양식'과 바다 가운데에 활어조를 만드는 '해상양식'으로 크게 나눌 수 있다. 매일 정해진 시간에 물고기에게 먹이를 던져주고 물고기가 크면 더 큰 활어조로 옮겨야 한다. 활어조 등의 시설을 점검하고 유지하는 것도 업무의 하나이다. 중간에 물고기가 죽기도 하므로 물고기 수를 파악하기 위해 수를 세는 작업도 한다. 비싸게 팔 수 있는 물고기를 키우기 위한 품질 관리와 고객 주문에 맞는 어종 출하, 제조와 유통에 관한 센스도 필요하다. 양식업은 연안 어업을 하는 어부가 자신이 사는 지역의 특성에 맞는 어종을 기르는 경우가 대부분이다. 가족 경영을 하는 곳이 많기 때문에 곧바로 독립해 양식업을 시작하기는 어렵다. 따라서 먼저 양식회사에 취직해 기술과 경영 방법을 공부해야 한다. 독립하고자 하는 경우 그 지역의 수산업협동조합에 가입해 구획 어업권을 얻어야 한다.

어부

어패류, 해조류 등을 따서 수입을 얻는다. 어업은 크게 원양 어업, 근해 어업, 연안 어업 세 종류로 나뉜다.

원양 어업

몇 개월에서 길게는 1년 이상 장기간에 걸쳐 먼바다에 있는 가다랑어와 참치, 오징어 등을 찾아 전 세계 바다를 누빈다. 수백 톤, 때로는 수천 톤의 거대한 배에 승선한다. 다른 어업과 비교해 수입은 많지만 장기간 가족과 떨어져 생활해야 하는 단점도 있다. 인기는 높지만 구인 건수는 그만큼 많지 않아서 미경험자가 승선하기는 어려우며 장기간 항해하기 때문에 협동성이 필요하다.

근해 어업

주로 200해리 수역 내에서 저인망과 선망으로 전갱이, 고등어, 정어리 등을 잡거나 가다랑어, 참치, 꽁치를 잡는다. 조업 일수는 당일치기부터 몇 주 정도인데 어획물에 따라 다르다. 자원 보호 차원에서 2개월 정도 휴업 기간을 정해놓은 수산업협동조합도 있어 실제 어업 일수와 비교하면 수입은 그다지 나쁜 편은 아니다.

연안 어업

삼면이 바다로 둘러싸인 우리나라에서 독자적 발전을 이룩한 어업이다. 어부로 불리는 사람은 대부분 연안 어업 종사자이다. 어장이 가깝기 때문에 당일치기 어업이 기본이다. 연안 어업은 지역과 밀착된 어업으로 수산업협동조합에 가입해야 하는데 일정한 실적과 그 지역에 거주해야 하는 등 조건이 까다롭다. 그래서 그 지역 사람이 아니면 시작하기 어렵다.

155

해녀

잠수하여 바닷속의 어패류(전복, 소라, 조개, 성게, 해삼 등)와 해조, 진주를 채취한다. 피하 지방이 많다는 체질적 이유 때문에 주로 여자들이 하지만 최근에는 잠수복의 보급으로 남자 종사자도 늘고 있다. 현지의 수산업협동조합에 가입해야 하므로 현지에서 자란 사람이거나 결혼을 해서 그 지역 주민의 가족이 되어야 한다. 1년 정도 수습기간을 거치면 해녀가 될 수 있다고 한다. 수입은 채취량과 계절에 따라 차이가 있다. 그래서 남자는 어부와 겸업하는 사람이 많고 여자는 대부분 주부이다. 도시에서 일하다가 귀향하여 후계자가 되기도 하지만 일손이 부족하다. 해녀들은 비교적 장수하며 그중에는 80세가 넘었는데도 활동하는 사람이 있다.

강 낚시 어부

장어나 은어 따위의 민물고기를 낚아 생계를 꾸리는 사람이다. 물고기를 잡으려면 물고기의 습성과 활동을 알아야 할 뿐 아니라 날씨와 강의 흐름 등 자연 현상에 관한 다양한 지식이 필수적이다. 강과 물고기를 좋아하는 것은 물론 자연환경 전체를 배려하는 자세가 요구된다. 때로는 긴 시간 가만히 물고기를 기다려야 하기 때문에 체력과 더불어 끈기도 필요하다. 보통 배를 타고 낚시를 하기 때문에 소형 선박 조종사 면허가 필요하다. 환경 파괴의 영향으로 물고기 수가 줄어들어 강 낚시만 해서는 생계를 유지하기 힘들고 농업 등과 겸업하는 사람이 많다.

남극관측대원

남극기지에 머물면서 기상 등의 관측 활동을 한다. 우리나라는 1988년 남극 킹조지섬 맥스웰만에 세종과학기지를 설립했다. 해마다 남극과학연구단(월동연구대와 하계연구대)을 파견해 남극 지역의 대기, 고층 대기, 지질, 지구물리, 해양학적 환경 특성 규명, 기초 생산력, 동식물상에 대한 조사·연구, 자원 조사 등을 수행한다. 관측 그룹은 기상청이나 대학, 연구소 등의 전문 연구원으로 구성되며 설영 그룹은 기계, 의료, 건축, 전기, 조리 분야의 전문가가 기업에서 파견된다. 어려운 환경에서 이루어지는 활동을 이겨낼 튼튼한 신체와 정신력을 겸비하는 것이 절대 조건이다. 각 분야의 전문가여야 하며 무엇보다도 중요한 것은 남극에 대한 관심과 남극에 가고자 하는 강한 의지이다.

산장 경영

　대개 등산로 중간에 위치하는 산장은 등산가의 휴식과 숙박을 목적으로 한다. 한창 인기를 모으던 시기를 지나 현재는 유용한 산장만 남고 전부 사라졌다. 최근에는 산기슭의 관광지에 펜션이 난입하고 있는데 인명 보호라는 본래 설치 목적과는 거리가 멀다. 산장 경영자 중에는 보통 산을 좋아해 산장을 짓고 사는 사람이 많은데 대개 국유지이기 때문에 앞으로 산장을 짓는 일은 거의 불가능하다고 봐도 좋다. 산을 좋아하는 마음이 무엇보다 중요한 자질이다. 동식물에 대한 지식과 산의 기후를 읽어내는 능력이 있으면 등산객들이 좋아한다. 산에서 생활하는 만큼 고독을 견딜 수 있는 정신력도 필수적이며 등산객을 잘 돌볼 줄 알아야 한다. 인명 구조에 관여할 때도 많다.

외벽청소업자

　고층 건물의 창문이나 외벽을 청소한다. 보통 외줄에 매달려 공중을 이동하며 일한다. 사다리차를 타고 작업하려면 특별 안전 강습을 받아야 한다. 따로 자격증은 필요하지 않으며 빌딩 청소·보수 업체에 취직하여 일을 시작한다. 스퀴지라고 하는 T자형 와이퍼 등의 청소 용구를 능숙하게 다루게 되면 외벽 작업 강습을 받게 된다. 3개월 정도면 기본 작업을 할 수 있다. 고소공포증이 있는 사람에게는 맞지 않으며 안전 관리가 무엇보다 중요하다. 균형 감각과 기술이 필요하기 때문에 여자보다는 남자가 많이 종사한다. 비와 바람이 강한 날에는 작업하기가 어렵다. 일하는 시간이 짧기 때문에 개인 시간이 많다는 이점도 있다. 위험한 일이지만 평균 보수는 다른 직종과 거의 다르지 않다.

❺ | 불꽃과 폭발을 보고 실험한다

캠프에서 캠프파이어하는 것을 좋아한다. 수업 시간에 알코올램프 등의 실험 기구를 사용하고, 올바른 순서와 정해진 분량을 준수하며, 고체와 액체, 기체가 변하는 모습을 보면 가슴이 두근거린다.

화산학자

화산에 따라 분화의 규모와 형태는 다르다. 그것이 어떤 종류인지는 화산학자도 단번에 알아내기 어렵다. 화산학의 기초는 실제 분화 현장을 관측하는 것이다. 화산학자는 분화를 접할 기회가 매우 드물기 때문에 생명이 위험하다는 것을 알면서도 화산이 터지면 화산으로 향한다. 화산학자에게 분화는 연구할 수 있는 최고 기회이다. 대학에서 지질학을 배워야 하며 기상학 등 관련 학문도 공부하는 것이 좋다. 산사태와 수증기 등 분화에 동반되는 현상을 전문적으로 연구하는 사람도 있다. 화산학자의 관측과 예지 덕분에 많은 인명이 목숨을 건지는 사례도 있었지만 위험한 관측으로 목숨을 잃기도 했다.

소방관

화재나 재해에 대비해 지역별로 소방서가 있으며, 소방서 아래에 소방파출소가 있다. 소방 활동 하면 가장 먼저 떠오르는 것이 화재 진압과 구급차 출동이다. 이 밖에 각종 재해 대책과 구조, 화재·재해 예방을 위한 지도와 규제, 방재를 위한 홍보 활동이 주된 업무이다. 소방관은 지역별로 소방직 공무원 시험으로 뽑는다. 분야는 소방, 운전, 구급 세 분야로 나뉜다. 응시 자격에 학력 제한은 없으며 분야별, 지역별로 나이 제한이 있다.

불꽃놀이 전문가

폭죽을 제조하고 쏘아 올리는 일을 한다. 보통 겨울에는 폭죽을 제조하고 여름철에는 불꽃축제 준비와 연출을 담당한다. 일반적으로 폭죽 제조회사에서 근무하지만 중소기업이거나 가업으로 운영하는 회사가 많아 일반인에게 공모하는 일은 흔치 않다. 폭죽을 제조하려면 몇 가지 공정을 거쳐야 하는데 전부 수작업으로 해야 하는 전문 기술 분야이다. 폭죽을 다루려면 한국산업인력공단이 발행하는 화약류관리기사 자격증을 취득해야 한다. 화약을 다량 다루는 위험한 일이기 때문에 항상 긴장하며 일해야 한다.

양초공예가

전통적인 방법에 따라 수작업으로 초를 만든다. 불교 행사에 쓰이는 초를 비롯해 다도에 사용되는 초, 그림 초, 크기가 거대한 초를 만드는 사람도 있다. 양초공예가가 되려면 전문가의 제자로 들어가거나 전문가가 개설한 강좌에서 배울 수 있다. 내다팔 만한 양초를 만들기까지는 3년, 전문가가 되기까지는 빨라도 10년은 걸린다. 인내심이 필요한 직업이지만 전통을 지키는 재미를 맛볼 수 있다.

특수효과원

텔레비전, 영화, 이벤트의 시각 효과 등 특수효과를 담당한다. 프로레슬링 경기에서 레슬러의 등장에 맞춰 불꽃을 터뜨리거나 텔레비전, 영화 촬영에 쓰이는 바람, 눈, 비 등의 자연 현상을 만들어내기도 한다. 폭죽을 다루려면 한국산업인력공단에서 발행하는 화약류관리기사 자격증을 취득해야 한다.

발파 기사

건물이나 도로를 건설하거나 채석을 하기 위해 다이너마이트 같은 화약을 이용해 산 등을 발파한다. 업무 성격상 화약과 관련된 지식과 취급 방법을 숙지해야 한다. 발파 기사가 되려면 화학류관리기사 자격증을 취득해야 한다. 발파 작업 경험이 풍부하고 어려운 상황에서도 적절히 처리할 수 있는 베테랑 발파 기사는 좋은 대우를 받는다.

용접공

금속을 녹여 접합하는 용접 기술자이다. 공장이나 철골을 사용하는 건설 현장, 조선소 등 공업과 관련된 분야 전반에서 일한다. 용접공은 불편한 자세로 작업하기 때문에 무엇보다 몸이 건강해야 한다. 용접하기 위한 최소한의 기술은 젊은 사람은 1년이면 습득할 수 있지만 도면을 보고 필요한 작업까지 해내는 전문 용접공이 되려면 3년은 걸린다. 한국산업인력공단에서 용접기능사 시험을 시행한다. 대기업에서는 자격증 보유자를 구하는 경향이 있지만 중소기업은 솜씨가 좋으면 자격증 보유 여부는 묻지 않고 채용하는 사례도 많다. 즉, 자격증은 일을 얻기 위한 필요조건도 보증수표도 아니다. 용접공이라고 하면 '쇠퇴업'이라는 이미지도 있다. 이는 대개 용접 작업을 기계가 담당한다는 인식 때문일 것이다. 그러나 실제로 결단력과 섬세함을 갖춘 사람이 아니면 할 수 없는 용접 분야도 아직 많다. 이와 같은 상황은 아무리 과학 기술이 진보해도 변하지 않을 것이다. 따라서 '용접 기술이 있으면 평생 먹고살 수 있다'는 시대는 끝났을지 몰라도 용접공의 역할이 끝나는 일은 없다.

희귀금속 채굴자

희귀금속은 니켈, 백금 등 약 30종의 금속을 말한다. 구리나 금 같은 금속을 채굴하는 과정에서 부산물로 채굴되는 경우도 많다. 휴대전화나 디지털카메라 등 갖은 하이테크 기기에 사용되면서 희귀금속 수요가 급증하고 있다. 희귀금속으로 무역을 하는 종합상사와 전문상사도 있다. 희귀금속 채굴자는 광물이나 지질학 등에 대한 지식보다는 경제지식과 상업을 위한 교섭력, 외국어 능력과 더불어 희귀금속이 치안이 나쁜 곳에 매장되어 있을 경우 국제 정세에 대한 정보와 위험을 헤아릴 줄 아는 능력도 필요하다.

이런 **직업**도 있다

침구사 **p.134**/ 금속공예가 **p.232**/ 프레스공 **p.233**/ 판금공 **p.234**/ 주방장 **p.247**/ 제빵사 **p.249**/ 보석 디자이너 **p.269**/ 마술사 **p.300**/ 철도 기관사 **p.403**/ 기구 조종사 **p.406**

04 과학: 과학을 좋아하고 흥미있어 한다! | ❺ 불꽃과 폭발을 보고 싶어한다

무라카미 류

　원시시대 인류에게 불은 귀중한 도구이자 문명의 첫걸음을 내딛는 기반이 되었다. 불은 인류가 얻은 최초의 에너지였다. 사람들은 불을 이용해 음식을 조리하고 토기를 만들고 철을 가공하고 위험한 동물을 쫓고 추위를 막고 어둠 속에서 인공적인 빛을 만들어 상상력을 키웠다. 불을 만들고 제어할 수 있게 되면서 인류의 가능성은 비약적으로 커졌다. 그때 기억이 어딘가에 남아 있는 탓인지 우리는 불과 불꽃을 보면 안심하거나 흥분한다. 불꽃놀이를 보며 아름다움을 느끼고 흥분하는 것은 인간뿐으로 고양이나 개는 불꽃을 무서워한다.

　그러나 불과 불꽃은 에너지이기 때문에 제어하지 못하면 사고나 재해로 이어진다. 화재나 폭발 사고, 화산 분화는 우리에게 커다란 피해를 입힌다. '불꽃과 폭발을 보고 실험한다'는 항목에 소방관을 넣은 것은 농담이 아니라 소방관들은 불과 불꽃과 연기의 마력과 위험성을 잘 알고 있다고 생각했기 때문이다. 즉, 불과 불꽃과 연기에 대한 깊은 이해와 외경심이 없으면 소방관으로 일하기가 어려울 것이다. 불과 불꽃과 연기를 혐오한다면 화재나 재해에 맞서지 못할 것이다.

　불과 불꽃과 연기 그리고 소방관의 관계는 인간과 직업이 이루는 관계의 일면을 상징한다. 즉, 불과 불꽃과 연기를 좋아하는 사람은 방화범이 되지 않는다는 것이다. 좋아한다는 감정은 모호하고 복잡하다. 소방관은 불을 끄는 일을 한다. 하지만 대규모 산불 등에서는 불을 막기 위해 단순히 불을 끄는 것이 아니라 풀과 나무를 제거하고 폭풍(爆風)으로 불을 날린다. 즉, 불과 불꽃과 연기를 제어하는 것이다. 그러나 방화범은 불과 불꽃과 연기를 제어하고자 하는 것이 아니다. 파괴성을 지닌 불과 불꽃과 연기에 자기 자신을 동화시키며 일그러진 쾌락을 얻고자 한다. 불과 불꽃과 연기가 지닌 에너지에 의존하는 셈이다.

　좋아한다는 감정이 들면 일단 그 대상을 자세히 알고 싶어하기 마련이다. 그리고 제어하고 싶어진다. 불과 불꽃처럼 그 자체가 에너지인 것을 좋아하게 됐을 때, 그것에 대해 자세히 알고 싶어하는 사람은 에너지 연구원이나 기술자, 화산학자일 것이며, 제어하고 싶어하는 사람은 소방관이라는 직업에 흥미를 느낄 것이다. 사실 불과 불꽃과 연기를 좋아하는 방화범은 없다. 방화범은 무언가 큰 에너지를 지닌 것에 의존해 자신의 욕망과 마주하는 일에서 도망치는 것일 뿐 굳이 불과 불꽃과 연기가 아니더라도 의존할 수 있는 것이라면 무엇이든 상관없다고 생각한다.

2003년에 쓰다

❻ | 별과 우주를 보고 동경한다

반짝이는 별을 바라보면 마음이 안정된다. 천체망원경으로 밤새 밤하늘을 관찰해도 질리지 않는다.
우주왕복선을 타고 우주정거장에 갈 수 있다면 아무리 고되더라도 훈련을 받을 수 있다.

우주비행사

우주비행사로 선발되면 전문적인 훈련을 받는다. 실제로 우주에 갔을 때 몸 훈련, 회전탁자에 서서 상하좌우 흔들림에 견디는 훈련, 한 사람이 겨우 들어갈 만한 방에서 회전을 견디는 훈련, 회전식 기계로 무중력 상태에서 견디는 훈련 등이다. 여성우주비행사라고 해서 훈련을 덜하지는 않는다. 모든 훈련을 끝내면 우주비행이 가능한 정식 우주비행사로 인정받지만 바로 우주비행을 할 수는 없다. 그래서 우주 왕복선 임무를 받을 때까지 또 다양한 훈련을 받는다. 과학과 기계 수리를 좋아하고 다방면에 관심이 많은 사람이어야 한다. 체력과 정신력은 누구보다 튼튼해야 한다. 대담하고 용기가 있어야 하며 냉정하고 결단력이 있어야 한다.

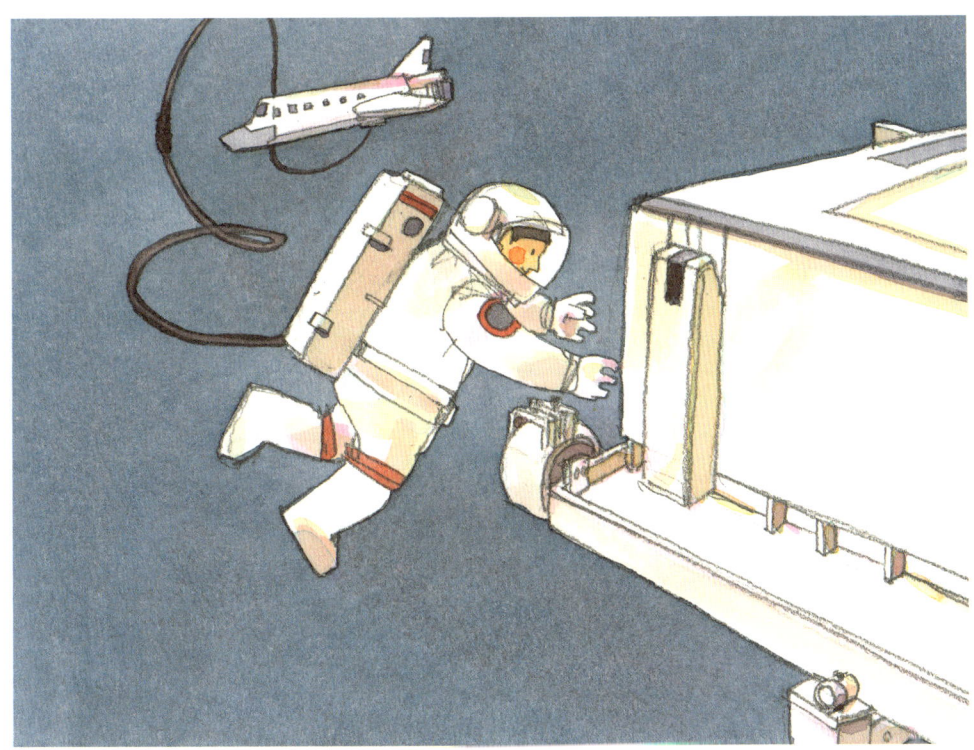

나사에서 일하기

나사(NASA)는 미국 항공우주국을 말한다. 세계 우주 개발의 중심지로 1958년에 설립되었다. 같은 해에 나사는 인공위성 익스플로러 1호를 쏘아 올렸다. 워싱턴에 있는 본부 외에 케네디 우주센터, 존슨 우주센터 등 미국에 10개 센터가 있다. 직원 수는 약 2만 명이고 그 밖에 계약직원 15만 명이 일하고 있다. 보통 나사 하면 우주비행사부터 떠올리지만 정작 우주비행사 수는 100명이다. 그 밖에도 많은 사람이 우주 계획을 중심으로 다양한 연구와 개발을 하고 있다. 기본적으로 정규 직원은 미국 공무원이지만 외국인도 나사에서 일할 기회는 있다. 하나는 계약 연구원으로 초빙되는 경우이다. 수는 적지만 대학에서 항공우주학을 공부한 뒤 미국에 유학해 나사에서 연구원으로 활약하는 사람도 있다. 다른 하나는 자국의 우주 개발 기관에 들어가 그곳에서 파견되는 경우이다. 나사는 다양한 분야에서 각국의 우주 개발 기관과 협력 관계를 맺고 있다. 냉전 종료와 제한된 예산 속에서 우주 개발은 국제 분업 체제에 들어갔다고 할 수 있다. '국제 우주정거장'은 그 최고의 결과물이다.

천문대에서 일하기

천문대에서는 자외선과 전파 등 다양한 파장을 이용해 천체를 관측하는 동시에 그 결과를 분석해 천체의 성질과 성분을 조사한다. 그 밖에 천체의 위치를 정밀하게 측정하거나 대형 계산기를 이용해 우주 모습을 이론적으로 해명하는 연구를 한다. 연구자가 되려면 석사 학위나 박사 학위를 취득해야 하며 기본적으로는 공모를 통해 채용된다. 기술직원, 사무직원은 공무원이기 때문에 공무원 시험을 통과한 뒤 국립천문대에 취직을 희망한 사람 중에서 선발된다. 수학과 영어를 꾸준히 공부하면서 천문에 대한 흥미와 연구 의욕을 유지하는 것이 중요하다.

플라네타륨에서 일하기

플라네타리안이라고 불리는 직업에 종사하는 사람은 과학관이나 박물관의 플라네타륨에서 우주와 천체에 대해 해설하는 일을 한다. 관내에서 방영하는 프로그램을 제작하는 것도 업무의 하나이며 그때그때 천문계에서 화제가 되는 사건을 수집해 효과적으로 알리는 것도 플라네타리안의 업무이다. 별에 대해 알기 쉽고 재미있게 전달하는 역할을 맡고 있기 때문에 스스로 감동과 기쁨을 체험하는 것도 중요하다. 나날이 진보하는 플라네타륨 기재를 보수하는 기술까지 갖춘다면 더할 나위 없이 좋다. 각 관에 따라 채용 조건은 제각각이고 공립과 민간에 따라서도 다르지만 자격증은 필요하지 않다.

점성술사

태양, 달, 태양계에 있는 8개 혹성의 위치를 통해 사람의 운세를 읽는다. 서양 점성술, 인도 점성술, 동양 점성술 등 다양한 유파가 있다. 개인 사무실, 길거리, 백화점 플로어 등 일하는 장소는 다양하며 최근에는 전화나 인터넷으로 점을 치는 경우도 늘고 있다. 잡지나 텔레비전 등 매스컴에 등장하는 유명 점성술사도 있다. 점성술사가 되려면 일단 자신이 전문으로 하고 싶은 점성술을 정한 뒤 혼자 공부하거나 점술 교실이나 강좌에 다니면 된다. 자신이 원하는 스승의 제자로 들어가거나 해외 통신 교육 과정을 수료해도 된다. 우리말로 쓰인 문헌은 아직 적나. 서양의 경우 점성술사에 관한 본격 분헌은 대부분 영어로 쓰였기 때문에 영어를 해석할 수 있어야 한다. 천문학적 지식은 반드시 갖추어야 한다.

천문잡지 편집자

천문과 별을 주제로 다루는 잡지 내용을 기획·취재하고 정리한다. 천문잡지 편집자로 활동하려면 천문 세계를 폭넓게 알고 그 안에서 독자의 흥미를 끄는 기획을 세울 수 있어야 한다. 따라서 천문학에 관한 깊은 지식과 편집 경험보다는 망원경 조작법을 배우고 천문학 동호회에서 활동하는 등 실질적 경험이 도움이 되는 경우가 많다. 별을 관찰하거나 이벤트 등이 열리는 장소는 인적이 드물고 어두운 곳이 많으므로 '춥고 어둡고 불편한 장소도 괜찮다'는 자세도 천문잡지 편집자에게 필요한 자질의 하나이다.

펜션 경영 **p.71**/ 민간기상예보관 **p.151**/ 남극관측대원 **p.156**/ 산장 경영 **p.157**/ 모험가·탐험가 **p.305**/ 영화감독 **p.378**/ 드로잉·SFX 일러스트레이터 **p.388**

에세이 | 학문은 원래 재미있는 것이다 (천문학)

무라카미 류

옛날부터 천체와 우주는 우리를 매료했다. 그것은 눈부신 태양과 밤하늘을 수놓는 별과 광활한 우주가 상상력을 자극하기 때문이다. 우주는 매혹적인 수수께끼이며 그 사실은 지금도 변함이 없다. 천문학은 오래전부터 학문으로 존재했다. 예를 들어 세계에서 가장 오래된 성표(星表)와 성도(星圖)는 기원전 147년에 그리스의 관측 천문학자 히파르코스가 만들었다. 이때 이용한 기법은 현재도 이용된다. 고대 사람들은 천체와 신화를 연결지어 생각했다. 그들이 천문 관측이나 신앙을 위해 만들어낸 건축물은 유적이 되어 지금까지도 남아 있다.

이러한 고대 천문학의 이미지가 현대 천문학보다도 널리 알려져 보통 천문학자 하면 망원경으로 별을 보는 사람을 떠올리곤 한다. 그러나 현대 천문학은 망원경으로 밤하늘을 보는 것만 뜻하지 않는다.

우주가 어떻게 탄생해 천체와 은하를 형성했고 생명을 만들어냈는가 하는 우주의 진화와 역사를 해명하는 학문으로 자리 잡아 우주론(cosmology)이라고 불린다. 지금부터 약 20년 전까지는 우주의 시작을 논의할 때 물리학의 도움을 빌려 '이렇게 해서 우주가 탄생했을 것이다' 같은 식의 추측밖에 할 수 없었다.

그러나 이제는 전파 망원경과 인공위성, 컴퓨터 등 첨단 테크놀로지 발달에 힘입어 이론을 실증 데이터와 비교하며 눈에 보이는 것으로 해명할 수 있는 시대가 되었다. 예를 들어 1946년 미국의 이론 물리학자 가모프는 우주는 불덩어리에서 시작했다고 주장했다. 그러나 이는 어디까지나 추측성 이론에 불과했다.

그런데 오늘날에는 첨단 기술로 얻어낸 다양한 관측 데이터를 통해 가모프의 이론을 훌륭하게 증명할 수 있게 되었다. 전자현미경 같은 과학 기구와 컴퓨터의 발달로 생물학이 분자 수준에서 비약적으로 발전한 것과 똑같다.

지금까지 우주론이라는 분야는 데이터를 이용해 증명하지 못한 채 이론을 위주로 정년퇴직한 명예교수 등이 연구하는 일이 많았다. 그러나 이제는 다르다. 현재는 의욕적인 젊은 연구원들이 우주 진화를 연구하고 있다. 지금은 30만 년 전 우주 모습을 전파망원경을 이용해 촬영할 수 있다. 이론을 실제로 검증할 수 있는 시대가 온 것이다. 더욱이 초기 우주는 가스로 뒤덮인 탓에 불투명해 전파망원경으로도 볼 수 없지만 중력파를 이용하면 생성기 우주를 사진에 담을 수도 있을 것으로 기대된다. 생명체가 어떻게 태어났는가 하는 물음에 대한 답도 발견할 수 있을지 모른다.

대학에는 이론 연구자가 많고 컴퓨터 시뮬레이션을 통해 별이 탄생하고 은하가 형성되는 과정을 밝혀내는 연구가 주로 진행된다. 이론과 관측이 하나가 되면서 우주의 수수께끼가 풀리려는 것이다.

　　2003년에도 '스바루 망원경'을 이용한 발견이 줄을 이었다. 이를테면 불과 한 달 만에 지구에서 128억 광년이나 떨어진 은하를 발견했고 목성, 토성에서 새롭게 18개 위성을 확인했다. 그 밖에도 우주 탄생을 해명할 만한 발견이 몇 가지 있다. 별과 우주를 동경하는 열세 살에게는 멋진 시대인 것이다.

2003년에 쓰다

음악 05

"음악을 좋아하고 흥미있어 한다."

❶ | 노래한다

음악 수업이 무척 기다려진다. 맑은 목소리와 정확한 음정으로 노래하고 싶다. 합창이나 돌림노래도 즐겁다. 노래는 슬픔과 불쾌함, 외로움을 잊게 해 준다.

가수

인류 역사에서 가수와 댄서는 오래된 직업 중 하나일 것이다. 우리는 기쁠 때나 즐거울 때, 슬플 때나 쓸쓸할 때 무심코 노래를 흥얼거린다. 노래는 가장 근원적인 감정 표현 방법이다. 프로 가수는 트로트, 가요, 재즈, 라틴, 록 등 장르를 불문하고 목소리와 가창력으로 위로와 용기를 준다.

가창력은 학교에서 훈련하면 향상될 수 있지만 목소리는 그야말로 타고나는 것이기 때문에 누구나 가수가 될 수 있는 것은 아니다. 자신이 원해서 가수가 되는 사람보다 주위에서 멋진 목소리를 알아차리고 가수가 되라고 권유하는 경우가 더 많다. 음악적 소양도 중요하지만 많은 사람을 매료할 수 있는 천상의 목소리를 지니는 것이 무엇보다 중요하다.

성악가

클래식 가곡을 부르거나 오페라를 공연한다. 솔로 가수로 독립하는 사람은 많지 않고 오페라 극단이나 합창단에 소속되는 것이 일반적이다. 성악가로 자립해 생계를 유지하는 사람은 매우 적다. 솔로 가수에 의욕이 있는 사람은 아르바이트를 계속하며 콩쿠르에 나가 상을 노린다.

해외에서 개인 레슨을 받고 해외 콩쿠르에서 상을 받아 젊은 나이에 성악가로 데뷔하는 사람도 있지만 이는 아주 특별한 케이스이다. 대부분 국내외 음악대학에서 성악을 배운다. 대다수 성악가는 어릴 적부터 발성 기초와 피아노 등 음악적 교육을 받는다. 성악가로 자립하기는 매우 어렵다. 도시에 살면서 집에 여유가 있는 아이들이 아무래도 유리하다.

음악 탤런트

인생의 한 시기 동안에만 팝뮤직 현장에서 활동하는 사람을 가리킨다. 아이돌을 포함한다. 클래식 음악가나 연주가, 가수에게는 연주 능력과 가창력이 요구되지만 음악 탤런트는 전혀 다른 재능이 필요하다. 그 재능을 설명하기는 어렵다. 극단적인 예를 들면, 팝뮤직 현장에서는 음치라도 데뷔해 히트하는 경우가 있고 곡을 쓰지 못해도, 얼굴이 잘생기지 않아도, 키가 작아도, 스타일이 별로라도, 성격이 나빠도 스타가 되는 경우가 있다.

　물론 노래를 잘하고, 얼굴이 잘생기고, 키가 크고, 스타일이 좋고, 성격도 좋다면 그보다 좋을 수는 없지만 그것만으로 데뷔하면 스타가 될 수 있다고 장담할 수는 없다. 성공 기준이 모호하고 도전하기에는 위험성이 높은 일이다.

　보통 오디션, 응모, 라이브 등에서 발굴되어 데뷔한다. 목소리와 곡, 외모가 판단 기준이며 연주 실력은 그다지 중시되지 않는다. 그러나 연주 실력이 매우 뛰어나면 연주가로 전향할 가능성도 있다. 운 좋게 음악 텔런트로 발굴되더라도 팔리지 않으면 소용없다.

　데뷔해서 2년 내지 3년이 지나면 프로덕션에서 활동 여부를 판단한다. 그 기준은 음반 판매량과 라이브 관객 수, 즉 프로덕션과 음반 회사에 안겨주는 이익에 따라 결정된다. 음악 탤런트가 갖추어야 할 자질은 음악적 재능 외에 생기 넘치는 빛이다. 굶어죽더라도 스타가 되겠다는 헝그리 정신, 타고난 스타성, 다른 사람은 흉내 낼 수 없는 자신만의 세계를 표현하는 독창성 등이 '빛'을 낳는다. '할 게 없으니까 밴드나 할까'와 같은 식의 어중간한 동기로 음악 탤런트를 지향한다면 절대로 성공할 수 없다.

❷ | 듣는다

유명하거나 다른 사람이 좋다고 해서가 아닌, 직접 발견한 좋아하는 작곡가와 즐겨 듣는 곡이 있다. 이유는 알 수 없지만 피아노곡을 듣다가 나도 모르게 눈물을 흘린 적이 있다. 음악이 지닌 힘에 대해 더 자세히 알고 싶다.

클럽 DJ

클럽과 손님의 분위기를 읽고 선곡해 음악을 들려준다. 하우스, 힙합, 트랜스, 레게 등 다양한 장르가 있는데 특정 장르에 정통한 사람이 있는가 하면 모든 장르를 두루 다루는 DJ도 있다. 대개 프리랜서 계약을 맺고 일한다. 업무상 아무래도 신곡 음반을 계속 구입해야 하기 때문에 유명한 DJ라도 속된 말로 '레코드를 돌리는 것'만으로 먹고살 수 있는 사람은 없으며, 직접 곡을 만들어 CD를 내거나 영상물을 만들거나 모델을 하는 등 다른 일을 겸하는 경우가 많다.

악보 출판사에서 일하기

어떤 악보를 출판할지 기획을 하고 곡에 저작권이 있는 경우 절차를 밟아 악보 편집 작업을 한다. 악보를 판매하는 영업 담당자도 있다. 편집의 경우, 저작권법에 대한 전문적 지식은 입사한 뒤 익히면 된다. 기본적으로 악보를 읽는 능력은 갖추어야 한다. 특히 클래식을 전문으로 다루는 출판사의 경우, 고전 악보에 대한 역사적 지식도 필요하기 때문에 음악대학을 졸업하면 유리하다. 팝이나 가요의 경우 전문 지식은 필요하지 않지만 음악을 좋아하고 악기 연주 경험이 있는 것이 좋다. 최근에는 무단으로 악보를 복사하거나 인터넷에서 다운받는 경우가 많아 악보 출판사가 어려움을 겪고 있다.

음악 저작권에 관한 일

음악을 비즈니스로 할 때 권리 관계를 관리하는 일은 빠뜨릴 수 없다. 권리 관계 중에서 기본이 되는 것이 작곡가, 작사가가 지닌 저작권으로, 그들을 대신해 저작권을 관리하는 회사를 음악 출판사라고 한다. 출판사라는 이름이 붙은 것은 음악 비즈니스 세계에서 최초의 매스미디어인 악보를 출판하던 영향 때문으로, 실제로 출판 활동을 하는 곳은 극히 일부이다. 이후 음악은 음반으로 녹음·복제되었고 영화, 텔레비전, 노래방 등에서 다양하게 사용되면서 음악 출판사의 업무도 더욱 폭넓어졌다. 음악 출판사는 저작권을 관리하는 한편 그 곡이 많이 쓰이도록 홍보하거나 그 곡을 이용해 CD를 만들기도 한다. 인터넷을 통한 음악 배포는 이미 자리를 잡았다. 새로운 미디어가 생길 때마다 음악출판사를 비롯해 저작 관계에 관한 비즈니스도 함께 변했다. 법률 업무나 외국과의 교섭 능력 등 전문 지식을 갖춘 인재는 항상 필요하다.

악보 사보

클래식 총보(지휘자가 사용하는 악보)나 편곡가가 작성한 총보에서 각 악기의 파트를 뽑아낸다. 클래식 총보와 편곡가가 작성한 총보에는 각 악기의 악보가 모두 적혀 있기 때문에 그것을 악기별로 다른 악보에 옮겨 적는 것이다. 최근에는 악보가 아닌 디지털 음원 국제 규격인 미디(MIDI)로 편곡된 디지털 데이터를 받는 경우도 많기 때문에 미디도 다룰 줄 알아야 한다. 악보 작성 능력은 물론이고 음악 이론과 악기에 관한 기초 지식은 필수적이다. 음대생이 아르바이트로 사보를 하다가 그중에서 특히 악보를 깔끔하게 그리는 사람이 졸업한 뒤에도 사보 일을 계속하는 경우가 많다. 수수한 일이지만 깔끔하게 사보된 악보는 음악을 뒷받침하는 기호가 된다.

뮤지션 어시스턴트

뮤지션이 사용할 악기를 수배·관리·설치한다. 뮤지션이나 뮤지션의 사무실에 고용되거나 악기 대여 회사에서 일한다. 프로 뮤지션을 지향하는 젊은이가 동경하는 뮤지션 밑에서 일하는 경우가 많다. 담당하는 악기에 대한 전문 지식은 꼭 필요하다. 뮤지션 어시스턴트로 시작해 필사적으로 연습함으로써 누구보다도 악기에 정통한 사람이 되는 등 노력 여하에 따라서는 뮤지션이 되거나 우수한 악기 대여 전문가가 될 수도 있다. 운전면허증은 필수이다.

음향 엔지니어

같은 악기를 연주해도 소리는 장소에 따라 다르게 들린다. 음의 진동, 즉 음향은 음악의 일부이며 음향 기술이 모든 음악을 지탱하고 있다. 음향 엔지니어는 음의 진동에 대한 다양한 공학적 업무를 담당한다. 예전에는 음향기기 회사 등에 근무하며 주로 앰프나 스피커 같은 재생 장치를 설계하고 개발했지만 최근에는 콘서트홀의 증가와 소음 문제 등의 영향으로 업무 범위가 확대되고 있다. 콘서트홀과 라이브하우스, 스튜디오 등의 음향 설계는 물론 건물의 소음과 진동 방지 또는 음향 측정, 음향 시스템 설계, 음향 컨설팅 등의 일을 한다. 대학이나 전문학교에서 음향 공학을 배워야 한다. 전자·전기 회로, 오디오 기술 외에도 최근에는 컴퓨터가 음향 기술의 핵심이 되기 때문에 컴퓨터 기술과 지식 습득도 필수적이다. 음향기기 회사, 음향 설계 회사, 건축 설계 시공 회사, 방송사, 스튜디오, 영상 스튜디오 등 다양한 직장이 있다. 소리에 관해 예리하고 뛰어난 감각을 갖추는 것이 조건이다.

리코딩 엔지니어(리코딩 믹서)

멀티트랙으로 녹음한 여러 악기의 연주를 균형 있게 하나의 음악으로 정리한다. 예를 들어, 64채널의 멀티트랙 리코딩은 64종류의 음과 연주를 테이프 하나에 녹음할 수 있다. 리코딩은 먼저 드럼과 베이스 등의 리듬 파트를 녹음하고 이어서 관악기를 넣는다. 거기에 다시 현악기를 넣은 다음 코러스를 넣고 반주를 만든다. 마지막으로 가수의 노래를 넣는다. 리코딩 엔지니어는 이 모든 과정에서 음을 엔지니어링(소리와 균형을 조율하는 일)하고, 디렉터와 각 연주가가 원하는 음색을 만들어 최종적으로 마스터 테이프를 완성한다. 전문적인 음악 지식과 녹음기기에 대한 지식은 물론 소리의 균형 감각, 음감, 다양한 음악 체험도 필요하다.

일반적으로 음악대학이나 전문학교를 나와 음반회사나 음반제작회사, 스튜디오에 들어가 조수부터 시작하지만 그중에는 연주가 출신의 리코딩 엔지니어도 있고 프리랜서도 많다. 지금은 대부분 전문학교에 리코딩 엔지니어 양성과정이 있지만 프로듀서, 디렉터와 마찬가지로 학교를 졸업한다고 해서 반드시 전문 리코딩 엔지니어가 될 수 있는 것은 아니다.

리코딩 디렉터

곡 선정에서 편곡가, 연주가 선정 등 녹음할 음악의 방향을 결정한다. 악보나 총보를 읽고 각 악기의 특질을 파악할 수 있는 음악적 전문 지식은 물론이고 가수와 신뢰를 쌓는 커뮤니케이션 기술을 갖추고 있어야 한다. 양질의 음악을 많이 듣지 않으면 할 수 없는 일이다. 음악대학이나 전문학교에서 교육을 받고 학생 시절부터 음악업계에서 아르바이트하며 자신의 능력을 보여주고 인맥을 형성하는 것도 중요하다. 일반적으로 음반회사나 음반제작회사 등에 들어가지만 우수한 프리랜서 디렉터도 많다. 디렉터를 양성하는 전문학교도 있지만 프로듀서와 마찬가지로 학교를 나왔다고 해서 반드시 디렉터가 될 수 있는 것은 아니다.

리코딩 프로듀서

녹음뿐 아니라 제작비 관리와 음반 재킷 디자인, 인쇄, 홍보 등 리코딩의 기획에서 판매까지 모든 비즈니스를 관리한다. 최근에는 인터넷에서 압축 디지털 음악을 손쉽게 구입할 수 있어 그에 대응할 필요도 생겼다. 음반회사나 음반제작을 담당하는 회사에서 근무하는 경우가 많다. 음악에 관한 전문 지식과 더불어 가수와 연주가의 능력을 파악하는 능력도 있어야 한다. 의사소통 기술을 갖추고 음악 비즈니스에 관한 갖가지 지식

도 필요하다. 최근에는 리코딩 프로듀서를 양성하는 전문학교도 생겼지만 그보다는 인맥과 경험, 즉 연고가 무엇보다 중요한 직종이다. 예전에는 음악 세계라고 하면 주로 음반회사와 가수나 음악 탤런트, 뮤지션 등이 소속된 프로덕션 두 가지를 가리켰다. 특히 리코딩에 관해서는 음반회사가 스튜디오를 소유하고 음반회사 직원이 디렉터와 엔지니어 업무를 담당했다. 그러나 CD 제작을 많이 하게 되면서 음반제작회사 등이 생겨나 리코딩 업무는 점차 전문가가 맡게 되었다. 하지만 본래 하나의 업계였기 때문에 여전히 인맥이 중요하다. 전문학교에서 공부하더라도 리코딩 프로듀서로 성공하기는 매우 어렵다.

매뉴피레이터(프로그래머)

컴퓨터에 정보를 입력해 음악을 만들거나 신시사이저나 샘플러 같은 전자악기를 이용해 편곡가와 뮤지션, 디렉터가 원하는 음을 만들어낸다. 편곡가나 키보드 연주자가 매뉴피레이터를 겸하는 경우도 있다. 컴퓨터 기술보다는 전자음을 조합해 소리를 만들어내는 특유의 음악적 감각이 필요하다. 모니터에 표시되는 파형을 보고 소리를 떠올릴 수 있는 음향공학 지식도 갖추면 좋다. 매뉴피레이터는 CD 제작비를 낮추는 데 중요한 역할을 하며 디지털 음악 시대를 맞아 수요가 증가하는 추세이다. 전문학교도 있지만 학교를 졸업한다고 해서 전문 매뉴피레이터가 될 수 있다고 장담할 수는 없다.

마스터링 엔지니어

녹음된 음악을 CD 형태로 정리한다. 곡의 순서와 곡 사이의 시간, 각 곡의 음량을 정하고 트랙 ID를 넣는다. 그리고 음악용 CD로 완성하기 위한 규격(레드북이라고 한다)에 맞추어 필요한 코드를 넣는다. 그렇게 해서 만들어지는 'PQ Encode Master'라고 하는 마스터 테이프가 있어야 음악 CD가 나올 수 있다. 마스터링 엔지니어는 음악에 관한 전문 지식도 있어야 하지만 미미하게 어긋나는 소리도 잡아내는 뛰어난 청각이 무엇보다 중요하다. 음악과 녹음 기술을 가르치는 전문학교를 나와 음반회사나 음반제작회사에서 근무한다. 대개 조수부터 시작하지만 프리랜서로 일하는 사람도 있다.

인스펙터

인스펙터(Inspector)는 리코딩이나 라이브를 진행할 때 디렉터나 프로듀서의 요청에 따라 일정과 보수를 관리하며 연주가를 알선하고 조정하는 사람이다. 많은 뮤지션과 음반회사, 음반제작회사와 인맥이 필요하기 때문에 전직 뮤지션이나 전직 음반회사 디렉터, 전직 매니저 등 음악업계 출신자가 많이 한다.

무대 디자이너

무대감독과 상의해 콘서트 내용에 맞는 무대를 디자인한다. 라이브 콘서트뿐 아니라 오페라, 연극, 패션쇼, 테마파크 이벤트, 박람회 등의 회장도 디자인하는 등 활동 범위가 넓다. 무대 설계회사, 무대 미술 관련 회사에 소속된 사람과 프리랜서가 있다. 미술과 디자인에 대한 기초 지식, 조명 효과에 관한 지식, 커뮤니케이션 기술을 갖추고 컴퓨터로 3차원 디자인을 할 수 있으면 유리하다. 대학이나 전문학교에서 미술이나 디자인을 공부하고, 관련 회사에 아르바이트로 들어가 전문가를 지향하는 것이 일반적이다.

DTM(Desktop Music) 크리에이터

컴퓨터를 이용해 CD나 악보에서 MIDI 규격 데이터를 만든다. 주로 휴대전화의 벨소리나 인터넷 노래방용 데이터로 사용되며, 인터넷 홈페이지 등에 쓰이기도 한다. 음악을 좋아하고 음악적 전문 지식과 컴퓨터 구사 능력이 있으면 누구라도 할 수 있는 일이다. 아르바이트로 MIDI 데이터를 만들어 많은 수입을 올리는 사람도 있다. 그러나 벨소리와 인터넷 노래방 등의 수요는 몇 년 주기로 변하기 때문에 결국 음악과 컴퓨터에 대한 고도의 지식과 기술을 갖춘 사람만이 살아남는다.

무대 음향

뮤지컬, 상업연극에서부터 작은 극단의 무대에 이르기까지 다양한 무대의 음향을 담당한다. 이를테면, 빗소리와 천둥소리를 만들거나 실제로 녹음해 장면에 맞춰 내보낸다. 큰 무대에서는 마이크를 이용해 배우의 목소리를 담당하기도 한다. 본무대뿐 아니라 리허설도 정확하게 해낸다. 현재는 완성된 음원이 CD 라이브러리로 판매되기 때문에 그것을 이용하는 경우도 많다. 음향 관련 회사에 소속된 사람이 많지만 프리랜서로 활동하는 사람도 있다. 프리랜서 중에는 직접 음향회사를 설립하는 이들도 많다.

조명

콘서트 내용, 곡목 등에 맞추어 무대감독과 상의해 조명 계획을 짜거나 조명 기재를 설치·조작한다. 조명 전문회사나 콘서트 기획회사에 소속된 사람과 프리랜서가 있다. 라이브 콘서트뿐 아니라 오페라, 연극, 패션쇼, 테마파크 이벤트 등 활동 범위가 넓다. 빛과 그림자, 색의 밝기와 세기에 관한 감각, 커뮤니케이션 기술, 전기 지식, 체력 등이 필요하다. 무대 조명 교육과정이 있는 전문학교도 있지만 대개 조명회사에서 아르바이트를 하며 경험을 쌓아 프로가 된다.

음향(PA)

무대감독, 출연자와 상의해 음향을 정비한다. 출연자가 자기 목소리와 연주를 들을 수 있도록 무대 위의 소리를 조정하는 사람을 모니터 PA라 한다. 음향 기재 반입, 설치, 조작, 철거까지 PA의 일이다. 라이브 콘서트뿐 아니라 오페라, 연극, 패션쇼, 테마파크의 이벤트 등 활동 범위가 매우 넓다. 커뮤니케이션 능력, 음감, 뛰어난 청력, 체력과 더불어 복잡한 와이어링(전자 악기, 마이크, 앰프 등의 배선)을 위한 전기 지식도 필요하다. 기재를 반입하고 철거해야 하므로 운전면허도 필수적이다. 전문학교에 PA를 위한 교육과정이 있지만 대개 음향회사에서 아르바이트를 하며 경험을 쌓으면서 전문가가 된다.

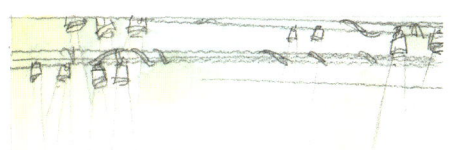

이런 **직업**도 있다

테이프 리라이터 **p.42**/ 작사가 **p.44**/ 무대감독 **p.190**/ 백댄서 **p.295**/ 플라멩코 댄서 **p.296**/ 뮤지컬 댄서 **p.296**/ 라디오 업계에서 일하기 **p.368**

❸ | 연주한다

친구들과 합주하며 다양한 악기로 하나의 곡을 완성해 가는 것이 매우 즐겁다. 아름다운 음색으로 100년 전 작곡가가 지은 악보를 틀리지 않고 연주했을 때는 기적과도 같은 기쁨을 맛본다. 악보에 그려진 음표와 음표 사이에서 무한한 자유를 느낀다.

세션맨

솔로 가수나 밴드가 녹음할 때나 라이브 콘서트를 할 때 반주를 해 준다. 작곡과 편곡을 할 때도 있다. 악보를 읽을 수 있어야 하고 연주 실력이 탁월해야 한다. 프리랜서로 일하는 사람도 있고 '인스펙터'라고 불리는 세션맨 알선회사에 등록해서 일감을 구하는 사람도 있다. 일반적으로 건반악기, 현악기, 관악기 연주자는 음악대학 등에서 전문교육을 받는다. 일렉트릭 기타나 베이스 등의 전자 악기, 퍼커션 등은 꼭 전문교육이 필요한 것은 아니다.

그러나 라틴 퍼커션 등은 해외의 본고장에서 연주한 경험이 있거나 유명 뮤지션과 함께 밴드를 한 적이 있는 등 음악적 지식과 체험이 풍부하면 좋다. 어떤 악기든 경쟁이 매우 심하므로 탁월한 연주 실력과 동시에 커뮤니케이션 능력이 중요하며 인맥이 풍부한 사람이 유리하다.

클래식 연주가

클래식 음악의 솔리스트를 말한다. 콘서트에서 독주곡이나 협주곡 등 작품을 솔로로 연주하거나 스튜디오에서 녹음한다. 대표 악기는 피아노와 바이올린, 첼로, 플루트, 클라리넷, 오보에 등이다. 그 밖에 현악기와 관악기, 타악기 등은 독주곡과 협주곡이 거의 없기 때문에 솔리스트가 되기 어렵다. 어릴 적부터 기초를 배우고 음악대학 등에서 전문교육을 받는다. 해외에서 훈련과 경험을 쌓는 경우도 많다. 솔리스트로 인정받기는 매우 어렵다. 콩쿠르에서 상을 받거나 유명한 오케스트라와 합동공연을 하며 명성과 지위를 확립해 간다.

오케스트라 단원

교향악단에 소속된 클래식 연주가를 말한다. 다만, 교향악단은 단원을 많이 모집하지 않기 때문에 음악대학을 나와도 교향악단에 들어가기는 쉽지 않다. 나머지는 음악교사가 되거나, 아르바이트를 하거나, 가족의 원조를 받으며 연주가로 활동을 계속한다. 하지만 생계유지가 안 된다고 해서 클래식을 연수하는 기쁨과 보람이 없는 것은 아니나. 고된 훈련 끝에 맛보는 성취감은 무엇과도 바꿀 수 없다.

코레페티토어

오페라 연습을 할 때 피아노 반주를 하는 사람이다(공연할 때는 오케스트라 연주가 일반적). 이때 반주뿐 아니라 오페라 가수의 교사가 되어 노래와 연극도 지도한다. 음악대학의 피아노과나 반주과를 졸업하고 오페라 극단에 소속되어 수련하는 경우가 많고 지휘자를 겸하기도 한다.

아직 잘 알려진 직업이 아니며 수요도 많지 않기 때문에 코레페티토어로 생계를 꾸려나가는 사람은 소수에 불과하다. 피아노 기술은 필수 조건이며 오페라에 정통하고 가수 입장이 되어 피아노를 연주할 수 있어야 한다. 무엇보다도 오페라를 좋아하고 오페라 제작에 공헌하고자 하는 마음이 중요하다.

지휘자

관현악단이나 교향악단을 지휘한다. 음악대학의 지휘과를 나오거나 해외의 유명한 지휘자 밑에서 개인교습을 받는다. 작곡을 공부한 뒤 지휘자가 되는 경우도 있다. 지휘자를 직업으로 삼는 사람은 그다지 많지 않다. 보통 유명한 외국인 지휘자를 초대해 콘서트를 여는 일이 많기 때문이다. 어쩌면 국회의원이 되는 것보다 지휘자로 성공하는 것이 더 어려울 수 있다. 음악과 악기에 대한 깊은 이해와 존경, 작곡가의 의도와 아이

디어에 대한 탁월한 해석력, 연주가들의 재능을 이끌어내는 커뮤니케이션 능력과 카리스마, 프로듀서로서 오케스트라를 인솔하는 인내력과 지도력 등 모든 것을 갖추어야만 지휘자가 될 수 있다. 음악을 사랑하는 사람에게 오케스트라 지휘는 영원한 동경의 대상이다.

피아노 조율사

모든 악기는 조율해야 한다. 악기를 보존·관리하기 위해서뿐만 아니라 악기가 가장 좋은 소리를 낼 수 있도록 조정해야 한다. 악기는 대부분 연주자가 직접 조율하지만 구조와 기능이 복잡하고 미묘한 피아노는 전문적으로 조율하는 조율사가 있다. 조율사가 하는 일은 기본 음정을 만드는 문자 그대로 '조율'을 비롯해 가장 좋은 소리를 낼 수 있도록 정비하는 '정조', 그리고 연주자 이미지대로 섬세한 음색을 만드는 '정음' 세 가지이다. 방음 문제를 상담하거나 피아노 사용자에게 온도와 습도 관리에 대해 조언하기도 한다.

조율사 양성기관이나 전문학원을 다니거나 고등학교를 나와 수리 부서가 있는 피아노 판매회사에 입사한다. 소리 감각이 뛰어나고 음악을 좋아하며 손가락이 긴 사람이 유리하다. 전문 조율사가 되기까지는 몇 년이 걸리지만 자신이 조율한 피아노가 훌륭한 소리를 낼 때 더없는 기쁨을 느낀다고 한다.

악기 제작회사에서 일하기

대형 악기 제작회사의 경우 악기 제작은 완전한 분업 형태로 이루어진다. 가령 피아노의 경우 건반만 제작하는 기계가 따로 있어 장인의 세계와는 전혀 다르다. 전문 지식은 취직한 뒤 습득하면 되기 때문에 굳이 음악 전문학교를 졸업할 필요는 없다. 입사시험에서는 전문 지식보다 장차 제작 팀을 이끌어갈 리더십이 있는지를 본다. 그러나 실제 제작은 해외에서 하는 경우가 많아 전체적으로 채용 인원이 줄어들고 있다. 업무 영역은 기획 분야, 디자인 분야, 설계 분야 등으로 나뉘는데, 디자인 분야는 미술대학이나 전문학교에서 디자인을 공부한 사람, 설계 분야는 컴퓨터 시대인 만큼 공과대학 등에서 전자 지식과 소프트웨어 기술을 익힌 사람을 채용하는 경향이 있다. 자신이 들어가고 싶은 분야를 확실히 정하는 것이 좋다. 바이올린이나 첼로 등을 취미로 제작하는 사람도 늘고 있다.

관악기 수리 전문가

관악기를 수리한다. 목관악기, 금관악기 전문 공방에서 일하거나 제작회사, 악기점에 취직해 기술을 배운 뒤 독립하는 사람도 있다. 음향학적인 지식과 소리를 듣고 분별할 수 있는 청각 능력이 필요하다. 전문학교나 프랑스에서 유학하며 공부하는 사람도 있지만 학력보다는 기술이 중요하다. 손님의 관악기를 하나씩 고치며 점차 전문가로 성장한다. 관악기 수리 전문가가 되려는 사람은 많지만 솜씨 좋은 기술자는 그다지 많지 않다고 한다.

악기 제작자

새 악기를 제작하며 동시에 수리와 조율도 함께하는 것이 일반적이다. 바이올린의 경우 오케스트라와 단골로 거래하는 경우도 있다. 바이올린과 비올라, 기타와 우쿨렐레같이 비슷한 악기를 함께 제작하기도 한다. 전문가가 되려면 공방에 제자로 들어가거나 전문학교에서 공부한다. 제자로 들어가는 경우, 어느 정도 지식과 기술을 갖춘 사람을 원하는 곳도 있다. 판매량이 많은 유명 전문가를 스승으로 삼는 편이 독립한 뒤 스승의 이름으로 관록이 붙

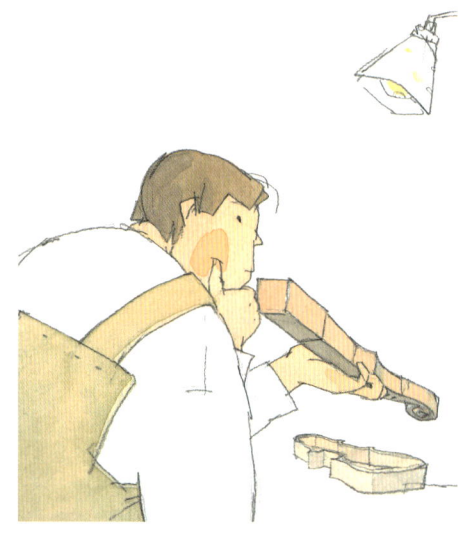

어 유리하다고 한다. 다만 열의와 끈기가 없으면 제자로 들어갈 수 없다.

외국 학교에서 유학하는 것도 좋다. 예를 들어 이탈리아의 크레모나에는 바이올린 전문학교가 있다. 어떤 방법이든 기술을 습득하는 데는 시간이 걸린다. 관악기 한 대를 전부 자기 손으로 만들 자신이 생기거나 스승에게서 인정받으면 독립한다. 제작한 악기는 소매점이나 전문점에 보내 시장성을 평가받는다. 전문가가 만든 악기는 메이커 제품과 비교해 가격이 높게 붙는다. 열세 살이라면 먼저 연주가로 도전하는 것을 생각한 나이이지만 자신이 연주하고 싶은 악기를 연주할 수 없는 경우에는 어려운 길이지만 악기 제작자가 되기를 권한다.

편곡가

편곡이란 연주 악기를 편성하거나, 각 연주 악기의 파트 악보를 그리거나, 작곡가가 만든 멜로디에 하모니와 리듬을 입히거나, 다양한 음악적 장식을 가하는 것을 말한다. 리코딩, CF, 영화, 텔레비전 드라마와 다큐멘터리, 기타 프로그램의 주제가, 뮤지컬 등 편곡은 다양한 분야에서 활용된다. 시장에서 판매되는 악보, 시민 오케스트라, 매칭밴드 등의 편곡을 하는 사람도 있다. 음악 이론, 악보를 그리는 능력은 필수적이므로 음악대학이나 전문학교에서 전문 교육을 받아야 한다. 최근에는 컴퓨터를 사용해 작곡가가 편곡까지 하는 경우가 늘었기 때문에 전문 편곡가가 되려면 탁월한 음악적 지식과 편곡 기술이 있어야 한다.

악기 강사

초보자나 전문가 지망생을 대상으로 악기 연주와 음악 이론을 가르친다. 피아노 교실이나 바이올린 교실, 음악대학과 전문학교, 악기점이나 악기제작회사의 기타·베이스·키보드·타악기 교실 등에서 학생들을 가르친다. 프리랜서로 일하는 사람도 많다. 건반악기, 현악기, 관악기 등을 가르치려면 음악대학이나 전문학교에서 반드시 전문 교육을 받아야 한다. 지방에서는 출신학교가 수강생 모집에 영향을 주기도 한다. 연주가를 목표로 활동을 계속하던 사람이 중간에 강사의 길을 선택하는 사례가 많다.

콘서트 프로듀서

가수와 연주가, 오케스트라 등 라이브 콘서트 전체를 관리하고 준비에서 종료까지 모든 책임을 진다. 콘서트 규모, 내용, 시기, 장소 등을 고려해 예산을 짠다. 개요를 정하는 것부터 무대감독을 선정하고 감독과 함께 음향·조명 스태프를 정하는 등 콘서트 준비를 한다.

콘서트 제작회사에 아르바이트로 들어가 경험을 쌓은 뒤 재능을 인정받아 프로듀서가 되는 경우가 가장 많다. 전문학교에도 교육과정이 있지만 콘서트 프로듀서가 되려면 음악적 지식보다도 남들보다 뛰어난 커뮤니케이션 능력과 교섭력을 갖추어야 한다. 해외 아티스트와 함께 작업하는 경우에는 외국어 구사력도 있어야 한다.

무대감독

콘서트 현장의 진행을 총괄한다. 리허설부터 실제 공연까지 모든 일정을 관리하고 음향(PA)과 조명에게 지시를 내려 연주가와 가수에게 좋은 환경을 제공한다. 혹시 발생할 수 있는 모든 문제를 예상해 대비책도 마련한다. 일반적으로 콘서트 기획회사에 소속되어 일하지만 프리랜서도 있다. 라이브 콘서트뿐 아니라 오페라, 연극, 패션쇼, 테마파크의 이벤트 등 활동 범위가 넓다. 연극이나 오페라 등에서 연출가가 있는 경우 그 지시에 따른다. 무대감독은 STAGE MANAGER라 하며 DIRECTOR는 연출가를 가리킨다. 스태프를 통솔하는 지도력과 인내력, 커뮤니케이션 능력, 문제에 대처하는 냉정한 판단력, 음향, 조명, 특수효과, 미술 등에 관한 전문 지식이 필요하다. 가능한 한 젊을 때 콘서트 제작업계에 들어가 경험을 쌓아야 한다. 무대감독 교육과정이 있는 전문학교도 있다.

작곡가

텔레비전 드라마나 다큐멘터리, 영화 주제가, CF 음악, 게임 음악 또는 가수가 부를 곡을 만든다. 음악적 이론 지식과 이해가 필요하므로 음악대학이나 전문학교 등에서 전문 교육을 받아야 한다. 특히 게임 음악은 컴퓨터를 이용해 작곡한 뒤 MIDI라는 국제 규격 디지털 데이터로 납품할 수 있는 능력이 필요하다. 최근에는 게임 음악 외에도 컴퓨터를 이용한 작곡이 늘고 있다. 그러나 컴퓨터 기술과 작곡 능력은 별개이기 때문에 컴퓨터를 잘 다룬다고 해서 작곡가가 될 수 있는 것은 아니다.

음반회사나 음반제작회사(CD 제작을 도맡는 회사), 프로덕션의 프로듀서와 디렉터 중에는 음악대학을 나와서 전문적인 음악 지식을 갖춘 사람이 늘어나고 있다. 그들이 작곡하는 경우도 늘고 있기 때문에 작곡만 전문으로 하는 사람은 줄어드는 추세이다. 하지만 인터넷과 디지털 방송 등 새로운 미디어의 영향으로 우수한 작곡가의 수요는 계속될 것이다.

게임 사운드 크리에이터

컴퓨터 게임의 배경음악과 효과음을 제작하는 사람이다. 크게 나누어 작곡과 프로그래밍 두 가지 일이 있다. 이전보다 게임의 성능이 비약적으로 향상된 덕분에 사용할 수 있는 음이 늘어 더욱 다양한 작곡이 가능해졌다. 컴퓨터에서 나는 소리의 성질을 숙지하고 각 장면에 효과적인 소리와 멜로디를 선택할 수 있어야 한다. 순수하게 음악을 좋아해서 음악대학을 나와 클래식 음악도 작곡할 줄 알고 악기도 잘 다루는 사람이 할 수 있는 일이지만 어쩌면 컴퓨터가 내는 소리 자체에 흥미가 있는 사람에게 적합할 수도 있다.

여러 음악 장르 중에서도 테크노나 일렉트로닉, 포스트 록 등의 인공적인 음과 음을 가공하는 데 열정을 쏟는 사람이 있다. 이와 같은 묘한 음에 이끌리는 사람이 게임 사운드의 가능성을 넓히는 역할을 할 것이다.

음악 딜린트 **p.173**/ 서커스 단원 **p.299**

무라카미 류

사카모토 류이치와 꽤 오랫동안 알고 지냈지만 실제로 그가 음악을 만드는 모습을 본 것은 단 한 번뿐이다. 작곡이라는 것은 기본적으로 피아노나 그 밖의 악기만 놓고 혼자서 하는 작업이기 때문이다. 몇 년 전에 '도쿄 데카당스(Tokyo Decadence)'라는 유료 웹사이트를 함께 만들었을 때 애니메이션에 쓰일 음악을 사카모토에게서 받았다. 내가 고른 음악은 탱고였다. 어느 여름날 오후였는데 '지금 스튜디오에서 탱고를 만들고 있는데 들으러 올래?'라는 연락을 받고 알려준 스튜디오를 찾아갔다.

스튜디오에 도착했을 때 '드디어 음악가가 곡을 만드는 현장을 보겠구나'라는 생각에 긴장되었다. 스튜디오에 들어서자 사카모토는 "어서 와" 하고 전과 다름없이 맞아주었다. 나는 커피를 마시면서 사카모토가 신시사이저로 탱고 만드는 과정을 지켜보았다. 먼저 리듬 파트의 소리를 만들고 멜로디를 입힌 뒤 베이스와 바이올린을 더했다. 그렇게 탱고를 만드는 동안 사카모토는 정말 즐거워 보였다.

"피아노 솔로는 이렇게 할까?" 하고 웃으며 실제로 피아노를 치는 순간, 그것은 피아노 솔로가 아닌 사카모토 류이치의 멜로디가 되었다. 그때 나는 사카모토가 매우 부러웠다. 물론 사카모토도 쫓기는 기분으로 곡을 만들 때가 있을 것이다. 하지만 '소설가는 이처럼 '노는' 느낌으로 일할 수는 없는데'라는 생각이 들었다. 사카모토가 설령 이 에세이를 읽더라도 그는 탱고를 만들 때 내가 함께 있었던 일을 기억하지 못할지도 모른다. 그가 뭐든 잘 잊어서가 아니라 탱고를 만들던 그날, 그는 매우 즐기며 탱고를 만드는 데 푹 빠져 있었기 때문이다.

사카모토는 평소에는 음악 이야기를 거의 하지 않는데다가 음악가다운 구석도 없다. 음악 이야기는 지겹다고 말하는 것을 몇 번인가 들은 적이 있다. 게다가 사카모토는 평소에는 음악을 듣지 않는 듯했다. "늘 워크맨으로 음악을 듣는 사람이 있는데 나는 그런 사람이 도무지 이해가 안 가." 언젠가 이렇게 말하며 "류는 어때?" 하고 물었다. 그러고 보니 차를 운전할 때 말고는 나도 거의 듣지 않는다고 대답했다. 음악을 들을 때는 어느 정도 집중해야 하는데 그런 시간을 내기가 쉽지 않은 것이다. 조깅하면서 워크맨으로 음악을 듣기는 매우 어렵다. 사카모토를 보면 음악가라고 해서 늘 음악에 둘러싸여 음악만 듣지는 않는 것 같다.

2003년에 쓰다

미술

"미술을 좋아하고
흥미있어 한다."

❶ │ 그림을 그리고 포스터를 디자인하고 찰흙을 가지고 논다

누구의 간섭도 받지 않고 새하얀 도화지에 선을 그리고 색을 칠하고 사람과 풍경, 정물 등을 그리며 '자신만의 세계'를 형성한다. 누군가 내가 그린 포스터를 보고 느끼는 바가 있다고 하면 기쁘다. 찰흙이 단순한 덩어리에서 점차 형태를 갖추는 것을 보며 세계를 알아가는 재미를 느낀다.

화가

유화, 수채화, 동양화 등을 그린다. 기법에 따라 그림 종류는 더욱 세세하게 나뉜다. 보통 미술대학이나 전문학교를 다니며 기초 디자인부터 배우는데, 학교를 나왔다고 해서 화가로 인정받는 것은 아니다. 학교나 미술교육과 인연이 없는 화가의 작품이 각광받는 일도 곧잘 있다. 일본에는 화단(畵壇)이라는 단체가 있는데 공모전에 응모해 몇 번 정도 입선하면 화단에 들어

갈 수 있다. 그러나 회화라는 예술의 본질과 화단은 아무 관계가 없다. 화가에게 중요한 것은 그림을 계속 그리는 일이다. 학교에서 미술교사로 근무하면서, 미술학원에서 강사로 일하면서, 미술과 관계없는 다른 일을 하면서, 때로는 아르바이트를 하면서, 부모나 연인의 지원을 받으면서 등 어떠한 경우든 계속 그림을 그리는 것이다. 그림이 팔리든 팔리지 않든 무언가를 그리고자 하는 의욕, 그림을 그릴 때의 기쁨과 함께 몇 년이고 몇 십 년이고 그림을 계속 그릴 수 있다면 그 사람은 화가이다.

일러스트레이터

잡지의 표지, 삽화, 책 표지의 일러스트나 광고의 일러스트를 그린다. 출판사나 광고 대행사의 의뢰를 받아 일을 한다. 반드시 전문학교나 미술대학을 나와야 하는 것은 아니지만 학교에서 기초 기술을 배우고 선생님과 친구들에게서 자극을 받으며 인간관계를 잘 맺어두면 훗날 도움이 되기도 한다. 출판사의 디자인실이나 책을 만드는 북 디자이너, 책과 잡지를 디자인하는 아트 디렉터에게 포트폴리오를 보내 자신의 작품을 알리는 것부터 일러스트레이터의 길은 시작된다. 독자적인 일러스트가 인정을 받으면 주문도 늘고 인기 있는 일러스트레이터가 될 수 있다. 일러스트 비용은 일반적으로 출판사는 싸고 광고회사는 비싸다. 일은 주로 집에서 하는데 집중력이 필요한 고독한 작업이다. 그러나 거리에서 우연히 자신의 일러스트를 사용한 작품을 발견하면 그 앞을 몇 번이고 오가며 더없는 기쁨을 맛보기도 한다고 한다.

그림책 작가

주로 아이들을 대상으로 그림을 통해 이야기를 전달한다. 최근에는 성인 독자도 늘고 있다. 그림과 글을 모두 혼자 다루는 사람도 있지만 각각 다른 사람이 작업하는 경우도 있다. 어린이들에게 즐거움과 활기를 주는 일로, 남성 작가도 적지 않지만 유난히 여성에게 인기가 높은 직업이다. 그림책 작가가 되려면 작품을 출판사 편집부에 보내는 것이 보통이다. 그림책은 꾸준히 팔리고 시장 규모도 해마다 성장한다. 저출산 시대에 자녀 한 명에게 공을 들이는 부모가 많기 때문에 그림책을 찾는 경향도 더욱 강해질 것이다. 볼로냐 북 페어 같은 세계적 북 페어도 열리는 등 국제성이 있는 직업이다.

판화가

에칭, 드라이포인트, 실크스크린, 목판, 석판 등 다양한 판화를 제작하는 예술가를 말한다. 미술대학이나 전문학교 출신자가 많지만 대학을 나왔다고 해서 모두 판화가가 될 수 있는 것은 아니다. 학교에 들어가서 유리한 점은 교수, 선배, 친구와 교류하고 화랑과 연고를 맺을 수 있다는 것이다. 화랑과의 연고는 실제로 중요하기는 하지만 매력이 없는 판화에 화랑이 흥미를 보이는 일은 없다. 따라서 무엇보다 우선해야 하는 것은 판화 감각과 기술을 연마해 질 좋은 작품을 만들어 내는 것이다. 미술전 공모에 응모하는 것도 프로가 되는 하나의 방법이다. 공모에서 수상하면 화랑이나 화상의 주목을 받아 개인전을 열 기회를 얻기도 한다. 그러나 판화만으로 먹고살 수 있는 사람은 거의 없으며 미술교실이나 초·중·고등학교에서 미술교사를 하거나 미술대학·전문학교에서 판화를 가르치는 사람이 훨씬 많다. 그림이 '표현'인 데 반해 판화는 다양한 기계를 사용하는 '작업' 측면을 띠기도 한다. 실크스크린 등을 제외하면 현대의 판화가는 '인쇄'를 직접 하는 경우가 많다.

필경사

의뢰자를 대신해 연필이나 펜으로 초대장이나 축의금 봉투 등에 받는 사람의 이름을 쓴다. 누구나 알아볼 수 있게끔 깔끔하게 써야 하기 때문에 전문 기술을 습득해야 한다. 우선 필경을 확실히 가르쳐줄 스승을 찾아야 한다. 기술을 습득하는 데는 적어도 2년이 걸린다고 한다. 민간에서 인정시험을 시행하기도 하지만 자격증은 굳이 필요하지 않다. 호텔이나 백화점, 장례 관련회사, 필경 회사 등에서 일한다. 그러나 필경 전문 사원을 고용하는 곳은 거의 없고 아르바이트로 일하는 경우가 많다. 필경만으로 생활하기는 어려우며 서예가나 그 밖의 직업과 겸업하는 사람이 많다. 기술을 익혀두면 평생 부업으로 삼을 수 있다.

인형 작가

전통적인 민속 인형과 서양 인형, 예술적인 창작 인형까지 인형 종류는 매우 다양하다. 플라스틱으로 대량 생산되는 인형도 있다. 전통 인형의 경우 공방에 들어가거나 유명한 인형 작가의 제자로 들어가 현장에서 기술을 배운다. 전문 인형 작가가 되기까지 길면 10년 정도 걸린다고 한다. 창작 인형 작가의 경우 정해진 길이 거의 없다. 유명 인형 작가의 제자로 들어가는 사람도 있고, 문화센터 등에서 배우는 사람도 있고, 독학하는 사람도 있다. 어떤 인형을 만들고자 하는지에 따라 습득하는 기술도 달라진다. 작품은 갤러리 등에서 전시·판매하는데 입소문으로 손님이 늘기도 한다.

포슬린페인팅 작가

포슬린페인팅은 도자기에 그림을 그려 넣는 일이다. 그림에 대한 애정은 물론 필요한 디자인을 정확하게 표현하는 기술이 필요하다. 도자기 공방에 들어가거나 대형 식기회사에 취직하는 길이 있는데, 식기회사에서는 최근 인쇄를 이용한 대량 생산이 주류를 이루면서 수요가 줄고 있다. 프리랜서로 일할 때는 포슬린페인팅만 하며 생계를 꾸려나가기 어렵기 때문에 대개 가마를 갖추고 도자기를 만들며 생계를 이어나간다. 자격증보다는 경험을 묻는 세계이다. 그림을 그리는 일이기 때문에 미술대학이나 전문학교를 졸업한 포슬린페인팅 작가도 있다.

서예가

서예가로 살아가려면 대가 밑에서 고전 필체를 쓰는 방법과 글자의 성립 과정을 배우고 전시회에 작품을 출품하면서 실력을 쌓아야 한다. 다만 저명한 서예가 밑에 들어가기가 쉽지 않기 때문에 일단 실력을 쌓은 뒤 서예가에게 작품을 보여 주고 인정을 받아야 한다. 프로 서예가로 자리 잡을 수 있는 사람은 한정되어 있으며 대개 대학의 서예학과를 졸업하고 교원면허를 취득해 중학교나 고등학교에서 서예를 가르치거나 서예학원을 열어 서예를 가르친다. 그 밖에 필경을 겸업으로 삼는 사람도 있다. 어느 쪽이든 기본기를 다진 뒤 자신의 글씨를 만드는 기술이 필요하다.

CG 크리에이터

컴퓨터 그래픽(CG)을 이용해 영상, 일러스트, 애니메이션 등을 만든다. 많은 분야에서 CG가 사용되는 지금 CG 크리에이터의 활동 영역은 영화와 텔레비전, 게임, CD-ROM, 웹사이트, 디자인, 일러스트, 애니메이션을 비롯해 건축, 기계 설계, 공예 디자인, 과학 연구의 시뮬레이션 등 매우 폭넓다. 대학이나 전문학교에서 디자인 또는 CG 디자인 과정을 마치고 영상 관련이나 출판 관련 제작 프로덕션, 광고대행사, 방송사 등에서 근무하는 것이 일반적이다. 바쁠 때는 며칠이고 철야 작업이 계속되므로 체력과 끈기, 집중력이 필요하다. 또 CG를 능숙하게 다루는 기술과 함께 상상력도 좋아야 한다. 원하는 것을 만들다 보면 디자인뿐 아니라 프로그램에까지 손을 뻗게 된다. 관련 자격증으로는 컴퓨터그래픽스운용기능사가 있다.

그래픽 디자이너

포스터나 상품 포장, 책 표지, 간판 등 상품의 홍보·판매와 관련된 평면적 디자인을 한다. 최근에는 미디어가 다양화되면서 웹사이트와 CF 분야의 디자인을 하기도 한다. 책의 경우 에디토리얼 디자이너, 웹의 경우 웹 디자이너라고 전문화해 부른다. 기본적으로는 상품의 의도를 파악해 그에 걸맞으면서도 아름답고 기능적인 디자인을 해야 한다. 기업의 로고 작업은 회사의 방향성과 사업 전개와도 관련되기 때문에 정확한 의사소통 능력이 필요하다. 전문학교나 미술대학 등에서 전문 지식을 배운다. 컴퓨터를 이용하는 디자인이 많으므로 멀티미디어에 관한 지식은 필수적이다. 광고대행사나 기업의 홍보부, 디자인 사무실 등에서 일한다. 조수에서 시작해 10년 정도면 독립하는 사람이 많다. 여러 분야의 디자이너를 겸해 아트 디자이너가 되는 사람도 있다. 장르가 다양한 세계이므로 어떤 방향으로 진출하고 싶은지를 생각해 두면 좋다.

에디토리얼 디자이너

표지, 목차, 본문, 사진 등 잡지나 책의 레이아웃을 잡는다. 대개 전문학교나 미술대학에서 디자인을 배우고 디자인사무실에서 일하는데 반드시 그런 것만은 아니다. 실무 경험을 쌓은 뒤 독립하는 사람도 많다. 잡지나 책의 내용을 정확하게 해석하고 그게 걸맞게 디자인하는 것이 중요하다. 디자인 기술뿐 아니라 고객과의 커뮤니케이션 능력과 일반 상식 등 종합적인 능력이 필요하다. 기술은 물론 감성을 갈고닦는 것이 중요하며 평소 자신만의 미의식을 가지고 영화나 책을 접하는 것이 좋다.

북 디자이너

책의 표지를 비롯해 본문의 레이아웃 등 책 한 권의 형태를 디자인한다. 소설이나 에세이 등 책의 내용을 이해하고 독자층을 예상해 작업에 착수한다. 북 디자이너가 되려면 미술대학에서 디자인의 기초를 배운 뒤 이미 활약하고 있는 북 디자이너의 어시스턴트로 들어가거나 잡지·서적 등의 에디토리얼계 디자인사무실에서 일하는 것이 기본이다. 그곳에서 종이와 인쇄에 관한 지식을 넓히면서 독립을 지향하게 된다. 출판계의 불황 탓에 디자인 비용을 줄이고자 사내 디자인 부서에서 디자인하는 경우도 많아지고 있다. 그렇지만 책이 하나의 상품임을 충분히 이해하고 양질의 디자인을 하는 북 디자이너에게는 출판사로부터 일이 끊이지 않는다.

캐릭터 디자이너

애니메이션, 게임, 영화, 광고, 상품 포장 등의 등장인물이나 동물 등 캐릭터를 디자인한다. 애니메이션 제작회사, 디자인사무실, 광고대행사 등에서 일한다. 인기 만화가나 애니메이션 작가를 제외하고 단순히 캐릭터가 '귀엽다'는 이유로 채용되는 일은 거의 없다. 애니메이션의 경우 줄거리, 상품의 경우 상품 콘셉트를 바탕으로 캐릭터가 만들어진다. 각 현장에서 디자인이나 작화를 하면서 기술력과 표현력을 갈고닦으면서 캐릭터 디자인 업무를 맡게 된다. 미술대학의 디자인과나 디자인 전문학교에 다니는 것도 도움이 된다. 캐릭터 디자이너를 위한 전문 교육과정을 마련해 놓은 학교도 있다.

게임 그래픽 디자이너

게임의 등장인물과 배경 등 게임에 사용되는 모든 화면을 제작한다. 보통 게임 기획에 맞게 밑그림을 그리고 그것을 토대로 입체 모델을 만든다. 따라서 정확한 밑그림 기술과 컴퓨터 구사 기술이 필요하다. 게임 그래픽은 게임기 성능에 따라 사용할 수 있는 색의 수가 한정되는 등 제약이 있는데 그 제약 안에서 아름다운 것을 만들기 위한 시행착오를 반복한다. 그래픽을 움직이는 프로그래머와 공동 작업을 하기 때문에 프로그래밍에 관한 기초 지식을 갖추면 좋다. 미술대학이나 전문학교에서 기초를 다지고 게임 제작회사 등에 취직해서 일한다. 게임 제작회사에서 경험을 쌓은 뒤 독립하는 사람도 많다.

동물 카메라맨

　다양한 동물과 조류, 곤충의 생태를 촬영한다. 수중 생물을 전문으로 찍는 수중 카메라맨도 있다. 촬영 장소는 세계 각지에 이른다. 최근에는 자연스러운 야생 사진을 찍는 비율이 높아져 대자연에서 야영을 하며 촬영하는 일이 많아졌다. 동물이 눈치 채지 못하게 카무플라주 장치 안에 숨어 며칠이고 참으며 촬영 기회를 기다리기 때문에 끈기가 필요하다. 센서나 IT기계를 이용해 동물이 나타난 것을 감지하고 자동으로 촬영하는 기법도 발달했다. 이러한 기재를 준비하는 비용과 교통비, 체재비, 현지에서 가이드를 채용하는 데 비용이 들기 때문에 자금 조달에 어려움을 겪는다.

　자연다큐 방송이 늘면서 스틸 사진보다는 주로 비디오 촬영을 하게 되었다. 대자연에서 촬영하기 때문에 위험한 상황과 마주치는 일도 적지 않다. 알래스카에서 백곰을 촬영하던 베테랑 카메라맨이 사망하거나 설산이 붕괴되어 카메라맨이 실종된 적도 있다. 말라리아 등 풍토병에 걸리지 않도록 예방접종을 하는 등 꼼꼼한 사전 준비도 필요하다. 사진 전문학교에서 기초 지식을 배우는 것도 좋지만 등산부나 탐험부 등 동아리에 들어가 활동하면서 자연에서 생활하는 법을 익히는 것이 좋다. 현재 활동 중인 동물 카메라맨의 조수로 일하며 촬영 기법을 습득하는 것도 도움이 된다.

풍경 카메라맨

　세계의 자연을 촬영하는 사진가이다. 산을 전문으로 찍는 산악 사진가와 꽃이나 식물을 전문으로 찍는 식물 사진가 등이 있다. 산악 사진을 찍을 때는 무거운 기재를 짊어지고 설산이나 바위산 등을 이동하기 때문에 등산가에 버금가는 체력과 기술이 필요하다. 설산의 경치를 촬영하는 경우, 눈보라 치는 산속에서 며칠이고 텐트 생활을 하기도 한다. 또 비행기를 빌려 상공에서 촬영하기도 한다. 식물 사진의 경우, 예를 들어 벚꽃을 촬영할 때는 벚꽃이 피는 지역을 따라 며칠에 걸쳐 이동하면서 촬영한다. 사진은 날씨에 좌우되기 때문에 끈기가 필요하다.

　풍경 카메라맨이 되려면 사진 전문학교에서 기초를 배운 뒤 독학으로 장르를 개척하거나 활동 중인 카메라맨의 조수로 들어가 노하우를 배운다. 세상의 인정을 받기까지는 세월이 오래 걸린다. 또 기자재와 경비 마련 등 경제적 어려움도 따른다. 잡지, 포스터, 달력 등에 자신이 찍은 사진이 쓰이면 수입이 들어온다. 따라서 사진 에이전시에 사진을 위탁해 두는 경우가 많다. 최근에는 자연 프로그램 방송이 늘어 스틸 사진뿐 아니라 비디오 촬영을 하는 사람도 많다. 사진을 인터넷 홈페이지에 올리고 주문을 기다리는 사람도 늘고 있다.

사진관 경영

사진 촬영 기자재를 갖추고 돌, 결혼, 생일, 성인식 등 다양한 기념사진을 촬영한다. 또 여권사진, 증명사진을 촬영하고 필름을 현상한다. 특별한 자격은 필요하지 않지만 사진 촬영에 관한 지식과 기술, 경험은 갖추어야 한다. 촬영 스튜디오, 촬영 기재, 배경, 촬영용 의상 등 설비를 갖추는 데 비용이 들어가기 때문에 가업으로 내려오는 사진관을 잇는 사람이 많다. 스티커 사진기와 디지털카메라의 보급으로 사진관에서 기념사진을 촬영하는 사람이 줄어 경영에 어려움을 겪고 있다. 따라서 최근에는 촬영한 사진으로 연하장, 안내장 등을 제작하거나 출장 촬영, 애완동물 촬영, 소품 촬영, 촬영 메이크업 서비스, 네거티브 필름 수정과 팸플릿 인쇄 등 종합 서비스를 하고 있다. 사진 기술은 해마다 좋아지고 새로운 제품과 서비스도 잇달아 등장하고 있다. 이에 발맞추기 위해서는 끊임없이 공부하고 새로운 설비 투자를 해야 한다.

사진 스튜디오에서 일하기

사진 스튜디오에서 손님 요구에 맞춰 필요한 기자재와 설비를 설치하는 등 서비스업에 해당한다. 사진 촬영뿐 아니라 비디오나 필름 촬영이 가능한 스튜디오도 있다. 특별한 자격이나 학력은 필요하지 않지만 카메라를 좋아하는 마음과 카메라, 촬영에 대한 지식은 있어야 한다. 전문학교나 사진학과 등을 졸업하면 도움이 된다. 손님 중에는 전문 카메라맨 외에도 준비된 기자재의 사용법을 모르는 아마추어 카메라맨도 적지 않기 때문에 웃는 얼굴로 친절하게 손님을 대할 수 있어야 한다. 카메라에 대한 지식을 쌓고 일류 카메라맨의 일을 간접적으로 접하며 기술을 배우고자 하는 사람에게는 최적의 일터이다.

제품 디자이너

제품을 디자인한다. 건축물을 제외한 모든 것을 디자인한다. 본래 의미로는 공업 디자이너도 제품 디자이너에 포함된다. 그러나 최근에는 자동차, 비행기, 가전제품, 업무용 기구, 광학 기구, 의료 기구 등을 디자인하는 공업 디자이너와 비교해 가구와 식기,

문구, 잡화, 포장 용기 등을 디자인하는 디자이너를 제품 디자이너라고 부르는 경향이 있다. 특히 최근에는 여성을 중심으로 잡화, 문방구, 포장 용기 등 생활용품을 디자인하는 일이 인기를 얻고 있다. '귀여움'을 내세운 인기 상품도 많이 나오고 있다. 그러나 '귀여운 제품'을 디자인하기 위해서는 디자인의 기본을 알아야 하며 재능이 있어야 한다.

그렇지만 업무는 '귀여움'과는 거리가 멀다. 대학의 디자인학과나 디자인계 전문학교를 졸업한 뒤 각 기업의 디자인 부서, 디자인사무실, 광고대행사에 취직하는 것이 일반적이다. 실무경험과 바로 일을 시작할 수 있는 능력이 필요한 분야이기도 하기 때문에 처음에는 작은 디자인사무실에서 일을 배우는 사람도 많다.

공업 디자이너

볼펜에서 비행기에 이르기까지 다양한 공업 제품을 기획하고 설계한다. 일반적으로 대량 생산이 가능한 제품을 대상으로 한다. 디자인이 우수할 뿐 아니라 기능적이고 안전하기까지 한 제품을 설계해야 한다. 특별한 자격은 필요하지 않지만 공업디자인학과가 있는 대학이나 전문학교 등에서 지식과 기술을 익히면 좋다. 보통 제조회사의 상품개발부나 수는 적지만 개인 사무실 등에서 일한다. 제품을 제작하는 엔지니어와 공동으로 작업하며 상품화 단계에 이르면 기업 경영진에게 디자인을 이해하기 쉽게 설명해야 한다. 디자인 센스는 물론 타인과 원만하게 일할 수 있어야 한다. 자신이 디자인한 제품이 실제로 사용되는 것을 볼 때 큰 기쁨을 느낀다고 한다.

웹 디자이너

인터넷의 하이퍼텍스트를 www(World Wide Web)라고 하며 그곳에 페이지를 설정한 것이 홈페이지(HP)이다. 전 세계에서 누구나 접근할 수 있기 때문에 회사나 단체가 광고를 위해 또는 정보를 공개하기 위해 HP를 개설한다. 개인이 자신을 홍보하기 위해 개설하기도 한다. 이 HP를 제작하는 사람이 HP디자이너로, 웹 디자이너라고도 한다. HP 제작은 제작 프로그램을 이용해 어렵지 않게 할 수 있지만 웹 디자이너를 직업으로 삼으려면 센스와 독창성이 필요하다. 고객의 요구를 귀담아 듣고 그것을 문자, 사진, 일러스트, 음악 등을 구사해 디자인하는데 고객의 요구를 만족시키더라도 일반인이 방문하지 않으면 효과가 없다. 몇 번이고 방문하고 싶게끔 독창적으로 디자인할 수 있어야 한다. 그러려면 신선한 정보와 뉴스를 맨 앞에 게재하도록 설정해야 한다. 웹 디자이너가 되려면 웹 디자이너 전문학교를 졸업한 뒤 관련 분야의 회사에 들어가 다양한 디자인을 접해 보는 것이 좋다. 독립해 프리랜서로 일할 수 있지만 젊은 인재가 많이 유입되기 때문에 경쟁이 심하다. 관련 자격증으로 국가기술자격인 웹 디자인기능사가 있다.

프라모델 제조

프라모델 제조회사의 경우 공장에 제품을 발주해 대량 생산을 한다. 이러한 회사에 취직해서 프라모델과 관계된 일을 하고 싶다면 기획이나 설계 부서에 지원하는 것이 좋다. 그러면 원하는 모형이나 새롭게 선보이려는 장르의 상품을 기획하고 때로는 도면을 그릴 수도 있다. 발매 중인 프라모델을 도장(塗裝)해 완성시키는 모델러(피니셔)라는 직업도 있다. 대부분 손님에게 주문받거나 모델러 작품 판매점에 전속되어 일한다. 유명해지면 고수입을 기대할 수도 있다. 모형 전문잡지와 계약해 라이터를 겸하는 경우도 있다. 그 밖에 클래식 자동차 모형의 대가로 일컬어지는 영국인 제럴드 윈그로브처럼 소재 가공에서 완성까지 전 과정을 다 하는 모델 빌더도 있다.

모형점 경영

모형 만들기는 남자아이라면 누구나 한 번은 해봤음직한 놀이이다. 하지만 요즘은 완성된 형태로 팔리는 피규어가 인기를 끌며 많은 모형 판매점에서 애니메이션이나 영화의 캐릭터 피규어를 취급한다. 하지만 각각의 부속품을 정성들여 조합하고 칠하는 재미는 변함이 없으며, 솜씨 좋은 사람들의 완성품은 수준이 매우 높아 대량으로 생산된 피규어보다 뛰어나다. 다양한 모형을 파는 가게와 모형 한 종류만 취급하는 가게가 있다. 제조·판매회사에 근무하며 업계 사정을 파악한 뒤 독립하는 사람이 많다. 가게 앞에 손님의 시선을 끌만한 완성 모형품을 장식해 두면 인기가 높기 때문에 기술이 있으면 훨씬 좋다. 모형 만들기는 개인이 취미로 하는 작업이기 때문에 모형점 사장이 말이 없어

다가가기 어려운 경향이 있지만 주로 어린이를 상대하므로 밝고 사교성 있는 사람이 적합하다.

간판 제작자

옛날에는 간판이라면 영화 간판과 대중목욕탕에 그려진 그림이 대표적이었다. 그러나 지금은 모든 가게마다 다양한 간판을 내걸고 있다. 집을 나와 역까지 걸어가는 동안에도 수많은 간판을 볼 수 있다. 개인 주택 명패도 간판의 일종이며 공원 안내도, 노래방 네온 간판, 중고차 센터나 미용실의 메탈 간판, 역내 광고판 등도 모두 간판이다. 간판의 소재와 재료도 전통 종이와 나무에서 알루미늄과 아크릴 패널, LED에 이르기까지 다양하게 진보했다. 현대에 들어서는 간판에 들어가는 그림과 글자도 컴퓨터로 만든다. 다만 '문자 대 여백＝3 대 7'의 균형을 유지하는 원칙은 손으로 그리던 시대와 변함이 없다. 그 균형을 철저히 익히지 않는다면 아무리 컴퓨터로 작업해도 전문가라고 할 수 없다. 즉, 오랜 세월 손으로 그림을 그리며 경험을 쌓아온 간판 전문가는 붓이 컴퓨터로 바뀌었을 뿐 여전히 레이아웃 감각이 뛰어나다.

간판 제작자는 만화나 일러스트 등 그림도 그릴 수 있어야 한다. 사진이나 그림을 컴퓨터를 이용해 그대로 간판으로 옮기면 간판이 밋밋해지고 만다. 고객의 가게에 딱 맞는 독창적 소재로 간판을 만들어 프로 간판 제작자로 발돋움해야 한다. 작은 회사가 대부분이고 학력보다 실무경험을 묻는다. 간판 제작회사에 취직해 선배 밑에서 일을 배우는데 디자이너인 경우 일러스트레이터(Illustrator), 포토샵(Photoshop), 드림위버(Dreamweaver) 등의 소프트웨어를 다룰 수 있으면 도움이 되니 디자인계 전문학교 등에서 습득해 두면 좋다.

무대 미술

연출가의 의도를 파악해 극장에서 상연되는 연극이나 쇼의 무대장치와 의상을 디자인하고 제작을 지휘한다. 장치만 디자인하는 무대 장치가와 의상만 디자인하는 무대 의상가 등도 있다. 대개 프리랜서로 활동하지만 무대 제작회사에 소속되어 일하는 사람도 있다. 극단이나 극장에서 의뢰를 받아 일하기 때문에 연출가와 프로듀서에게 재능을 인정받아야 한다. 그러기 위해서는 먼저 극단에 들어가거나 제작회사에 입사하거나 무대 미술가의 제자로 들어가 솜씨를 갈고닦는다. 무대 이미지를 재빨리 스케치해 디자인하

고, 그것을 모형으로 만드는 기술이 필요하기 때문에 미술대학이나 전문학교를 나온 사람이 많다. 평소 여러 무대 공연을 보면서 선배들의 작업을 눈여겨 봐두는 것도 좋다. 그 속에서 자신의 개성적인 무대 미술을 고안하는 능력을 기른다.

무대 조명

무대 공연이나 텔레비전 프로그램에서 조명을 이용해 연출 효과를 낸다. 정열적인 장면에서는 빨간 라이트와 노란 라이트를 교차하고, 주인공의 가라앉은 심리는 푸른 라이트로 묘사하는 등 조명을 이용해 드라마틱한 효과를 연출한다. 수동으로 조작하기도 하지만 큰 공연에서는 컴퓨터로 미리 준비해 둔다. 라이트와 필터의 종류가 많아져 매우 다양한 조합이 가능해졌기 때문에 고도의 표현이 요구된다. 예전에는 극단이나 극장에 속한 조명 스태프가 많았는데 최근에는 조명 전문회사에 소속되거나 프리랜서로 활동하는 사람이 많다. 조명은 매우 섬세한 일이기 때문에 타고난 재능과 강한 동기가 있어야 한다.

조각가

돌, 목재, 청동, 철 등의 금속, 석고 등으로 조각품을 만들어 판매한다. 조각가가 되는 뚜렷한 길은 없는데 보통 경험 있는 조각가의 제자로 들어가거나 미술대학 조소과에 입학해 기술을 배우는 사람이 많다. 조각보다 앞서 요구되는 것은 정확한 데생 실력이다. 시작하는 시기가 빠를수록 좋고, 어릴 때부터 인물과 동물, 정물 등을 데생하는 기술을 익혀두는 것이 좋다. 그러나 조각은 재료비가 들고 넓은 공간이 없으면 작품을 제작할 수 없기 때문에 조각가로서 생계를 꾸려나가기가 결코 쉽지 않다. 따라서 미술교사나 강사를 겸하는 사람이 많다. 대부분 지자체나 기업에서 의뢰하며 작품을 공원이나 정원, 거리, 빌딩 입구 등의 옥외에 두는 경우가 많다. 기념물로 기하학적인 입체 조형이 늘고 있다. 미술전 등에서 입상하면 제작 의뢰가 늘어난다. 세계적으로 활동하는 조각가도 있다.

미디어 아티스트

미디어 아트(Media art)는 작품에 신기술을 이용하는 예술을 총칭하는 용어이다. 텍스트나 영상, 소리, 퍼포먼스 등에 컴퓨터 기술을 도입한 것이다. 미디어 아티스트의 정의는 확립되지 않았고 표현 형식과 영역도 매우 폭넓다. 미디어 아티스트로 활약하는 사람들의 이력도 미술가, 음악가, 영상작가, 행위예술가, CG 작가, 애니메이션 작가 등으로 다양하며 미디어 아티스트가 되는 방법이 딱히 정해진 것도 아니다. 그러나 미디어 아트는 분명히 최첨단 표현 방법의 하나이며, 교육·감상용 미디어이자 기업과 지자체 기념물로서, 장난감이나 유희 설비로서 상업화되는 경우가 많다. 컴퓨터 기술이 비교적 우수하고 섬세한 표현에 자신 있는 젊은 미디어 아티스트 중에는 해외에서 높이 평가받는 사람도 있다. 앞으로 발전할 가능성이 큰 분야이다.

만화가

만화에는 순정만화, 소년만화, 무협만화 등의 주요 장르 말고도 다양한 장르가 있다. 인기 만화가는 잡지사나 출판사와 계약을 맺고 전속료를 받으며 여러 잡지에 복수의 작품을 연재하기도 한다. 하지만 그 정도 인기 만화가가 되기는 매우 어렵다. 만화가로 데뷔하려면 각 잡지사의 신인공모전에 당선되어야 한다. 편집부에 원고를 보내거나 만화가의 어시스턴트가 되는 방법도 있다. 예전에는 연재 중인 만화가의 원고가 들어오지 않으면 편집부에 있던 신인 만화가의 원고를 게재하여 데뷔시키는 사례도 있었지만 현재는 그러한 일이 거의 없다. 따라서 신인상 수상이 만화가가 되는 가장 보편적인 길이라고 생각하는 것이 좋다.

소년만화, 무협만화 등 남성용 코믹지의 경우 신인상에 응모하는 사람이 매우 많기 때문에 응모자 중에서 재능이 엿보이는 사람을 편집자가 찾아서 키우는 일은 거의 없다. 성공한 만화가 대부분이 16~20세에 만화가가 되는 길을 진지하게 생각하며 25세가 지나도 데뷔하지 못하면 한계라고 생각한다.

순정만화의 경우 만화가를 육성하고자 하는 경향이 강하다. 만화스쿨 같은 연수과정도 있다. 갑자기 상을 받고 데뷔하는 사람보다 몇 년 동안 편집자의 지도를 받아 투고한 끝에 데뷔하는 사람이 많다. 물론 데뷔 이후의 길도 결코 평탄하지는 않다. 데뷔는 했지만 만화를 그릴 장소나 소재를 찾지 못해 투고부터 다시 시작하는 사람도 있다. 소년만화의 경우 독자 앙케트 결과가 중시되어 독자에게 인기가 없으면 곧바로 연재를 중단당하기도 한다. 좋아하는 잡지에서 자신이 좋아하는 만화를 그릴 수 있으면 만화가로 성공했다고 할 수 있다. 그러려면 그림과 스토리를 만드는 기술뿐 아니라 독자의 경향과 자신의 만화를 객관적으로 분석·이해하는 자세가 중요하다.

요즘에는 인터넷이 발달하면서 각종 멀티미디어 효과를 동원해 제작하는 인터넷 만화, 즉 웹툰(webtoon)이 젊은이들 사이에 인기를 끌고 있다.

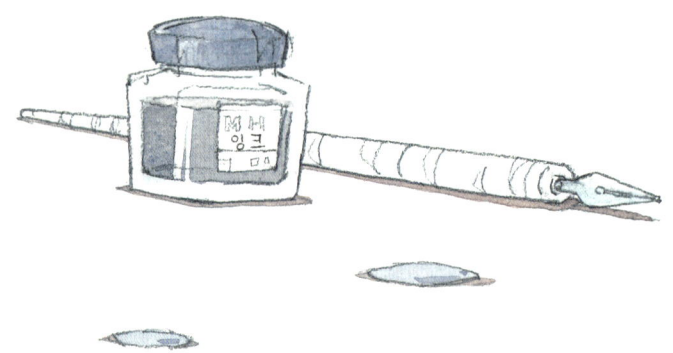

애니메이터

텔레비전에서 방영되는 애니메이션은 대부분 1초에 그림이 24장 필요하다. 애니메이터는 이러한 그림을 그리는 일을 한다. 애니메이터는 밑그림을 그리는 '원화 담당자'와

밑그림의 포즈를 조금씩 바꾸어 그림이 움직이는 것처럼 보이게 하는 '동화 담당자'가 있다. 이것이 애니메이터의 일이다. 가장 중요한 것은 여러 각도에서 다양한 장면을 그릴 수 있는 데생 실력이다. 따라서 학교를 다닌다면 애니메이션 전문학교보다는 미술대학과 같이 데생 기술을 익힐 수 있는 곳이 좋다. 하루에 10~15시간 일하는 것은 예사이고 야근도 많아 근무 조건이 혹독하다.

이런 **직업**도 있다

지도제작자 **p.55**/ 플라워 디자이너 **p.102**/ 미술품 복원가 **p.213**/ 인테리어 디자이너 **p.227**/ 파티시에 **p.249**/ 패션 디자이너 **p.269**/ 보석 디자이너 **p.269**/ 신발 디자이너 **p.270**/ 가방 디자이너 **p.270**/ 모자 디자이너 **p.271**/ 미용사 **p.274**/ 네일 아티스트 **p.276**/ 속옷 디자이너 **p.279**/ 무대 감독 **p.190**/ 게임 기획자 **p.369**/ 미술감독 **p.382**

무라카미 류

　하마노 씨를 처음 만났을 때 그녀는 열아홉 살 학생이었다. 오사카에서 열린 내 강연회에 왔는데, 강연회가 끝난 뒤 귀엽게 포장한 꾸러미를 내게 주었다. 곧바로 풀어보지 않고 호텔에 돌아와서야 무엇이 들어 있는지 확인했다. 그 안에는 하마노 씨가 만든 그림엽서가 들어 있었다.

　그 무렵 나는《그 돈으로 무엇을 살 수 있었을까》라는 그림책을 준비하면서 화가를 찾고 있었다. 유명한 화가는 일이 많아서 바빴기 때문에 되도록 신인에게 맡기려던 참이었다. 그림엽서에는 동물이 그려져 있었다. 나는 이 사람이면 되겠다는 생각에 하마노 유카라는 이름만 가지고 연락처를 수소문해서《그 돈으로 무엇을 살 수 있었을까》의 그림을 부탁했다. 그림을 그리기 시작했을 때 하마노 씨는 스무 살이었다. 당연히 스무 살의 무명 학생에게 그림을 맡겨도 되겠느냐는 의문이 스태프들 사이에서 나왔지만 나는 나이 따위는 상관없다고 말했다. 가능하다는 의견과 불가능하다는 의견이 부딪쳐 결국 내 판단에 따라 하마노 씨에게 맡기기로 결정했다. 그때 내가 스태프에게 한 말은 나도 스물세 살의 무명 학생이었을 때《한없이 투명에 가까운 블루》를 썼다는 것이었다. 나도 했으니 그녀도 할 수 있으리라 생각했다. 문제는 가능한지가 아니라 그녀가 하느냐, 마느냐였다.

　《그 돈으로 무엇을 살 수 있었을까》는 빡빡한 일정으로 진행되었고 하마노 씨는 책상에 붙박인 채 하루에 열여섯 시간 이상 그림을 그렸다. 그녀는 졸리면 엎드려 자고 잠에서 깨면 다시 그림을 그리는 생활을 두 달 이상 계속했다. 그녀는 만날 때마다 스케치북을 들고 있었다. 하우스텐보스에서 열린 쿠바 이벤트에 왔을 때도 하마노 씨는 쿠바인 여성 가수를 스케치했다. 어느 날 함께 있던 편집자가 "무라카미 씨의 눈에 띄다니 하마노 씨는 운이 좋네요"라고 말한 적이 있다. 나는 그건 아니라고 반론했다. 하마노 씨가 나에게 준 그림엽서가 별로였다면 나는 일을 맡기지 않았을 것이다. 이것은 운이 아니다. 이번에도 하마노 씨는 빠듯한 일정 속에서 붓을 너무 오랫동안 쥔 나머지 퉁퉁 부은 손으로 많은 그림을 그렸다. 하마노 씨는 1년 8,760시간 중에 6,000시간 정도는 그림을 그리거나 스케치를 하지 않을까.

2003년에 쓰다

에세이 ┃ 변하는 것과 변하지 않는 것

무라카미 류

스즈키 세이치 씨가 디자인한 장정을 처음 접한 것은 10년도 더 전의 일이었다. 나는 그 무렵 한 출판사의 장정 디자인상 심사위원을 맡고 있었다. 스즈키 씨가 디자인한 책은 칼 마르크스의《공산당선언》이었다. 1990년대 중반이었던 것으로 기억하는데, 소련이 붕괴되고 베를린 장벽도 이미 무너진 때였다. 그러나 스즈키 씨가 디자인한《공산당선언》의 표지는 '이 책에 쓰여 있는 내용은 아직 의미가 있다'고 말하고 있었다. 장정에서는 대단한 힘이 느껴졌다.

결국 스즈키 씨는 그때《공산당선언》과 또 한 권의 책으로 디자인상을 받았다. 그때 상을 받아서가 아니라 스즈키 씨와 함께 일하고 싶은 마음에 나는 곧바로 신작의 디자인을 의뢰했다. 그때부터 지금까지 나는 그에게 얼마나 많은 책의 디자인을 부탁했던가. 문고본까지 포함하면 20권은 족히 넘을 것이다. 디자인을 맡기기 시작한 지 벌써 10년 이상이 흘렀지만 그의 날카로운 디자인 감각은 결코 시들지 않았다. 그는 언제나 아슬아슬하게 일을 끝내고 나는 늘 신선한 기분으로 내 책의 표지를 본다. 그런데 늘 신선하다는 것은 어떤 뜻일까. 언제나 변하지 않기 때문에 신선하다고 느끼는 것일까? 아니면 항상 변하기 때문에 신선하다고 느끼는 것일까?

스즈키 씨는 변하지 않는 부분과 반드시 변하는 부분을 모두 가지고 있다. 불변하는 것은 실험적인 자세와 안정을 꾀하지 않는 태도이다. 실험적인 자세가 변하지 않기 때문에 매번 그의 장정을 보면 필연적으로 지금까지와는 다르다는 느낌을 받는다. 디자인을 의뢰할 때는 내가 CG를 건네주고 레이아웃과 제목의 폰트만 제공받는 경우가 있고, 그림을 포함해 모든 것을 맡기는 경우도 있다. 어느 쪽이든 그야말로 스즈키 세이치의 디자인이라는 것을 단번에 알 수 있는 디자인을 보내온다. 그래서 기묘하다고 할까, 이상하다고 할까? 나는 아직 스즈키 세이치 씨와 만난 적이 없다. 단 한 번 전화 통화한 적은 있지만 실제로 만난 적은 없다. 어떤 얼굴을 하고 있는지 어떤 분위기를 지닌 사람인지 전혀 모르면서 일을 해왔다. 물론 언젠가는 만나게 되겠지만 나는 스즈키 세이치 씨와 일하는 것에 불만을 느낀 적이 없다.

2003년에 쓰다

❷ | 미술관에서 그림과 조각을 본다

미술전이나 전람회를 보러 갔다가 어떤 그림이나 조각품에 이끌려 무심코 발걸음을 멈춰선 적이 있다. 마음속 가장 깊숙한 곳을 부드럽게 어루만지거나 흔들거나 때로는 쿡 찌르는 느낌이 들기도 한다. 그 그림과 조각품이 계속 생각나며 머릿속에서 지워지지 않는다.

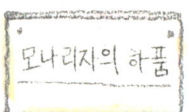

모나리자의 하품

미술품 복원가

　전통적인 동양화, 그중에서도 불화(佛畫)나 장벽화(障壁畫) 등은 작품과 함께 그 소재와 기법이 오늘날에도 전해져 거듭해서 수리되고 있다. 미술품 복원에서는 역사적 문물뿐 아니라 자연 재해와 사고로 훼손된 미술품도 다루는데, 양으로 보면 이쪽이 압도적으로 많다. 각 분야의 전문가 밑에서 배우거나 대학의 문화재보존학과 등에서 공부한다. 그림을 그리는 것과 복원하는 기술은 전혀 다르다. 그림 그리기를 좋아한다는 이유로 미술품 복원의 길을 걷다가 실패하는 사례도 적지 않다.

　미술품을 복원하는 데는 장인 정신이 필요하며 선배의 가르침을 받아들이는 겸허함도 갖추어야 한다. 약품 지식과 최첨단 기술이 필요하기도 하다. 그리고 무엇보다도 경험을 쌓아야 한다. 관련 자격증으로 문화재수리 기술자가 있으며 전문 분야에 따라 단청, 보수, 실측설계, 조경, 보존과학, 식물보호로 나뉜다.

213

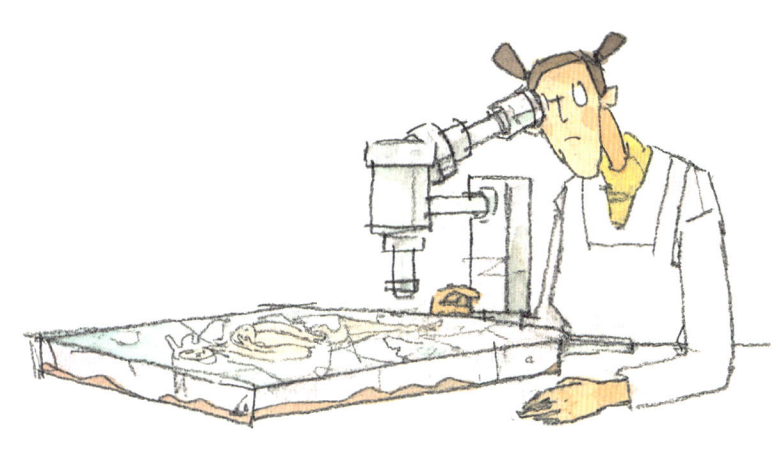

큐레이터

전람회 기획이 주요 업무이며 전람회를 열기까지 모든 과정을 도맡아 관리한다. 크게 나눠 미술관이나 박물관에서 학예연구사로 일하는 경우와 프리랜서로 일하는 경우가 있다. 프리랜서도 일반적으로 전람회나 이벤트 기획회사, 기업의 문화사업부 등에서 경험을 쌓는다. 예술에 관한 지식뿐 아니라 미술품을 빌리기 위한 교섭도 할 줄 알아야 한다. 프리랜서는 전람회를 주최하는 기업이나 미술관에서 기획을 해야 하므로 화술과 기획력도 필요하다. 작가를 설득하거나 기획 자금을 조달하는 교섭 능력도 필요하다. 지금까지는 미술관에서의 작품 기록·관리, 교육 보급 등 거의 모든 일을 큐레이터가 담당했지만 1990년대 이후 세워진 미술관에서는 서구형 분업화가 진행되고 있다.

전시 코디네이터

전람회나 이벤트 기획에서 주최자의 목적과 주제에 맞게 출전 작품과 출석자 등을 선택·조정하고 예산과 일정 등 실무 전체를 담당한다. 직업이라기보다는 업무이기 때문에 특별한 자격은 필요하지 않지만 학예연구사 자격증과 해외 미술관·박물관에서 큐레이터 연수를 받아두면 일하는 분야가 넓어진다. 행사가 있을 때마다 프리랜서로 계약해 일하는 경우가 많다. 큰 행사는 대개 실적과 지명도에 따라 의뢰받기 때문에 어시스턴트로 경험을 쌓은 뒤 각 분야에서 얼굴을 알려나가는 것도 중요하다. 외국과 교류도 늘고 있기 때문에 교섭이 가능할 정도의 외국어 실력이 필요하다. 조율하는 역할도 하기 때문에 세심한 배려심도 갖추어야 하며, 작가나 큐레이터로부터 곤란한 의뢰가 들어오기도 하므로 힘과 근성이 있는 사람에게 적합하다.

갤러리스트

일반적으로 화랑, 갤러리 등을 경영하며 예술 작품을 파는 사람을 갤러리스트라고 한다. 그중 작품 판매를 중심으로 하는 사람을 아트 딜러라고도 한다. 작품의 운송, 홍보, 설치, 접객, 경영 등 모든 것을 도맡아 관리한다. 갤러리스트가 되려면 기존 갤러리에서 경험을 쌓는 것이 일반적이다. 일반 모집은 거의 없고 인맥을 통해 들어가는 경우가 많다. 무명 예술가를 발굴해 솜씨 좋게 파는 것도 하나의 일이기 때문에 예술을 상품으로 평가할 수 있는 정확한 안목과 행동력, 정보 수집 능력이 필수적이다. 해외 시장과도 거래하므로 외국어 능력이 뒷받침되어야 한다. 비즈니스로 성공하기에는 어려운 측면이 있어 경제적 성공보다는 작가와 친분을 쌓고 예술 문화에 공헌한다는 점에서 만족감을 느끼는 갤러리스트가 적지 않다.

프린터

예술가의 지시에 따라 리소그래프, 실크스크린 같은 판화를 박는다. 보통 미술대학에서 판화를 전공하거나 공방에 제자로 들어가 일을 시작한다. 예술가와 적절히 의사소통을 해야 하며 종이 선택과 잉크 조합의 미세한 차이가 작품에 반영되기 때문에 정신적인 면에서나 작업 면에서나 섬세함이 필요하다. 그림을 그리는 소재와 기법에 대한 연구와 기술을 지키는 노력도 기울여야 한다. 시너처럼 인체에 유해한 물질도 다루기 때문에 항상 주의해야 하며 체력이 뒷받침되어야 한다.

미술 조형

조각가가 조각한 상의 형태를 떠서 청동을 녹여 넣어 작품으로 만든다. 작품 하나를 만드는 데 작가의 디자인을 형태로 만드는 원형, 청동을 부어 넣는 주형 등 공정마다 여러 전문가가 매달리기도 한다. 미술 작품뿐 아니라 최근에는 합성수지를 이용한 공예품이나 기계 부품을 제작하기도 한다. 미술학교나 공예학교에서 기술을 습득한 뒤 공방에서 수련을 쌓는다. 전문가가 되기까지 10년 정도 걸리며 단골 거래처를 확보하고 나서 독립한다. 기술이 뛰어난 사람에게는 해외에서 의뢰가 들어오기도 하며 전문가로서 긍지를 가지고 일하는 사람이 많다.

학예연구사

　박물관이나 미술관에서 일하는 전문직으로 자료와 작품의 수집·보존, 조사·연구, 전시·공개 등을 담당한다. 전시관의 해설 팸플릿이나 기획전의 도록을 만드는 일도 한다. 최근에는 자료를 디지털 방식으로 정리하기 때문에 컴퓨터 기술도 필요하다. 고고학이나 민속학, 미술학, 역사학, 지학, 생물학 등 전문 지식도 요구한다. 평소에 되도록

많은 박물관과 미술관, 유적지 등을 둘러보고 시야를 넓히는 것이 좋다. 다만, 학예연구사가 일할 곳은 그다지 많지 않다. 특히 공립 박물관이나 미술관은 경비를 절약하기 위해 새로운 인력을 모집하는 곳이 적다.

액자 세공사

그림이나 사진을 넣을 액자를 전문적으로 만드는 사람이다. 액자 제작을 하나의 작품으로 여기며 직업으로 삼는 예술가도 있지만 보통은 액자 제작·판매 회사에 취직해서 일한다. 정해진 틀을 꾸준히 만드는 기술과 끈기는 물론 특별주문을 받은 액자의 디자인을 정확하게 재현하는 능력이 있어야 한다. 액자는 그림을 돋보이게 하는 것은 물론 실내에 장식되는 것이기 때문에 회화나 건축에 대한 조예가 깊어야 한다. 예를 들어, 고객 집안의 건축양식과 실내 배치, 커튼 색상 등을 고려해 그에 맞는 액자 종류를 정해야 한다. 최근에는 장식할 그림을 조언하는 등 코디네이터 역할도 요구된다.

미술품 감정사

회화, 서예, 도자기, 골동품 등의 진위 여부와 가치를 판별하고 감정서를 발행하기도 한다. 미술관과 화랑, 고미술점 등에서 일하는데 화랑이나 고미술점에서는 미술품의 가치를 시대에 맞는 가격으로 산출하는 능력도 필요하다. 미술품 감정을 전문적으로 배울 수 있는 학교는 없으며, 일반적으로 다른 감정사 밑에서 수업하며 심미안을 키우는 경우가 많다. 특별한 자격은 필요하지 않지만 경험과 신뢰가 바탕이 되는 세계이기 때문에 평생 공부를 계속해야 한다. 법원이 압류한 물건의 평가액을 산출하고 사기사건에서 사용된 물건의 진위를 가려내는 일을 한다.

이런 **직업**도 있다   평론가 **p.37**/ 여행 기획자 **p.72**/ 만화가 **p.207**/ 앤티크 숍 **p.220**

❸ | 예쁜 것과 재미있는 것을 수집한다

마음에 드는 물건, 즉 자신만의 보물을 꾸준히 모아놓고 가만히 보고 있으면 마음이 안정된다. 누군가가 수집품을 보고 멋지다고 말해 주면 매우 기쁘다.

보석감정사

보석의 등급을 정하고 감정서를 작성한다. 다이아몬드의 질을 결정하는 4C(carat: 중량, color: 색, clarity: 투명도, cut: 연마 상태) 등을 기준으로 대상이 되는 보석이 어느 정도 가치가 있는지를 판단한다. 주로 보석판매점, 보석제작회사, 백화점, 보석감정기관, 전당포, 수입대리점 등에서 일한다. 프리랜서로 활동하며 보석을 다량 매입하는 사람도 있다. 국가기술자격인 보석감정사가 있다. 보석점 등에서 일하며 실력을 키우는 방법도 있지만 보석감정사 교육을 하고 자격을 수여하는 해외에서 공부하는 것도 하나의 길이다. 미국의 GIA-GG(Gemological Institute of America-Graduate Gemologist, 미국 보석학회 보석학 수료자)는 세계 각국에서 통용된다.

경매회사에서 일하기

회화나 판화, 공예품, 보석 등을 사려는 사람과 팔려는 사람을 연결하는 것이 경매이다. 경매회사가 정기적으로 주최하며 공개된 장소에서 경매로 낙찰이 이루어진다. 경매회사는 낙찰 가격에서 약 10%를 수수료로 받는다. 서양에서는 소더비와 크리스티라는 회사가 유명하다. 갖추어야 할 자격은 없고 경매회사에 취직해 일하면 된다. 유연하면서도 대담한 도전 정신이 있고, 전문가로서 자각과 자신감, 향상심을 갖추었으며, 접객 태도가 좋은 사람이 적성에 맞는다. 현장에서 미술품에 대한 지식을 쌓고 사물을 보는 안목을 길러야 한다. 시세를 보고 예상 가격을 제시하며 고객과 교섭하는 일도 한다. 취급하는 상품이 다양하기 때문에 종사자들은 대부분 특정 분야에서 전문가가 되려고 한다.

앤티크 숍

앤티크 숍이란 서양의 골동품을 취급하는 가게를 말한다. 앤티크는 만들어진 지 100년 이상 된 물건을 가리킨다. 100년이 되지 않은 골동품은 빈티지라고 하는데 최근 인기를 얻고 있다. 개인이 경영하는 가게가 많으며, 처음에는 아르바이트로 들어간다. 서비스업에 알맞은 태도가 중요하다. 외국으로 상품을 매입하러 가는 기회도 많기 때문에 그 나라의 말을 할 줄 알고 문화를 알면 여러모로 유리하다. 경험이 쌓이면 매입하는 일을 맡게 되는데 그 후에 독립하는 사람도 많다. 일반 상품을 판매하는 것과 비교해 상품의 역사적 배경까지 설명할 수 있는 지식과 고객에게 신뢰를 줄 수 있는 성실함이 필요하다.

동전·우표 수집가

수집품의 대표격인 우표와 동전을 구입하고 판매한다. 헌것이든 새것이든 상관없이 희소가치가 높은 것을 중심으로 취급한다. 기본적으로는 직접 가게를 운영하며 판매하는데, 정기적으로 고물시장에 물건을 구입하러 가거나 백화점의 행사장이나 골동품 시장 등에 임시로 가게를 차리기도 한다. 최근에는 인터넷 판매가 주류를 이루고 있다. 예전에는 보통 가게에 제자로 들어가서 배운 뒤 독립했지만 최근에는 독학으로 공부해서 가게를 연 뒤 경험을 쌓는 사람이 많다. 고물은 제작 연대와 보존 상태에 따라 가치가 매우 달라지기 때문에 처음에는 수집한 물건을 잘못 취급해 손해를 입는 경우도 종종 있다. 물건의 가치를 판별하는 정확한 눈을 기르기까지 3, 4년은 걸릴 각오를 해야 한다. 예전에 비해 수요가 줄어 많은 이익을 보기는 어렵지만 우표나 동전을 좋아하는 사람에게는 좋아하는 것에 둘러싸여서 자유롭게 장사할 수 있다는 점이 재미있다.

중고 옷가게

국내외에서 중고 의류를 구입해 단추를 새로 달거나 세탁, 다리미질 등을 하고 가격을 붙여 다시 상품으로 판매한다. 대개 아르바이트 등 점원을 여러 명 두고 경영한다. 점원으로 일하면서 중고 의류를 구입할 때 필요한 지식과 상품을 고르는 요령을 익힌 뒤 독립하는 방법도 있다. 그중에는 프리마켓에서 취미 삼아 물건을 팔다가 장사가 잘돼서 가게를 내는 사람도 있다. 팔리는 상품을 꿰뚫어보는 안목과 장사 수완이 있어야 한다. 가장 중요한 것은 중고 의류를 구입하는 일인데, 순조롭게 매입하는 사람은 대개 독자 매입 루트가 확보되어 있다.

재활용품 가게

고미술점, 고서점, 중고차 대리점과 마찬가지로 '고물상'에 포함된다. 이미 사용한 의류나 생활 잡화, 전기제품 등을 구매하여 가게에 진열한다. 환경에 관심이 높아지면서 '중고'에 대한 저항감이 사라지고 경제 불황으로 값싼 물건을 원하는 사람이 늘어 업계는 활기를 띠고 있다. 좋은 물건을 싸게 사들여 적정한 가격을 책정하는 것이 장사의 기본이다. 물건을 판매하거나 구매할 때 정해진 가격이 없는 만큼 상품의 정확한 가치를 판단해 가격을 결정하는 안목이 필요하다. 매입한 상품을 수리하거나 장식만 달아도 가치를 높일 수 있다. 처음에는 재활용품 가게에서 근무하며 중고 시장과 개인을 상대로 재활용품 사는 방법을 배우는 등 매매 감각을 익혀 나간다.

이런 직업도 있다

골동품 가게 **p.59**/ 전당포 **p.74**/ 상품권 가게 **p.74**/ 남극관측대원 **p.156**/ 모형점 경영 **p.204**/ 갤러리스트 **p.215**/ 학예연구사 **p.216**/ 미술품 감정사 **p.217**/ 조향사 **p.280**/ 고서점 **p.39**/ 탐정 **p.369**/ 사서 **p.375**

기술·가정

07

"기술·가정을 좋아하고
흥미있어 한다."

❶ | 도구를 사용하여 여러 가지 물건을 만든다

물건을 만드는 도구를 마냥 보아도 질리지 않는다. 금속으로 된 봉이나 판을 바이스로 고정하고 줄이
나 사포로 문질러 깔끔하게 다듬었을 때 그것이 반짝반짝 빛나는 것만 봐도 기쁘다.

목수

곱자, 먹통, 먹자, 대패, 끌, 톱 등 일곱 가지 도구를 사용해 목조 건축을 시공한다. 전통이 오래된 업계이지만 건설 기계와 정보 기술의 발달로 캐드(CAD)를 이용한 설계 방식이 도입되면서 목수 일은 급속하게 변하고 있다. 배리어 프리(장애인·고령자 등 사회적 약자들의 사회생활에 지장이 되는 물리적 장애물과 심리적 장벽을 없애기 위한 운동-옮긴이)와 내진 구조, 단열재 사용, 새집 증후군 거부 등 라이프스타일과 환경 변화에 따른 영향도 받고 있다.

목수가 되려면 보통 건설회사나 건축회사에 취직하거나 도편수라고 불리는 우두머리목수의 제자로 들어간다. 건축목공기능사 자격증을 취득하면 도움이 된다.

최근에는 하우스메이커를 통한 주거가 늘고 있지만 실제 시공은 목수의 손을 거치는 부분이 많기 때문에 새로운 건축자재와 기술도 익혀야 한다. 기본 기법은 물론 기술 차이에 따라 완성된 결과가 크게 달라지기 때문에 기술이 뛰어난 목수는 중요한 존재로, 그에 걸맞은 보수를 받는다. 또 자연의 멋을 살린 목재가 재조명을 받고 재래 공법의 목조 건축이 인기를 얻으면서 증·개축 수요도 늘고 있다. 집을 책임지는 중요한 직업으로 앞으로도 수요가 꾸준할 것으로 전망된다.

한식목공

전통 한식기법으로 한옥, 성곽의 누각, 사원, 사찰, 궁궐 등의 전통 목조 구조물과 문화재의 건립, 복원을 위하여 나무를 깎고 다듬어서 설치한다. 설계도서나 도편수의 지시에 따라 작업 내용을 숙지한다. 각종 대패, 톱, 끌, 자귀 등의 도구를 사용하여 목재를 목적에 맞게 가공한 목재의 부속들을 조립한다. 조립된 상태를 점검·보완하고 기타 일들을 처리한다. 작업하면서 문제점이 발생하면 도편수에게 보고한다.

비계공

빌딩 건설 현장 등 높은 곳에서 작업할 수 있도록 발판과 철골을 세우고 기계를 설치하는 일을 한다. 높은 곳에서 일하기 때문에 집중력과 균형 감각이 중요하며 고소공포증이 있는 사람에게는 맞지 않는다. 늘 위험이 따르지만 건설 작업의 꽃으로, 수입도 좋고 인기도 많다. 체력으로 승부하는 직업이지만 비계기능사 국가자격증 등 본인의 노력에 따라 취득할 수 있는 자격증도 있으며 기술 향상도 꾀할 수 있다. 최근 건설 사업이 위축되면서 일도 줄어들고 있지만 '건설은 비계로 시작해서 비계로 끝난다'는 말이 있듯이 건설업계에서 없어서는 안 될 일이다.

미장공

흙, 모래, 석고, 석회 등 다양한 재료와 물을 사용해 벽과 토방을 만든다. 재료가 발달하면서 일의 내용도 다양해지고 있다. 직업훈련학교에서 공부한 뒤 건축회사에서 근무하는 것이 일반적인데 소규모 사업소와 가족 경영이 많다. 벽은 전문가 솜씨에 따라 결과물에 차이가 큰데, 뛰어난 기술을 갖춘 전문가는 점점 줄고 있다. 최근에는 유해 물질을 첨가하지 않고 실내 온도와 습도를 적절하게 유지할 수 있는 벽이 친환경적이고 건강에 좋아 재조명받고 있다.

석수

석재 채취, 재단, 가공 등 돌과 관련된 공사 전반을 담당하고 묘비, 등롱이나 토목건축 공사용 석재 등을 제작한다. 일반적으로 전문학교를 나온 뒤 석재상에서 근무한다. 세습제는 아니지만 가족 경영 석재상이 많고 가업을 이어 석수가 되는 경우가 많다. 작업 현장에 컴퓨터가 도입되어 많은 작업이 기계화되고 있다. 전통 기법을 통해 손맛을 내는 전문가는 줄어들고 있지만 끌과 망치를 이용하는 섬세한 작업 등은 아직 전문가의 기술과 경험에 의지하는 부분이 많다.

도장공

도장은 건축 도장, 목공 도장, 금속 도장, 분무 도장 등 종류가 다양하다. 원래 도장공은 페인트칠을 하는 사람을 가리켰지만 현재 도장은 단순히 색을 칠하는 것만을 의미하지 않는다. 항균, 탈취, 방수 등 새로운 시각의 첨단 도장 기술이 등장하면서 고도의 기술을 갖춘 사람이 필요해지고 있다. 대부분 전문학교에서 기술을 배우고 도장회사에 취직하거나 도장회사에 근무하면서 기술을 배운다. 도장회사는 대개 규모가 작아서 기술을 숙련하면 거의 독립한다.

표구원

종이, 천, 풀을 재료로 맹장지, 장지, 병풍, 두루마리, 족자 등을 제작한다. 섬세한 소재를 이용하는 복잡한 일이기 때문에 고도의 기술과 경험이 필요하다. 귀중한 미술품을 다루는 일이 많아 미술에 관한 폭넓은 지식도 필수적이다. 표구사가 되려면 15~16세 무렵에 표구점에 문하생으로 들어가 7년 정도 수업한 뒤 따로 상점을 내는 것이 일반적이나 고등학교나 대학교를 졸업한 뒤 표구점에 취직하는 사람도 많다.

가구 전문가

주로 참나무, 노송나무 등 자연목으로 탁자나 의자 같은 가구를 만들어 판매한다. 사람에 따라 다양하지만 대개 직업훈련학교에서 목공에 관해 배운 뒤 가구회사에 취직하거나 공방에서 수업하면서 독립을 목표로 하는 경우가 많다. 인기 직종 중 하나로 가구 전문가가 되려는 사람은 늘고 있지만 받아주는 곳은 그다지 많지 않다. 최근에 인테리어나 고품격 가구에 대한 관심이 커지면서 수제 가구에 대한 수요가 증가할 것으로 전망된다. 가구 전문가는 좋은 가구를 만들어야 할 뿐 아니라 손님이 어떤 가구를 원하는지 정확하게 파악할 수 있어야 한다.

인테리어 디자이너

주택, 사무실에서부터 비행기, 자동차에 이르기까지 다양한 실내 공간과 가구, 커튼, 조명 등 인테리어 용품을 디자인한다. 인테리어 디자이너는 건축가 업무의 일부가 전문화된 것이다. 대개 대학이나 전문학교에서 디자인을 공부한 뒤 가구회사나 건축회사 등에서 실무경험을 쌓는다. 특별한 자격은 필요하지 않지만 폭넓은 지식과 경험을 갖춰야 하기 때문에 숙련되려면 적어도 10년은 걸린다. 수준 높은 디자인을 요구하는 고객이 늘고 있어서 인테리어 디자이너에 대한 수요도 많아질 것으로 보인다.

인테리어 플래너

의뢰인에게 인테리어 기획을 제안하고 그것을 바탕으로 설계도와 시방서를 작성한 뒤 공사까지 감독한다. 구체적으로는 의뢰인의 요구를 파악해 정확히 조언하면서 안정성을 고려하여 기둥과 벽, 천장의 위치를 정하고, 자재를 선택하고, 인테리어 배치 등 내장 계획을 설계 도면에 그린다. 공사 현장도 감독하기 때문에 건축 지식도 필요하다. 개인주택이나 맨션, 점포, 사무소 등의 인테리어 계획을 주로 담당한다. 모델하우스를 맡기도 한다. 업무의 관건은 '도시에 얼마나 쾌적한 공간을 조정하느냐'이다. 건축사무소나 설계사무소, 주택설계회사, 리모델링회사에서 일하는 사람이 많다. 최근에는 리모델링을 원하는 사람이 늘어나면서 생활환경에 관심이 많은 여성의 진출이 늘고 있다.

인테리어 코디네이터

고객의 요구에 따라 주택, 점포, 사무실 등의 실내에서 사용하는 가구와 벽, 바닥의 인테리어 계획을 세우고 인테리어 상품을 선택할 때 조언해 준다. 인테리어 관련 상품에 대해 해박한 지식을 가지고 있어야 하며, 거주할 사람의 라이프스타일과 가치관을 파악하는 것이 중요하다. 주부나 젊은 여성들의 진출이 눈에 띄는 직업이다. 보통 건설회사나 백화점, 인테리어회사 등에 근무하거나 독립해 프리랜서로 활동하는 사람도 있다. 장차 리모델링 시장이 확대될 것으로 전망되기 때문에 인테리어 코디네이터의 수요도 더욱 늘어날 것으로 예상된다.

옥외장식 디자이너

건물의 외관과 관계된 디자인을 한다. 이를테면, 담과 문, 현관까지 이어지는 길, 차고, 울타리 등 건물 외부를 디자인한다. 의뢰인이나 설계·시공 담당자의 요구에 따라 디자인 초안을 그린 뒤 여러 가지 소재와 기존 제품을 조합해 때로는 수작업으로 구체적 형태를 갖추어 나간다. 옥외장식 리모델링도 담당하며 수요는 증가하는 추세이다. 동양식, 서양식 옥외장식에도 능숙해야 하며, 국내외 유행에 민감해야 한다. 보통 전문학교의 옥외장식 기술 과정 등에서 배운다. 주택 설계 회사, 옥외장식 회사, 설계사무소 등에서 일한다. 독립하여 프리랜서로 활동할 수도 있다.

콘스트럭션 매니저(CMr)

건설 사업에서 공사 기간이 늘어지거나 예산이 초과되는 문제를 방지하고자 공사 발주자·수주자 외에 전문 지식을 갖춘 제3자가 일정, 비용, 품질 등을 관리·감독하는 것을 CM(콘스트럭션 매니지먼트)이라고 하는데 이러한 업무를 담당하는 전문가가 CMr(콘스트럭션 매니저)이다. CM의 발상지는 미국이다. 콘스트럭션 매니저는 기획, 설계, 발주, 공사, 인도 등 각 단계에서 발주자의 대리인이 되어 수주 설계자, 시공자와 제휴를 맺는다. 전문가에게 걸맞은 지식과 풍부한 경험은 물론 이해 관계자 사이의 조정 능력도 필요하다. 대개 건축설계사무소나 종합건설회사에서 실무경험을 쌓은 뒤 콘스트럭션 매니지먼트를 전문으로 하는 회사에 들어가서 일한다.

다능공(목수)

지금까지 건설과 건축에서 형틀 목공, 비계공, 철근공, 중기작업 등은 분업으로 이루어졌다. 이 중 몇 가지 작업을 혼자서 소화하는 전문가를 '다능공'이라고 한다. 단능공이 작업하는 현장에서는 영업과 시공 관리를 제외한 공사는 대개 외주에 맡긴다. 그러나 다능공이 있는 현장에서는 목수 업무부터 유지·보수까지 모든 공정을 자사 사원이 행하는 '내제화(內製化)' 시스템으로 공사를 진행하기 때문에 작업을 효율적으로 할 수 있다. 모든 작업을 자사에서 소화하게 되면 동료들끼리 밀접한 관계를 맺으며 정보를 공유하고 효율적으로 일할 수 있기 때문에 고객의 새로운 요구에도 곧바로 대응할 수 있어 공사 기간을 단축할 수 있다. 건설업계에서 다능공은 아직 주류는 아니다. 다능공을 육성하는 데 힘을 쏟는 건설회사에 취직해 기초부터 기술을 익혀 나가야 한다. 최근에는 고학력 젊은이들이 성취감을 느끼기 위해 다능공을 지원하는 사례가 많다.

이런 직업도 있다

골동품 가게 **p.59**/ 유적발굴원 **p.59**/ 펜션 경영 **p.71**/ 정원설계사 **p.93**/ 기계설계사 **p.93**/ 플라워 디자이너 **p.102**/ 플라워 어렌지먼트 강사 **p.102**/ 정원사 **p.103**/ 경관기획자 **p.104**/ 꽃집 **p.105**/ 장제사 **p.114**/ 의지보조기 기사 **p.137**/ 프라모델 제조 **p.204**/ 조각가 **p.207**/ 앤티크 숍 **p.220**/ 판금공 **p.234**

❷ | 기계 · 플라스틱모델 · 피규어 등을 분해 · 조립한다

기계가 어떻게 움직이는지 생각하면 즐겁다. 시계를 분해하고 부품 하나하나의 형태를 보며 아름답다고 생각한다. 프라모델이나 피규어의 잘 보이지 않는 부분까지 깔끔하게 색을 칠하고 매우 큰 만족감을 느낀다.

독립 시계 제작자

　퀴츠(전지로 작동하는 시계-옮긴이)를 사용하지 않는 시계를 제작하고 수리하는 고도의 기술을 갖춘 전문가이다. 팀을 짜서 시계를 제작하는 사람과 처음부터 끝까지 혼자서 만드는 사람까지 그 형태는 다양하다. 이것은 독립해 시계를 제작하기까지는 상당한 수련 기간이 필요하다는 것을 의미한다. 시계 전문가가 제작하는 시계는 시간을 나타내는 도구 기능뿐 아니라 외관도 예술품이라고 할 만하며 매우 고가에 거래된다. 수리가 가능한 단순한 구조의 시계가 최고라고 하는 사람, 자신밖에는 만들 수 없는 예술 작품으로 시계를 만드는 사람 등 다양하지만 어느 쪽이든 시계에 대한 애정과 철학이 있다.

열쇠 전문가

차나 금고, 집의 열쇠를 잃어버린 고객을 찾아가 문을 열어주거나 새로운 열쇠를 만들어준다. 출장 수리비가 수입의 원천이다. 손님의 필요에 따라 24시간 영업하는 곳도 있다. 최근에는 도난 사건이 늘어나면서 안정성이 뛰어난 실린더로 교환하거나 보조자물쇠를 설치하는 일이 늘고 있다. 열쇠 전문가가 되려면 열쇠 가게에서 일하거나 양성기관에 다니며 기술을 익혀야 한다. 그 후 독립하여 혼자 혹은 부부가 가게를 경영한다. 손재주가 있는 사람에게 적합한 일이다. 한국열쇠협회에서 발행하는 열쇠관리사(1, 2급) 자격증이 있다.

금속공예가

금속을 이용해 액세서리나 소품, 건축물 장식 등을 만드는 전문가이자 예술가이다. 최근에는 은을 이용한 공예가 주류를 이루는데 정을 사용해 모양을 파내는 전통방식의 금속공예도 있다. 미술·예술 계열 전문학교나 미술대학의 금속공예과에서 금속공예의 역사부터 기술, 디자인, 마케팅 등을 종합적으로 배운다. 문화센터나 금속공예교실 등에서 배우거나 독학할 수도 있다. 어느 정도 기술을 습득하면 공방에 들어가거나 금속공예가의 어시스턴트가 되거나 개업을 한다. 그 밖에 보석점이나 미술관에서 일하는 경우도 있다. 독립하기를 원한다면 콘테스트 등에 응모해 능력을 인정받는 것이 가장 빠른 길이다.

엔지니어

물건을 만드는 기술자 또는 기사를 말한다. 자동차 엔지니어를 예로 들면, 석유 에너지의 연소 원리에 기초해 다양한 재료를 이용하여 실험을 거듭하며 각종 부품을 조합함으로써 동력원이 되는 엔진을 만든다. 자동차가 '엔진으로 달리는 기계'에 불과했다면 자동차 산업은 현재 수준까지 발전하지 못했을 것이다. 비용과 안정성, 쾌적함을 찾아 다양한 기술이 탄생했고 개량을 거듭해 현재 형태를 갖추게 되었다. 더욱이 환경문제 때문에 '가솔린 이외의 동력으로 움직이는 자동차'가 필요해지면서 최근에는 전기나 수소를 에너지원으로 하는 엔진을 개발하려는 움직임이 있는데 이것도 엔지니어의 역할이다.

제조업을 통해 경제 대국으로 성장할 때 엔지니어라는 존재는 경제를 발전시키고 사회를 풍요롭게 하는 원동력이었다. 기계, 화학, 금속 등 여러 분야에서 새로운 기술을 통해 신제품이 생산되었고 대량 생산, 대량 공급 체제를 구축해 왔다. 그러나 최근 엔지니어를 둘러싼 환경이 변하기 시작했다. 대량 생산 시대에서 시장과 고객의 요구를 재빨리 제품에 반영하는 능력과 기업과 국가라는 틀을 뛰어넘어 서로 협력하는 자세, IT 지식이 요구되는 시대가 되었다.

이공계열 대학에서 흥미 있는 기술 분야를 공부한 뒤 기술계 기업이나 연구 기관에 취업하는 것은 지금도 일반적이지만 하이테크 기업 중에는 전혀 다른 업종에서 인재를 구하는 곳도 있다. 어느 정도 경험을 쌓은 뒤 기술 관련 국가자격증을 따서 기술 컨설턴트로 독립하는 사람도 많다.

프레스공

프레스 기계를 사용해 금속판 등을 가공·성형한다. 크게는 자동차 문과 지붕, 작게는 카메라 부품 등을 만든다. 자동차 산업, 전기·통신 기구 산업 등 다양한 산업을 떠받치는 일이다. 회사나 공장에 따라 규모가 크게 차이나고, 수입 차이도 크다. 그러나 일반적으로 종업원 30명 이하의 소규모 공장이나 회사가 많은 것이 특징이다. 손이나 손가락을 다치는(심할 경우에는 손가락을 잃는다) 사고도 적지 않기 때문에 신중하고 꼼꼼히 일할 수 있는 성실한 성격이 좋다. 매너리즘에 빠지기 쉬운 일이기 때문에 스스로 자기 목표를 정하고, 일에서 보람을 찾는 자세도 중요하다.

판금공

얇은 금속판을 가공하는 일로, 자동차 판금을 만드는 판금공과 공업 판금, 지붕이나 외벽, 물받이 공사, 리폼을 담당하는 건축 판금공 등이 있다. 판금공이 되기 위해 필요한 자격이나 능력은 특별히 정해져 있지 않다. 예전에는 학교를 졸업한 뒤 수습생으로 일하면서 기술과 지식을 습득했다. 그러나 최근에는 판금공 양성과정이 있는 직업훈련학교나 고등 기술전문학교에 다니는 경우가 많다. 건축 판금공의 경우, 수십 종류의 공구와 가위를 자유자재로 다루면서 생각한 것을 그대로 만들어내는 데 희열을 느낀다. 기본 기술을 터득하면 평생 일할 수 있으며 직접 경영하고 싶다면 영업과 경영도 확실히 배워야 한다.

전기공사기사

전기공사기사는 직업이 아닌 국가자격증이다. 빌딩이나 맨션, 집안의 전기 배선에서부터 변전 설비, 공조 설비 등을 설치한다. 일과 직결되는 자격증으로 주로 전력회사나 전기공사회사 또는 공장 등의 설비과에서 일한다. 급료를 많이 받을 수 있는 것은 아니지만 전기 공사가 끊길 일은 없기 때문에 불황을 타지 않는 강한 자격증으로 인기가 높다. 최근에는 지상 디지털 텔레비전과 유료 위성방송의 보급으로 텔레비전·AV 기구 설치에도 전기 공사가 필요해 전기공사기사 면허를 취득하는 사람이 늘고 있다.

시계수리공

시계수리공은 손목시계의 줄 교환과 전지 교환, 고급 시계의 해체 수리 등 다양한 작업을 한다. 최근에는 환경문제에 대한 인식이 높아져 전지를 폐기하는 쿼츠 시계는 줄어드는 경향이 있지만 태양전지를 사용한 시계와 표준전파를 수신해 오차를 자동 수정하는 전파시계 등 새로운 기술이 도입되고 있어 수리 기술뿐 아니라 전자공학 지식도 갖춰야 한다. 시계수리공은 개업 면허가 필요하지 않다. 한국산업인력공단에서 시행하는 시계수리기능사 시험이 있다. 독학으로 공부하거나 전문학교에 다니며 수업(시계, 시계수리법, 기계요소, 재료 등)을 듣고 실기(시계수리, 견적)를 거쳐 시계수리기능사 시험에 응시한다.

한편 수요는 적지만 오래된 고급 시계와 앤티크 시계를 전문으로 수리하는 전문가도 있다. 그러한 전문가는 직접 시계를 만들기도 한다. 대부분 회사는 작지만 사원이나 제자를 모집하는 경우도 있으므로 관심이 있는 사람은 인터넷으로 검색해서 문의해 보는 것도 좋다. 낡아서 멈춘 시계의 태엽이 감기고 다시 움직이기 시작할 때 마치 죽은 것이 되살아난 것 같은 기쁨을 느낀다고 한다.

인공지능과 지각심리학

무라카미 류

컴퓨터와 뇌 중 어느 쪽이 우수할까?

　컴퓨터가 진화하면서 인간의 두뇌와 컴퓨터의 차이에 대한 의문이 나오기 시작했다. 컴퓨터는 마음이 있는가? 의식을 가질 수 있는가? 이러한 문제를 제기하는 것은 주로 AI(Artificial Intelligence, 인공지능)를 연구·개발하는 사람들이다. 그들은 정보과학과 인지과학, 두뇌과학이 만나는 부분에서 귀중한 연구 결과를 알아내고 있다. 결론부터 말하면 인간의 뇌와 컴퓨터가 어떻게 다른지에 대한 의문은 아직 완벽히 풀리지 않았다. 하지만 우리는 뇌와 컴퓨터가 다르다는 것을 이해하고 있고, 아주 평범한 노트북을 사용할 때도 그 차이를 조금씩 느낄 수 있다. 이를테면, 컴퓨터는 스스로 소설을 쓰지 못한다. 소설을 쓰는 것과 같이 특별한 일이 아닌 간단한 기획서나 편지도 쓰지 못하며, 세 살배기 아이가 그릴만한 간단한 그림조차 그리지 못한다. 현재 컴퓨터가 할 수 있는 일은 소설과 기획서, 편지를 쓸 도구를 제공하는 것뿐이다.

　그렇다고 현재의 컴퓨터가 형편없을까? 결코 그렇지 않다. 클록 주파수 2기가헤르츠의 중앙연산장치(CUP)는 1초에 20억 회의 명령을 실행한다. 연산, 즉 계산 능력에서 인간은 컴퓨터에 훨씬 못 미친다. 그렇다면 뇌와 컴퓨터 각각의 '부품' 규모는 어떨까? 인텔 펜티엄 4의 CPU를 구성하는 트랜지스터의 수는 약 5,500만 개이다. 그에 반해 인간의 뇌에는 뉴런이라는 신경세포가 약 1,000억 개 있다. 그리고 그 하나하나는 시냅스를 통해 다른 수천 개의 뉴런과 연결되어 있다. 이처럼 뇌는 막대한 양의 신경세포가 결합해 복잡한 기능을 수행하지만 사실 '계산속도'는 그다지 빠르지 않다. 뉴런은 기본적으로 화학 신호와 전기 신호로 정보를 전달하는데, 반응 속도는 1초에 100번 정도로 컴퓨터보다 느리다. 그러나 뇌는 지각과 반응 과정에서 컴퓨터보다 훨씬 뛰어난 능력을 보여준다.

어느 로봇의 고민

　다음은 AI의 한계를 나타내는 하나의 에피소드이다. 어느 과학자가 인공지능을 갖춘 로봇 1호를 제작해 로봇이 집을 나와 횡단보도를 건너 도로 건너편에 있는 편의점에서 아이스크림을 사오게 하는 실험을 했다. '횡단보도에서는 빨간불이면 멈추고 초록불이면 건넌다.' '신호가 초록불인데 신호를 무시하고 달려오는 차나 트럭이 있으면 안전을 위해 멈춘다.' 과학자는 이런 식으로 고도의 프로그램을 로봇에 입력했다. 1호는 무사히 편의점에서 아이스크림을 산 뒤 돌아오려고 했는데 그때 마침 횡단보도 근처에서 한 아이가 무선조종 장난감 자동차를 가지고 놀고 있었다. 1호는 무선조종 자동차가 움직이자 명령대로 신호가 초록불이어도 횡단보도를 건너지 않았다. 아이스크림은 곧 다 녹고 말았다.

과학자는 신호가 초록색일 때 작은 차가 지나가면 횡단보도를 건너도록 새 프로그램을 짜 넣었다. 다시 편의점에 갔던 1호는 횡단보도 바로 앞에서 멈춘 채 또다시 움직이지 않았다. 1호는 그 주변을 달리는 차의 크기를 전부 계산하기 시작했다. 차의 크기를 계산해서 그것이 매우 작고 신호가 초록불일 때만 횡단보도를 건널 수 있게 프로그램되었기 때문에 1호에게는 어쩔 수 없는 행위였다. 이번에도 로봇 1호는 아이스크림을 사오지 못했다.

새로운 인공지능 로봇 '크리처'

'딥블루'라는 이름의 컴퓨터가 체스세계대회에서 챔피언을 차지한 일이 있다. AI의 눈부신 성과로 기억에 남는다. 그러나 체스 말의 움직임 등을 전부 프로그램해서 추론하는 것은 원래부터 컴퓨터의 특기였다. 체스 규칙이라는 한정된 프레임 안에서 컴퓨터는 능력을 충분히 발휘한다. 그리고 AI 연구자들은 '프레임 문제'를 극복하기 위해 다양한 시도를 했다. 그 대표적 예가 1980년대에 개발된 '크리처'라고 불리는 화성 탐사용 로봇이다. 그때까지 전통적인 AI는 감각과 움직임을 담당하는 주변기기와 추론을 담당하는 중추를 별개 영역으로 구분해서 '지성'을 설계하고, 작동할 때 그것들이 통합되는 방식으로 만들었다.

그러나 크리처의 '지성'은 처음부터 몇 개의 '지각과 행위 계통'이 독립적·개별적으로 준비되어 '층'이라고 불리는 하나의 계통을 지성의 단위로 했다. 이를테면 '장애물을 피하는 층', '목표물을 찾는 층', '목표물을 회수하는 층' 등으로 나뉘어 있어 각각 독립적으로 활동하다가 때에 따라서는 교류하면서 복잡한 작업을 수행하는 것이다. 화성이라는 미지의 세계에서 환경을 미리 프로그램화할 수 없다는 제약이 크리처라는 획기적인 로봇 개발로 이어졌다.

결론: 정보·인지·두뇌 과학의 융합

어쨌든 AI의 공상과학적 요소는 상상력을 자극하기에 충분하다. 그러나 AI의 진보로 컴퓨터가 의식을 가질 수 있다든지, 영원히 죽지 않는 애완 로봇을 만들 수 있다든지, 100미터를 3초에 달릴 수 있는 인간 로봇이 만들어진다든지 하는 것보다 훨씬 중요한 점이 있다. 그것은 AI나 로봇 연구를 통해 인간의 뇌와 신체의 구조가 해명된다는 점이다. AI의 연구·개발에서는 다양한 분야의 연구자와 과학자의 첨단 지식이 교환된다. 주요 분야는 정보과학과 인지과학, 두뇌과학이며 그 성과는 장차 다양한 분야에 지대한 영향을 미칠 것이다.

2003년에 쓰다

참고 《어포던스, 새로운 인지 이론》
《뇌와 컴퓨터는 어떻게 다른가》

에세이 | # 창조성이 넘치는 직업

도요타자동차주식회사 수석엔지니어 오기 소사토시

어떻게 하면 엔지니어가 될 수 있을까

엔지니어에게는 흥미와 호기심이 매우 중요합니다. 저는 처음에 주변의 생활용품과 기계에서 흥미를 느꼈습니다. '어떤 구조로 움직일까?' 하고 말이지요. 그 결과 구조를 이해하는 데 도움이 될 법한 수학과 과학에 관심이 생겼고 자연스럽게 이공계 학문을 좋아하게 되었습니다. 단순히 배우기 위해 엔지니어와 관련된 과목을 공부하는 것이 아니라 항상 주변의 사물과 관련지으며 흥미를 가지고 배우는 것이 중요합니다.

엔지니어는 종류가 다양하므로 본인이 가장 흥미를 느끼는 분야(제품뿐 아니라 최근 컴퓨터시뮬레이션으로 대표되는 분석 기술도 중요한 엔지니어링임)를 선택해 장차 그 분야에서 활동할 자기 모습을 상상하며 자기 생활과 연결지어 보는 것은 어떨까요? 그러면 자연스럽게 흥미 있는 분야가 눈에 들어오고 앞으로 나아갈 방향이 뚜렷이 보일 것입니다. 더욱이 사회인이 되었을 때 어떤 엔지니어가 되고 싶은지 구체적으로 생각해 본다면, 엔지니어를 목표로 하는 마음이 더욱 확실해질 것입니다.

저는 처음 집에 있는 기계에 흥미를 느낀 이후 고등학생 때는 주변에서 가장 큰 기계였던 자동차에 관심을 갖기 시작했습니다. 그리고 대학 시절에는 기계공학을 전공하고 동시에 자동차 동아리에 들어가 학생이자 사용자로서 자동차 제품을 접하기 시작했습니다. 이는 자동차 회사에 입사한 뒤 엔지니어로 활약하는 데 매우 큰 도움이 되었습니다.

엔지니어에게 가장 중요한 자질은 무엇인가

제가 엔지니어로서 중요하게 생각하는 네 가지 자질은 다음과 같습니다.

첫째는 '원리원칙에 따라 무엇이든 직접 해 보는 것'입니다. 새로운 기술을 개발하는 경우, 지금까지의 기술을 무턱대고 받아들이지 말고 자기 나름대로 이해한 뒤 직접 손발을 움직이며 노력하는 자세가 매우 중요합니다. 이때 중학교, 고등학교에서 배운 수학, 물리, 화학 등의 기초 지식이 도움이 많이 됩니다.

둘째는 '응용력'입니다. 바꿔 말하면 '유연한 사고방식'입니다. 실제로 전문 엔지니어가 되어 폭넓게 활동하려면 단순히 학문과 이론만으로는 한계가 있습니다. 다양하게 응용을 해 보고 때로는 공학적 센스뿐 아니라 창조력을 발휘해야 합니다. 이론과는 조금 달라도 현실에 맞게 변형해야 하는 경우도 있습니다.

셋째는 '목적의식을 강화'해야 합니다. 일을 하다보면 어려운 일에 도전하는 것 자체가 목적이 되기 쉽기 때문에 처음부터 목표와 목적(이 활동은 어떤 도움이 되는가?)을 명확히 해야 합니다. 저는 프리우스를 시작으로 차세대 자동차 개발을 담당해 왔는데 그때마다 앞으로의 상황과 요구를 예측한 뒤 '고객이 가장 기뻐할 만한 차를 만들자'는 생각을 하면서 엔지니어링을 해 왔습니다.

넷째는 어떤 직업이든 마찬가지라고 생각하는데 바로 '열정'을 갖는 것입니다. 엔지니어 업무를 하다보면 이론만으로는 답에 도달하지 못하거나 현실의 벽에 부딪힐 때가 많습니다. 또 많은 사람과 팀을 짜서 일해야 할 때도 있고, 때로는 실패와 좌절을 반복하게 됩니다. 그럴 때 '열정'을 가지고 자주적으로 앞을 향해 나아가는 것이 중요합니다.

엔지니어를 동경하는 열세 살에게 건네는 조언

'엔지니어'라는 일을 시작한 지 어느덧 25년이 다 되었지만 지금도 이 일이 매우 즐겁습니다. 솔직히 말해 취미와 일의 경계선을 알 수 없을 만큼 행복합니다. 그 이유는 물론 좋은 일과 동료들을 만난 행운도 있지만 '엔지니어'라는 직업의 매력 때문입니다. 엔지니어는 'ㅇㅇ공학', 'ㅇㅇ과학'이라는 좁은 틀에 가두지 않고 창조적인 일로 여기면서 일할 때 매우 즐거운 직업입니다.

저는 막 입사했던 젊은 시절, 부품 설계자로서 '내 능력을 살려 조금이라도 우수한 부품을 만들자'는 목표로 일했습니다. 처음에 설계한 부품은 자동차 안에 들어가는 단 하나의 부품에 불과했지만 그것이 실제로 팔리는 자동차에 탑재되던 때의 기쁨을 아직도 잊지 못합니다. 최근에는 수석엔지니어로 불리며 프로젝트의 리더로서 자동차의 전체 기획을 담당하고 사용자들이 좋아할 만한 자동차를 개발하는 것이 무엇보다 즐겁습니다. 엔지니어 일을 마냥 어렵고 힘들게 생각하기 쉽지만 사실 뛰어난 기술로 지금까지 존재하지 않았던 것을 창조하며 세상에 도움이 되고 누군가에게 기쁨을 주는 창조성이 넘치는 일입니다.

여러분은 혹시 '회사에 다니면 하고 싶은 일을 못할 거야'라고 생각하며 지레 포기하지는 않나요? '회사에서는 즐겁게 일할 수 없어'라고 생각하지는 않나요? 물론 회사에서 일할 때는 여러 규칙과 제약이 따르지만 그렇다고 처음부터 포기해서는 안 됩니다. 저 또한 포기하지 않고 엔지니어 일에 매진한 결과 다양한 일을 즐겁게 할 수 있게 되었습니다. 여러분도 포기하지 말고 도전해 보기 바랍니다.

오기 소사토시

1983년 도요타자동차주식회사 입사. 프리우스 개발 멤버 중에는 최고참으로, 1세대부터 3세대 프리우스에 이르기까지 전부 참여했다. 현재는 하이브리드 차, 플러그인 하이브리드 차, 전기자동차, 연료 전지 차량의 기획과 개발에 종사하고 있다.

에세이 | '어떻게 되어 있을까? 왜 그럴까?'를 생각한다

도요타자동차주식회사 수석 엔지니어 오쓰카 아키히코

어떻게 하면 엔지니어가 될 수 있을까

기업에는 대부분 기술 계통 직종으로 엔지니어(기술자)와 테크니션(기능자)이 있으며, 입사할 때 채용 형태에 따라 직종이 결정됩니다. 엔지니어는 지식·창조성을 살려 새로운 제품과 기술을 개발하는 일이고 테크니션은 그 기술을 제품 만드는 데 활용하는 일입니다. 따라서 우선 엔지니어로 입사하는 것이 중요합니다. 물론 입사 뒤 실적에 따라 직종을 바꿀 수도 있지만 노력과 시간이 많이 들어가기 때문에 효율적으로 경력을 쌓는 방법은 아닙니다.

엔지니어가 되는 가장 빠른 길은 고등 전문학교나 대학의 이공계열 학과에 진학한 뒤 전공 과목을 공부하며 기본 지식과 기술을 습득하고 자기 능력을 기업이 필요로 하는 수준으로 끌어올리는 것입니다. 물론 이공계로 진학할지 말지는, 물건을 창조하는 수수하고도 창의적인 일을 좋아하느냐로 판단해야겠지요. 큰 힘을 들이지 않고 돈을 벌려는 사람에게는 맞지 않는 직업일 것입니다.

엔지니어가 다룰 수 있는 제품과 기술 영역은 매우 넓기 때문에 지금부터 자신이 장차 어떤 분야의 엔지니어로 일하고 싶은지 생각해 보는 것이 좋습니다. 풍부한 경험과 노하우가 중요한 직업이므로 훗날 자신이 만드는 제품이나 기술에 대한 열정이 부족하다고 해서 다른 분야로 직종을 바꾸기는 어렵기 때문입니다.

엔지니어에게 가장 중요한 자질은 무엇인가

엔지니어로 일하는 데 갖춰야 할 마음가짐과 능력에 대해 이야기해 보지요. 가장 중요한 것은 자신이 만드는 제품(기술)을 좋아하는 마음입니다. 좋아하는 마음이 있다면 개발 도중에 마주치게 되는 어려운 과제에도 적극적으로 맞설 수 있습니다. 또 쉽게 타협하지 않기 때문에 제품의 완성도가 높아져 더욱 매력 있는 제품이 탄생하게 됩니다. 즉 스스로 흥미를 가지고 제품(기술)을 만드는 것이 가장 중요합니다.

제품(기술)을 사용하는 고객을 생각하는 마음도 매우 중요합니다. 엔지니어는 일의 성격상 고객과 접하는 기회가 적고 흔히 연구·개발 과정에서 흥미와 만족을 우선시하기 쉽습니다. 하지만 고객의 안목으로 제품을 생각하기 위해 노력한다면 큰 방향과 방침에서 벗어날 일이 없습니다. 물론 엔지니어는 넘치는 유사품에 묻히지 않을 창조적인 제품을 만들어야 하며, 타인과는 다른 시점에서 적극적으로 고찰하고 실험해야 합니다.

그 밖에 회사는 제품을 만들어 사회에 공헌하고 이익을 얻기를 바라므로 고객과 사회가 원하는 제품을 적절한 시기에 효율적으로 개발할 줄 알아야 합니다. 그러기 위해서는 전문 지식뿐 아니라 효율적으로 개발하기 위한 연구·개발 과정의 매니지먼트 능력과 다양한 기술 분야의 폭넓은 지식을 이용해 제품의 종합적인 균형(성능, 비용, 생산성, 범용성 등)을 최적화하는 능력, 논리적 사고에 근거해 문제의 본질을 꿰뚫어보는 능력, 정확한 중장기 비전을 책정하기 위해 주변 환경에 대한 관찰 능력과 정보 분석 능력이 필요합니다.

엔지니어를 동경하는 열세 살에게 건네는 조언

엔지니어라는 직종에 한정되는 이야기는 아니지만 자신을 둘러싼 사물과 환경, 현상에 항상 흥미를 갖고 '어떤 구조로 되어 있을까?' '왜 그럴까?' 하고 끊임없이 생각하는 버릇을 들이는 것이 중요합니다. 끈질기게 파고들다 보면 사물의 본질을 파악할 수 있습니다. 그리고 덧붙여 '나라면 이렇게 했을 텐데' 하고 자신만의 창조적 발상을 더하면 좋겠지요.

모든 제품과 기술은 자기 혼자서는 완성할 수 없다는 점을 이해하고 타인의 의견에 적극적으로 귀 기울이고 이해하려는 자세를 갖추어야 합니다. 그 과정에서 정확하고 빠른 이해 능력과 협조성이 배양됩니다. 물론 자기 주장을 타인에게 정확하게 전달하는 능력도 중요합니다. 그러기 위해 말을 내뱉기 전에 일단 전하고 싶은 말을 머릿속으로 정리하고, 어떤 이유로 그렇게 생각했는지를 자문자답해 보세요. 그 과정에서 점점 이치가 맞지 않는 부분이 명확해지고 그것을 수정해 가면서 설득력 있게 말할 수 있게 됩니다.

최근, 하나의 제품이 국제적 수준의 기술과 부품으로 만들어지는 사례가 많습니다. 따라서 의사소통에 소비하는 시간을 줄이기 위해 외국어 능력을 키워야 합니다.

오쓰카 아키히코

1986년 도요타자동차주식회사 입사. 실험 부문, 유럽 기술 거점 주재를 거쳐 현재 제품 기획 부문에서 프리우스를 담당하고 있다. '열심히 일하고 열심히 놀기!'가 삶의 모토.
*제품 기획: 차량의 상품 콘셉트·기획 입안, 탑재 시스템 검토, 패키지 레이아웃 계획, 시작차(試作車) 평가를 비롯한 개발 진행 전반을 가리킨다.

❸ | 컴퓨터를 다룬다

컴퓨터 수업만으로는 부족할 만큼 컴퓨터를 좋아한다. 컴퓨터는 제대로 입력했을 때만 정확히 반응한다. 입력하는 사람이 틀리면 아무리 부탁해도 말을 듣지 않는데, 그런 점이 마음에 든다.

DTP 오퍼레이터

DTP(Desktop publishing)는 출판을 중심으로 한 인쇄물 제작 과정에서 에디토리얼 디자이너가 만든 디자인을 그대로 컴퓨터에 데이터화해 인쇄용 필름 상태로 만드는 일이다. 디자이너가 지정한 대로 정확하고 신속하게 작업하는 기술이 필요한 전문직으로 인쇄회사나 대형 출판사 등에서는 항상 사람을 모집한다. 다만 최근 디자이너가 대부분 컴퓨터를 사용하여 작업하면서 디자이너가 DTP 오퍼레이터 역할까지 하는 사례가 늘고 있다.

상황에 따라서는 이런 일을 편집자가 담당하는 경우도 있다. DTP에 관해서는 출판업과 인쇄업의 경계가 불분명하지만 분명히 다른 업계이기 때문에 어느 쪽에 흥미가 있느냐에 따라 일하는 곳도 달라진다. 디자이너가 되기 위해 DTP 오퍼레이터가 되는 경우 그것이 결코 디자이너로 가는 길이 되지는 않는다.

어필리에이터

홈페이지, 블로그, 이메일 매거진 등에 기업의 광고 배너나 URL을 싣고 흥미가 있는 열람자가 클릭하거나 상품을 구입할 때마다 일정한 '수수료'를 받는다. 인터넷 특유의 광고 수단으로 어필리에이트(affiliate)라고 하며, 어필리에이트를 하는 사람을 어필리에이터(affiliater)라고 한다. 예를 들어, 자신의 해외 여행기를 블로그에 올려두고 특정 여행사의 상품을 링크해 두는 식이다. 어필리에이터가 되려면 광고하려는 기업과 사이트를 전문적으로 중개해 주는 ASP(Affiliate Service Provider)라고 불리는 기업에 등록하면 된다.

누구나 손쉽게 시작할 수 있고 비용도 들지 않는다. 그러나 웬만큼 인기 있는 블로그나 사이트가 아니면 수입이 거의 없다. 한 달에 10만 원 이상 버는 어필리에이터는 전체의 10% 이하이다. 그러나 한 달에 1,000만 원 이상 버는 슈퍼 어필리에이터도 극히 일부이기는 하지만 있다.

시스템 엔지니어(SE)

사용자의 요구에 맞춰 컴퓨터 시스템을 설계하고 사양서를 작성하는 일로, 일하는 분야와 내용은 고객의 업무와 요구에 따라 달라진다. 기업 등의 조직이 새롭게 시스템을 도입하는 경우, 통상 영업직이 그 업무를 수주하고, SE가 설계하며, 그것을 바탕으로 프로그래머가 프로그램을 만들어 나간다.

그런데 만약 영업직이 기술적인 문제에 대처하지 못하면 고객과 직접 거래를 하게 되고 반대로 고객에게 제안을 하는 경우도 있다. 또 개발팀 리더로서 프로그래머를 비롯한 다른 스태프를 관리해야 한다. 컴퓨터와 그 주변기기에 정통해야 하는 것은 물론이고 업무 능력과 경영 능력을 비롯해 고객의 요구에 대응할 수 있을 정도로 충분한 지식이 있어야 한다.

SE는 사용자 측의 기업에서 컴퓨터 기술을 배우고 나서 되는 경우와 프로그래머 등 컴퓨터 전문기술자가 실적을 쌓아서 되는 경우가 있다. 특별히 필요한 자격증은 없으나 정보처리기술자 1급을 취득하면 SE로서 능력을 보여주는 하나의 기준이 된다.

프로그래머

컴퓨터가 정보를 처리하는 순서는 C언어나 자바(JABA), 베이직(Basic) 같은 프로그램 언어로 불리는 전문 언어로 기록된다. 프로그래머는 SE가 만든 설계사양서에 따라 프로그램 언어를 이용해 프로그램을 작성한다. 프로그램 하나를 구축하기 위해 많은 프로그래머가 관여하기도 한다.

프로그래머가 될 수 있는 특별한 자격이나 조건은 없다. 전문학교 등에서 컴퓨터에 관해 공부한 뒤 진출하는 사람이 많은데, 필수 지식인 프로그램 언어를 비롯해 기업 내에서 어느 정도 훈련을 받으면 충분히 할 수 있다. 어느 정도 경험을 쌓으면, 예를 들어 고객 업무에도 정통해지면 SE로 한 단계 다가설 수 있다.

홈페이지 제작회사

홈페이지 디자인을 비롯해 제작 전반, 운영, 관리 등을 담당한다. 발주처는 대부분 기업이며 비즈니스를 위해 홈페이지를 공개한다. 제작회사는 이러한 고객의 요구에 따라 홈페이지를 제작할 필요가 있다.

제작회사에는 디자인과 광고, 인쇄, 컴퓨터시스템 등 원래는 다른 사업을 하면서 이 분야로 진출한 곳과 웹만 전문으로 하는 곳이 있다. 전자의 경우 콘텐츠 제작과 광고, 사내 시스템 구축 등 기존 사업과 관련된 분야에서 강세를 보인다. 후자의 경우 소수로 구성되어 지역에 뿌리를 내리고 활동하는 곳과 기업의 프로모션이나 시스템 구축 등에 종합적으로 관여하는 곳까지 제작회사가 다양하다.

❹ | 요리·과자·케이크를 만든다

요리와 과자, 케이크 등을 만드는 것도 즐겁지만 좋아하는 사람이 먹고 맛있다고 말해 주면 더욱 기쁘다. 식사는 단순히 사는 데 필요한 영양을 섭취하기 위해 하는 것이 아니다. 맛있는 식사에는 우리를 행복하게 하는 힘이 있다.

주방장

주방장이 되려면 10대가 지나기 전에 레스토랑의 주방에서 일을 시작하는 것이 가장 좋다. 요리 전문학교를 졸업하고 학교 소개로 취직하는 경우도 있지만 본인이 원하는 레스토랑에서 사람을 구하는지 확인하는 것이 좋다. 수습 기간에는 급여가 매우 적지만 독립하여 자기 가게를 내게 되면 가게 매출에 따라 수입도 많아진다. 요리 솜씨는 물론 그날그날의 날씨와 손님 취향에 맞게 음식을 만드는 섬세함도 갖추어야 한다. 맛이 좋고 분위기와 서비스가 확실하면 손님이 붐빈다. 계획을 세우고 착실히 준비하면 젊은 나이에 자기 가게를 차릴 수 있다. 최근에는 여성 주방장도 늘고 있다. 해외 레스토랑에서 일하고 싶은 사람도 우선 국내에서 기초를 배우는 것이 좋다.

일식 요리사

일본요리는 사계절의 풍미가 살아 있으며 특유의 미적 감각을 띤다. 음식 재료가 지닌 맛을 살리고 신선도에 엄격하며 그릇 선택과 장식까지도 세심하게 고심한다. 이것이 일본요리를 눈으로 먹는 음식이라고 일컫는 이유이다. 그 모든 것이 가능해야 일류 요리사라는 칭호를 얻을 수 있다. 일본요리는 혼젠 요리(일본의 정통 요리상-옮긴이), 가이세키 요리(우리나라의 한정식에 해당하는 요리-옮긴이), 후차 요리(중국식 채소 요리-옮긴이), 향토요리, 가정요리 등 종류도 많고 조리법도 다양하다. 칼 등 조리기구도 다채로워 배움에 끝이 없고 깊이가 있다. 처음에는 허드렛일부터 시작하며, 어느 요리 분야든 한 사람 몫을 해내기까지는 적어도 10년은 설린다. 이른 아침부터 재료를 사고 저녁 늦게까지 일하기도 한다. 일식 열풍은 시들지 않아서 일류 요리사가 되면 잡지나 텔레비전에 출연하기도 한다.

메밀국수 요리사

메밀을 빻아 메밀가루를 반죽하고 밀대로 반죽을 펴서 칼로 자른다. 체력도 필요하지만 메밀가루와 밀가루의 배율, 날씨와 가루 상태에 따라 물을 조절하는 등 경험을 바탕으로 한 미묘한 감이 필요하다. 역사가 깊은 점포에서는 가루를 만지기까지 5년, 거기서 또 5년이 지나야 요리사로 인정받는다. 면과 국물을 만드는 방법과 튀김을 튀기는 방법 등 배워야 할 것이 많다. 기계를 사용해 국수를 뽑거나 시중의 국수를 삶아 파는 가게도 있는데, 그 경우도 기술 습득은 빼놓을 수 없다. 보통 전통 국수집에 제자로 들어가 수업한 뒤 분점을 내며 독립하는 경우가 많다. 최근에는 면 뽑기를 가르쳐주는 학원 등이 있어 은퇴자나 회사를 그만둔 사람들에게 인기가 있다. 면 뽑는 장면을 볼거리로 제공하거나 여성 혼자서도 거리낌 없이 갈 수 있는 메밀국수집을 만드는 등 창의적인 아이디어를 선보이고 있다.

초밥 요리사

카운터에서 초밥을 만드는 요리사가 하는 일의 40%는 손님과 대화하는 것이라고 한다. 따라서 사람과 대화하는 것을 좋아하지 않으면 일하기 어렵다. 초밥을 만드는 기술뿐 아니라 매입과 영업, 경영 등 종합적 능력도 요구된다. 일반적으로 가게가 아닌 요리사에게 고정 손님이 생기기 때문에 이런 경우에는 가게의 이해를 구해 독립하는 편이 낫다. 나이 어린 선배의 말을 따르는 것에 저항감이 있는 사람이나 급료를 많이 받고 싶은 사람은 좀 더 급료가 높

고 접객 기술을 요구하지 않는 회전 초밥집에서 일하는 경우가 많다. 일했던 가게와 개인에 따라 다르지만 전문 요리사가 되기까지 적어도 10년은 걸린다. 매우 엄격한 세계이지만 다른 요리에는 없는 즐거움이 있어 호기심이 강한 사람에게 권할 만하다. 전통 기술을 중시하면서도 시대 변화에 따른 새로운 재료와 이국적인 음식을 받아들이는 데도 편견이 없는 세계이다.

제빵사

제빵사는 매우 고된 직업이다. 아침 일찍부터 힘을 쓰고 하루 종일 서서 일하기 때문이다. 빵과 빵 만들기를 좋아하지 않으면 계속하기 어려울 것이다. 빵 종류에 따라 원료 배분과 제조 방법이 달라지기 때문에 빵에 대한 다양한 지식은 물론, 유행을 재빨리 파악하고 자신만의 감각으로 새로운

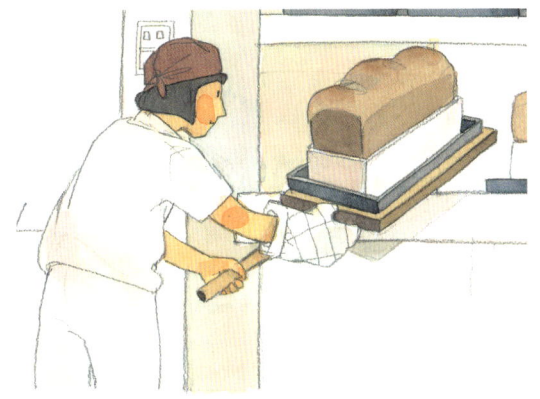

빵을 만들어내는 독창성도 필요하다. 제빵 지식과 기술을 습득하려면 바로 빵집에서 일하거나 전문학교에서 1, 2년간 공부한 뒤 빵집에 들어가면 된다. 체력적으로는 고되지만 빵집에서 일하며 야간 전문학교를 다니는 방법도 있다. 기술을 배울 빵집을 고르는 일은 매우 중요하다. 규모가 큰 빵집은 근무 환경은 제대로 갖추어져 있겠지만 규모가 큰 만큼 업무가 세분화되어 있어 전체 흐름을 파악하기 어렵다. 독립해 빵집을 열고 싶다면 장시간 일할 각오로 중소규모 가게에서 일하는 것이 좋다.

화과자 전문가

역사와 전통이 오래된 것부터 창작 화과자 같은 새로운 것까지 셀 수 없을 만큼 다양한 종류의 화과자를 솜씨 좋게 만들어낸다. 찌기·굽기·반죽하기 등의 기술은 물론 색과 형태를 아름답게 하기 위한 감성·창조성을 연마하는 자세도 요구된다. 전문학교에서 제과 기구와 설비를 다루는 법을 비롯해 장식 기술 등 화과자 특유의 기술을 익히고, 화과자점에서 공부하거나 화과자회사에 취직한다. 과자제조기능사나 제과위생사 국가자격을 취득하면 기업 등에 취직할 때 유리하게 작용한다. 전문가가 되기까지 10년은 걸리는 엄격한 세계이다. 성공하려면 손새주도 좋아야 하지만 화과자의 맛과 형태를 잘 아는 것이 더 중요하다. 물론 화과자를 좋아하고 화과자에 애정이 있어야 한다.

파티시에

파티시에는 프랑스어로 케이크와 과자를 만드는 사람을 뜻한다. 우리나라에서도 케이크, 파이, 초콜릿, 비스킷, 무스, 아이스크림 등 다양한 서양과자를 전문으로 만드는

사람을 파티시에라고 하는데, 최근 여성의 진출이 두드러지고 있다. 재료를 섞는 순서와 온도, 조리 시간 등 과자의 종류마다 세세한 요령이 있는데 그것을 정확하게 이해하고 항상 품질이 같은 제품을 만들어내는 기량이 필요하다. 동시에 장식과 포장에 대한 감각과 항상 새로운 과자를 연구하는 호기심, 독창적인 과자를 만들어내는 창조력도 필요하다. 식품 전반에 대한

지식과 여러 과자와 관련된 음식 문화에 대한 조예도 깊어야 한다. 전문학교의 제과제빵학과 등을 나와 제과점이나 호텔·레스토랑의 패스트리 분야에서 수련하는 것이 일반적이다. 자신의 가게를 낼 수도 있다.

두부 전문가

하룻밤 물에 담가둔 콩을 기계로 갈아 액체 상태로 만들어 삶은 뒤 천으로 거른다. 완성된 두유에 간수 등 응고제를 넣어 굳힌다. 굳은 두부를 틀에 넣고 돌을 얹어 수분을 빼내고 자른다. 틀 하나에서 약 50모가 만들어진다. 예전에는 마을에 두부 가게가 두세 곳 있었지만 지금은 대기업의 두부가 마트에 즐비하고 옛날식 두부 가게는 사라지고 있다. 종을 울리며 자전거로 두부를 팔러 다니는 사람들도 자취를 감추고 있다.

대대로 세습되는 직업이기 때문에 두부 전문가가 되고 싶다면 두부 가게에서 일하며 기술을 배우는 것이 좋다. 새벽 3시에 일어나 증기를 쐬고 마무리할 때는 냉수 안에서 작업하는 고된 일이다. 최근에는 두부가 건강식품으로 주목받으면서 품질에 엄격한 백화점과 대형 마트, 두부 전문 음식점 등에서 수요가 이어지고 있다.

간장 전문가

찐 콩과 누룩을 섞어 발효시킨 뒤 짜내면 간장이 완성된다. 마트에 진열된 간장은 대부분 대기업에서 만들었는데 현지의 맛을 지금도 느낄 수 있다. 대기업의 양조 시설은 기계화되어 있으므로 간장 전문가가 되고 싶다면 소규모 양조장에 취직하는 것이 좋다.

다만 소규모 양조장에서도 양조 과정은 기계화가 진행되어 아주 전통적인 방식의 수작업이라고는 할 수 없다. 간장 소비량은 전체적으로 감소하는 추세이지만 국간장, 조림 간장 등의 가공품은 늘고 있다. 조미료가 아닌 간장을 사용한 차슈(일본식 돼지고기 편육-옮긴이) 상품을 개발하는 등 새로운 제품 개발에 매진하는 양조장도 많다. 지금까지 간장에서 선보이지 않았던 새로운 아이디어가 필요하다. 농과대학 등을 졸업하고 대기업 연구실에 들어가 간장 연구에 종사하는 사람도 있다.

된장 전문가

된장은 전통 식품으로 역사가 길다. 쌀, 보리, 콩을 원료로 각 지역 고유의 된장이 만들어지며, 향토요리에 빠질 수 없는 재료이다. 옛날 시골에서는 어느 가정에서든 직접 된장을 만들어 먹었다. 된장은 물에 불린 콩을 쪄서 찧고 누룩과 소금을 넣어 빚은 뒤 숙성시킨다. 숙성 방식에서 맛 차이가 난다. 천연 된장은 백화점이나 전문점에서 판매되거나 인터넷에서 인기 상품으로 거래된다. 대기업에서는 제조 과정이 기계화되어 주로 관리를 하기 때문에 직접 하고 싶다면 작은 양조장에서 일하는 것이 좋다.

가장 신경 쓰는 부분은 누룩 만들기로, 발효되는 40시간 동안 온도와 습도 조절 등을 잘하기 위해 거의 잠을 자지 않고 지킨다. 힘 쓰는 일이 많기 때문에 남자가 많지만 최근에는 누룩을 만드는 여성도 나오고 있다. 된장을 만드는 곳은 해마다 줄어들지만 전국에 전통을 이어가는 곳이 있고 후계자를 육성하는 곳도 있다. 농과대학을 졸업한 후 대기업의 된장 연구실에 들어가는 방법도 있다.

소금 제조업

건강에 관심이 높아지면서 소금에 대한 관심도 높아지고 있다. 그중에서도 주목을 끄는 것이 바닷물을 햇볕에 말려서 만든 천연 소금이다. 현재, 천연 소금 제조에 종사하는 사람의 경력은 다양하다. 대개 긱지의 제염소를 돌며 선동 소금 제조법을 몇 가지 배운 뒤 원하는 장소에서 소금을 만든다. 소금을 제조하려면 깨끗한 바다와 가까운 곳에 주택과 공장이 없는 곳을 찾아야 한다. 토지와 설비를 마련할 자금이 필수적이다. 지역의 새 산업으로 부상하는 곳도 있다. 천연 소금은 가격이 비싼데 백화점이나 마트, 인터넷 판매 등 다양한 경로로 판매된다. 소금 아이스크림과 사탕 등 소금을 이용한 가공식품을 개발하는 제염소도 있다. 앞으로도 노력 여하에 따라 가능성이 큰 직업이다.

바리스타

우리에게 익숙한 갈색 커피콩은 푸르스름한 원두를 로스터에 갈아 볶은 것이다. 원두를 볶는 방식에 따라 커피의 생명이라 할 수 있는 맛과 향이 달라진다. 바리스타는 원두 상태와 기후 조건을 감안해 로스터 온도를 정하고 원두를 볶는다. 원두 안팎을 균일하게 볶는 것이 바리스타의 능력이다. 양질의 커피콩을 사는 것도 중요해서 산지인 브라질에 가서 직접 구매하는 사람도 있다.

대형 커피회사는 수입 상사를 통해 수입한 커피콩을 공장에서 기계로 볶기 때문에 장인의 세계라고는 할 수 없다. 바리스타로 전문적으로 일하는 사람도 있지만 대개 커피콩 판매점이나 카페를 경영한다. 취향을 고려해 고객에게 커피를 추천하고 직접 만든 커피를 대접하는 일이기 때문에 사교성도 필요하다. 일단 커피와 관련된 일을 하며 바리스타를 목표로 하는 것이 좋다.

소믈리에

호텔이나 레스토랑 등에서 와인의 구입, 보관 관리, 요리와 와인을 조합하는 서비스 등 와인에 관한 모든 업무를 담당한다. 직접 산지를 방문해 와인을 구입하는 경우도 있다. 대형 호텔 레스토랑에서는 여러 명이 일한다. 위에서부터 수석 소믈리에, 어시스턴트 소믈리에, 시니어 소믈리에, 소믈리에로 직급이 나뉜다. 수석 소믈리에가 되면 책임은 크지만 그에 합당한 수입과 명예를 얻는다.

레스토랑 업무 중에서도 고객 취향에 맞는 요리와 와인을 고르는 일은 높은 비중을 차지하며, 합리적인 와인 바나 소탈한 이탈리안 음식점에서도 소믈리에의 존재는 빠뜨릴 수 없다. 와인 문화가 정착되면서 소믈리에가 활약할 장소는 더욱 많아질 것이다. 현재 프랑스에는 프랑스소믈리에협회가 있으며, 등록 회원은 200여 명이다. 해마다 개최되는 '프랑스 최고 청년 소믈리에대회'와 2년에 한 번 열리는 '프랑스 최고 소믈리에대회'를 통해 유능한 소믈리에를 발굴·육성한다.

바텐더

카운터를 사이에 두고 손님이 보는 앞에서 주문한 칵테일 등 음료수를 만든다. 고객을 다루는 요령에서 바텐더 실력이 드러난다. 따라서 세계 여러 나라의 술과 칵테일에 대한 지식뿐 아니라 일반교양과 손님 취향을 파악하는 능력이 필요하다. 바텐더가 되려

면 전통 있는 바에서 수습생으로 일하는 것이 좋다. 외모는 그다지 상관없고 사람을 끄는 매력이 있어야 한다.

소믈리에나 조리사 자격증이 있으면 좋다. 바텐더는 스스로 길을 개척해 나가는 직업이기 때문에 노력 여하에 따라 자기 가게를 낼 수도 있다. 단골손님은 외상을 지는 일도 많기 때문에 경영에 관한 재능도 필요하다.

푸드코디네이터

텔레비전이나 잡지 등에 소개될 요리의 메뉴를 구상하는 것부터 식재료 구입, 세팅까지 담당한다. 텔레비전이나 영화, 광고 등의 식사 장면을 연출하기도 한다. 음식이 맛있어 보이도록 해야 하기 때문에 색채 감각과 구성력도 필요하다. 이 밖에 음식과 관련된 잡지나 책을 기획하는 일, 레스토랑이나 호텔에 취직해 새 메뉴를 개발하는 일, 식품 기업에 취직해 상품 개발에 종사하는 것도 푸드코디네이터의 일이다. 전문학교에 다니면서 공부할 수도 있지만 전문가 밑에서 조수로 일하거나 연관된 일을 하면서 실력을 쌓을 수도 있다. 최근 안전한 식품과 건강에 대한 관심이 높아져 푸드코디네이터의 활약은 두드러질 것으로 보인다.

푸드스타일리스트

잡지의 요리 페이지나 요리책, 텔레비전의 요리 프로그램 등에서 요리가 맛있어 보이도록 식탁과 배경을 연출한다. 구체적으로는 이미지에 맞는 식기와 옷, 소품, 꽃 등을 준비해 세팅한다. 이와 더불어 맥주 거품이나 요리의 김을 만드는 등 요리 자체에도 정성을 들인다. 스튜디오에서 일하는 경우가 많지만 옥외나 이벤트 등에서 세팅을 하기도 한다. 푸드스타일링 과정이 있는 요리 전문학원 등을 다닌 뒤 전문가의 어시스트로 일하는 사람이 많다. 요리잡지의 편집자, 인테리어나 패션 스타일리스트로 전직하는 사람도 있다. 센스가 중요한 일이므로 신선한 감각을 갖춘 사람을 요구한다.

요리연구가

새로운 요리 메뉴를 개발하거나 요리에 관해 조언한다. 요리학교나 요리교실의 강사로 활약하거나 요리잡지·요리책 등을 집필하거나 텔레비전 요리 프로그램에 출연한다. 한식, 일식, 중식, 프랑스 요리, 이탈리안 요리 등의 분야가 있으며, 다시 전통요리, 향토요리, 가정요리로 나뉜다. 한 가지 분야만 전문으로 하는 사람도 있지만 대개 여러 분야의 요리를 만든다. 대학이나 전문학교 등에서 영양학이나 조리에 관해 공부한 뒤 보조 요리연구가로 시작하는 사람도 많지만 영양사나 요리 담당 편집자, 가정주부에서 전직하는 사람도 적지 않다. 최근에는 건강과 관련된 요리가 늘고 있으므로 영양사 자격증을 따두면 도움이 된다. 여성들이 동경하는 직업으로 여성들의 진출이 눈에 띄는 분야이다. 희망하는 사람이 많기 때문에 전문 지식과 독자적 시점을 가지는 것이 중요하다. 요리 현장에서 경험을 쌓고 식문화 전반에 대한 조예를 기르는 것도 필요하다.

출장요리사

소규모 모임부터 파티, 각종 리셉션과 연회, 영화 촬영 현장처럼 고객이 원하는 곳으로 출장을 나가 요리하는 요리사이다. 예산, 인원 수, 장소, 행사 성격에 맞춰 한식, 일식, 중식, 양식, 디저트, 가벼운 식사, 도시락, 파티 메뉴 등의 요리를 준비한다. 그릇과 꽃 등으로 분위기를 연출하는 등 테이블 세팅까지도 담당한다. 뷔페식 출장 요리 등 형태도 다양하다. 이처럼 요리에서 뒷정리까지 전문가가 전부 도맡는 출장 요리의 수요는 앞으로도 늘어날 것으로 전망된다.

우선 요리 전문학교를 나와 전문 요리 분야의 호텔이나 레스토랑에서 배운다. 조리사 면허증을 취득해도 처음에는 잡다한 일로 시작해서 주방장으로 불리기까지는 적어도 4~5년은 수련해야 한다. 그 후 출장요리를 하는 레스토랑 등에 요리사로 취직해 일하거나 프리랜서로 활동한다.

포장마차요리사

조리 시설을 간소하게 갖춘 손수레 등의 끌 것에서 라면이나 어묵, 닭꼬치 같은 음식을 조리해 판매한다. '잠시 서서 팔고 시간이 되면 다른 곳으로 이동한다'가 이동 음식점의 특징이다. 의자는 물론 테이블도 본래 허가되지 않기 때문에 걸리면 지도를 받는다. 손수레식 포장마차는 급·배수 등의 위생문제와 교통 방해, 주변 환경 훼손 등의 문제로 어려운 점이 많지만 지금도 도심의 번화가에는 밤마다 즐비하게 늘어서 있다. 손님과 적당한 거리를 두고 일하는 것이 중요하다. 장시간 혼자서 모든 일을 하는 경우가 많기 때문에 체력도 갖추어야 한다.

영양사

학교나 병원 등에서 급식의 영양 관리와 영양 지도를 담당한다. 아동이나 입원 환자의 상태에 맞춰 필요한 칼로리, 영양소를 고려해 일일식단을 짜는 것이 주된 업무이다. 그 밖에 양호시설이나 노인센터 등 복지시설에서 일하는 사람도 있다. 최근 비만, 당뇨병같이 생활 습관으로 인한 병이 늘어나면서 영양 지도에 필요한 지식과 기능이 고도화·전문화되고 있다. 그래서 더욱 복잡하고 어려운 영양 지도에 해당하는 관리영양사 제도가 생겨났다.

관리영양사

고도로 복잡한 영양 관리·지도를 하는 영양사이다. 환자 증상에 맞는 영양 지도, 개인의 몸 상태와 영양 상태에 따른 영양 지도가 주된 업무이다. 영양사·조리사 양성 시설에서 학생들을 가르치려면 이 자격증이 있어야 한다. 비만, 당뇨병, 고지혈증, 고혈압과 같이 식습관이 원인인 질병과 음식 알레르기, 거식증 등이 증가한 탓에 영양 상담에 기초한 영양 지도의 필요성이 커지고 있다. 의료기관에서는 팀 의료의 일원으로서 꼭 필요한 존재이다. 노인 양호시설의 급속한 증가로 활동 영역은 점점 확대되고 있다.

쿠킹 어드바이저

요리사가 아닌 영업직의 일종이다. 주로 조리기구회사나 식품회사에 소속되어 있다. 제품의 판매를 촉진할 목적으로 조리법을 조언하고 레시피를 소개하는 등 제품 정보를 제공한다. 주로 식품 판매점이나 이벤트 회장에서 시식판매를 하지만 가정이나 모임 등을 방문해 판매하기도 한다. 기업이 주최하는 요리교실, 일반 요리강습회 등에서 강사를 하거나 홍보용 소책자를 편집하기도 한다.

제품을 사용한 사람의 의견과 불만 사항, 문의 사항을 상담하고 소비자와 회사의 중간 역할도 한다. 최근에는 프리랜서로 일하는 사람도 많아졌다. 상품 판매가 본래 목적이지만 기업의 이미지를 향상하기 위한 전략의 일환이기도 하다. 특별한 자격은 필요 없지만 요리 전문학교 등에서 기초를 닦은 뒤 조리사나 영양사 자격을 취득한 사람도 있다. 주부 경험과 지식을 펼쳐 보일 수 있는 일이다. 텔레비전이나 잡지 등에서 활약하는 사람도 있지만 극소수다. 상품을 판매하기 위해서는 커뮤니케이션 능력과 상품에 대한 지식이 필수적이다.

카페 사장

카페를 경영하는 사람을 일컫는다. 카페를 개업하려면 커피나 홍차·허브티 등에 대해 잘 알아야 하고 빵, 케이크, 과자류, 샌드위치 등의 라이트 밀(가벼운 식사)도 준비해야 한다. 물론 자금이 필요하기 때문에 자금 계획도 세워야 한다. 요식업이므로 소정의 양성강습회를 수료하여 식품위생책임자자격증을 취득하고 보건소에 영업허가신청서를 내야 한다.

요리학교의 차 분야나 카페 오너 양성 과정, 인터넷 강좌를 통해 공부한 뒤 가게를 내는 것이 지금까지는 상식이었지만 최근에는 독학으로 홍차나 허브티를 공부하고 수제 빵과 과자를 구워 대형 체인점이 들어서지 않은 주택가 모퉁이에서 멋진 카페를 열고 지역 주민들에게 휴식처를 제공하는 사람도 있다. 은퇴한 사업가나 주부들의 부업이라 는 이미지도 있지만 지역이나 지방 상점가를 활성화하기 위해 젊은이들이 사업으로 하 는 경우도 있다.

이런 **직업**도 있다   호텔에서 일하기 **p.65**/ 가사도우미 **p.68**/ 펜션 경영 **p.71**/ 도시락 가게 **p.75**/ 산장 경영 **p.157**

와인 관련 직업의 해외 연수

와인 숍 '프티메종'의 오너 우치이케 나오토

와인 연구가(라이터 · 양조학자), 판매자(생산 · 수입 · 도매 · 소매), 소믈리에(레스토랑 관계)에게 해외 연수는 필수적인가

결론부터 말하면 와인과 관련된 일을 직업으로 삼는 사람에게 해외 연수 경험은 매우 큰 도움이 됩니다. 와인에서 '연수'는 대학이나 전문기관 유학, 생산지에서의 재배 양조, 레스토랑이나 판매점에서의 실제 노동 등 다양한 분야가 있습니다.

와인이 다른 음료와 다른 점은 품질의 70% 이상이 밭에서 완성된다는 점입니다. 와인은 세계 여러 산지에서 생산됩니다. 극단적인 예로 골목길 하나만 사이에 있어도 맛에 변화가 생기고 실제로 가격이 몇 배 차이나기도 합니다. 이처럼 토양의 미묘한 변화와 기후를 이미 알더라도 현지에 직접 가서 흙을 만져보는 일은 중요합니다. 연수하기 위해 해외에 장기간 머물 때뿐 아니라 전문가가 되어 자기 나라에서 일하더라도 자주 산지를 방문해 최신 와인 정보를 머릿속에 넣어야 합니다.

물론 현재는 각각의 와인 양조장이 홈페이지를 개설해 생산자가 글을 올리고 있습니다. 또 구글어스를 통해 세계 각 산지에 있는 밭의 미묘한 경사까지 순식간에 컴퓨터로 확인할 수 있습니다. 이전과 비교할 수 없을 정도로 정보를 수집할 수 있게 되었고, 국내에서도 다양한 정보를 접할 수 있게 되었습니다. 그러나 '백문이 불여일견'입니다. 기회가 된다면 꼭 본고장의 산지에서 공부하기를 바랍니다. 국내에서 정보 수집 능력을 키운 뒤 현지에 가서 공부한다면 살아 있는 지식을 익힐 수 있습니다.

해외 연수를 생각할 때 가장 중요한 점은 무엇인가

지금은 해외에 나갔다 왔다는 사실만으로 평가받을 수 있는 시대가 아닙니다. 해외에서 열심히 수련해야 비로소 그 체험이 자신을 향상시키는 일이 되고, 훌륭한 전문가와 만날 수 있는 기회도 생깁니다.

우선 국내에서 사전 준비를 확실히 해야 유학을 실패하지 않을 수 있습니다. 예를 들어 학교에서 자격증을 취득할지, 와인 양조장에서 재배나 양조 방법을 실습할지, 레스토랑에서 일할지 등 목표를 명확히 세우고 와인에 관한 지식과 기술을 충분히 익혀서 돌아올 수 있도록 계획을 짜는 것이 좋습니다.

현지 생활도 3개월 단위로 나눠서 계획을 짜며, 남에게 기대지 않고 스스로 진행 상황을 확인하고 판단하는 능력이 있어야 합니다. 부모님 곁을 떠나 혼자서 생활하는 만큼 자유가 많아지고 갖가지 유혹이 찾아올 수 있습니다. 따라서 목표 달성을 위한 강한 의지와 자기 관리가 가장 중요합니다.

저는 대학을 졸업하고 3년간 일반 기업에서 근무한 뒤 유학을 떠났습니다. 일반 기업에서 근무한 경험은 큰 도움이 되었습니다. 사회 경험에 따른 책임감이 생겼고, 학생으로서 누릴 수 있는 시간을 소중히 보내야겠다는 마음이 들어서 유학 생활을 의미 있게 할 수 있었습니다. 아직 어린 여러분에게는 20대 후반이 상상이 되지 않을 테지만, 20대 후반은 지식을 흡수하고 발전시키기에 매우 적절한 나이입니다. 20대 후반이 되기 전에 학교생활을 통해 기초 지식과 자기관리 능력을 배양하는 것이 가장 중요합니다.

와인이나 소믈리에를 동경하며 해외 연수에 흥미가 있는 열세 살에게 건네는 조언

와인을 알기 위해서는 세계의 지형, 기후, 포도 품종, 제조법을 비롯해 각국의 역사, 문화, 요리를 이해해야 하며 오감과 표현력도 키워야 합니다. 와인과 관련된 모든 직업에 공통적으로 필요한 기술은 테이스팅(시음)입니다. 즐거운 일처럼 보일지 모르지만 사실 와인을 입에 머금고 맛을 확인한 뒤 뱉어내고 코멘트를 적는 단조로운 작업의 연속입니다.

미성년자인 여러분이 와인 전문가를 목표로 한다면, 아직 술을 마시지 못하므로 꽃향기를 맡거나 식사할 때 맛을 논리적으로 표현하는 훈련을 하면 도움이 될 것입니다. 음악가와 마찬가지로 향과 맛을 판단하는 전문 소믈리에가 되려면 어린 시절부터 감각 훈련과 경험을 쌓는 것이 중요합니다. 자신뿐 아니라 타인이 맛을 봐도 똑같이 이해할 수 있도록 정확한 단어로 표현해야 합니다. 이것을 노트나 블로그 등에 기록해 두면 장차 와인 전문가가 되는 초석이 될 것입니다.

판매자나 소믈리에가 되려면 와인 지식뿐 아니라 타인에 대한 서비스 정신도 중요합니다. 높은 자리에 있다고 으스대지 않고 모르는 상대도 친절하게 대하는 서양식 서비스는 프랑스에서 가장 의미 있게 배운 것입니다. 와인의 맛을 말로 표현해야 하고, 외국 손님이나 현지 생산가들과 이야기할 기회도 많기 때문에 능숙한 외국어 실력도 갖추어야 합니다. 캘리포니아에서는 영어를 쓰지만 유럽에서는 프랑스어나 이탈리어가 필요합니다. 공부는 힘들지만 어느 정도 수련을 쌓고 나면 매우 즐겁게 일할 수 있습니다.

그리고 스무 살이 됐을 때 실제로 와인을 맛보십시오. 대량 생산품만 아니라면 굳이 고급 와인이 아니어도 됩니다. 와인이 맛있고 와인에 흥미가 생긴다면 와인 전문가로서 밝은 미래가 열릴 것입니다.

07 기술·기장: 기술·기장을 좋아하고 흥미있어 한다 ❹ 요리·과자·케이크를 만든다

우치이케 나오토

1986년 게이오 기주쿠대학 법학부 정치학과 졸업 후 기린맥주주식회사 입사
1989년 퇴직 후 프랑스에서 1년간 와인 유학
1990년 귀국 후 메이지 2년에 창업한 가업인 주류도매업(요코스카 시) 경영에 5대째로 참여
1997년 온라인에서 와인 판매 개시
1998년 불황으로 주류 도매업을 그만두고 온라인 판매를 전업으로 삼음
2004년 도쿄 세타가야 구에 와인숍 '카브 드 프티 메종' 개업
현재, 온라인 판매와 오프라인 매장 양쪽에서 파인와인 판매 중

요리연구가 우에다 준코

저는 원래 요리를 좋아하였습니다. 부모님이 맞벌이를 했기 때문에 중학생 때부터 부엌에서 요리를 했고, 용돈으로 요리책을 사서 보면서 음식을 만드는 것이 인생의 즐거움이었습니다.

고등학교를 졸업한 뒤 대학의 가정학과에 진학했습니다. 그사이에 취미였던 요리를 직업으로 삼고 싶다는 마음이 들어 졸업 후에 다시 조리사 학원에 들어가 프랑스요리를 배웠습니다. 요리사로서는 늦은 출발이었지요. 처음 일하기 시작했을 때 가장 크게 느꼈던 점은, 취미로 요리하는 것과 일로 다른 사람의 돈을 버는 것은 전혀 다르다는 것이었습니다. 그 사실을 눈앞에서 마주하면서 기술을 연마하면 연마할수록 '프랑스요리란 무엇인가?'라는 소박한 의문이 커져 갔습니다. 그리고 해답을 찾고자 20대 중반에 스위스와 프랑스로 3년간 해외 연수를 떠났습니다.

요리연구가, 셰프, 파티시에에게 해외 연수는 필수적인가

필수는 아닐지 모르지만 저는 해외 연수를 다녀오길 잘했다고 생각합니다. 에스카르고라고 하는, 우리에게 익숙하지 않은 식재료가 있습니다. 어떻게 조리해 어떤 요리와 내놓는지는 요리학원에서도 가르쳐주지만, 왜 프랑스에서 에스카르고가 그토록 사랑받는지, 실제로 프랑스인이 일상에서 어떤 식으로 먹는지는 선배에게 물어도, 서적을 조사해도 납득할 만한 답을 찾지 못했습니다. 그 답을 알지 못한 채 프랑스요리를 만든다는 것에 회의가 들었고 '좀 더 알고 싶다! 직접 접하고 싶다!'는 마음이 점점 커지면서 마침내 해외 연수를 결심했습니다.

요리사를 목표로 하는 과정에서 중요한 것은 장소보다도 직접 접하고 싶어하는 마음입니다. 공부는 배우고 싶고 습득하고 싶은 것이 있는 곳에서 하면 됩니다. 이국 생활은 상상 이상으로 고됐지만 새로운 것과 만나는 기쁨과 즐거움을 알게 해 주었습니다. 해외 연수에서 배운 지식과 기술은 지금도 자신감의 원천이 됩니다.

인터넷 사회가 되면서 우리는 초 단위로 정보를 손에 넣을 수 있게 되었습니다. 다른 나라의 식재료도 계속해서 국내에 들어옵니다. 그러나 사람의 눈을 통해 들어오는 정보와 긴 여정을 거쳐 도착하는 식재료는, 때로는 진실과 거리가 멀기도 합니다. 요리와 식재료가 탄생하고 만들어지는 곳에서 실제로 보고 만지며 느끼는 것이 중요하며, 그것은 자신의 지식과 기술을 향상시키는 일로 이어집니다.

단순히 프랑스요리 '비슷한 것'을 만드는 것이 아니라 재료에 애정을 담아 감동스러운 요리를 만들려면 요리 기술과 더불어 그 나라의 식문화에 푹 빠져 그것을 자기 것으로 만드는 자세가 중요합니다.

해외 연수를 생각할 때 가장 중요한 점은 무엇인가

제가 해외 연수를 하던 시기에는 거품 경제가 한창이었습니다. 지금과 마찬가지로 많은 일본인이 요리, 패션, 어학 등 저마다의 분야를 공부하기 위해 프랑스에서 생활했습니다. 자는 시간도 아까워 부지런히 공부하는 사람도 있었지만 본래 목적을 잊은 채 유흥에 빠지거나 오직 돈을 벌기 위해 아르바이트에만 열중하는 사람도 많았습니다.

당연한 이야기이지만 모처럼 해외에서 생활하는 만큼 배워야 할 것은 욕심을 내서라도 배워야 합니다. 그러기 위해서도 '장차 어떤 일을 하고 싶은가, 그러려면 해외에서 무엇을 배워야 하는가'와 같은 목표의식을 항상 가지고 있어야 합니다. 예를 들어, 다양한 요리와 식재료에 대해 배우고 싶은지, 최고급 요리사의 제자가 되어 그 정신을 계승해 기술 향상을 꾀하고 싶은지, 그 땅에서 전해지는 전통 요리와 조리 방법을 익히고 싶은지를 확실히 해야 합니다. 뚜렷한 의지가 있을 때 해외로 떠나는 것이 좋습니다.

또 역설적인 이야기이지만, 해외 연수를 나가기 전에 자기 나라에 돌아왔을 때를 생각해 두는 것도 중요합니다. '일단은 해외에서 일하다가 언젠가 돌아와야지'가 아니라 연수 전에 어느 정도 '공부할 기간과 내용'을 확실히 생각해 두어야 더욱 알차게 보낼 수 있습니다. 물론 연수 과정에서 방향이 바뀌거나 좀 더 깊이 배우고 싶은 마음이 생겨 일정이 변경될 수도 있습니다. 그러나 항상 '무엇 때문에 이곳에 왔는가? 왜 힘들어하면서 이곳에서 공부하고 있는가? 이곳에서 배우고 싶은 것이 있기 때문이다'라는 생각을 잊지 말고 하루하루를 알차게 보내야 합니다.

와인이나 소믈리에를 동경해 해외 연수에 흥미가 있는 열세 살에게 건네는 조언

아무리 좋아하는 일이라도 꾸준한 노력이 필요하며 벽에 부딪혀 좌절할 때도 있습니다. 그러나 좋아하는 일이기 때문에 벽 또한 뛰어넘을 수 있다는 사실을 기억하세요. 요리를 좋아하는 그 마음만 부디 소중히 간직하길 바랍니다.

해외 연수도 마찬가지입니다. 가는 게 좋다고 생각하면서도 가지 않는 이유는 얼마든지 생각할 수 있습니다. '말을 확실히 터득한 뒤에', '충분히 돈을 모은 뒤에' 같은 이런저런 핑계로 미루기만 한다면 실현될 가능성이 없습니다. 물론 준비 과정은 중요합니다. 하지만 그보다도 '간절한 마음'이 더 중요합니다. 외국어 실력이 부족하면 현지에서 생활하면서 열심히 공부하면 됩니다. 돈이 부족하면 값싼 옥탑방에서 살 각오를 하면 됩니다. 많은 지식과 기술을 배우기 위해서 다소의 희생은 각오해야 합니다. 간절한 마음으로 노력한다면 앞을 가로막은 벽 너머에서 여러분이 바라던 미래를 발견할 수 있습니다. 다시 벽이 가로막더라도 뛰어넘는 방법을 찾을 수 있습니다.

살아가기 위해서는 앞으로 40년 이상은 일을 계속해야 합니다. 지금까지 여러분이 살아온 시간의 몇 배에 달하는 긴 시간입니다. 그사이 자신의 노력으로는 해결할 수 없는 어려움(자연재해나 불황)이 앞을 가로막기도 할 것입니다.

그때 '좋아하는 마음' 그리고 연수를 통해 쌓은 '확실한 기술'과 '계속할 수 있다는 자신감'이 있다면 길은 열릴 것입니다. 맛있는 것을 먹는 행위는 인간을 행복하게 해 줍니다. 부디 그 마음을 간직하고 자랑할 만한 멋진 요리를 세상 사람들에게 선보이는 훌륭한 어른이 되기를 바랍니다.

우에다 준코

단기대학 가정과를 졸업한 뒤 조리사학교에 입학. 그곳에서 직원으로 일하다 해외로 건너간다. 스위스와 프랑스의 레스토랑 등에서 3년간 연수한 뒤 귀국해서 요리사, 파티시에를 거쳐 요리연구가로 활동 중이다. 아이들의 '음식'에 대한 활동도 펼치고 있다.

해외에서 공부하기

무라카미 류

해외 학교에 시선이 쏠리는 것은 당연한 현상일지 모른다. 분야에 따라서는 해외 교육을 통해 훨씬 고도의 최신 지식을 습득할 수 있기 때문이다. 또 해외에서 공부하며 언어를 습득해 마음만 내키면 언제든 해외에서 살 수 있는 사람이, 결국 국내에서도 알차고 유리하게 살지 않겠냐는 인식이 형성되고 있다. 이러한 경향은 우열의 기준이 확실한 기술이나 스포츠 계통에서 특히 두드러진다. 피렌체에서 가죽 세공을 배워 나름대로 평판을 얻은 전문가는 국내에 돌아와서도 비교적 쉽게 일을 구할 수 있다. 프랑스에서 공부하며 어느 정도 실력을 갖춘 소믈리에는 국내 레스토랑에 취직하는 것이 그다지 어렵지 않을 것이다.

해외에서 공부하고 훈련을 받는다는 것은 우선 경제적으로 여유가 있는 사람에게만 해당된다. 물론 축구 같은 경우 소속팀의 추천을 받아 장학금을 받으며 일정 기간 유럽이나 남미팀의 연습에 참가하는 경우도 있지만 이는 특수한 예이다. 해외로 눈을 돌리면 무척 다양한 학교가 있다. 그러나 '이탈리아에서 가구 공예를 배우고 싶은데 어떤 학교가 좋습니까?'라는 질문을 받으면 나는 답해 줄 수 없다. 도대체 좋은 학교란 어떤 학교일까? 일본에서 가장 좋은 학교는 어디일까? 도쿄대학이라고 대답하는 사람이 있을 것 같은데 정말로 그럴까? 이를테면, 금융사원을 꿈꾸는 고등학생에게도 혹은 환경 관련 비영리단체에서 일하거나 가수, 프로레슬러를 꿈꾸는 고등학생에게도 도쿄대학이 최고의 대학일까?

좋은 학교의 정의란 무엇일까? 뛰어난 선생님이 계시는 곳일까? 아니면 시설이 훌륭한 곳

일까? 역사가 깊고 졸업생 중에 성공한 사람이 많고 지명도가 높은 학교일까? 수업료가 비싼 곳이 좋은 학교일까, 아니면 싼 곳이 좋은 학교일까? 러시아 상트페테르부르크에 있는 발레학교에 들어가기만 하면 누구나 유명한 발레리나가 될 수 있을까? 빙상 훈련에만 참가하면 누구나 훌륭한 스케이터가 될 수 있을까? 줄리아드 음대를 졸업하면 누구라도 유명한 솔리스트로 활약할 수 있을까?

좋은 학교라는 말에는 '좋은 학교를 나와 좋은 회사에만 들어가면 평생 안심'이라는 사회적

인식이 담겨 있다. '해외에도 여러 학교가 있는데 어디를 가면 좋을까요?'라는 질문은 처음부터 잘못되었다. 무엇을 훈련하고, 무엇을 배울지를 선택하는 것이 우선이기 때문이다. 해외 학교로 눈을 돌리는 것은 공부하고 훈련할 대상을 정한 뒤에 할 일이다. 그리고 어떤 학교가 적합할지는 개인의 특성과 성격에 좌우된다. 엄격하고 학구적인 수업 방식이 맞는 사람도 있거니와 개방적이고 가정적인 분위기에서 재능을 발휘할 수 있는 사람도 있다.

무엇을 하고 싶은지는 결정하지 못했지만 어쨌든 해외에 나가 공부하고 훈련받고 싶어하는 열세 살은 점차 늘어날 것이다. 해외에서 활약하는 사람을 보고 자극을 받거나, 우리 사회의 폐쇄성을 견디지 못하거나, 어쨌든 부모 곁을 떠나야 한다고 생각하는 어린이와 청년이 늘어나는 듯하다. 그러한 사람에게 "본인이 그렇게 생각한다면 확실한 목적이 없더라도 일단 해외에 나가는 것도 괜찮겠죠. 하지만 위험 부담은 있어요"라는 조언밖에 해 줄 수 없다. 위험부담이란 외국생활의 스트레스를 참지 못하고 아무 성과도 없이 같은 나라 친구들끼리 어울리며 놀다가 말도 제대로 배우지 못하고, 그저 나이만 먹은 채 귀국하는 부정적인 경우를 가리킨다. 목적도 없이 해외에 나가는 것이 모두 나쁘다는 것은 아니다. 디자인이나 세공을 좋아해서 은세공을 공부하러 이탈리아에 가고 싶어하는 아이가 위험이 적고 유리하다는 뜻이다.

다만, 열세 살 아이들은 해외에서 공부하는 길도 있다는 것만 알아두기 바란다. 혹시나 해서 하는 말이지만, 해외에서 공부한다는 것이 자기 나라를 등진다는 뜻은 아니다. 인생을 더욱 유익하고 충실하게 살아가기 위한 한 가지 전략일 뿐이다.

2003년에 쓰다

무라카미 류

이탈리아 도심에 가면 중국 음식점이 있고 밀라노와 로마에는 일본 식당이 있다. 그러나 현지 이탈리아인은 중국요리와 일본요리에 그다지 흥미를 보이지 않는다. 대도시 호텔에 프렌치 레스토랑이 없는 나라는 이탈리아뿐이다. 필리핀에서 〈지옥의 묵시록〉이라는 작품을 촬영한 영화감독 프랜시스 코폴라는 이탈리아 요리팀을 동행했다. 코폴라는 이탈리아계 미국인이고 촬영감독인 비토리오 스토라로를 비롯해 촬영 팀원 중에도 이탈리아인이 많았기 때문이다. 자동차 레이스 F1의 이탈리아팀도 어디를 가든 이탈리아 요리사를 동행한다. 이탈리아인은 전 세계 어디를 가도 이탈리아요리만 먹으려고 한다.

이탈리아인은 요리에 관해서는 매우 보수적이며 더욱이 지역성까지 띤다. 밀라노를 중심으로 이탈리아 북부는 유명한 햄 산지인데, 돼지 엉덩이살로 만든 쿨라텔로라고 하는 유명한 햄이 있다. 그러나 로마에 가면 아무도 쿨라텔로를 알지 못한다. 레스토랑이나 마트에서 팔지 않는 것은 물론이고 쿨라텔로라는 햄이 있다는 것조차 모른다.

로마 부근에서는 겨울이 되면 푼타렐라라는 채소가 출하된다. 셀러리와 파, 오이가 섞인 맛이 나는 향이 강한 채소로, 안초비 소스를 곁들여 먹는다. 그러나 밀라노의 레스토랑에는 푼타렐라가 없다. 팔지 않을뿐더러 이탈리아 북부 사람은 푼타렐라는 이름도 그 존재도 알지 못한다. 이탈리아요리의 본질은 가정 요리이며 가정의 수만큼 요리 종류가 있다고 말한다. 요컨대 이탈리아인은 태어나 자란 집과 지역의 요리를 좋아하며 다른 요리나 식품, 식재료에는 거의 흥미가 없다는 것이다.

전원생활을 소개하는 텔레비전 프로그램이나 퇴직 후 시골로 이주한 사람을 소개하는 잡지 기사에서는 무슨 이유에선지 반드시 '직접 기른 신선한 채소를 듬뿍 사용한 포토프'를 다룬다. 포토프란 고기와 채소를 넣고 푹 끓인 프랑스식 시골 요리인데, 마치 포토프가 없으면 전원생활이 아니라는 규정이라도 있는 듯 앞 다퉈 소개한다. 포토프에 버금가는 문구는 '갓 구워낸 빵'이다. 집안 마당에 빵을 굽는 아궁이가 있으면 더욱 화제와 공감을 불러일으킨다. 최근 국내선 비행기 안에서 전원생활을 소개하는 프로그램을 봤는데, 강변에 캠프를 치고 휴대용 오븐으로 바나나빵을 굽고 있었다.

내가 어렸을 적에는 캠프를 가면 밥은 코펠에 짓고 반찬은 카레나 된장국으로 정해져 있었는데, 이제 그런 메뉴는 텔레비전이나 잡지에 나오지 않는다. 그렇다고 일본인이 일본요리를 싫어하는 것도 아니다. 해외에 나가면 먼저 초밥 집부터 찾는 사람도 꽤 많고 해외에서 살던 일본인이 일본에 돌아오는 이유로 '맛있는 메밀국수와 초밥이 먹고 싶어서'를 가장 많이 꼽는다고 한다. 나는 식품첨가물이 전혀 들어가지 않은 신슈의 된장을 배달시켜 먹고 있다. 비교적 비싼 된장이라서 어떤 사람들이 사느냐고 배달원에게 물었더니 대답은 간단했다. '된장을 좋아하는 사람'이 산다는 것이다.

비즈니스란 결국 '무언가를 파는 것'이다. 여기서 가장 중요한 것은 '수요'이다. 요리, 식품, 식재료 비즈니스에서도 그 원리는 변하지 않는다. 또 지금 일본 사회는 여러 의미에서 과도기에 놓여 있는데 요리, 식품, 식재료 비즈니스도 마찬가지다. 무엇보다도 식재료, 식품을 둘러싼 유통구조가 크게 변했다. 지금까지 농산품은 지역과 지방의 농협, 중간 도매상, 도매라는 유통 경로가 있었다. 농가는 농협을 통해 생산물을 팔 수밖에 없었다. 그러나 택배와 인터넷의 보급으로 유통구조는 극적인 변화를 맞았다. 산지에서 소비자에게 직접 전달되는 판로가 생기고 상사뿐 아니라 경비 회사와 의료품 회사 등 다양한 회사가 식재료, 식품 판매에 참가한다. 비용이 들더라도 안전성 등에서 부가가치가 높은 식재료와 식품을 만들어온 생산자에게 유리한 상황이라고 할 수 있다.

현재는 건강에 대한 관심이 높아 안전한 식재료와 식품, 건강을 고려한 요리가 인기를 끌고 있지만 식품이 안전한 것이 당연한 시대가 되면 음식을 비즈니스로 하는 사람들에게는 사람들의 '기호'가 중요한 요소가 될 것이다. 전원생활에서는 '포토프'이지만 의외로 '된장국을 좋아하는 사람'도 많으며, 해외에서 하던 일을 그만두고 맛있는 메밀국수와 초밥을 찾아 귀국하는 사람도 많다. 질 좋은 간수를 사용한 고급 두부도 인기가 있으며, 한 개에 몇 만 원이나 하는 효모빵이 인기를 끌기도 한다. 목표로 삼은 사람들의 기호를 정확하게 파악하고 안전과 건강을 배려하는 것이 장차 음식 비즈니스로 성공할 수 있는 조건이다.

2003년에 쓰다

❺ | 예쁜 옷과 소품을 보거나 직접 만든다

코코 샤넬은 패션에서 여성의 사회 진출을 상징했다. 옷은 추위를 막기 위한 기능만 있는 것이 아니다. 그 사람의 가치관을 보여주거나 돈이 얼마나 있는지를 보여주기도 한다.

패션 디자이너

주로 옷을 디자인한다. 옷은 여성복, 남성복, 아동복, 청바지, 스포츠, 이너웨어 등으로 나뉘며, 기업 내 디자이너와 오트쿠튀르 디자이너가 있다. 1년에 네 번 열리는 컬렉션을 위해 디자이너는 머천다이저와 패턴 디자이너 등 스태프와 꼼꼼히 협의하며 준비한다. 빠를 때는 1년 전부터 준비하기 때문에 시대를 앞서가는 감각과 분석력, 예측력이 필수적이다. 많은 스태프와 공동으로 작업하는 일이 많기 때문에 의사소통 능력도 필요하다. 물론 독창성과 표현력도 중요하다.

브랜드의 패션 디자이너가 되려면 대학이나 전문학교에서 의상 디자인을 공부한 뒤 의류회사 등에 취직한다. 해외의 전문학교에서 유학하거나 인터넷을 이용해 직접 디자인한 제품을 판매하거나 독자적인 인디 브랜드를 설립하는 사람도 있다. 패션 디자이너를 동경하는 사람은 많지만 경쟁이 심하고 채용 인원도 적은 것이 현실이다. 디자이너의 등용문으로 불리는 콘테스트에서 수상하는 등 학교에 다닐 때부터 적극적으로 활동하면 길이 열리기도 한다.

보석 디자이너

반지, 팔찌, 귀고리 등 주로 액세서리를 디자인한다. 보통 보석 디자인 학교에서 기본을 닦는다. 미술대학을 나온 사람이라도 졸업 후에는 이러한 학교에 들어가는 경우가 많다. 그 후 보석가공회사에 취직해 일하면서 백화점, 보석점 등 각 장소에 걸맞은 디자인을 공부하고 기술과 감각을 연마한다. 경험을 쌓은 뒤 프리랜서가 되어 백화점의 귀금속 부서 등과 계약하고 고객이 원하는 보석을 디자인하는 사람도 있다. 그 경우 비용은 디자인료와 디자인료의 세 배 정도에 달하는 '가공비'를 받는다. 완성품을 고객이 마음에 들어하면 매우 기쁘지만 충분히 상의하더라도 디자인 그림만으로는 완성품을 표현하기 어려워 반품하는 일도 종종 있다.

매우 세심한 작업이기 때문에 성격이 꼼꼼하지 않은 사람에게는 맞지 않는다. 보석은 사치품이기 때문에 경제 상황에 따라 수입이 좌우된다. 현재 불황의 영향으로 보석가공회사 등의 구인은 현저히 줄고 있다. 이탈리아 등에 있는 보석 전문학교로 유학을 떠나는 사람이 늘고 있다. 다만 유럽인과 동양인은 성격, 피부색, 패션, 액세서리 취향 등이 다르기 때문에 해외에서 습득한 기술과 감각을 그대로 국내에서 적용할 수 있는 것은 아니다.

패션모델

패션쇼를 비롯해 광고나 잡지 등에서 근사한 옷을 입고 브랜드나 잡지의 이미지를 대표한다. 일감을 얻으려면 모델 에이전시에 등록해야 한다. 또는 거리에서 스카우트되기를 기다리거나 오디션을 본다. 프로필을 작성해 모델 에이전시에 직접 팔아도 좋다. 다만 패션쇼 모델이 되려면 기본적으로 키가 170센티미터 이상은 되어야 한다. 워킹이나 사진 촬영 포즈, 표정, 시선 등 모델로서 갖추어야 할 기본은 신인 시절에 모델아카데미에 다니면서 익힌다. 몸매를 유지하려면 항상 다이어트를 해야 하

기 때문에 강한 의지와 자기 관리 능력이 필수적이다. 체력과 인내력도 요구된다. 수입은 능력에 따라 달라지며 지명도가 높으면 랭킹이 오르고 수입도 늘어난다. 성공하면 슈퍼모델이나 여배우로 전직할 수도 있다.

신발 디자이너

옷이나 가방과 함께 계절에 따라 유행이 확실한 것이 신발이다. 외반모지와 평발 등 최근에는 발과 건강의 관련성에 초점이 맞춰지고 있다. 그래서 신었을 때 편하고 오랜 시간 걸어도 피곤하지 않으며 발과 몸에 부담이 적은 신발이 인기를 얻고 있다. 따라서 신발 디자이너는 발의 구조와 기능, 골격 등 인체공학적 지식도 갖추어야 한다. 신발 디자이너가 되려면 대개 디자인 관련 대학이나 전문학교 등을 졸업한 후 신발 브랜드나 의류회사에 취직해 기업 내 디자이너가 된다. 신발 디자이너를 지망하는 사람은 많으며 그 인기에 힘입어 의류회사에서도 독자적인 신발을 디자인, 판매하는 경우가 늘고 있다. 경험을 쌓은 뒤 프리랜서 신발 디자이너로 활약할 수도 있다.

가방 디자이너

가방 디자이너는 가방을 생산하는 패션업체에 소속되어 기능적이고 아름다운 가방을

디자인한다. 프리랜서 디자이너도 많으며 그중에는 직접 브랜드를 창설하는 사람도 있다. 그러나 대개 패션업체에서 제작 수에 따라 디자인료와 로열티를 받거나 연간 제작 수량을 계약하고 보수를 받는다. 브랜드 이미지나 디자이너 개인의 미의식을 형태로 표현하고 그것이 받아들여지면 인기 상품이 된다. 제작비용이라는 제약 안에서 경험을 쌓으며 전문가로서 기술을 연마하다.

모자 디자이너

모자의 소재를 선택하고 형태와 색을 디자인한다. 때로는 제작까지 담당한다. 모자회사, 모자 부티크, 수작업으로 모자를 만드는 개인 아틀리에, 옷에서 액세서리·모자·신발까지 종합적으로 생산하는 의류회사에서도 모자 디자이너를 채용한다. 프리랜서로 기업과 계약하여 디자인을 제공하는 디자이너도 있다. 모자 디자이너가 되려면 모자 제작 노하우를 알아야 한다. 전문학교나 모자 제작 교실에서 기초를 익히는 것이 가장 빠른 길이다. 패션 전반에 관한 지식과 날카로운 감각도 필요하다. 최근 모자가 인기를 끌면서 톡톡 튀는 재능이 있는 모자 디자이너의 등장이 기대되고 있다.

텍스타일 디자이너

텍스타일(직물)을 짜는 방법과 물들이는 방법, 색상과 무늬 등을 디자인한다. 면이나 울, 폴리에스테르, 나일론, 아크릴 등 다양한 소재를 다룬다. 이러한 텍스타일은 의류뿐 아니라 스카프나 모자, 커튼, 양탄자에 이르기까지 폭넓게 사용된다. 텍스타일 디자이너는 옷감의 생산지를 검토하면서 소재를 고르고 샘플을 만들어 수정을 거듭하며 최종 직물을 만들어낸다. 때로는 디자이너와 소재를 공동 개발하기도 한다. 보통 실 고르기, 프린트 염색 디자인, 직물 디자인 등으로 분야가 나뉘어 있다. 텍스타일 디자이너에게는 전문적인 지식이 중요하다. 따라서 디자인 관련 학교에서 텍스타일과 염색, 디자인을 배우고 졸업한 뒤 의류회사나 섬유회사 등에서 근무하는 사람이 많다. 언뜻 평범해 보이지만 독창적 소재를 개발하는 등 성취감이 있는 직업이다.

재봉사

의류나 가방, 액세서리 등 천을 사용한 상품을 봉제하는 전문가이다. 기술의 숙련도에 따라 옷깃이나 소매 등을 꿰매는 사람, 컬렉션이나 전시회에 출품할 샘플을 만드는 사람, 오트쿠튀르 일을 담당하는 사람 등 업무 수준이 달라진다. 대학이나 단기대학, 전문학교 등에서 복식과 관련된 수업을 받고 의류회사나 섬유회사, 양복점, 개인이 경영하는 아틀리에나 부티크에 취직한다. 이러한 기업이나 가게에서 일감을 받아 집에서 일하기도 한다. 섬세한 작업을 확실하게 소화하는 능력과 어떤 일이든 정성스럽게 완성하기 위한 정신력이 필요하다. 조금씩 바늘을 움직이며 물건을 만드는 일을 좋아하는 사람에게 적합하다.

양복기능사

고객의 요구에 따라 옷감을 골라 디자인을 결정하고 치수를 재어 양복을 만든다. 신사복은 부인복이나 아동복보다 만들기 어렵기 때문에 패턴을 떠서 옷감을 재단하고 가봉하여 봉제하기 위한 고도의 기술이 필요하다. 양복기능사가 되려면 복식 관련 전문학교나 대학을 졸업하고 고급 신사복 브랜드, 양복점 등에서 경험을 쌓는다. 공립 직업기술전문학교의 양복과에서도 기본 기술을 배울 수 있다. 최근에는 대량생산으로 저렴하게 판매하는 양복이 널리 유통되면서 양복기능사의 일이 줄고 있다.

리폼 전문가

헌옷을 수선하여 최신 유행하는 옷으로 변신시킨다. 허리나 엉덩이의 사이즈를 늘리거나 줄이는 일, 옷단을 올리거나 내리는 등 길이를 조정하는 일, 찢어진 천을 깁는 일 등을 한다. 성인복을 아동복으로 고치거나 신사복을 여성복으로 바꾸거나 두 번은 입지 않을 웨딩드레스를 평상복으로 만든다. 얼마나 다양한 패턴으로 수선할 수 있는지가 실력의 관건이다. 리폼 전문가가 되는 길은 다양하며, 특별히 복식 관련 학교를 나오지 않아도 양복 재단 솜씨가 뛰어나고 감각이 있으면 할 수 있다. 주로 리폼 가게나 의류회사, 백화점, 세탁소 등에서 일한다. 혼자서 모든 일을 처리하는 사람도 많다. 재활용이 뿌리를 내리고 있는 요즘 주목을 끄는 직업 중 하나이다.

의류회사에서 일하기

의류회사에는 양복과 액세서리, 신발, 모자, 소재가 되는 텍스타일을 만들어내는 '디자인·제작 분야', 디자이너와 제휴를 맺으며 상품을 팔기 위한 전략을 세우는 '기획·관리 분야', 완성된 상품을 소비자에게 판매하는 '판매 분야'가 있다. 각 업무 내용은 다음과 같다.

디자인·제작 분야

- 디자이너: 유행과 소비 동향, 브랜드 이미지 등을 토대로 의류와 액세서리, 텍스타일 등을 디자인한다.
- 패턴 디자이너: 디자이너가 그린 디자인 시안을 패턴으로 만든다.
- 마커: 패턴 디자이너가 만든 마스터 패턴을 토대로 원단에 형태를 넣는다.
- 그레이더: 사이즈별로 패턴을 만든다.
- 재단사: 패턴에 따라 원단을 재단한다.
- 봉제사: 원단을 꿰매어 상품을 입체적으로 완성한다.
- 휴먼 엔지니어: 스포츠 의류, 속옷 등을 디자인하는 경우 인체공학적인 관점을 더한다.

기획·관리 분야

- 머천다이저: 기획부터 디자인, 생산, 판매까지 전체 과정을 파악하고 상품을 준비한다.
- 디스트리뷰터: 바이어나 머천다이저가 가져온 상품을 각 점포에 배분한다.
- 비주얼 머천다이저: 알기 쉽고 보기 쉽고 고르기 쉽도록 아름다우면서도 인상적으로 상품을 진열한다.
- 세일즈 매니저: 제작한 상품을 판매하기 위해 영업 활동을 한다.
- 프로덕트 매니저: 상품의 품질을 유지하면서 원가와 일정을 관리하고 효율적인 절차를 생각한다.
- 마케팅 디렉터: 시장과 소비자 동향을 조사·분석하여 자사 전략에 반영한다.

판매 분야

- 패션 어드바이저: 점포에서 고객을 상대하고 상품을 판매한다.
- 숍 마스터, 숍 매니저: 점장. 각 점포의 경영 책임자를 말한다.

- 바이어: 상품 매입을 담당한다.
- 세일즈 인스트럭터: 사원과 판매원의 교육·지도를 담당한다.
- 스토어 플래너: 브랜드나 가게의 개성에 어울리는 점포 구성, 서비스, 디스플레이를 담당한다.
- 프레스: 잡지나 텔레비전 등 매스컴에 상품을 홍보하거나 협찬한다.

의류업계는 언뜻 매우 화려해 보이지만 실제로 하는 일은 매우 수수하다. 또 호황·불황의 바람을 직접적으로 받기도 해서 최근에는 중국 상품의 수입 증가로 타격을 받고 있다. 일단 이처럼 고된 현실을 염두에 두길 바란다. 의류 업무의 기본은 옷을 입는 사람을 생각하는 마음과 옷에 대한 애정이다. 이에 덧붙여 창조성과 자기 자신의 생각을 형태화하는 지식과 기술, 구성력이 있는 인재가 필요하다. 여러 직종의 스태프가 공동으로 일하기 때문에 의사소통 능력과 협력성, 풍부한 인맥, 프레젠테이션 능력, 적극적 행동력 등도 필요하다. 패션도 국제화 시대이다. 해외에서 패션을 배우거나 해외나 외국계 의류회사에서 일하는 사람도 적지 않다. 영어나 프랑스어, 이탈리아어 등 외국어 능력도 닦아두면 언젠가는 무기가 된다.

미용사

고객의 희망대로 자연스럽고 아름답게, 유행에 맞게 머리를 손질한다. 커트, 파마, 스타일링, 염색 외에 화장이나 복장, 손톱 손질, 전신미용도 한다. 면허를 취득한 후에는 헤어살롱이나 미용실에 취직한다. 영화사나 결혼식장, 방송사 등에서 헤어메이크업을 담당하기도 한다. 경험을 쌓아 단골손님을 많이 확보하여 프리랜서 미용사로 활동하는 사람도 있다. 화려해 보이지만 수습생 시절에는 몇 개월 동안 머리만 감기고 폐점 후 연습하는 등 매우 고되다. 진심으로 이 일을 좋아하지 않으면 계속하

기 어렵다. 이용사에서 미용사로 전직하는 사람은 있지만 그 반대는 거의 없다. 특수한 머리를 전문으로 하는 미용실도 있다. 이를테면 사교댄스 선수가 많이 하는 높은 파마를 전문으로 하는 미용실이 있다고 한다.

스타일리스트

잡지나 텔레비전, 광고, 포스터, 영화 등을 촬영하기 위해 옷과 구두, 소품, 액세서리 등을 코디한다. 담당자와 상의해 기획 내용에 맞는 상품을 준비한다. 의류회사나 숍에서 상품을 협찬받아 촬영할 때는 가격표를 떼거나 다림질을 하거나 신발이 더러워지지 않도록 뒤에 테이프를 붙이는 등 잡다한 일도 많이 한다. 패션과 유행에 대한 감각은 물론 풍부한 인맥과 세심함, 빠른 발, 그리고 옷과 액세서리, 구두가 든 커다란 가방 서너 개를 들고 이동할 수 있는 힘과 체력도 필요하다. 전문학원의 스타일리스트 과정을 밟고 스타일리스트가 되는 방법 외에 스타일리스트 사무실에 들어가서 경험을 쌓거나 어시스턴트로 현장에서 스타일링을 배우는 방법도 있다. 식품, 인테리어, 잡화 등 패션 이외 분야에도 전문 스타일리스트가 있다.

예식 전문가

결혼식과 장례식 등 식장에서 어떤 옷을 입으면 좋을지, 어떻게 행동하면 좋을지 등 관혼상제와 관련된 조언을 한다. 직장은 백화점이나 전문점의 예식복 매장, 복식 관련 기업, 예식 상품을 다루는 기업, 의류 협찬 매장, 미용 관련, 호텔이나 결혼식장 등이다.

이용사

이용사는 손님의 머리카락과 수염을 깎거나 다듬는 등 용모를 단정하게 하는 업무를 수행한다. 주로 이발, 아이론, 면도, 머리 피부 손질, 머리카락 염색과 머리감기기 등의 작업을 행한다. 이용실에서 처음에는 업무보조 등의 일을 하게 되고, 경력이 쌓이면서 면도, 염색, 커트 등을 전문으로 담당하게 된다. 이용실을 직접 운영할 수도 있다. 이용업 창업은 이용사 면허를 받아야만 가능하다. 공중위생관리법상 이용사가 되려는 사람은 이용사 국가기술자격을 취득한 뒤 일정한 요건을 갖추어 시·도지사의 면허를 받아야 한다.

메이크업 아티스트

모델이나 탤런트, 배우의 화장을 담당하는 사람이 메이크업 아티스트이다. 텔레비전이나 영화, 잡지, 광고, 패션쇼, 콘서트, 연극 등의 분야에서 활동하며 보통 '메이크업'이라고 친밀하게 부른다. 화장품과 피부에 대한 지식이 있어야 하고, 개개인의 이미지에 맞게 메이크업을 할 수 있는 응용력, 장시간 소요되는 작업을 견딜 수 있는 체력도 요구된다. 메이크업 아티스트가 되려면 전문학원이나 전문대학에 있는 메이크업아티스트 과정을 거쳐 미용 전문 프로덕션이나 메이크업 전문회사 등에 취업한다. 경험을 쌓은 뒤 프리랜서로 활약하는 사람도 많다. 화장품회사나 결혼식장, 미용실 등에서 메이크업을 담당하거나 뷰티 카운슬러로 활동하는 사람도 있다. 최근에는 머리에서 손톱까지 종합적으로 담당하는 사람도 늘어나고 있어 미용기능사 자격증을 갖추면 더욱 유리하다. 특수 화장을 전문으로 하는 메이크업 아티스트도 있다.

네일 아티스트

손톱을 마사지하고, 모양을 다듬고, 매니큐어를 바르고, 인조 손톱이나 손톱 액세서리를 붙이거나 그림을 그려 아름답게 꾸민다. 여성 종사자가 압도적으로 많다. 고객의 헤어스타일과 패션에 어울리는 디자인을 생각해서 깔끔하게 칠해야 하기 때문에 손재주가 좋고 패션 감각이 뛰어난 사람이 유리하다. 손톱이 갈라지는 문제를 개선하고, 손톱 모양을 교정하고, 일상적인 손톱 관리법에 대해 조언하는 것도 업무 중 하나이다. 네일 아티스트 전문학교가 있으며 전문학원이나 강습회 등 네일아트를 배울 곳은 많다.

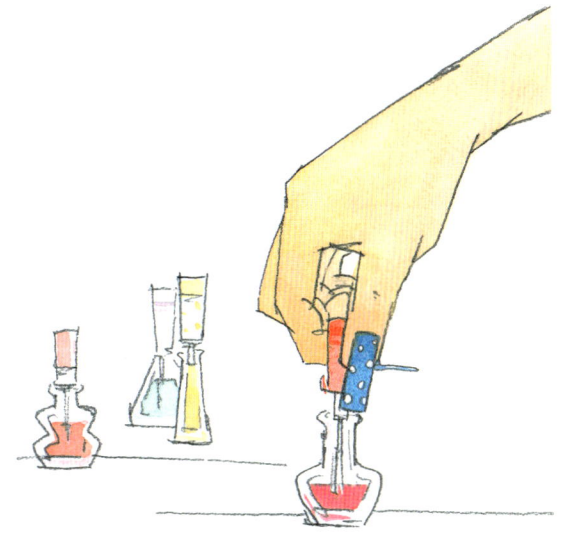

본고장 미국에서 자격증을 취득하는 것도 좋다. 기술과 센스를 갈고닦아 미용 살롱이나 네일 숍, 미용실 등에서 일한다. 능력을 인정받으면 연예인이나 유명인의 전속 네일 아티스트가 될 수도 있다.

패션 코디네이터

패션 코디네이터로 불리는 일에는 두 종류가 있다. 하나는 의류회사나 의류매장에서 일하며 시장과 패션 경향을 예측하는 전문가이고, 다른 하나는 의류매장에서 고객에게 의상을 조언하는 판매원이다. 여기서는 더욱 고도의 업무를 수행하는 의류매장 전문가에 대해 다룬다. 패션 코디네이터는 계절마다 진열할 상품의 주제를 결정해 바이어에게 전달하고 그 주제를 매장 전체가 공유할 수 있도록 판매 촉진 담당자나 판매 담당자에게 프레젠테이션을 한다. 주제에 맞게 전시되었는지 확인하며 상품화 계획을 세우고 매장에 가장 어울리도록 꾸민다. 패션 지식은 물론 상품 관리, 상품화 계획, 전시 디자인, 판매 촉진 등 소매에 관한 다양한 분야의 지식이 필수적이다. 패션 전문학교나 의류학과가 있는 대학을 나오면 전반적인 의상 제작, 패션의 기초, 컬러 코디네이션 등을 익힐 수 있으며, 이 밖에도 경영과 유통, 상품 관리에 대해서도 공부해야 한다. 객관적인 분석과 사회 정세까지 고려한 예측 능력, 다른 분야와 원활히 제휴하기 위한 의사소통 능력도 갖추어야 한다. 회사에 따라 머천다이징 플래닝이나 마켓정보담당 등 다양한 명칭이 있지만 업무 내용은 같다.

수제화 전문가

고객의 주문을 받아 신발을 만든다. 기능성을 겸비한 맞춤 신발은 고가인데도 최근 인기를 얻고 있다. 수제화 전문가가 되려면 일단 소재와 공구에 대한 지식이 있어야 한다. 그리고 제도, 디자인, 전용 재봉틀을 이용한 봉제 등 신발을 만드는 전 공정을 소화할 수 있는 기술이 필요하다. 발의 구조와 골격에 대한 지식도 필수적이다. 따라서 전문학교 등에서 기초부터 배워야 한다. 전문학교 외에 수제화 교실, 슈피터(Shoe-Fitter) 양성기관, 훈련 학교, 공방 등 기초 지식을 배울 수 있는 장소는 제법 많다. 전문가의 제자로 들어가 수련하는 방법도 있다. 경험을 쌓아 어느 정도 실력이 붙으면 자기 공방을 내고 활동하는 것도 가능하다. 고객 만족도에 따라 실력을 평가받는다. 본고장인 영국이나 이탈리아에서 성공한 사람도 있다.

세탁 전문가

와이셔츠나 양복, 모피 등을 세탁하고 다림질한다. 의류의 오염을 제거하고 보정한다. 한복이나 카펫, 이불을 취급하는 곳도 있다. 최근에는 세탁소에서 세탁물을 접수하고 대형 전문공장에서 세탁하는 시스템이 일반화되고 있다. 이러한 전문공장은 분업화가 진행되어 분야마다 담당하는 작업이 다르다. 기계화도 진행되지만 수작업만 가능한 부분도 있다. 한국산업인력관리공단에서 현재 기계로 하는 세탁공에 대해 세탁기능사 자격증 시험을 시행하지만 시험을 준비할 수 있는 교육부 산하 교육기관이나 직업훈련원이 없어 일반 사설학원에서 기술을 습득해야 한다.

패턴 디자이너

패션 디자이너가 그린 디자인 도안을 바탕으로 종이에 패턴을 그리는 전문가로, 공장에 보낼 의류 설계도를 그리고 디자이너와 봉제 공장의 중간 역할을 한다. 디자이너를 보조하는 역할로 생각하기 쉽지만 패턴 작성부터 천 재단 방법, 봉제 지시, 샘플대로 만들어졌는지 검사하는 등 의류 제작의 총책임자 역할을 한다. 패턴사 솜씨에 따라 상품의 완성도가 크게 달라지기 때문에 책임감이 있어야 한다. 패턴사가 되고 싶다면 의상 관련학과가 있는 대학이나 패턴 과정이 있는 전문학교를 나와 의류회사에 패턴 디자이너로 취직하면 된다. 보통 실기 시험을 치른다.

속옷 디자이너

겉옷도 같이 디자인하는 경우도 있다. 속옷은 한정된 소재를 사용해 제작하며 겉옷보다 표면적이 좁고 신체에 접촉하기 때문에 무엇보다 몸에 꼭 맞아야 한다. 특히 브래지어는 와이어, 스트랩, 패드, 테이프 등 많은 조각이 필요하기 때문에 모든 조각의 소재·가공·생산 공정에 대한 지식이 필요하다. 지금까지 속옷은 일용품에 불과했으나 최근에는 패션 아이템으로 정착하면서 소재와 봉제에 대한 고도의 기술을 갖추고 패션 기능을 크게 부각한 신진 디자이너가 나타나고 있다. 대개 의상 관련 대학이나 전문학교에서 디자인을 배우고 속옷을 제조·판매하는 의류회사에 취직하는데, 그중에는 독립해서 독자 브랜드를 소유한 디자이너도 있다.

한복 디자이너

한복 대중화를 위해 생활한복 등에 대해 연구하고 제작하며 궁중복식 등 고대 한복 등을 연구하거나 재현한다. 복주머니 등 규방공예품에 대해 연구하거나 제작하기도 한다. 패션쇼 등에 참가해 한복의 우수성을 널리 알리거나 새로운 개념의 한복, 규방공예품 등을 만들기도 한다.

한복 디자이너가 되는 데 학력이나 나이는 중요하지 않다. 무엇보다 꼼꼼한 손놀림과 숙련도가 중요하다. 성격이 차분하고 섬세하면 유리한데 대개 1년 이상 경력을 쌓아야 숙련도를 인정받을 수 있다. 사설학원이나 직업훈련기관에서 3개월에서 1년 정도 한복 제작 방법을 배운 뒤 취업하거나 가게를 낸다. 관련 자격증으로는 한복기능사와 한복산업기사가 있다. 한복기능사 시험은 한복 제작의 기초를 다루며 산업기사시험 응시에 도움을 준다. 기능사 자격을 취득한 후 동일 직무 분야에서 1년 이상 실무에 종사한 자는 산업기사시험 응시자격이 주어진다. 한복산업기사는 기능사보다 한층 수준 높은 숙련 기능과 기초 이론지식을 가지고 기술 분야 업무에 종사하는 자격이다. 고도의 전문지식 습득·서비스정신, 일에 대한 열정이 필수적이다.

무대 의상

연극이나 텔레비전 드라마, 영화 등에 사용될 의상을 준비한다. 대형 의상회사가 몇 군데 있는데 그곳에 취업해서 일한다. 극단이나 방송사에 파견되어 그곳에 상비되어 있는 의상을 활용해 일하는 경우가 많다. 오페라의 경우 카르멘용과 춘희용으로 의상을 장르별로 나눠 준비해 둔 회사도 있다. 시대고증을 할 줄 알아야 한다. 가령 옷 한 벌을 보고 '이 단추는 이 연대에 맞지 않는다'고 체크하는 능력이 필요하다. 연예인이나 영화감독 또는 의상 디자이너의 신뢰를 얻어 전속으로 일하기도 한다. 대형 의상회사에는 의상 제작 부문이 있는데 기본적으로 제작은 하청업자에게 발주한다. 무대와 프로그램 일정에 맞춰야 하기 때문에 늘 바쁘지만 자신이 준비한 의상이 무대에 오르는 모습을 보면 큰 보람을 느낀다.

조향사

꽃과 풀, 동물의 분비물 등에서 추출한 향을 상품화해 향이 독창적인 향수와 오데코롱을 만든다. 퍼퓨머(perfumer)라고도 한다. 조향 전문 과정이 개설되어 있는 미용전문학교나 조향 스쿨 등에서 지식과 기술을 습득하고 화장품회사 등에 취직한다. 조향사가 되기 위한 자격은 없지만 화학이나 약학을 전공하면 취직할 때 유리하다. 그러나 최종적으로는 뛰어난 후각이 가장 중요하다. 약 6,000종류에 달하는 향을 구분하지 못하면 일할 수 없다. 향에도 유행이 있기 때문에 이러한 변화에 민감해야 한다. 최근에는 향수나 화장품 외에 향이 들어간 생활용품이 잇달아 등장하고 있어 뛰어난 후각을 지닌 조향사의 수요는 많아질 것으로 여겨진다. 식품의 향을 만드는 전문가는 플레이버리스트(flavorist)라고 한다.

가방 전문가

가방 전문가가 되려면 공방에서 베테랑의 지도를 받으며 재단 방법부터 차근차근 배운다. 전문가가 되기까지는 시간이 오래 걸린다. 공방에 들어가지 않고 개인으로 활동하는 사람도 있는데, 그 경우는 제작·수리 기술뿐 아니라 재료 구매·상품 판매 루트도 스스로 개척해야 한다.

에세이 | 일본 젊은이들의 패션

무라카미 류

1999년 가을, 내 소설의 프랑스어판 번역가(알제리 태생의 프랑스 여성)와 그녀의 열두 살 난 딸과 함께 도쿄에서 식사한 적이 있다. 약속 시간에 조금 늦은 번역가는, 딸이 너무도 가고 싶다고 조르는 바람에 시부야에 다녀오느라 늦었다면서 사과했다. 딸에게 왜 시부야에 가고 싶었냐고 묻자 '강구로'라고 불리는 여자아이들이 무척이나 보고 싶었다고 말했다. 프랑스 어느 잡지의 도쿄 특집기사에서 얼굴을 까맣게 태우고 판다처럼 화장한 여자아이들을 보고 멋지다고 생각했고, 일본에 가게 되면 꼭 시부야에 가서 그 여자아이들을 직접 보겠다고 결심한 모양이었다. 그녀는 강구로라는 호칭도 알고 있었다. 강구로를 어떻게 생각해? 하고 물었다. "멋졌어요." 열두 살 프랑스 여자아이가 대답했다.

"그녀들은 어른 사회에 저항하는 거죠? 반항적이고 정말 멋있었어요."

옷은 본래 단순히 추위를 막기 위한 도구였지만 어떤 특수한 조건이 갖춰지면 '패션'이 되어 중요한 커뮤니케이션 수단으로 작용한다. 좀 더 고급스러운 표현으로 '모드'라는 단어가 있는데, 둘 다 어원은 프랑스어이다. 19세기 말 파리는 치안이 매우 나빴다. 당국은 범죄의 소굴이었던 거리들을 개수해 도로를 정비하고 가로등 수를 늘렸으며, 공원을 조정하고 쇼핑을 위한 아케이드(양쪽에 상점이 늘어선, 지붕을 씌운 거리)를 만들었다. 아케이드는 당시 수공업자들이 옷과 가방, 장신구를 파는 장소가 되었다. 정비된 쇼핑 아케이드는 산업혁명 이후 탄생한 새로운 중류계급의 휴식처가 되었다. 그리고 그곳에서 숱한 디자이너들이 기술과 감각을 겨뤘고 이후 프랑스의 중요한 자원이 된 패션 브랜드의 기초를 다지게 되었다.

우리는 패션을 통해 자신을 보여주거나 자신이 속한 집단을 나타낸다. 즉, 패션은 의사소통 수단의 하나로 자리 잡았다. 패션과 모드라는 단어는 옷이라는 의미와 함께 의식과 유행, 양식이라는 뉘앙스를 담고 있다. 19세기의 농민들과 제2차 세계대전 직후 들판에 판잣집을 짓고 살던 사람에게 필요했던 것은 추위를 막을 수 있는 '옷'이지 패션이 아니었다. 승려나 군인, 요리사는 유니폼이 그 사람의 직업을 나타내지만 기본적으로 일반인이 옷으로 의사소통을 시작하는 것은, 그 사회가 근대화를 끝내고 풍족해졌을 때이다. 즉 사회가 풍요로워지면 의복은 단순히 추위를 막는 도구나 제복의 기능을 넘어서 의사소통 수단이라는 성질을 띠게 된다.

여고생의 원조교제를 소재로 한《러브&팝》이라는 소설을 쓸 때, 여고생 몇 명을 취재했다. 루즈삭스를 신은 그녀들은 매우 세련되어 보였지만 아직 자신들의 언어를 갖지 못했다. 즉 무엇을 하고 싶은지 스스로 파악하지 못하고 있었다. 선탠을 한 아이가 있어서 왜 선탠을 하느냐고 물었더니 "선탠을 하면 강해 보이니까요"라고 답했다. 《러브&팝》은 1996년 작품이었는데, 당시 선탠을 좋아하던 여자아이가 강구로의 전신이 아니었을까? 강구로는 물론이고 여고생들이 즐겨 신는 루즈삭스에 대해서도 어른들은 대부분 혐오감을 드러낸다. 프랑스 소녀는 강구로를 어른 사회에 대한 반항의 표시라고 이해했지만, 당시 강구로 소녀들에게 그러한 자각이 있었는지는 모르겠다.

그때 원조교제를 하는 여고생에 대한 미디어의 논조는 대개 '한심하다'였지만 다른 한편에서는 그녀들에게 새로운 가능성이 있지 않겠느냐는 지적도 했다. 나는 양쪽 의견 모두에 위화감을 느꼈다. 나는 그녀들이 시장가치가 있는 자기 자원을 팔아 명품을 사는 어른들을 흉내 낸다고 생각했기 때문이다. 일본 사회의 주된 자원은 고품질의 값싼 대량 생산품이다. 그것을 팔아 번 돈으로 어른들은 마스터즈 골프나 윔블던 테니스의 방영권, 브로드웨이 작품, 르노아르의 그림을 샀다. 모두 명품이었다. 여고생들의 자원은 신체였고, 그들 역시 그것을 팔아 명품 사기를 즐겼다. 이 둘이 매우 비슷하다고 생각한 것이다. 그 생각은 지금도 변함이 없다.

그러나 루즈삭스라는 패션에는 흥미가 생긴다. 오해하지 않기를 바라는데 루즈삭스에 '매료'된 것은 아니다. 루즈삭스는 명백히 여고생들의 의사소통 도구로, 서양을 흉내 낸 것이 아니다. 1900년대 초기 드레스에서 1960년대 말의 미니스커트에 이르기까지 일본 여성은 서양 패션을 흉내 내왔다. 대놓고 따라했다고 해도 좋을 정도이다. 그러나 루즈삭스는 기능성과 외형은 별개로 하고 적어도 서양을 흉내 내지는 않았다.

현재, 일본 사회에서도 패션은 중요한 의사소통 수단이다. 다양한 계층으로 이루어진 복잡한 사회를 큰 유행이 없는 패션이 상징하고 있고, 몰락계층인 '일반 샐러리맨'과 '아저씨'풍의 패션은 사회적으로 기피되고 있다. 생각해 보면 당연한 일인지도 모르지만 일본 사회의 과도기를 상징하던 루즈삭스나 강구로는 미니스커트처럼 세계적 파급력을 지니지 못했다. 특히 강구로는 순식간에 소멸하여 더는 화제에도 오르지 않는다. 그러나 서양을 흉내 내지 않았던 루즈삭스, 어른 사회와 연속성을 끊고 싶어했던 강구로들, 그들이 언젠가 형태를 바꾸어 젊은이의 독창적인 패션으로 다시 모습을 드러낼 것 같은 기분이 든다.

2003년에 쓰다

보건·체육

08

"보건·체육을 좋아
하고 흥미있어 한다."

❶ | 축구 등 운동 경기를 직접 하거나 관람한다

도덕나 수학 시간에 빨리 체육 시간이 되기를 기다린다. 몸을 움직이고 땀을 흘리면 기분이 상쾌하다. 프로야구나 프로축구 시합을 보면 흥분돼서 시간이 가는 것도 잊는다.

프로 운동선수

'어떻게 하면 운동선수가 될 수 있을까'라는 질문은 별로 의미가 없으므로 어떤 프로 선수가 있는지만 소개한다. 다만 '프로'라는 개념이 종목에 따라 다르다는 점에 주의해야 한다. 야구나 축구처럼 소속된 팀에서 보수를 받는 사람을 프로라고 하는 경우도 있으며, 최소한의 기준으로 프로 자격을 부여하는 종목도 있다.

- 축구: 소속팀과 계약한 내용에 따라 연봉을 받으며 국가대표가 되면 그에 따른 수당을 받는다.
- 골프: 경기 상금만으로 생활할 수 있는 사람은 아주 일부이다. 대개 기업과 계약하거나 골프 강사 등 다른 일을 겸한다.
- 야구: 프로야구 구단에 스카우트되거나 선발된다. 계약금을 받으며 연봉제이다.
- 테니스: 프로로 활약하면서 시합 상금만으로 생활하는 사람은 아주 일부이다.
- 프로레슬링·격투기: 각 단체에 입문해 그곳에서 보수를 받거나 대회에 참가해 상금을 받는다.
- 복싱: 테스트를 거쳐 프로 선수가 될 수 있다. 복싱만으로 생활하는 사람은 아주 일부이다.
- 씨름: 씨름부가 있는 학교에 들어가 씨름을 배우고 아마추어 시합에 출전하면서 이름을 등록한 뒤 프로 씨름단에 들어가 선수로 활동한다.
- 카레이서: 한국자동차경주협회에서 발행하는 협회 라이선스와 서킷에서 발행하는 서킷 라이선스를 취득해야 한다.
- 경마: 경마기수가 되려면 한국마사회에서 운영하는 경마교육원에서 기수후보생 교육과정을 수료하고 면허를 취득해야 한다.
- 경륜: 경륜운영본부에서 시행하는 경륜선수 후보생 모집·선발시험에 합격해 약 10개월의 교육 훈련과정을 이수한 뒤 졸업인정 기준과 선수로서 자격시험을 통과해야 한다.
- 모터보트: 해양경찰청에서 주관하는 시험에 합격해야 한다. 면허증에는 1급과 2급이 있다.
- 볼링: 테스트를 거쳐 프로 선수가 될 수 있다.

그 밖의 많은 종목에서 지금까지는 기업이 지원하는 실업단이라는 시스템을 취해 왔다. 실업단 선수는 운동을 하면서 기업에서 보수를 받는다는 의미에서는 프로이지만 실력으로는 아마추어로 여겨진다. 그러나 세계적으로 프로와 아마추어를 구분하는 의미가 사라지고 기업의 힘이 약해져 실업단에서 손을 떼는 곳이 늘고 있다는 점에서 이 시스템은 붕괴 위기에 놓여 있다. 아직 극히 일부이지만 육상이나 수영 등 예전에는 아마추어들의 아성으로 일컬어지던 종목에서도 프로를 선언하는 뛰어난 선수가 나타나고 있다.

스포츠 에이전시에서 일하기

운동선수와 팀, 경우에 따라서는 특정 스포츠 조직 전체를 대신해 여러 가지 계약과 매니지먼트, 프로모션을 한다. 스포츠 비즈니스가 일찍 확립된 미국에서 생겨난 직업으로 프로 스포츠계에 큰 영향력을 발휘하고 있다. 그동안 직업으로서 인지도가 낮았지만 야구선수와 축구선수의 해외 이적이 활발해지면서 그 존재가 주목을 끌게 되었다. 축구의 공식 대리인인 FIFA처럼 자격이 필요한 경우도 있고 변호사가 겸하는 경우도 있다. 경기에 따라 다르지만 법률 지식과 함께 외국어와 경영, 광고 능력 등이 요구된다. 일본의 경우, 소규모 회사 형태가 많은데 위와 같은 기술을 보유한 사람들을 중심으로 채용한다.

스포츠 라이터

프리랜서로 일하며 주로 신문과 잡지에 스포츠에 관한 글을 쓴다. 스포츠를 알리는 매체로는 텔레비전, 라디오, 신문, 잡지 등이 있으며, 지금까지는 아나운서나 기자가 그 역할을 맡았다. 전직 선수가 평론가로 기용되는 일도 많았다. 그러나 최근에는 팬이 늘고 미디어 수도 증가하면서 전문 지식을 갖춘 라이터가 늘고 있다. 신문사나 출판사에서 어느 정도 경험을 쌓은 뒤 프리랜서 스포츠 라이터가 되는 사례가 많다.

감독·코치

프로 선수를 육성하거나 프로 선수와 팀을 지도한다. 종목에 따라 다르지만 감독이나 코치는 아무래도 그 종목의 경험자, 그것도 프로나 그와 동급의 경력을 갖춘 전직 선수가 압도적으로 많다. 현역 시절의 경험이 축적되어 있기 때문인데, 인맥이 중요하다는

점도 간과할 수 없다. 그 밖에 감독과 코치로 활동하는 곳은 학교이다. 본업은 교사이지만, 학교 스포츠 육성 방식에 따라서는 감독·코치가 주요 업무가 되기도 한다. 학교에 따라서는 전문 코치를 외부에서 초빙하기도 한다. 이때는 지도 경험이 필요하다. 축구처럼 아마추어에서 프로까지 단계적으로 코치 제도를 마련하거나 테니스처럼 프로 코치 자격을 개설한 종목도 있다.

스포츠클럽 트레이너

운동선수들의 건강상태를 확인하고 선수들이 경기에서 최상의 컨디션을 유지할 수 있도록 조언하고 훈련하는 일을 한다. 감독, 코치와 협의해 운동 종목, 선수들의 포지션과 선수 개인의 기량에 따라 필요한 운동량을 결정하고 근육을 단련하기 위해 규칙적인 운동과 식이요법을 지시한다. 부상당한 선수에게 응급조치를 하며 의사의 진단 결과에 따라 재활훈련을 계획하고 실시한다. 부상을 예방하기 위해 선수들의 몸을 마사지하고 안전교육을 한다.

트레이닝을 담당하는 관련 종목에 대한 지식과 다양한 기술을 알고 있어야 하며, 선수를 이끌 수 있는 지도력과 통솔력, 의사소통 능력이 필요하다. 선수들의 체력과 체중을 효과적으로 관리할 수 있는 다양한 운동 방법, 스포츠와 관련된 의학 지식이 필요하다. 선수의 기량과 능력에 따라 운동량과 식이요법을 지시할 수 있는 분석력과 판단력이 필요하다. 리더십이 뛰어나고 남을 잘 배려하며 성취감이 높은 사람들에게 유리하다.

스포츠 트레이너가 되기 위해서는 전문대학이나 대학교의 체육 또는 물리치료 관련 학과를 졸업하는 것이 유리하다. 단, 프로 운동 경기 심판이 되려면 아마추어나 프로 운동팀에서 선수로 활동 경험을 쌓는 것이 유리하다.

스포츠 조직에서 일하기

대한체육회나 각종 스포츠협회, 스포츠팀 등 스포츠 조직에서 일한다. 대한체육회의 경우 전국종합체육대회나 국제종합대회 등 주요 행사 관리, 국제 체육 교류, 선수 훈련, 지역 체육 육성, 선수의 복지 후생 등의 업무를 하며 각 종목 프로협회에서는 경기 일정 관리, 팀과 선수 관리 등을 한다. 메디컬 스태프나 통역 등 전문 업무도 있다. 정기적으로 채용하는 곳은 없고 결원이 생기면 충원한다.

스포츠용품 제작회사에서 일하기

스포츠용품 제작회사에서 다양한 스포츠용품을 개발·판매한다. 정상급 선수를 지원하기 위한 선수용 제품부터 일반 사용자를 위한 범용품까지 다양하다. 의류 등 패션 제품도 제작하는데 기술이나 홍보 면에서 양쪽은 관계가 밀접하다. 인체에 관한 최신 테크놀로지, 디자인, 스포츠 이벤트를 통한 영업 등 스포츠와 밀접하게 관련된 전문 업무가 많다. 대기업에서 공모를 하며 스포츠에 애착이 있고 전문 지식을 갖춘 사람에게 적합하다.

심판

심판은 경기자의 모든 것에 대하여 제3자 입장에서 규칙에 따라 공정하게 경기의 개시·종료·반칙·득점·승패를 결정한다. 경기에 따라 1명인 경우와 주심·부심 등 몇 명인 경우가 있다. 현재 스포츠 경기 중에서 풀타임으로 심판을 보는 종목은 프로축구, 프로농구, 프로야구 같은 구기 종목과 씨름, 일부 격투기, 경마와 경륜에서 판정과 관련된 일이다. 프로 스포츠의 전임 심판을 제외하고는 대부분 다른 직업을 가지고 있다. 경기가 몰려 있는 시즌에 주로 활동하며 규칙에 관한 지식은 물론 경험과 기술, 체력이 요구되는 일이다. 축구나 농구 같은 경우 선수들보다 훨씬 많이 뛰어다니면서 규칙 위반 여부를 살펴야 하므로 선수 못지않은 체력이 필요하다. 관련 협회가 자격 제도를 두고 있는 종목이 많다.

스포츠 카메라맨

신문사, 통신사, 출판사, 사진 에이전시 등에 소속된 카메라맨과 프리랜서 카메라맨이 있다. 특히 프리랜서는 촬영 대상이 되는 종목이 축구, 테니스, 자동차 레이스 등 어느 정도 인기가 있는 종목으로 한정된다. 본래 움직임이 심한 스포츠는 촬영 기술이 중요한 요소 중 하나였지만 카메라와 필름의 성능이 좋아져 이제 그러한 차이는 거의 없어졌다. 그렇지만 종목에 따라서는 시합 중 사진을 찍을 기회가 매우 제한되기도 하므로 경험과 그 종목에 관한 지식이 없어서는 안 된다. 해외 취재도 많기 때문에 외국어를 구사할 수 있으면 유리하다. 스포츠 카메라맨이 되려면 신문사 등에 입사하거나 카메라맨의 보조로 일을 시작한다.

프로레슬러

역도산이나 자이언트 바바, 안토니오 이노키는 이제 링 위에 없다. 영웅들이 떠나고 프로레슬링이 대중오락으로 사랑받던 시대는 끝났다. 지금은 격투기가 인기를 떨치고 있는데 프로레슬링과는 근본적으로 다르다. 프로레슬링의 본질은 '누가 강한가'에 있지 않다. 관중을 매료하기 위해 몸을 단련하고, 기술을 짜내며, 시합마다 라이벌 관계나 원한 관계를 설정해 링에서 화려한 쇼를 펼친다. 프로레슬러에게는 몸이 가장 중요하며 대부분 단체에서 중학교 졸업 이상을 조건으로 두고 있다. 늘 부상이 따르기 때문에 능력을 인정받지 못한 채 링을 떠나는 사람도 많다. 아마추어 레슬링을 경험한 사람이 프로레슬러를 목표로 하는 경우가 많은데, 씨름이나 유도 등 다른 분야에서 전향하는 사람도 늘고 있다. 엄격한 수련을 거친 뒤 데뷔하며 이동과 연습과 시합을 반복하는 거친 직업이다.

격투가

같은 격투기라 해도 국가와 민족에 따라 스타일이 제각각이다. 일본의 전통적 격투기만 해도 유도, 가라테, 검도, 합기도, 고무도 등 셀 수 없을 정도로 많다. 러시아의 삼보, 타이의 무에타이, 우리나라의 태권도 등도 있다. 복싱과 레슬링도 격투기에 해당한다. 직업으로서 형태도 다양해 도장을 열어 제자를 받는 사람, 관객 앞에서 경기를 펼치고 파이트머니를 받는 사람, 실업단에 소속된 사람, 사범이 되어 각국·각지에 전도를 나가는 사람 등이 있다. 격투기는 대부분 국가나 민족 간의 전투 속에서 자기 몸을 지키고 승리를 쟁취하기 위해 만들어졌는데, 일본의 격투기는 승부에만 얽매이지 않고 인격 형성의 수단으로도 오랫동안 국민의 사랑을 받았다. 그러한 정신력이 공감을 불러일으켜 세계 각지에서 어른에서 아이에 이르기까지 입문을 희망하는 사람이 적지 않다. 현재, 다양한 격투기와 무도를 배울 수 있다. 강해지고 싶어서 혹은 호신술을 배우기 위해서라도 좋다. 격투기를 배우다 보면 자신의 미래상이 그려질 것이다. 직업으로 삼고 싶다면 되도록 젊을 때 입문하는 것이 좋다.

이런 **직업**도 있다

발레리나 **p.295**/ 플라멩코 댄서 **p.296**/ 치어리더 **p.297**/ 에어로빅 강사 **p.298**/ 유아 리트믹 강사 **p.298**/ 서커스 단원 **p.299**/ 스키 강사·스키 패트롤 **p.306**/ 구조대원 **p.350**/ 경찰특공대 **p.350**/ 스턴트맨 **p.380**/ 무술 감독 **p.385**

나베타 이쿠오

운동을 좋아하는 아이, 운동을 잘하는 아이가 커서 선수가 되고 싶다고 생각하는 것은 자연스러운 일이다. 그러나 직업으로서 프로 운동선수가 되는 일은 간단하지 않다. 경기만으로 생활할 수 있는 선수는 더욱 적다.

프로 운동선수가 되는 것은 어려울 뿐만 아니라 다른 직업과는 조금 다르다. 대개의 종목에서 선수들의 체력은 20~30대에 최고조에 이른다. 다른 일이라면 막 시작할 수 있는 나이다. 전문 훈련을 받고 프로가 되기 위한 경쟁이 시작되는 것은 그전, 즉 10대부터이다.

현실적으로 고등학교에 들어가서 축구를 시작한 소년이 프로 선수가 되는 일은 거의 없다. 축구의 경우, 10대 전후에 국가대표 선수를 선발하는 것에서도 알 수 있듯이 이미 어릴 적에 결정이 난다.

프로 리그의 주니어 조직에서는 우수한 초등학생을 영입한다. 축구의 본고장인 유럽에서는 더욱 철저하게 엘리트 교육을 실시한다. 테니스나 체조도 마찬가지이지만 특별한 기술을 요하는 종목에서는 특히 유년기에 기술을 습득하는 것이 중요하다.

어릴 적에 운동을 시작해 재능을 발견하고 훌륭한 지도자를 만나는 등 좋은 환경에서 오직 연습에만 매진하며 어느 정도 운이 따라 큰 부상을 입지 않은 엘리트들이 엄격한 경쟁과 선발을 거쳐 프로 운동선수가 된다. 반대로 말하면 대부분의 운동선수들에게 10대 후반은 '프로의 길을 포기하는' 시기이기도 하다.

그러나 설령 어느 시점에서 포기하더라도 10대에 하나의 운동에 몰두하는 것은 직업을 선택하는 데 큰 도움이 되며 선택의 폭을 넓히는 일이기도 하다. 선수가 아니더라도 운동을 접할 기회는 늘어나고 있으며 그 일부는 직업으로 창출되어 새로운 인재가 요구되기 때문이다.

비즈니스로서 스포츠 시장은 아직 과도기에 있다. 그러나 프로 리그를 보더라도 그 주변에 다양한 직업이 생겨나는 것을 알 수 있다. 그것은 팀의 경영, 운영, 경기장 관리, 전문 의료, 홍보, 상품, 패션, 보도 등 다양한 분야에 걸쳐 있다. 프로 리그는 '보는 스포츠'지만 한편으로는 '하는 스포츠'이기도 하다. 스포츠 인구가 많이 있지만, 평소에 스포츠를 즐기는 사람의 비율은 서양과 비교하면 아직도 상당히 낮은 수준이다. 환경이 갖추어지지 않은 것이 가장 큰 이유이지만 고령화와 그에 따른 의료비 증가 같은 문제도 개선해야 한다는 목소리가 높아지고 있다.

운동을 하는 사람이 늘어나면 그에 맞춰 새로운 시장과 일도 생겨난다. 개인이 할 수 있는 일도 있고 기업이 참여해야 하는 일도 있다. 지방자치단체나 비영리단체가 수행해야 할 역할도 있다. 직업으로 삼을 수도 있고 봉사활동으로 참가하는 방법도 있다. 좋아하는 운동과 관련된 일을 하는 방법은 다양하다.

2003년에 쓰다

❷ | 포크 댄스 등 춤을 춘다

포크 댄스의 스텝을 정확히 외워서 틀리지 않고 추게 되면 기분이 날아갈 듯하다. 춤을 출 때는 잡념이 생기지 않는다. 클래식 발레나 재즈 댄스, 브레이크 댄스, 에어로빅 전문가들의 춤을 보는 것도 즐겁다.

발레리나

대부분 클래식 발레 무대에 서기 위해 발레단원이 되지만 프리랜서로 활동하는 사람도 있다. 단원을 뽑는 오디션에는 누구나 응시할 수 있지만 같은 계열의 발레 교실에서만 접수를 받는 경우가 있다. 유명한 발레단의 오디션에는 각 발레 교실의 최우수 인재들이 모이기 때문에 심상치 않은 긴장감이 감돈다. 적어도 열 살이 되기 전에는 발레를 시작해야 프로가 되기 쉽다. 엄격한 레슨을 반복하며 기본자세를 익히고 더욱 고도의 기술과 표현력을 습득해 나간다. 기술뿐 아니라 체중 등 신체 관리도 철저히 해야 한다. 레슨비와 무대 의상 등에 들어가는 비용에 비해 프로가 돼서 버는 수입이 많다고는 할 수 없다. 그러나 최근에는 유럽의 발레단에 입단해 세계적으로 인정받는 발레리나도 탄생하는 등 활동의 폭이 넓어지고 있다.

백댄서

가수 뒤에서 춤을 추며 무대의 흥을 돋운다. 곡에 따라 춤의 종류는 매우 다양하며 최근에는 음악의 유행과 함께 스트리트 댄서가 활약할 기회가 많다. 광고 출연과 같은 일회성 일은 오디션이 많지만 콘서트처럼 정기적인 일은 안무가의 추천으로 뽑히는 경우가 많다. 최근에는 팀으로 계약하는 경우도 있다. 전업으로 삼는 사람은 적고 대부분 뮤지컬 댄서나 댄스 스튜디오 강사, 테마파크 등의 댄서를 겸한다. 안무가가 동시에 백댄서로 활동하기도 한다. 백댄서로 활동하다가 안무가가 되는 사람도 있다. 처음에는 오디션을 보고 인맥을 쌓으며 조금씩 일을 늘려가는 것이 좋다. 다양한 곡에 대응할 수 있는 유연함과 가수를 돋보이게 할 수 있는 춤 실력이 요구된다.

플라멩코 댄서

플라멩코는 약 200년 전에 스페인 남부의 안달루시아 지방에서 탄생한 민속무용이다. 노래와 기타와 춤으로 슬픔과 괴로움, 기쁨과 쾌락 등을 표현하는데, 차별받고 박해받던 집시들의 외침이 플라멩코의 기원이라고 한다. 애호가가 많지만 플라멩코를 추는 것만으로는 생활하기 어렵다. 플라멩코 댄서는 대부분 학원을 열어 수강생을 가르친다. 특별한 자격은 필요하지 않지만 본고장인 스페인에서 춤을 배우고 오는 사람이 많다. 춤뿐 아니라 노래와 기타에 대한 지식도 필요하다. 플라멩코 댄서로 성공하려면 무엇보다도 플라멩코를 좋아하고 사람을 끌어당길 수 있는 춤을 추어야 한다.

뮤지컬 댄서

뮤지컬은 춤과 노래, 연기로 이루어진다. 순수한 댄서로 뮤지컬 공연에 참가하는 경우, 주인공 주위에서 무리 지어 춤추게 된다. 노래와 대사까지 하는 경우에는 보통 '뮤지컬 배우'로 불리는데, 실제로 그 경계는 애매하다. 뮤지컬 댄스는 힙합 요소에서 재즈 댄스, 민속무용 등 무대에 따라 다양한 댄스의 요소를 섞어 만든다. 기본기가 확실해야 하고 폭넓은 표현력이 필요하다. 대부분 오디션에 합격한 뒤 공연이 있을 때마다 계약하며, 댄스 교실의 강사나 백댄서를 겸하는 사람도 많다. 최근에는 노래, 연기를 동시에 배

울 수 있는 뮤지컬 과정이 개설된 전문학교도 많다.

안무가

안무를 짜고 댄서들을 지도한다. 발레에서 뮤지컬, 텔레비전 가요 프로그램, CF까지 춤이 있는 곳에는 거의 대부분 안무가가 있다. 전직 댄서였던 사람이 많고 현역 댄서가 동시에 안무가로 활동하기도 한다. 무엇보다 독창성이 요구되며 다양한 장르의 춤을 소화하는 유연성도 필요하다. 남을 가르치는 직업이기 때문에 커뮤니케이션 능력도 갖추

어야 한다. 인맥이 중요한 세계이지만 텔레비전 광고나 뮤직비디오 등 안무가의 영역이 넓어지고 있어 수요는 많다.

댄스 스포츠 강사

댄스 스포츠는 스포츠적 특성은 물론 무용과 음악, 연극적 요소가 함께 접목되어 스포츠 예술적 틀을 갖춘 시간예술, 공간예술, 시각예술, 지각예술이 연계된 종합예술이다. 댄스 스포츠는 본래 민속무용, 궁중무용, 올드 타임 댄스, 볼룸 댄스라는 단어가 변화되어 사용된 것으로, 시대적·문화적 변천에 따라 그 시대의 예술적 잔재로 파생되어 중세에 사교를 목적으로 한 댄스가 성행하면서 실체와 내용이 현재와 같은 형태로 규정된 예술체계를 말한다.

오늘날 댄스 스포츠는 사교적 목적보다는 신체 단련을 위한 운동이라는 측면에 더욱 비중을 두고 있으며, 생활체육의 한 분야로 대학의 교양과목은 물론 각 학교의 특별활동, 문화센터나 사회교육원 등에서 강좌로 채택되면서 큰 호응을 얻고 있다.

대한체육회에 가입해 전국체전에 참가하며, 국가대표를 선발하는 단체인 대한댄스스포츠경기연맹 자격증이나 생활체육 쪽으로 자격증을 딸 수 있다.

치어리더

구호와 춤, 아크로바틱 등으로 스포츠 선수를 응원한다. 동시에 치어리딩은 스포츠 경기이기도 해서 팀을 짜서 대회에 나가 기술과 아름다움을 겨루기도 한다. 치어리더를 전업으로 삼는 사람은 전 세계를 둘러봐도 거의 없다. 미국 NFL팀의 전속 치어리더가 세계에서 가장 수준이 높은데, 그곳 치어리더조차 대부분 다른 직업을 가지고 있다. 대개 안무 교실의 강사와 같은 일을 겸업한다. 고교, 대학에서 치어리더 경력이 있으면 유리하다. 신체 단련과 표현력이 필요하다.

한국무용가

한국의 전통 문화를 바탕으로 만들어진 모든 종류의 무용을 말한다. 한국무용은 크게 궁중무용·민속무용·가면무용·의식무용·창작무용 등으로 나눌 수 있다. 서양 무용에 비해 정적이고 신체를 노출하지 않으면서도 우아한 아름다움을 보여주는데, 민속무용 등에서는 때때로 경쾌하고 격식에 얽매이지 않는 자유로운 모습을 보인다. 한국무용가가 되려면 전문학원에 다니거나 유명한 무용가의 제자로 들어가 배우거나 한국무용과가 있는 예술고등학교를 나온 뒤 대학의 무용과를 졸업하는 방법이 있다. 학업을 마친 뒤 무용단에 들어가 무용가나 안무가로 활동할 수 있다. 학원에서 강사로 일하거나 무용 이론을 공부한 뒤 무용비평가가 될 수 있다.

에어로빅 강사

에어로빅은 유산소 운동을 도입한 춤으로 1970년대에 미국에서 탄생했다. 춤이 미용과 건강에 좋다는 말이 전 세계로 퍼지면서 젊은 여성을 비롯해 폭넓은 연령층에서 사랑받고 있다. 에어로빅 강사가 되려면 스포츠클럽의 오디션에 합격해야 한다. 특별히 갖추어야 할 자격은 없지만 민간 에어로빅 강사 자격증을 취득하면 도움이 된다. 에어로빅 경험이 중시되는 경향이 크다. 춤을 좋아하는 것은 물론 신체와 건강에 관심이 높은 사람에게 적합하다. 체육학과 출신자가 많다.

유아 리트믹 강사

리트믹(rythmique)은 그리스어로 리듬을 의미한다. 스위스의 음악가가 창안한 음악 지도법의 하나로, 음악을 이용해 아이들의 리듬감과 집중력, 창조력 등을 기른다. 아직 리트믹과 관련된 공인 자격증이 없지만 리트믹 강사를 양성하는 학교와 문화센터 과정은 많다. 그중에는 1, 2년의 본격적인 과정도 있는데 아동발달심리학과 리트믹 이론, 리트믹의 기초에서 실전까지 학습할 수 있다. 리트믹 강사는 주로 리트믹 교실, 문화센터에서 일하며 독립해 개업할 수도 있다. 결혼해서 아이가 태어나도 계속할 수 있다는 점도 매력적이다. 아이를 좋아하는 사람이나 음악, 발레, 춤을 배웠던 사람이라면 경험을 살려 도전해 볼 수 있는 일이다.

무대 연출가

창조력을 발휘해 희곡과 뮤지컬 등의 무대를 연출한다. 자신이 세운 연출 계획에 맞춰 배우의 연기를 지도하고 미술과 조명, 음향 스태프 등과 협력해 무대를 만든다. 영화로 말하면 감독에 해당한다. 프리랜서로 활동하는 사람, 극단에 소속된 사람도 있지만 직접 극단을 책임지는 사람이 많다. 연출가가 되려면 대개 좋아하는 연출가 밑에서 연출 보조를 하며 배우는데, 이 시기에는 큰 수입을 기대할 수 없다. 연출가 양성 강습을 받거나 극단 워크숍에 참가하거나 연출가 육성 인턴십의 연수생으로 현장에서 일하는 방법도 있다. 재능이 없으면 할 수 없는 일이지만 연극을 좋아하는 사람에게는 인기가 높다.

서커스 단원

인기 종목은 공중 그네이며 인기인은 피에로이다. 누구나 서커스 단원이 될 수 있지만 한 가지 묘기를 익히는 게 쉬운 일은 아니다. 서커스는 전국 각지를 누비며 공연하는데 그때마다 손님을 받을 사람이나 간단한 조명을 설치할 아르바이트생을 모집한다. 그 아르바이트생 중에서 무대에 서고 싶어하는 사람이 공연이 끝난 뒤 밤에 연습을 하여 무대에 오른다. 체육 관련 학교에 구인 광고를 내 사람을 모집하기도 한다. 보통 자신이 관심 있는 묘기를 배우는데, 묘기 하나를 배우는 데 최소 3년은 걸리며 모든 묘기가 가능한 사람은 없다. 오토바이 홀(오토바

이로 둥근 홀 안을 빙글빙글 달린다), 줄타기, 외발자전거 묘기, 동물 묘기 등을 선배를 따라다니며 배운다. 급료는 서커스단에서 지급하며 단원의 남녀비율은 반반이다. 운동 신경보다 서커스를 향한 강한 열정, 무대에 서고자 하는 절실한 마음이 중요하다. 다만 이동생활과 공동생활에 익숙하지 않은 사람에게는 적합하지 않다.

극단원

여러 극장의 극단에 소속된 사람을 가리킨다. 주로 배우이지만 무대 뒤에서 조명이나 미술, 대도구를 담당하거나 표 검사를 하기도 한다. 1960년대 후반 카운터컬처(반체제 문화)가 꽃피우던 시기에는 언더그라운드 극단이라는 것이 나타나기도 했지만 그 후 극단 자체도 극단원이라는 명칭도 점차 마이너한 존재가 되었다. 하지만 극단의 수는 많고 극단원이 되려는 젊은이도 끊이지 않는다.

연극의 질과 관계없이 동료들과 함께 기술을 닦기 위해 땀을 흘리며 공연을 완수하면 보람을 느낄 것이다. 그러나 대개 외부의 비판이 없고 돈과 관련되지도 않기 때문에 문화제나 학교 축제 등을 마쳤을 때 느끼는 보람과 크게 차이가 없다.

현대 극단원 중에는 단순히 무의미한 고생을 하는데도 그것을 보람이라고 착각하는 젊은이도 적지 않다. 상업주의와는 전혀 관계없는 극단은 들어가기는 쉽지만 극단에서 보수를 주지는 않는다. 그러나 실제로는 극단원이 겪는 어려움은 보수를 못 받는 것에 있지 않다. 아르바이트하면서 극단원을 계속하는 젊은이들이 느끼는 어려움은 현실을 살아가기 위한 지식과 기술을 배우고 인맥을 쌓는 것이 매우 어렵다는 점이다. 폐쇄적인 집단에서 자기만족을 느끼는 것을 경계해야 한다.

마술사

카드, 동전, 로프 등의 소도구를 사용해 마술을 선보인다. 대개 좋아하는 마술사의 제자로 들어가서 보조부터 시작하는데, 일부 일류 마술사를 제외하고는 제자를 거의 받지 않기 때문에 본인의 열의가 가장 중요하다. 보통 프로덕션에 소속되어 의뢰를 받는데, 틈틈이 기업의 실연 판매를 하는 사람도 많다. 수입은 천차만별이어서 한 회 공연에 수백만 원을 버는 고소득자도 있다. 마술을 하려면 스승이나 고안자의 허가가 필요하며, 마술사로 성공하려면 손재주와 기술이 뛰어날 뿐 아니라 직접 독창적인 마술을 고안하는 능력도 중요하다.

무대 배우

무대 배우는 연극이나 뮤지컬 등의 무대에 서서 공연하고 일정한 보수를 받는 사람을 가리킨다. 극단에는 소속되어 있지만 보수가 없는 경우에는 무대 배우가 아니라 극단원이라고 한다. 다만 이것은 어디까지나 이 책에서 구분하는 것일 뿐 사회적으로 확립된 것은 아니다. 무대에서 노래를 하거나 춤을 추거나 연기를 해서 보수를 받는다는 것은 그 사람이 프로라는 뜻이다. 배우들에게 보수를 주는 극단은 상업적으로도 확립된 프로 집단이라고 할 수 있다. 극단은 매우 많지만 그중에서 공연으로 수익을 벌어들이는 곳은 손에 꼽을 정도이다. 스폰서를 찾거나 극단을 지원해 줄 회원을 늘리거나 지자체에서 지원을 받아 연극 활동을 계속하는 실정이다.

이러한 상황에서 공연을 하고, 스태프와 배우에게 보수를 지불할 수 있는 극단에 들어가기는 매우 어렵다. 연수원이나 전문학교 또는 독학으로 기초를 익히고 엄격한 오디션에 합격해 극단에 들어간 뒤 극단 내 경쟁에서 살아남아 실제로 무대에 서서 보수를 받는 사람을 가리켜 '무대 배우'라고 정의했다.

인형극 배우

인형극에서 인형을 조작한다. 인형 위에서 실을 이용해 조작하는 '마리오네트'와 인형 밑으로 손을 집어넣어 조작하는 '기뇰'이 있다. 인형 극단에 연수생으로 들어가 수련을 쌓은 뒤 인형극 배우가 되는 것이 일반적이다. 연수생 시기에는 입소비나 수업료를 내는 경우가 많다. 인형 조작만 하는 사람도 있지만 인형 디자인과 제작을 겸하는 사람도 있다. 극단이 주최하는 공연을 중심으로 활동하지만 텔레비전 인형극 프로그램에 출연을 의뢰받는 극단이나 프리랜서도 있다. 어린이들에게 인기가 높기 때문에 학교를 순회하기도 한다. 인형극만으로는 생계를 유지하기가 힘들기 때문에 다른 아르바이트를 겸하는 사람도 있다. 손재주뿐 아니라 감성과 상상력, 무엇보다도 인형극에 대한 열정이 중요하다.

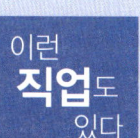
이런 **직업**도 있다

초등학교 교사 **p.341**/ 보육사 **p.342**/ 유치원 교사 **p.344**

죽을 때까지 춤추다

무라카미 류

안나를 처음 만난 것은 1991년 겨울 아바나에서였다. 안나는 댄서이자 안무가이자 댄스 강사였다. 쿠바 국립민족무용단에 소속되어 내 영화《교코》의 춤 장면 안무와 주연 배우의 댄스 레슨을 담당했다. 안나는 쿠바 여성의 좋은 점과 나쁜 점을 모두 갖추고 있었다. 레슨은 엄격했지만 농담을 좋아하고 맛있는 음식에는 사족을 못 썼다. 성격은 개방적이지만 절대로 자기 의견을 굽히는 일이 없으며, 강하고 제멋대로이며 어리광쟁이이지만 말싸움에서는 누구에게도 지지 않았다. 논리로 상대를 굴복시키는 것이 아니라 절대로 뜻을 굽히지 않기 때문에 상대가 질 수밖에 없었다. 댄서로서는 틀림없는 천재였다.

쿠바 국민은 거의 모두 댄서라고 해도 좋은데 안나의 춤은 발군이었다. 그녀를 처음 만났을 때 그녀는 막 40대에 접어들어 살이 상당히 쪘는데도 맘보를 출 때는 마치 고무공이 통통 튀는 것 같았다. 체중을 전혀 느낄 수 없었다. 안나의 춤을 보기만 해도 기분이 좋아지고 살아갈 희망 같은 것이 샘솟았다. 플리세츠카야와 누레예프, 프레드 아스테어 등 뛰어난 댄서들은 하나같이 매우 가벼웠다. 지구의 중력에서 자유로운 듯 보였다. 천재적 댄서의 춤을 보면 늘 피터팬과 팅커벨이 떠오른다. 댄서의 가볍고 아름다운 몸동작만으로도 우리는 위로를 받고 구원을 얻는다.

안나는 지병으로 천식이 있었다. 구소련 붕괴 직후인 1990년대 전반은 쿠바가 가장 어려운 시기였다. 시장보다 비싸게 사탕수수를 매입하던 소련이 붕괴되자 외화가 유통되지 않게 되었고 연료와 식량, 의약품도 부족했다. 나는 쿠바에 갈 때마다 안나의 부탁을 받아 흡입식 천식 약을 사갔다. 안나는 레슨 도중에 천식 발작을 일으킬 때가 있는데, 그때마다 내가 사다준 약을 들이마시고 발작이 가라앉으면 다시 춤을 추었다. 흡입식 천식 약은 심장에 부담을 준다. 약을 흡입한 뒤에는 춤을 추지 않는 게 좋다고 주의를 줬지만 안나는 고개를 가로저으며 "내 걱정보다 당신 여배우나 걱정하세요" 하고 소리 높여 웃고는 곧바로 다시 춤추기 시작했다. 맘보와 차차차는 매우 격렬한 춤이기 때문에 걱정스러웠지만 마치 고무공이 튀듯이 춤추는 안나를 보고 있으면 기분이 좋아져 어느샌가 천식은 까맣게 잊고 말았다.

영화《교코》의 여주인공은 중간에 두 번이나 바뀐 끝에 결국 다카오카 사키가 맡아 훌륭한 연기와 춤을 보여줬다. 하지만 안나의 댄스 레슨은 햇수로 4년에 달해, "무라카미는 이 영화를 진심으로 완성할 마음이 있는 거야?" 하고 항상 나를 놀려대곤 했다. 1995년, 영화는 완성되었다. 그해 12월, 쿠바국제영화제가 아바나에서 개최되어 《교코》가 특별 초대작으로 상영되었다. 뮤지션 등 많은 친구가 모였지만 나는 안나를 중앙의 가장 좋은 자리로 안내해 함께 《교코》를 보았다. 영화가 끝난 뒤 안나는 나에게 안겨들며 "평생 영화를 완성할 마음이 없구나 싶었는데 진짜로 만들었네"라고 말하며 볼에 키스해 주었다. 여배우의 춤은 어땠냐고 묻자 쿠바의 향기가 나는 춤이었다고 답해 나를 기쁘게 하고는 "누가 그 여배우를 가르쳤는지 모르겠네"라고 말하며 크게 웃었다.

1996년 여름, 영화 《교코》가 일본에서 상영될 무렵 쿠바에서 팩스가 도착했다. 안나가 심장 발작으로 세상을 떠났다는 소식이었다. 안나는 레슨 중에 또 천식 발작을 일으켜 약을 흡입하고 잠시 회복되는 듯했지만 다시 춤을 추다가 또다시 쓰러져 구급차로 실려 가는 도중에 숨을 거두었다고 했다. 나는 슬펐지만 안나가 춤을 추다 쓰러진 것에서 조금이나마 위안을 얻었다. 안나는 진정으로 춤추는 것을 좋아했다. 술을 마시거나 맛있는 음식을 먹으면 자연스럽게 몸이 리듬을 타기 시작하고, 음악이 울려 퍼지면 황홀한 표정으로 완벽하게 춤을 보여주었다. 나는 그 춤을 보는 것만으로도 행복했다. 내 방에는 안나의 레슨 비디오가 500개 이상 있지만 그 뒤 한 번도 보지 않았다. 하지만 눈을 감으면 안나의 맘보와 차차차가 되살아난다. 나는 안나의 가볍고 우아하며 아름다운 스텝을 떠올린다. 그리고 이 세상에는 태어날 때부터 댄서인 사람이 있다는 것을 깨닫는다.

2003년에 쓰다

❸ │ 운동장과 교정, 거리와 야산을 걷거나 달린다

넓은 장소와 좋아하는 거리, 경치가 멋진 곳을 걷거나 묵묵히 달리다 보면 자연과 세계와 친해질 것 같은 기분이 든다. 갈 곳이 정해진 것은 아니지만 걷거나 뛰다 보면 새로운 풍경을 발견할 것 같아 설 렌다.

모험가·탐험가

뛰어난 탐구심과 도전정신이 모험가라는 직업을 만들어낸다. '인류 최초'나 '전대미문'이라는 수식어와 함께 여러 기업과 대중매체에서 후원을 받기도 하지만 모험가와 탐험가는 대부분 경비 마련이라는 과제와 싸우게 된다. 모험가와 탐험가 중에는 대학 산악부에 들어가 경험을 쌓는 사람도 있다. 목적지는 해저일 수도 있고 우주일 수도 있다. 미지의 세계는 여전히 끝없이 펼쳐져 있다.

등산가

세계에서 가장 높은 산에 오르고 싶다, 험한 암벽에 발자국을 남기고 싶다, 수많은 산에 오르고 싶다 등 등산가의 목적은 다양하다. 다만, 등산가의 위치가 확립되어 있는 외국과 달리 등산만을 직업으로 삼기는 어렵다. 현실적으로는 스포츠용품 판매회사와 계약을 맺거나 등산 안내가로 생계를 유지하는 경우가 많다. 그중에는 등산가로 이름을 떨치며 방송사 후원을 받아 꾸준히 험준한 산에 도전하는 사람도 있지만, 이는 매우 드문 일이다. 자기 경험을 모아 책을 내더라도 책이 쉽게 팔리는 분야가 아니다. '관객이 없는 스포츠'라는 평가처럼 등산은 고독과의 싸움이기도 하다. 취미 수준을 벗어나 전문 등산가가 되려면 상당한 각오가 필요하다.

산악구조대원

험한 산속을 순찰하고 조난자가 나오면 구조에 힘쓴다. 조난자를 등에 업고 산을 내려오거나 헬리콥터를 이용하기도 한다. 전국에는 산악구조를 하는 민간 조직이 많이 있는데, 대개 산과 관련된 직업에 종사하는 사람들이 봉사활동으로 조직한 것이다. 산악구조를 전문적으로 하고 싶다면 먼저 경찰관이 되는 방법을 생각해 볼 수 있다. 산세가 험한 지역에서는 경찰이 산악구조대를 조직하는 경우가 많다. 실제로 산악구조대가 되기 위해 경찰관을 희망하는 청년들도 적지 않다.

반복적인 훈련을 거쳐 산의 지형과 기후 변화에 관한 전문 지식과 판단력을 기르고 무엇보다 체력을 기르는 것이 중요하다. 산악회 등의 모임에 나기 강습을 받기도 한다. '인명을 구하고 싶다'는 열정이 필요하다. 항공회사 중에는 산악구조용으로 헬리콥터를 띄우는 곳도 있으므로, 그러한 직업에 종사하는 것도 하나의 방법이다.

파크레인저

국립공원에서 행해지는 개발에 대해 사업자를 지도하고 자연과 환경을 보호하기 위한 조사와 기획을 담당한다. 정식 명칭은 국립공원 관리인이며, 국립공원 무단 출입, 불법 야영, 무허가 건축, 쓰레기 불법투기 등을 단속한다. 공원 시설물이 훼손되지 않도록 순찰하며 이상 유무를 확인한다. 충원이 필요할 때 국립공원관리공단은 공원관리소별로 1차 적격성 검증을 마친 뒤 공단 이사장의 추천을 받아 관할 지방경찰청에 공원경찰 추가 지명 신청을 한다. 파크레인저는 국립공원의 자연을 보호하는 데 없어서는 안 될 존재이다. 환경에 대한 깊은 관심과 높은 뜻이 필요하다.

자연 가이드

산과 바다 각지에서 관광객이 그 지역의 자연을 깊이 이해하고 체감할 수 있도록 돕는다. 장소에 따라 명칭이 다양하다. 가이드의 수준은 민박집 등에서 종업원이 서비스로 소개하는 것부터 지역 전체를 속속들이 소개하는 전문가까지 다양하다. 일류 가이드가 되려면 그 지역의 자연을 사랑하고 잘 알아야 하며, 그것을 다른 사람에게 전하고자 하는 강한 열망이 무엇보다 중요하다. 트레킹 등에 동행해 여행객의 안전을 확보하면서 자연과 환경에 대한 설명을 담당하는 에코투어가이드라고 불리는 사람도 있다.

아웃도어 스포츠 강사

아웃도어 스포츠의 종류는 매우 많다. 대표적인 것으로 암벽 등반과 산악자전거, 카누, 래프팅 등이 있다. 강사 자격은 여러 단체와 협회에서 발행하지만 국가공인자격증은 아직 없다. 이를테면 인공 암벽 등반 경기에서, 벽면에 루트를 설정하는 '루트세터' 등은 국제적으로 공인하는 강사 자격증이 있다. 강사는 대부분 아웃도어 관련 숍, 예를 들어 카누 체험 관광을 하는 회사 등에서 일하며, 체험 희망자를 지도하고 인솔자 역할을 담당한다. 스포츠용품 회사에서 근무하는 사람도 많다.

스키 강사 · 스키 패트롤

스키 스쿨이 열리는 스키장에서 스키 기술과 마음가짐을 가르친다. 리조트에 소속되어 일하는 경우도 있다. 최근에는 스노보드나 크로스컨트리, 산악스키 등의 스쿨도 있기 때문에 그에 대한 지식과 기술도 필요하다. 상근직과 비상근직이 있는데, 상근직의 경우 스키장 운영 스태프의 일원으로 스키장을 순찰하고 경기 운영을 돕는다. 비상근직은 성수기에만 아르바이트 형식으로 뽑는다. 어느 쪽이든 스키장을 폐쇄하는 오프시즌에는 일이 없어진다.

❹ | 질병과 건강에 대해 생각한다

몸이 안 좋은 친구를 보면 그냥 둘 수 없다. 병에 걸린 노숙자를 보면 마음이 아프다. 굶주리는 아프리카 어린이들을 돕기 위해 할 수 있는 일은 없는지 생각한다.

메디컬 스태프

운동선수의 건강을 관리하기 위해 훈련을 담당한다. 사고와 부상을 방지하고 선수, 코치, 의사 사이에서 중간 역할을 한다. 대개 팀에 소속되거나 계약을 맺는데, 야구나 축구에서는 일류 선수에게 전속되기도 한다. 트레이너 파견회사에 소속된 사람도 있다. 종목과 선수 개인의 체질에 따라 건강 관리 방법도 달라지므로 전문 지식과 함께 의사소통 능력도 요구된다. 체육계 대학이나 전문학교 출신자가 많지만 의료와 관련이 있어 물리치료사, 침구사, 스포츠마사지사 등의 자격증을 취득한 사람도 많다. 운동 중에 발생한 부상을 전문적으로 치료하는 의사를 스포츠 닥터라고 한다. 정형외과나 스포츠 클리닉 등에서 의료에 종사하는데, 프로팀에 소속되어 일하기도 한다. 식생활을 중심으로 선수들의 건강을 관리하는 영양사를 비롯해 팀의 일원으로 선수들을 돕는다.

운동선수 트레이너

스포츠 현장에서 운동선수의 건강관리, 부상 방지, 응급 처치, 체력 훈련, 재활 보조 등을 담당한다. 미국처럼 스포츠의 지위가 확립된 국가에서는 전문직으로 정착되어 있다.

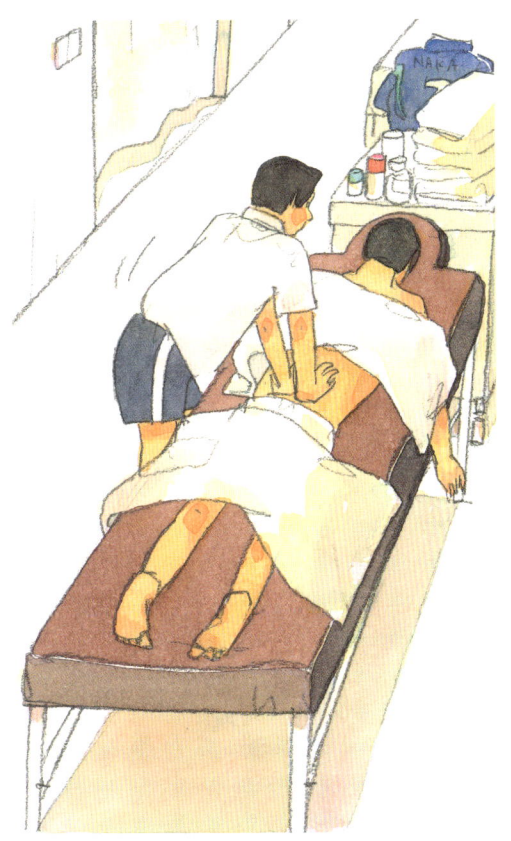

최근 프로 스포츠팀이나 실업단, 스포츠를 육성하려는 학교, 체육관 등에서 스포츠를 좋아하는 일반인과 재활 중인 사람을 위해 개인 트레이닝을 하는 트레이너가 늘고 있다. 운동선수 트레이너 자격증은 정해진 대학이나 전문학교를 졸업하고 검정시험에 합격해야 취득할 수 있다. 의료에 관한 지식은 필수적이며 물리치료사 등 재활과 관련된 자격증이 있으면 유리하다.

탈라소테라피스트

탈라소테라피(thalassotherapy)는 그리스어로 바다를 뜻하는 '탈라사(thalassa)'와 프랑스어의 '테라피(therapeia)'가 합쳐진 말로, 해양요법을 말한다. 19세기 중반에 프랑스에서 보급되었고 20세기 중반에 자연 의학이 재조명을 받으면서 주목받기 시작했다. 해변의 자연에서 바닷물, 해양성 기후, 해조류, 진흙 등 해양 자원을 이용해 몸과 마음을 치유하고 안정을 꾀하는 요법이다. 본래 치료나 재활에 이용됐는데 최근에는 스트레스 해소와 미용, 생활 습관 질병 예방, 다이어트, 운동선수의 컨디션 유지 등 폭넓은 목적으로 이용된다. 테라피스트 양성학교에서 공부하며 세미나 등에 참가해 기술을 습득한 뒤 주로 호텔의 스파나 요양시설에서 일한다.

아로마테라피스트

아로마테라피는 꽃과 나무 등의 식물에서 유래한 방향 성분(정유)을 이용해 피로나 스트레스 때문에 나타나는 몸과 마음의 문제를 개선하고 안정시키는 테라피(치료)를 말한다. 뜨거운 물이 들어 있는 컵에 정유를 몇 방울 떨어뜨려 피어오르는 증기를 흡입하고 아로마 포트나 아로마 양초 등을 이용해 방안에 향을 채운다. 정유를 욕조에 떨어뜨려 입욕하거나 수욕과 족욕을 한다. 그 밖에 마사지 오일(트리트먼트 오일)로 몸을 마사지하며 유효 성분을 몸에 흡수시키는 방법도 인기가 있다. 우리나라에는 아직 아로마테라피스트와 관련된 공인 자격증은 없다. 현재 국내에서 활동하는 아로마테라피스트는 대부분 일부 민간협회에서 발급하는 자격증을 갖고 있거나 영국, 일본, 미국 등의 사설기관에서 아로마테라피스트 교육과정을 수료하였다. 최근 아로마테라피에 관한 관심이 높아지면서 관련 협회나 단체가 많이 만들어지고 있으며, 이에 관한 교육과정도 속속 개설되고 있다.

요가 강사

요가는 본래 고대 인도에서 탄생한 수행법이다. 현대에 들어 인기를 끌고 있는 요가는 건강을 위한 요가로 운동 요소가 강하다. 건강에 관심이 많은 미국에서 유행하던 것이 영향을 미친 것으로 보인다. 요가 강사가 되기 위한 공식 자격증은 없다. 독자적으로 인증 자격증을 발행하는 스쿨이나 단체의 강사 양성과정에서 배우는 것이 일반적이다. 요가 학원 등에서 괜찮다고 생각되는 강사에게 어떤 양성과정을 들었는지 물어보는 것도 좋다. 다양한 동작, 호흡법, 요가의 역사 외에 해부생리학과 영양학, 프로그램 짜는 방법, 지도법 등을 배운다. 대부분 인증서를 취득한 뒤 오디션을 보고 요가 학원의 강사가 된다. 그 밖에 스포츠클럽이나 문화센터 등에서 요가를 가르치는 방법도 있다.

필라테스 강사

필라테스는 신체의 중심부에 접근해 내면을 단련하고 비뚤어진 골반과 굽은 등을 바르게 교정하는 운동이다. 신체에 불필요한 부담을 주지 않고 근육을 단련할 수 있다는 것이 특징이다. 요가와 비슷해 보이지만 필라테스는 흉식호흡으로 몸을 계속 움직이며, 명상 등 영적 훈련이 없다는 차이가 있다. 필라테스 학원 등에서 필라테스를 가르치는 강사는 대부분 지도자 자격증을 가지고 있다. 자격증은 필라테스협회 등의 양성과정에서 해부학과 생리학 등을 배운 뒤 실습을 거쳐 시험에 합격하면 취득할 수 있다. 단체에 따라 교육 시스템이 다르며 가르치는 내용도 다르다.

핫스톤 테라피스트

따뜻한 돌을 등이나 가슴에 올려놓고 혈액과 체액의 흐름을 활발하게 하는 핫스톤 테라피 요법을 시술한다. 보통 마그마가 굳어져 만들어진 현무암을 이용하는데, 현무암에서 나오는 원적외선 덕분에 전신의 혈을 누를 때마다 단순한 지압 이상의 효과가 있다. 물질대사가 활발할수록 안정 효과가 높기 때문에 휴식을 원하는 젊은 여성들 사이에서 특히 인기가 높다. 핫스톤 테라피는 본래 미국의 전통 민간요법으로 알려져 있는데, 동양에서도 침을 대신해 따뜻한 돌을 사용한 역사가 있다. 의료는 아니기 때문에 에스테틱이나 핫스톤 테라피 전문 숍에서 시술하는 경우가 많으며, 이를 서비스하는 호텔도 있다. 각지에 있는 핫스톤 테라피스트 양성학원에서 스톤 테라피에 관한 지식과 동양의학, 실기를 배울 수 있다. 테라피스트가 되기 위한 특별한 자격은 없기 때문에 독학으로도 배울 수 있지만 학원에서는 기술뿐 아니라 개업 방법과 숍 운영 노하우 등을 가르쳐주고 직장까지 알선하는 경우가 많다. 여성 손님이 많으며 힘이 세지 않아도 할 수 있기 때문에 여성이 많이 한다.

에스테티션

피부 관리와 탈모 관리, 마른 몸 관리, 손톱 손질, 메이크업 등 머리를 제외한 전신을 관리하는 전문가이다. 고객의 목적과 연령, 체질, 성격에 맞게 미용한다. 피부와 화장품에 관한 지식과 기술은 계속 향상해 나가야 한다. 휴식을 취하려고 오는 손님이 많기 때문에 고민과 불평을 들어주는 일도 적지 않다. 직장은 에스테틱 숍, 미용실, 호텔, 화장품회사, 피트니스 클럽 등이 있다. 독립해 숍을 경영해도 된다. 유럽과 미국에는 인지도가 높은 자격증이 여러 개 있으며 이러한 자격증을 취득할 수 있는 에스테틱 전문학교와 대학교도 다수 있다.

외국어

09

"외국어를 좋아하고
흥미있어 한다."

❶ | 외국어로 외국인과 이야기한다

거리에서 외국인을 만나면 영어 시간에 배운 단어와 문장을 사용해 이야기를 나누고 싶다. 그리고 말이 통하면 매우 기쁘다.

통역

다른 언어를 사용하는 사람들 사이에서 다리 역할을 한다. 외국어를 우리말로, 우리 말을 외국어로, 외국어를 다른 외국어로 신속하게 통역해 양자가 원활하게 의사소통할 수 있도록 돕는다. 기업 시찰이나 무역 상담, 강연회, 국제회의, 텔레비전 뉴스 등에서 주로 활동한다. 어학 실력은 물론 우리말 어휘력과 표현력이 뛰어나야 하며, 상대 국가 의 역사와 문화적 배경, 정치·경제·스포츠 등에 대한 폭넓은 지식과 식견이 있어야 한 다. 외국어를 들으면서 바로 우리말로 바꿔 말하는 동시통역과 메모하면서 듣고 정리한 뒤 통역하는 순차통역 등 경우에 따라 통역 방법은 다양하다. 어떤 경우든 전하고자 하 는 내용을 정확히 파악해 가장 좋은 표현으로 전달하는 것이 중요하다.

관광가이드

　단체 관광을 하는 관광객을 돌보며, 관광객이 여행에 만족할 수 있도록 관광 일정을 책임진다. 여행사에 근무하는 경우와 관광가이드 전문 파견회사에 등록되어 있는 경우가 있다. 대형 여행사는 경영, 준비, 수행 분야가 나뉘어 있는데, 여행에 동행하는 사람이 바로 관광가이드이다. 대개 여행사에서는 준비부터 동행까지 모든 일정에 관여한다. 여행 중 관광객의 질병이나 조난 사고 등의 문제는 줄어들고 있으므로 낮을 가리지 않고 임기응변이 뛰어나며 어디서든 밝은 성격인 사람에게 잘 어울리는 일이다.

국제여객선 승무원

외국을 오가는 대형 여객선은 해상의 호텔과 같다. 여객선에 머무는 시간은 항해에 따라 다른데, 기본적으로 1년의 3분의 1을 바다에서 보낸다. 승무원이 되기 위한 특별한 자격은 없다. 다만 회사에 따라서는 4년제 대학 졸업을 조건으로 하는 곳도 있다. 배와 바다, 여행을 좋아하는 사람에게는 절호의 직업이지만 서비스직이기 때문에 접객이 서툰 사람에게는 맞지 않는다. 항해가 길어지기도 하기 때문에 손님뿐 아니라 동료도 배려할 수 있어야 한다. 외국인 손님을 대하는 경우도 있기 때문에 프런트 승무원이 되려면 외국어 실력도 어느 정도 갖추어야 한다.

취재 코디네이터

국내외에서 방송사·언론사의 취재나 광고 촬영 등을 조정한다. 촬영 장소 물색과 취재 대상 선정, 현지 스태프와 기자재 준비부터 촬영 기간과 제작비 교섭까지 담당한다. 해외에서는 통역을 담당하기도 한다. 촬영 스태프가 단시간에 원활하게 촬영할 수 있도록 준비하는 것이 주요 업무이다. 현지 말을 할 수 있고 인맥이 풍부한 사람이 유리하다. 취재 코디네이터가 되는 정해진 길은 없지만 자신이 일하고 싶은 나라에 있는 여행사에 취직해 인맥을 만드는 방법도 있다. 국내에 체류했던 외국인이 자국에 돌아가 일하는 경우도 많다. 벽지를 촬영할 때는 한 달 전쯤 현장에 들어가기도 한다. 육체적 피로와 사고가 따르기 마련이므로 강한 체력과 정신력을 기본으로 갖추어야 한다. 여행사에서 일하며 티켓과 호텔을 확보하고 손님에게 여행 계획을 제안하는 사원을 여행 코디네이터라고 한다.

여행작가

여행기나 해외여행 정보를 집필한다. 여행작가가 되려면 다른 분야 작가와 마찬가지로 출판사 등에 아는 사람이 있거나 편집자로 일한 경험이 있는 것이 가장 빠른 길이다. 문장력은 기본으로 갖추어야 하며, 그 밖에 해외 생활이 불편하지 않을 정도의 외국어 실력, 인터넷이나 전화, 현지 취재 등을 통한 정보 수집 능력이 필요하다. 출판사에 대한 영업 능력 등 플러스 알파적 능력 없이 여행 기사만으로 먹고살기는 어렵다.

관광청 직원

관광청이란 외국 정부나 지역의 관광을 담당하는 관청으로 국내에는 다양한 나라와 지역의 관광청이 있다. 업무 내용은 해당 국가와 지역의 매력을 널리 알려 관광객을 늘리는 것이다. 텔레비전과 잡지, 이벤트 등을 통한 관광 상품 홍보, 광고, 마케팅 등을 하고 때로는 자기 얼굴과 이름을 걸고 인터뷰를 하기도 한다. 관광청 직원이 되려면 최소한 해당 국가와 지역을 좋아하고, 언어를 구사할 수 있어야 하며, 현지 관습과 문화를 알아야 한다. 일반적으로 대학이나 대학원을 졸업한 사람이 많고 그 나라에서 생활한 경험이 있거나 유학 경험이 있는 사람이 많다. 일반인에게 효과적으로 홍보하려면 상대 국가의 문화뿐 아니라 우리나라의 문화와 풍습 등도 잘 알아두어야 한다.

한국어교사

한국어교사는 국어를 모국어로 사용하지 않는 외국인, 재외동포를 대상으로 한국어를 가르치는 사람으로 한국어교원이라고도 한다. 한국어교사는 초·중·고등학교 정교사 자격과는 별개의 자격으로 전혀 상관이 없다. 한국어교사가 되려면 국어기본법에서 정하고 있는 소정의 요건을 갖추어 한국어교원 자격증을 취득해야 한다. 한국어교원 자격증은 대학이나 대학원에서 한국어학과를 졸업하면 취득할 수 있는 한국어교원 2급 자격증과 단기양성기관에서 양성과정을 이수하고, 한국어교육능력검정시험에 합격하면 취득할 수 있는 한국어교원 3급이 있다. 한국어교원 2급 자격증은 온라인 학점은행제를 통해서도 취득이 가능하며, 한국어교원 3급 자격증과 달리 별도로 시험을 보지 않아도 된다. 한국어교사가 되면 국내외 대학과 부설기관, 외국어로서의 한국어 수업이 개설된 국내외 초·중·고등학교, 다문화가족지원센터, 외국인근로자지원센터, 국내외 세종학당, 세종교실 등에서 활동할 수 있다.

이런 직업도 있다

캐스터 p.49/ 저널리스트 p.61/ 호텔에서 일하기 p.65/ 객실 승무원 p.66/ 항공 지상직 p.67/ 여행 기획자 p.72/ 우주비행사 p.165/ 나사에서 일하기 p.166/ 성악가 p.173/ 앤티크 숍 p.220/ 프로 운동선수 p.285/ 영자신문기자 p.324/ 관광통역 가이드 p.325/ 대사관 직원 p.327/ 국제연합 직원 p.327/ 외교관 p.328/ 영화 자막 번역 p.392/ 파일럿 p.399/ 항공 교통 관제사 p.406/ 용병 p.413/ 미국군 병사 p.414

에세이 | 어학의 달인들

무라카미 류

외국어를 유창하게 구사하는 사람들에게는 어떤 특징이 있을까? '아르헨티나 사투리의 스페인어라면 이 사람이 가장 뛰어날 것이다.' '프랑스어라면 이 사람이 다섯 손가락 안에 들 것이다.' '영어라면 토다 나쓰코다'라고 할 수 있는 외국어 달인을 몇 명 알고 있다. 아르헨티나 사투리의 스페인어를 완벽하게 구사하는 사람은 친구인 카메라맨 곤도 아쓰시이다. 프랑스인이 전화로 들으면 무조건 프랑스인이라고 믿고 마는 프랑스어 달인은 N자동차에 근무하는 O씨이다. 곤도는 조치대학 스페인어학과를 나와 아르헨티나에서 잠시 살았다.

유치원에 다닐 무렵에 외국에서 산다는 것은 해당 나라의 언어를 익히는 데 매우 유리하다. 예를 들어 4세부터 6세까지 외국에 살면서 그 나라 말을 배운 아이는 귀국해서 그 말을 쓰지 않게 되어도 다시 배우면 금방 기억해 낸다. 무엇보다 발음이 다르다. 그 언어 특유의 발음을 귀가 기억하기 때문이다. 그러나 유치원 때 프랑스에서 살았던 사람은 많아도 모두 O씨처럼 프랑스어를 능통하게 구사할 수 있는 것은 아니다. O씨는 N자동차에 입사한 뒤 한동안 파리 지점에서 근무했다. 프랑스어를 사용할 기회가 있었던 덕에 유리했을지도 모른다. 곤도는 유럽과 중남미의 축구를 취재하면서 해외에 나갈 일이 많아 실제로 스페인어를 할 기회가 많았고 그 점에서 유리했다고 할 수 있다.

그러나 두 사람은 각각 스페인어나 프랑스어만큼은 아니지만 영어도 잘한다. 두 사람이 구사하는 스페인어와 프랑스어를 옆에서 듣고 있으면 이 세상에는 태어날 때부터 외국어에 강한 사람이 있다는 생각이 들 정도이다. J라는 아일랜드계 영국인 친구는 모국어인 영어 외에도 프랑스어와 일본어, 스페인어를 한다. 그의 형은 러시아어와 그리스어, 중국어를 하고, 남동생은 터키어와 아라비아어와 힌두어를, 아버지는 폴란드어와 독일어, 네덜란드어, 덴마크어, 핀란드어를 하기 때문에 가족이 모두 모이면 어느 나라 사람과도 대화할 수 있다고 한다.

외국어를 여러 개 할 줄 아는 사람은 나이보다 젊어 보일 때가 있다. 예전에 패리 다카라고 하는 자동차 경주를 취재할 때, 니젤의 광산에서 통역으로 일하는 K란 사람에게 신세를 졌다. K씨는 일본인이지만 그 옛날 프랑스인을 상대로 영국식 영어를 가르친 천재적 외국어 능력자로, 젊은 시절에 유럽에서 중동까지 벤츠를 운전하고 가서 그대로 벤츠를 판매하는 다소 위험한 아르바이트를 했기 때문에 아라비아어도 할 줄 알았다. 나는 이야기를 나누며 K씨를 30대 초반이라고 생각했는데 놀랍게도 실제로는 쉰 살이 넘었다. 그 밖에도 외국에서 그 나라 언어를 마스터하고 갑자기 열 살 가까이 젊어진 사람을 몇 명 알고 있다. 외국어를 마스터하면 외모가 젊어 보이는 것은 무슨 이유일까?

개인적인 의견이지만, 폐쇄적인 장소에서 같은 사고방식과 가치관을 가진 사람들에게 둘러싸여 생활하다 보면 빨리 늙는 것이 아닌가 생각한다. 줄곧 고향에 살면서 관공서나 보험회사에 근무하는 동급생들은 하나같이 나이보다 늙어 보인다. 외국에서 살거나 외국인들과 함께 사는 것은 시골에서 폐쇄적으로 사는 것과 정반대 상황이다. 뇌는 항상 자극을 받게 되고 패션에도 신경 써야 하며, 서로 다른 사고방식과 문화에 적응해야 한다. 그렇지만 피곤하기는 해도 다른 언어로 대화를 나눌 때의 기쁨은 무엇과도 바꿀 수 없다.

미국의 동해안과 쿠바에서《교코》라는 영화를 촬영할 때, 외국인 촬영팀과 함께 일하면서 몸과 마음은 매일 녹초가 됐지만 의사소통이 가능하다는 것만으로도 성취감과 쾌감을 느낄 수 있다는 사실을 깨달았다. 내 생각이 상대방에게 제대로 전달된다는 사실에 기쁨을 느낀 것이다.

외국인에게 자기 생각과 마음을 전했을 때 기쁨과 해방감은 누구나 경험해 봤을 것이다. 물론 언어를 자연스럽게 흡수하는 어린아이가 아니고야 외국어 실력은 정말 조금씩밖에 늘지 않는다. 나카타 히데토시 선수의 매니저는 이탈리아인과 이탈리아어로 말다툼을 할 때 이탈리아어 실력이 많이 늘었다는 것을 깨달았다고 한다. 즉, 어학이 향상되는 과정에는 다양한 단계가 있는데, 그 단계를 통과할 때마다 마치 자신이 다시 태어난 것과 같은 기쁨과 성취감을 맛보게 된다고 한다. 그것이 어학의 달인이 젊어 보이는 이유가 아닐까?

2003년에 쓰다

에세이 | **관광가이드에게 미래는 있는가**

무라카미 류

해외여행이라고 하면 단체 여행이 주류인데 앞으로는 어떻게 될까? 누구나 해외여행을 갈 수 있게 되면서 '런던·파리 8일간' 같은 과거의 전형적인 단체 여행상품은 갈수록 팔리지 않는다고 한다. 여행사 팸플릿이나 광고를 봐도 영국에 가면 테디 베어의 고향을 방문하고, 프랑스에 가면 3성 레스토랑의 디너를 먹고, 이탈리아에 가면 르네상스 미술을 관람하고, 중국에 가면 상하이에서 동양 의학 치료를 받거나 태극권을 배우는 등 개인의 다양하고 섬세한 요구에 맞춘 여행상품이 늘고 있다. 괌이나 사이판, 하와이의 일반 리조트에서도 골프와 서핑을 비롯해 각종 에스테틱과 마사지를 하는 등 건강과 미용을 세일즈 포인트로 하는 기획이 늘고 있다. 외국이면 어디든 좋다고 생각하는 관광객은 확실히 줄어들고 있다.

그런데 테디 베어를 보러 가는 여행의 경우 최소 인원이 두서너 명이다. 여행사로서는 고객의 세세한 요구에 맞추려고 적은 인원을 위한 기획을 많이 준비해야 한다. 물론 '런던·파리 8일간' 같은 식의 단체여행이 사라지지는 않겠지만 줄어들고 있는 것만은 확실하다. 최소 인원이 두 명이 되면 이미 단체여행이 아닌 개인 패키지여행이다. 당연히 관광가이드는 동행하지 않는다. 관광가이드는 현재 파견 회사에서 수시로 파견되고 있으며 전문 가이드를 사원으로 채용하는 여행사는 거의 없다. 2인으로 구성된 여행에 가이드를 붙이면 기획은 적자가 난다.

관광가이드의 수요는 갈수록 줄어들고 있다. 더욱이 해외여행 경험이 있는 사람이 늘어나면서 '공항 이용과 호텔의 체크인이 가능하고 영어를 조금 할 줄 아는 정도'로는 관광가이드를 하기 어려워졌다. 예를 들어, 이탈리아 르네상스 미술을 관람하는 여행이나 영국 가든을 순회하는 여행을 안내하려면 그에 관한 전문 지식도 갖추어야 한다. 앞으로 관광가이드는 '어떤 지식을 갖고 있는지'가 중요해질 것이다. 다만 사람들의 관심은 쉽게 바뀌고 앞으로 취미와 흥미의 폭은 더욱 다양해질 것으로 예상되기 때문에 어떤 분야든 지식이 있다면 인기 있는 관광가이드로 환영받을 수 있다. '해외여행을 좋아하니까 관광가이드가 될 거야' 같은 식의 한가롭고 안이한 생각이 통하던 시대는 끝났다.

2003년에 쓰다

❷ | 외국어로 된 문장·기사·이야기를 읽는다

사전으로 모르는 단어를 찾으면서 외국어 문장의 의미를 파악했을 때, 다른 곳에서는 좀처럼 맛볼 수 없는 성취감을 느낀다. 같은 의미의 말이라도 외국어로는 다른 식으로 표현한다는 사실을 깨닫고 세계는 넓다는 것을 느낀다.

번역가

외국의 문학 작품을 우리나라에서 출판하기 위해 번역하는 외국 문학 번역, 비즈니스와 관련된 문서나 기획서, 매뉴얼 등을 번역하는 기술 번역, 영화나 텔레비전 프로그램, 잡지, 기사 등을 번역하는 미디어 번역 등 장르는 다양하다. 외국어 실력은 물론, 우리말 문장력도 갖추어야 한다. 기술 번역의 경우 전문 지식이 있으면 좋다. 외국 문학의 경우 출판사에서 직접 일

이 들어오는 경우가 많고, 전문학교 강사에게서 일을 소개받거나 이름 있는 번역가 밑에서 일하며 인맥을 쌓는다. 외국 문학을 번역하는 경우, 원작자와 맞먹을 만큼 책임 있는 존재로서 보람 있는 작업이다. 기술 번역의 경우, 번역 회사에 등록해 그곳에서 일을 받는 경우가 많다. 그러나 처음부터 번역만으로 먹고살 수 있는 사람은 적다.

언어학자

언어학과 어학을 같은 것으로 오해하기 쉽지만 전혀 다르다. 언어학은 언어 이론을 과학적으로 연구하는 학문이고, 어학은 언어를 구사하는 능력이다. 언어학자라고 해서 반드시 어학에 능통한 것은 아니며, 오히려 논문이나 발표할 수 있는 수준의 언어학자가 일반적이라고 한다. 다만, 외국어를 연구하는 언어학자는 실제로 그 언어가 쓰이는 지역을 찾아가 조사하는 경우가 있기 때문에 자신이 연구하는 외국어로 의사소통을 하는 데 불편하지 않을 정도는 구사할 줄 알아야 한다. 언어학의 연구 대상은 주로 인간의 언어이지만 경우에 따라서는 동물의 언어도 연구한다. 유행어나 방언 등도 연구 대상이다. 언어학자는 정확한 자료를 수집하고 분석한다. 언어학자가 되려면 대학의 문학부나 외국어학과에 들어가 공부하고 대학원에 진학해 연구를 계속하며 연구자가 되는 것이 일반적이다. 평상시에 사용하는 언어를 날카롭게 관찰하는 능력이 필요하다. 전 세계에는 수천 개에 이르는 언어가 있으며 아직까지 체계적으로 정리되지 못한 언어도 많다. 미지의 세계를 탐험하는 재미를 맛볼 수 있는 분야이다.

영자신문기자

영자신문은 한국에 거주하는 외국인에게는 정보를 제공하고, 영어를 학습하고자 하는 사람에게는 교재로 활용된다. 취재를 하고 원고를 쓰는 작업은 보통의 신문기자와 변함이 없지만 직원 중에 외국인이 있고, 우리말 원고가 있으면 그 기사를 영역하는 것이 주된 업무이다. 그 밖에 외국 통신사의 기사를 게재하기도 한다. 영어 능력은 회화보다 문장력이 중시된다. 기사는 독자가 이해하기 쉽도록 쓴다. 영자신문의 기자는 보통 신문과 달리, 신문사에 이력서나 메일을 보내 결원이 생겼을 때 면접을 본다.

유학 상담원

유학을 생각하는 손님과 상담하고 손님의 요구를 종합적으로 파악한 뒤 그 사람에게 맞는 유학을 제안하고 학교와 항공권, 숙소 등을 수배한다. 대부분 유학원에 취직해서 일하며, 프리랜서는 없다. 첫 상담에서 귀국 후 취직까지 유학 전반을 관리하는 회사가 있는 한편, 큰 유학원에서는 각 업무의 담당자가 나뉘어 있고 업무 내용이 다르기도 하다. 유학 경험이 있으면 고객과 상담할 때 도움이 되며, 취직할 때도 유리하지만 필수 조건은 아니다. 서비스업이므로 오히려 고객의 요구를 적절히 조정하는 화술이 중시된다. 현지 알선을 하는 경우가 있기 때문에 외국어 실력도 어느 정도 갖추어야 한다.

국제회의 기획진행자

세계적 수뇌가 모인 회의부터 월드컵, 학회, 심포지엄 등 여러 국제적 행사의 기획에서 일정과 장소의 조정, 프로그램 내용, 당일 준비까지 담당한다. 해외 참가자와 의사소통이 가능한 수준의 외국어 실력은 필수 조건이다. 주최자의 의도를 파악하는 능력과 어떤 사태에도 대처할 수 있는 순발력과 배짱도 필요하다. 국제회의 기획진행자는 대부분 전문 회사에 취직하여 일한다.

관광통역 가이드

한국을 방문하는 외국인 관광객과 동행하며 명소를 안내하고 외국어로 한국의 문화와 역사에 관해 설명하는 등 여행에 필요한 다양한 안내를 한다. 단순히 외국어 실력이 뛰어난 것만으로는 부족하며 한국의 문화, 역사, 지리, 산업과 정치, 경제 등 폭넓은 지식과 교양을 갖추어야 한다. 함께 명소를 돌아본다는 면에서 관광가이드처럼 힘든 일이지만 외국인에게 한국을 소개하고 좋은 인상을 심어주어 국제 친선에 공헌할 수 있는 보람 있는 일이다. 국가에서 실시하는 관광통역안내사 시험에 합격하면 자격을 취득할 수 있다. 최종 합격률이 낮기 때문에 전문학교 등에서 공부한 뒤 시험을 치르는 사람이 많다. 면허 취득 후에는 여행사와 계약을 맺거나 여행사에 취직한다.

저작권 에이전트

국내의 출판사가 외국 서적을 번역 출판하는 경우 번역권을 획득해야 한다. 저작권을 가진 외국의 저자나 출판사와 국내의 출판사를 중재하는 사람이 저작권 에이전트이다. 대개 에이전시라고 불리는 회사에 소속되어 일한다. 에이전시는 번역서의 인세 일부를 수수료로 받기 때문에 베스트셀러를 다루면 그만큼 수입은 늘어난다. 지금까지는 외국 서적을 한국어로 번역하는 일이 압도적으로 많았지만 최근에는 한국 서적을 번역하는 일도 늘어나고 있다. 비즈니스 외국어는 필수적이고 더욱 넓게 활약하려면 외국 서적을 남보다 앞서 읽고 팔릴 만한 책을 찾아 출판사에 소개하는 능력도 필요하다.

325

❸ | 외국을 동경한다

현재 내가 사는 곳의 '바깥쪽', 즉 바다 너머에는 내가 모르는 세계가 있다. 상상하기 어려운 풍경, 생각해 본 적도 없는 요리와 패션, 별난 축제와 기묘한 형태의 건물이 있다. 언젠가 반드시 그것들을 실제로 보러 가겠다고 마음속으로 다짐하면 용기가 샘솟는다.

대사관 직원

국내에 있는 외국 대사관과 영사관에는 모국에서 파견된 외교관이 있을 뿐 아니라 한국인 직원도 있다. 이들은 사무직으로 비서, 사증 검사 발급, 문화 공보, 번역·통역 등의 일에 종사한다. 전화 상담원이나 운전사 등도 현지 직원이다. 요리사로 고용되는 경우도 있다. 바로 일할 수 있는 경력 있는 사람이 채용된다. 그 나라의 공용어는 물론 영어도 할 줄 알아야 한다. 기본적으로 결원을 보충하거나 새로운 부서가 생겼을 때 채용한다. 대사관 홈페이지에 올라온 구인 정보를 확인한 뒤 응시한다.

관세사

관세사는 국가자격이다. 수출입업자를 대신해 수출입품의 통관 수속을 밟는 통관 업무를 포함해 일련의 수속을 담당한다. 통관 수속, 통관 서류 작성, 세관 관련 수속 등을 처리하고 불복신청 등의 서류에 기명·날인할 수 있는 사람은 관세사뿐이다. 주로 운송업이나 창고업, 수출입을 하는 식품회사나 의류회사에서 일하거나 개인 관세사사무소를 개설하거나 합동관세사사무소나 관세 법인에서 일한다. 시험은 1, 2차로 나뉘며 관세법 개론, 회계학, 무역영어, 관세법, 무역실무 등을 본다. 응시자격은 제한이 없다. 관세사 업무를 하고자 하는 사람은 관세청에 등록을 하고 사무소를 설치한 뒤 세관장에게 신고하면 된다.

국제연합 직원

국제연합 사무국에서는 약 2,800명이, 유니세프 등 국제연합의 산하기관과 유네스코 등 전문기관을 전부 포함한 넓은 의미에서의 국제연합 전체에서는 6만 5,000명이 일한다. 이러한 국제기관의 직원을 국제공무원이라고 한다. 업무 내용은 기관에 따라 다르지만 기본적으로는 경제, 의료, 개발도상국 지원 등 전문가를 중심으로 한 관료 조직이다. 근무지는 전 세계에 퍼져 있다. 각 기관의 직원 채용은 빈자리가 생길 때마다 수시로 하는데, 국제 업무 경력이 상당한 사람을 대상으로 한다. 젊은 직원을 채용할 때는 국제연합 사무국이 국제연합 직원 채용 시험을 치른다. 수험 자격은 '대학졸업', '영어나 프랑스어로 업무 가능' 등이 있는데, 실질적으로는 석사 이상 학력과 경제, 법률에 관한 전문 지식, 2개 국어 이상의 외국어 실력이 필요하다.

외교관

국가를 대표해 다른 나라와 다양한 교섭을 한다. 구체적으로는 조약 체결 등 외교 통상 업무를 비롯해 각국의 정보를 수집·분석하고 우리나라의 정보를 발신한다. 기본적으로는 외교통상부에 근무하며, 외무 전문직원은 특정 지역이나 분야에 대한 전문직 경향이 강하다. 외교통상부에 근무하면서 외교정책 결정에 참여하는 외교관과 세계 각국에 있는 공관에 근무하면서 외교통상부의 지시를 받아 주재국과 교섭하는 외교관이 있다. 외교관이 되기 위해서는 외무고시에 합격하거나 특별 채용으로 선발되어야 한다. 공무원 5급 공개 경쟁 채용시험인 외무고시에 합격해 외교관이 되는 방법이 일반적이다. 특별채용은 특수 분야와 특수 언어를 전공하거나 경력을 쌓은 사람을 비정기적으로 채용하는 것으로 채용인원은 상당히 적은 편이다. 시험에 합격하면 본부와 해외 대사관에서 순환 근무를 하게 된다.

도덕 ¹⁰

"도덕 시간이
지루하지 않다."

❶ | 의견을 말하고 토론한다

학급회의 시간이나 도덕 시간에 어떤 의견과 생각이 떠올랐을 때 어떻게 하면 다른 사람에게 전달할 수 있을지, 어떻게 표현하면 이해하기 쉽고 사람들의 흥미를 끌 수 있을지 생각한다. 상대방 입장에서 발언하고 상대방 의견과 생각을 듣는 것이 얼마나 어려운 일인지 생각한다.

신경정신과 의사

'마음의 병'을 의학적으로 진단·치료한다. 현대의 '마음의 병'은 매우 복잡한데, 좁은 의미에서는 정신분열증과 조울증, 노이로제 같은 신경증을 가리킨다. 최근에는 스트레스가 원인인 심신증도 늘고 있다. 신경정신과 의사는 '마음의 병'을 앓고 있는 환자의 마음 상태를 정확하게 파악해 약물요법, 정신요법, 사회요법 등으로 치료한다. 어떤 질환이든 진단은 환자와 오랫동안 대화를 나누는 것으로 시작한다. 최근에는 주변에서 겪은 충격적 체험 때문에 트라우마(정신적 외상)가 생겨 마음의 병에 걸리는 사례도 늘고 있어 카운슬러(임상심리사)와 공동 작업으로 치료에 임하기도 한다. 마음의 정상과 비정상은 경계가 확실하지 않으므로 인간을 바라보는 유연한 자세가 필요하다. '마음의 병'은 사회의 편견을 불러일으키기 쉽기 때문에 차별과 인권에 대한 올바른 인식도 필요하다.

신경정신과 의사가 되려면 의과대학에서 6년간 의학을 공부하고 의사국가시험에 합격해 의사면허증을 취득해야 한다. 대부분 병원이나 장애인복지시설에서 일하며 개업하는 사람도 늘고 있다.

임상심리사

'마음의 병' 때문에 신체에 이상이 나타나거나 생활하는 데 어려움을 겪는 사람들을 약물요법이 아니라 심리학적 방법으로 치료하는 전문가이다. 카운슬러, 테라피스트라고도 불린다. 스트레스가 많고 복잡한 현대사회에서 필요한 직업 중 하나이다. 일대일 상담을 통해 해결책을 찾기 때문에 환자와 차분히 마주앉아 신뢰를 얻을 수 있는 인간성과 인생 경험, 상대를 틀에 가두지 않는 관용 등이 필요하다. 병원의 신경외과와 정신과, 가정재판소·아동상담소·소년원·소년 감별소·교도소 등의 사법시설, 장애인복지시설·노인복지시설 등 복지 분야나 일반 기업에서 근무한다. 학교에서 아동과 학생들을 상담하는 '상담교사'도 있다. 국가자격인 임상심리사 1, 2급이 있다.

점술가

타로카드와 별자리, 손금 등 각종 도구와 지식을 구사해 인간의 운세와 길흉을 예상하거나 예언한다. 프로와 아마추어의 경계가 불분명한 직업인데, 몇 군데 있는 점술협회에 소속되는 것이 점술가라는 것을 증명하는 하나의 수단이다. 수입은 편차가 커서 점술가로 생계를 유지하는 사람은 강연회를 열거나 대중매체에 출연하거나 고정 손님이 있는 일부뿐이다. 특수한 능력보다는 꾸준히 공부해 점술에 관한 지식과 기초를 닦고 사람의 마음을 열 수 있는 카운슬링 능력이 필요하다.

변호사

사회에서 일어나는 갖가지 문제를 해결하기 위해 노력하고 의뢰인의 기본적 인권을 보호하는 법률 전문가이다. 처음에는 베테랑 변호사의 법률사무소에 들어가 일하면서 자금을 모은 뒤 독립하는 것이 일반적이다. 최근 뉴스나 텔레비전 드라마에서 형사사건을 다루는 변호사가 각광을 받고 있는데 대다수 변호사는 임차문제나 이혼소송처럼 사적 분쟁과 관련된 민사사건을 주로 다룬다. 그러나 사회가 복잡해진 오늘날에는 비즈니스 분야에서 기업 법무에 종사하는 변호사와 2개국 이상이 관

여된 국제거래의 법률문제에 종사하는 변호사 등 변호사의 활동 영역도 법정 밖으로 확대되고 있다.

판사

전국 각지의 재판소에서 민사, 형사, 행정, 가정, 소년 소송 사건을 심사한 뒤 법률에 근거해 판결을 내린다. 국민의 권리를 수호하며 법질서를 유지한다. '법관은 헌법과 법률에 의하여 그 양심에 따라 독립하여 심판한다'라고 헌법에 정해져 있으며, 다른 어떤 국가 기관의 간섭도 받지 않는다. 판사는 사실 인정에 관해서는 자주적 의견을 최대한 이끌어내고, 형량에 관해서도 자유롭게 의견을 말해야 한다. 판사가 되기 위한 방법으로는 크게 사법시험에 합격하는 것과 로스쿨에 진학하는 것 두 가지 방법이 있다.

검사

경찰과 협력해 법률에 위반된 범죄와 사건을 조사한다. 혹은 직접 피의자를 심문해 피의자의 기소·불기소 여부를 판단한다. 기소한 경우 공판장에서 증거를 입증해 피고 측 변호사와 논쟁하고 실형이 결정되면 형 집행을 지휘한다. 검사는 국가 또는 공익의 대표자로서 지위를 가지며, 원고로서 피고를 소추(訴追)하고 구형하는 피고인의 반대 당사자이지만, 동시에 법령의 정당한 적용을 청구하고, 피고인의 정당한 권리와 이익을 보호하며, 인권옹호에 관한 직무(경찰유치장 순시·감찰 등)를 수행해야 할 지위도 가진다. 검사는 국가가 시행하는 사법시험에 합격한 뒤 일정한 연수과정을 마친 사람 중에서 대통령이 임명한다. 검사가 되는 데는 두 가지 방법이 있다. 첫째, 기존의 사법시험제도로 학력에 제한 없이 사법시험에 합격한 뒤 2년간 사법연수원 과정을 수료하면 검사가 되는 방법이다. 그러나 이 제도는 법학전문대학원(로스쿨)제도의 도입으로 폐지될 예정이다. 둘째, 법학전문대학원(로스쿨)제도로 4년제 대학 이상의 학력이 있는 사람이 법학전문대학원에 입학해 3년간 수학한 뒤 시험을 통과해 검사가 되는 방법이다.

정치가

일반적으로 정치를 직업으로 하는 사람을 의미하는데, 역사적으로는 그러한 사람은 다양하게 변화되어 왔다. 소부족의 수장을 비롯해 영주와 그 가신, 군주와 그 가신들까지는 군사나 행정에 관계하는 사람과 정치가가 미분화되었다. 그러나 자본주의의 발달과 평행한 근대 의회민주주의 이후 전형적으로 선거에서 선출된 각종 레벨의 의원, 대통령, 수장, 총리 등을 가리킨다.

　정치가는 다양한 집단과 그룹의 이해관계를 조정하는 방법을 찾아 문제를 해결한다. 이는 사실 상당히 번거로운 일이고 타산이 맞지 않는다. 집단 내 모든 그룹과 모든 사람을 만족시킬 수 있는 정책이 있을 리 없기 때문에 정치가는 항상 누군가에게 원한을 산다. 따라서 고대 카이사르부터 현대까지 암살된 사람은 대부분 정치가이다. 제2차 세계대전 후 한국에서는 정권 교체가 있을 때마다 반드시 전 정권의 중심에 있던 사람들이 암살되거나 체포되었다. 권력의 중심에 있을 때 누군가의 원한을 샀기 때문이다.

　앞으로는 NPO나 NGO 등에서 국제적으로 활동하면서 이해 조정의 어려움과 중요성을 깨달은 사람이 정치에 참여하기를 바란다. 또는 기업 활동과 환경보호 운동에 오랫동안 깊이 관여한 사람이나 기업과 은행을 훌륭하게 되살려낸 사람, 지역사회와 교육의 활성화를 위해 힘써온 사람 중에서 정치가가 나와야 한다.

　권력욕이 있고, 목소리가 크고, 얼굴이 두껍고, 남을 잘 다루고, 힘이 넘치고, 권모술수에도 능한 열세 살은 처음부터 정치가에 뜻을 둘 것이 아니라 NPO나 NGO 등에서 지식과 기술을 연마하며 경험을 쌓기를 권한다.

이런 **직업**도 있다

에세이 | 사법과 관련된 직업과 사법제도의 개혁

그동안 변호사나 판사, 검사가 되려면 사법시험에 합격해야 했는데, 사법시험은 '가장 어려운 시험'으로 일컬어졌다. 그러나 현실적으로 사법 현장에서 요구되는 변호사는 법률 지식은 물론 금융이나 최신 의학 등에 정통한 변호사로 변해 가고 있다.

사법제도 개혁의 일환으로 생겨난 것이 법학대학원(로스쿨)이다. 로스쿨은 변호사를 양성하기 위한 전문대학원 과정으로, 법학 이외의 학문을 전공으로 이수한 학부 졸업생을 대상으로, 실무 위주의 법률 교육을 시행하는 법학전문대학원이다. 1870년 미국 하버드대에서 처음 도입되었다. 이론보다는 사례 중심의 실무 교육을 하는 로스쿨을 졸업하면 각 주의 대법원이 관장하는 변호사 자격시험에 응시할 수 있는 기회가 주어지고 시험에 합격하면 변호사 자격을 취득하게 된다.

우리나라의 경우 로스쿨제도가 도입되기 이전에 법조인(판사·검사·변호인)이 되려면 사법시험을 통과해야 했다. 그러나 로스쿨제도가 도입된 후 학부 전공과목과 관계없이 4년제 대학 졸업자는 로스쿨 진학을 위한 법학적성시험(LEET)을 통과하여 3년 과정을 이수하면 변호사 자격시험에 응시할 수 있는 자격이 주어진다. 로스쿨제도는 1995년 법조인 양성제도의 개혁안으로 처음 거론되었고, 2008년 8월 24일 첫 시험이 시행되었다. 최소 6학기를 이수한 학생에 대해 변호사 자격시험에 응시할 수 기회가 주어지는데, 응시 횟수에는 제한이 있다. 기존 사법시험은 2009년부터 5년 동안 로스쿨제도와 함께 시행되다가 2017년 이후 폐지될 예정이다.

❷ | 무엇이 옳은지 생각하고 사회에 도움이 되고 싶다

어떤 문제의 옳고 그름을 직접 판단하기는 매우 어렵다. 옳고 그름을 판단하기 위해서 무엇이 필요한지를 생각하고 다른 사람의 의견에도 귀를 기울인다. 공평한 사회를 실현하고 많은 사람을 행복하게 하기 위해 지식과 실력을 쌓는다.

복지시설에서 일하기

복지시설에서는 일상생활에서 여러 가지 어려움을 겪는 사람들을 상담하고 돕는다. 복지시설은 목적에 따라 세분되는데, 예를 들어 복지에 관한 종합 행정 기관인 복지관, 신체·정신 보건에서 식사 지도까지 폭넓은 분야에서 지역에 밀착된 서비스를 행하는 보건소·보건센터, 신체와 정신에 장애가 있는 사람을 돌보는 전문 시설, 가정 내 폭력과 경제적 이유로 근심하는 여성을 돕는 시설 등이 있다. 공립시설에서 일하는 직원은 공무원이기 때문에 이곳에서 일하려면 공무원 시험에 합격해야 한다.

복지와 관련된 기업에서 일하기

휠체어와 환자용 변기, 환자용 침대 등 간호용품을 판매하고 대여하는 회사가 있다. 이러한 회사는 복지·간호 서비스가 재택을 중심으로 돌아가면서 장차 많은 수요가 예상된다. 이 밖에 재택 간호나 가사 대행 서비스를 하는 민간 기업도 있다. 침구 회사와 택배 업계에서도 노인 복지와 관련된 서비스를 다루기 시작했다. 복지와 관련된 기업에 취직하려면 복지 관련 학과에서 공부하거나 복지와 관련된 자격증을 취득하면 유리하다.

사회복지사

복지 분야 전반에 걸쳐 코디네이터 역할을 수행한다. 신체·정신상 장애 외에 여러 가지 사정으로 일상생활을 하는 데 어려움을 겪는 사람과 그 가족을 상담하고 조언하며 사회적 지원을 연결해 준다. 근무지는 복지관 같은 행정기관이나 시설, 병원 등 다양하다. 복지관의 경우 '사회복지사', 시설의 경우 '생활지도원', '상담원', 병원의 경우 '의료사회복지사(MSW)', '정신보건 사회복지사(PSW)' 등 저마다 다른 명칭으로 불린다. 행정기관이나 공립시설에서 일하려면 공무원 시험에 합격해야 한다. 이 일을 하려면 기본적으로 국가자격증인 사회복지사나 정신보건 사회복지사 자격증이 있어야 한다. 자격증을 취득하는 길은 다양한데, 4년제 대학 복지 관련 학과에서 지정 과목을 이수하고 국가시험을 치르는 것이 일반적이다.

간병인

일상생활에서 불편을 겪는 사람을 보조하고 간호한다. 특히 간호 시설에서 일하는 사람을 가리킨다. 사회복지사와 마찬가지로 공립·사립을 불문하고 근무지가 다양하다. 공립시설에서 일하는 경우 일반 행정직 공무원 시험에 합격해야 한다. 국가자격인 간호복지사를 취득하는 것이 취직의 조건이 되고 있다. 2004년 4월에 간호 보험이 실행된 덕분에 유자격자의 수요는 더욱더 늘어가는 추세이다. 그러나 졸업과 동시에 자격을 취득할 수 있는 복지 전문학교가 늘고 있어 자격증 여부는 물론 개개인의 자질도 묻고 있다.

홈 헬퍼(방문 간호사)

고령자나 신체·정신에 장애가 있는 사람의 집을 방문해 간호하고 가사를 돕는다. 구체적으로는 입욕·배설·이동·식사를 돕고 취사·청소·빨래를 한다. 되도록 환자 본인이 자립해서 생활할 수 있도록 필요한 지원을 하며 그 가족의 부담을 줄이는 역할도 맡는다. 개인 방문간호사업소(헬퍼 스테이션)나 간호시설, 병원 등에 병설된 방문간호사업소에서 일한다. 이 직업과 관련된 기초 자격증에는 방문 간호사가 있다. 더욱 상위의 자격증으로는 국가자격인 간호복지사가 있다. 간호복지사 자격증을 취득한 사람이 취직이나 대우 면에서 유리해 방문 간호사로 3년 이상 실무경험을 쌓은 뒤 국가시험에 도전하는 사람이 많다.

가이드 헬퍼(외출 간호사)

중증 장애인이나 중증 환자가 외출할 때 동행한다. 주로 고령자를 돌보며, 현재 인력이 부족한 전문직이다. 각 지역에서 행하는 연수를 받고 가이드 헬퍼 자격을 취득하면 된다. 다른 직업에 비해 인지도가 낮지만 그렇기 때문에 오히려 장차 수요가 전망되는 직업의 하나이다.

의료 사회복지사

환자나 그 가족이 안심하고 치료를 받도록 상담하고 환자에게 필요한 기관과 연락하거나 조정하는 일을 한다. 구체적으로는 치료비 문제, 요양 중의 육아, 가족과의 관계, 다른 병원 소개 등을 한다. 환자의 사회 복귀를 돕기도 한다. 일반적으로는 대학의 복지 관련 학과를 나와 사회복지주사 임용 자격을 취득한 뒤 병원이나 진료소, 보건소, 간호 시설 등에 취직한다. 현재 전용 자격증은 없지만 고령화 문제에 대비하기 위해 국가자격의 필요성이 논의되고 있다. 즉 복지와 관련된 다른 직업에 비해 전문 영역이 확립되지 않았다. 따라서 업무 내용을 자신이 직접 개척해 나가야 하지만 장차 사회에 꼭 필요한 직업이다.

정신보건 사회복지사

1997년에 정신보건복지사법에 따라 창설된 국가자격이다. 주로 정신지체 장애인을 대상으로 환자의 자기 결정권을 침해하지 않으면서 지역의 관계 기관과 제휴해 다양한 문제를 해결한다. 구체적으로는 치료상 문제를 해결하고 사회 복귀를 위한 조언과 지도, 일상생활을 위한 훈련을 지도하며, 정신과 등에서 일한다. 정신보건 사회복지사 자격은 대학의 복지 관련 학과를 나와 국가시험을 치른 뒤 취득하는 것이 일반적이다. 정신의학의 발달과 함께 환자의 사회 복귀와 관련된 이 직업은 점차 수요가 증가할 것으로 보인다.

가정재판소 조사관 · 보호관찰관 · 법무교관

복지 분야에서 범죄와 관련된 대표 직업은 이 세 가지이다. 가정재판소 조사관은 가정재판소에서 일하며 가사 사건 · 소년 사건을 행동 과학의 시점에서 조사 · 진단하고, 그 가족과 범죄를 일으킨 소년의 상담과 치료를 행한다. 보호관찰관은 국가공무원의 일종으로, 범죄자나 범죄행위를 한 성인 · 소년의 배경을 파악한 뒤 갱생할 수 있도록 보살피고 돕는다. 법무교관은 소년원이나 소년감별소에서 일하며, 시설에 있는 소년의 사회적 부적응성을 해소하고 사회에 복귀할 수 있도록 원조 · 지도를 아끼지 않는다. 이러한 직업은 모두 공무원이기 때문에 급격한 수요 증대를 기대하기는 어렵다. 그러나 소년범죄의 연령이 점차 낮아지면서 우수한 인재를 필요로 한다.

수화 통역사

수화는 청각에 장애가 있어 대화로 의사소통이 어려운 사람에게 손과 손가락 모양으로 말과 의미를 전달하는 기술이다. 손과 손가락의 형태, 움직임, 위치로 음과 단어를 만들며 수화로 표현할 수 있다. 일반적으로 같은 말을 입술로 말하는 구화를 하면서 수화를 한다. 수화 통역을 하려면 복지학과가 있는 전문학교에서 수화를 배우거나 수화학원, 관련 단체, 지자체가 실시하는 수화 강좌 등에 참가해 독학에 가까운 형태로 배운다. 수화 통역사가 되면 파견 사업 회사에 등록해 개인이나 단체의 의뢰를 받아 일하게 된다. 수화 기술과 더불어 폭넓은 일반교양과 청각장애인에 대한 정보와 지식을 갖추어야 한다. 보람과 성취감이 있는 일이지만 현재로서는 직업이라고 하기 어렵다. 수화 통역사는 대개 다른 일을 하면서 봉사활동 형태로 활동한다. 우리나라의 경우 국가공인민간자격인 수화 통역사 자격증이 있다.

생명의 전화 상담원

자살을 생각하는 사람과 그 가족의 전화와 팩스를 24시간 익명으로 받고, 자살을 방지하기 위해 상담을 한다. 지역에 따라 자격 조건이 다르지만 일반적으로 상담원이 되려면 25세 이상 58세 이하로 소정의 심사를 받고 2년간 연수를 마쳐야 한다. 연수에 필요한 비용은 자기 부담이다. 전국 51개소에 가까운 센터에서 7,500명 정도가 상담원으로 활동한다. 해마다 자살자 수와 자살 미수자 수가 늘어나 생명의 전화 상담원의 수는 부족한 실정이다. 해마다 1회 모집에 수많은 사람이 몰리는데 모든 상담원은 자원봉사이고 보수는 전혀 없다. 타인의 고민에 진지하게 귀 기울일 수 있는 자세가 필요하다.

상담교사

학생들이 학교생활을 알차게 할 수 있도록 교우 관계, 이성 문제 등에 관해 상담한다. 교사나 보호자에게 조언을 하거나 이들과 협력하여 등교 거부 같은 문제를 해결하는 데도 힘쓴다. 다양한 상담 내용에 대해 친절하게 대응할 수 있는 인내심이 필요하다. 현재는 상담교사가 되는 확실한 길은 없지만 임상심리사, 학교심리사 자격증을 조건으로 두는 곳도 있으므로 심리학을 공부해 이러한 자격증을 따두면 좋다. 상담교사 대부분이 계약직이고 근무 조건과 수입이 불안정한데다가 모집 인원도 많지 않다. 직업으로 자리 잡은 지 얼마 되지 않기 때문에 스스로 길을 개척하고 노하우를 쌓는 노력이 필요하다.

간호 시설 직원

고령자나 장애인에게 간호 서비스를 제공하는 간호 시설에서 입거자의 입욕·배변·이동 등을 보조하고 식사, 실내 정돈, 청소, 의류 세탁, 시트 교환, 레크리에이션, 재활 운동 등을 지원한다. 청소, 세탁, 조리, 레크리에이션 등 간호와 관련되지 않은 분야도 있지만, 입거자의 신체에 직접 닿는 신체 간호에 종사하는 직원은 적어도 방문 간호사 자격을 취득해야 한다. 국가자격인 간호 복지사 자격을 취득한 사람도 많다. 간호 복지사 자격증은 복지 관련 양성시설을 졸업(원칙은 2년 코스)하거나 3년 이상 간호 실무경험을 거쳐 국가시험에 합격하면 취득할 수 있다. 이전에는 대부분 국가나 사회복지법인(NPO)이 간호 시설을 세웠지만 최근에는 민간 기업이 세운 간호 시설도 늘고 있다.

초등학교 교사

초등학교 교원 양성 과정이 있는 대학에서, 초등학교에서 배우는 교과과목과 교육학, 심리학을 바탕으로 한 교직과목을 이수하고 초등학교 교원 면허를 취득한다. 그 후 공립의 경우 각 지역의 채용 시험을 치러 합격한 뒤 채용 후보자 명단에 이름이 올라가면, 결원 상황에 따라 채용이 결정된다. 사립의 경우 각 학교의 교육 방침과 교풍에 어울리는 인재를 찾아 독자적으로 채용한다. 시험에는 일반교양 등 필기시험을 비롯해 수영과 피아노 연주 등 실기도 포함된다. 저출산의 영향으로 학급 수가 줄어들어 학교에 들어가기가 상당히 어려워졌다. 초등학생에게 교사는 부모 다음으로 가까운 어른이며, 여러 가지 면에서 많은 영향을 미치기 때문에 단순히 아이들을 좋아하는 것에 그치지 않고, 아이들과 함께 성장하고자 하는 마음가짐을 갖추어야 한다.

중·고등학교 교사

중·고등학교 교사는 교과 담임제로, 교원 자격증도 교과별로 나뉘어 있다. 따라서 교육학부가 아니어도 전문 과목과 교직 과목을 이수하면 자격을 취득할 수 있다. 교사가 되려면 공립의 경우, 각 지역의 교원 임용 시험에 합격한 뒤 채용을 기다린다. 다음 해의 학생 수와 퇴직 교사 수가 확정될 때까지 계속 대기하며, 결원이 발생하면 채용이 결정된다. 학생 수가 줄어들면서 교원 채용 수도 격감해 경쟁률은 중학교가 40~50배, 고등학교가 100배에 달한다. 학급 정원을 30명으로 하는 대대적 교육 개혁이 일어나지 않는 이상 어려운 상황이 계속될 것으로 예상된다. 사립의 경우 초등학교 교사와 마찬가지로, 학교별로 독자적으로 채용한다. 일부 지역에서는 사학협회의 교원 적성검사를 실시해 참고한다. 면접에서는 담당과목에 대한 애착이 호감을 불러일으킨다고 한다. 대학 교수나 졸업생에게서 추천과 소개를 받는 경우도 많다. 최근에는 공립·사립 모두 사회인까지 대상 폭을 확대하고, 스포츠나 예술 분야에서 우수한 인재를 채용하는 등 개성 넘치는 자질을 갖춘 사람을 채용하는 경향이 강하다. 교육 현장이 황폐해지는 상황에서 학생과 신뢰 관계를 구축해 나갈 너그러운 인간성이 요구된다.

보육사

보육원에서 영아부터 미취학 아동을 보육한다. 보육사가 되려면 보육사 양성 학교와 시설에서 지정과목을 배우거나 보육사 시험에 합격해야 한다. 보육사의 기본 역할은 가정에서 아이를 키우는 데 부족한 점을 지원·보완하고, 보호자인 부모와 자녀 관계가 원만하도록 돕는 것이다. 그러기 위해서는 보육사 자신도 부모와 자녀 간에 신뢰 관계를 구축해야 하며, 밝고 인간성 넘치는 사람이어야 한다.

가정교사

초·중·고등학생을 대상으로 학생들 집에서 일대일로 학습 지도를 한다. 대개 대학생이 아르바이트로 하는데, 가정교사로 일하며 생계를 잇는 사람도 있다. 지인의 소개나 가정교사 파견회사에 등록하는 등 일자리를 찾는 방법도 다양하다. 고학력일수록 인기도 높고 수입도 많다고 생각하는 사람이 많지만, 무엇보다 중요한 것은 학생을 대하는 열의와 본인의 인품이다. 학생 개개인에게 맞는 학습 방법을 개발해 지도해야 한다. 학력이 높다고 해서 반드시 훌륭한 교사는 아니다. 저출산의 영향으로 자녀 수가 줄어들고 있지만 그만큼 아이 한 명에 대한 교육열은 높아졌기 때문에 여전히 수요가 많다.

학원 강사

국공립학교가 '전인교육'을 표방하고 인격 형성에 중점을 두면서 학부모들의 기대는 입시학원으로 쏠리고 있다. 학원 강사는 지금까지 입시 출제 경향을 분석하고, 학생들에게 효율적으로 수험 대책을 전수한다. 학생들의 실력에 맞게 진학 지도도 한다. 아이들과 생활하며 기쁨을 얻기도 하지만, 본분은 진학 지도이다. 명문대학교 진학률이 학원을 평가하는 기준이 된다. 저출산의 영향으로 학생 수가 감소하고 있기 때문에 학생을 확보하는 일도 중요하다. 강사가 직접 전화를 걸어 권유하거나 여름방학 수업에 다양한 과정을 편성하는 등 학생 유치에 힘쓴다. 보통 학교가 끝난 뒤 학원 수업이 시작되기 때문에 밤늦게까지 학생들을 가르치고 다음 날 수업을 준비한다. 낮 시간대에는 영업을 하는 사람이 많다. 학원 강사가 되려면 기본적으로 대학을 졸업해야 하며, 교원 자격증을 취득하면 도움이 된다. 진학 지도를 하는 학원 강사 외에 학교 수업을 따라가지 못하는 아이들을 위해 보충 수업을 하는 강사도 있다.

입시학원 강사

입시학원에서 고등학생이나 재수생을 대상으로 대학 입시를 위한 강의를 한다. 각 입시학원에서 독자로 채용 시험을 치르며, 전문 과목의 필기시험과 수업 실기시험에 합격하면 강사로 채용된다. 대부분 1년 단위로 계약하며 다른 직업에 종사하면서 부업으로 강사를 하는 사람도 있다. 수입은 인기와 경험에 따라 달라지는데, 연예인처럼 인기가 있고 참고서와 문제집을 다수 집필해 고수입을 올리는 사람도 있다. 입시에 관한 지식은 물론이고 학생들이 알기 쉽게 전달하는 능력이 중요하다. 입시학원 강사는 인기 있는 직업으로, 학생들을 끌어당길 수 있는 인간성도 중요한 요소이다.

대학교수

　대학교수는 저마다 전문 분야가 있으며, 대학이나 부속 연구 기관에서 연구하면서 학생들을 대상으로 강의한다. 보통 대학원 박사 과정을 수료한 뒤 조수나 강사 자격으로 대학에 들어가 조교수를 거쳐 교수가 된다. 연구 논문을 집필해 대학이나 학회에서 평가받아야 한다. 그러나 채용되려면 결원이 생기기를 기다려야 하기 때문에 교수가 되는 길은 멀고도 험하다. 정말로 학문을 좋아하지 않으면 할 수 없는 일이다.

　한편, 스포츠계나 예능계, 금융, 행정 같은 여러 분야에서 뛰어난 재능과 실적을 인정받아 교수로 초빙되는 경우도 많다. 국제화, 다양화 시대를 맞아 새로운 분야의 학문도 생겨나고 있으며, 신설되는 학과도 늘고 있다. 본래 종신고용이 기본이었지만, 대학 간 이동이 활발하지 않고 연구 내용과 교수의 자질이 떨어진다는 지적이 나오면서 임기제와 학생 평가 제도를 도입하는 대학이 늘고 있다. 학생들이 흥미로워하는 수업을 하는 등 단순히 학문을 가르치는 것에 머물지 않는 자세가 요구된다.

유치원 교사

　유치원에서 3세부터 초등학교 취학 전까지의 유아를 교육한다. 유치원 교사가 되려면 4년제 대학이나 전문대학 유아교육과를 졸업한 뒤 유치원 교원 자격증을 취득하여 사립 유치원 모집에 응모하거나 지역 단위로 실시되는 교원 채용 시험에 응시하면 된다. 유아교육은 인격형성의 기초가 되는 시기에 아이들 개개인의 개성을 살리고, 놀이를 통해 협동심과 자립심을 배양해 사회성을 길러주는 보람 있는 직업

이다. 다만, 아이 한 명 한 명의 심리와 신체 상태를 민감하게 파악해 대처해야 하기 때문에 육체적·정신적으로 중노동에 해당한다. 저출산이 계속되면서 채용 인원은 감소하는 경향이 있지만 출산이나 육아로 일을 그만두는 유치원 교사가 적지 않아 인력이 충분하지 않다. 유아교육의 중요성이 사회적으로 확대되고 있고, 남성적 요소를 도입해 균형을 이루자는 의견이 제기되면서 남성 교사도 늘어날 예정이다.

대안학교 교사

대안학교라고 하면 일반적으로 '등교를 거부하거나 은둔형 외톨이처럼 학교에 가지 않는 아이들을 위한 학교'라는 인식이 있다. 최근에는 그 성격을 이용해 경도의 발달 장애를 앓는 아이들을 위한 학교로도 그 역할을 다하고 있다. 종합적인 학습을 지도하고 아이들과 학부모 상담도 겸해야 하기 때문에 교원 면허증과 심리치료사 등의 자격증이 있으면 도움이 된다. 대안학교에는 인가를 받은 학교와 인가를 받지 않은 학교가 있으며, 인가를 받은 대안학교의 경우 교원 자격증이 필요하지만 비인가 대안학교의 경우 특별히 교원 자격증이 필요하지 않다. 채용공고는 인가된 대안학교의 경우, 도교육청 홈페이지, 학교 홈페이지를 참고하고, 비인가 대안학교는 대안교육연대, 대안학교 홈페이지를 참고하면 된다.

특수학교 교사

특수학교에서 장애가 있는 아이들을 가르친다. 시각장애 아동들을 위한 맹학교, 청각장애 아동들을 위한 농학교를 비롯해 비교적 장애가 가벼운 아이들을 위한 일반학교의 특수학급 등이 있다. 정신적·육체적으로 고된 직업이지만 가르치는 아이가 지금까지 하지 못했던 일을 해냈을 때 큰 보람을 느낀다. 어떤 일에도 포기하지 않는 강한 끈기와 밝고 명랑한 성격이 요구된다. 또 다른 교직에 비해 급여가 높다는 것도 장점이다. 우리나라의 경우 특수학교 교사가 되려면 대학에서 특수교육을 전공하고 특수교육 2급 정교사 자격증을 취득해야 한다. 국·공립 특수학교에 들어가려면 교원 임용 시험에 합격해야 한다.

베이비시터

직장에 다니는 어머니가 집을 비울 때 아이를 돌봐주는 일을 한다. 재택 보육이라고도 하며, 보육사나 유치원 교사 자격증이 있으면 유리하다. 놀이, 학습, 식사, 목욕 등 아이의 연령에 맞는 보육이 요구된다. 아이를 좋아해야 할 뿐 아니라 급작스러운 사고 등 예기치 못한 시태가 일어나기도 하므로 임기응변이 뛰어나고 책임감이 강한 사람이 적합하다. 아이들이 좋아하고 부모로부터 신뢰를 얻는 것이 중요하며, 좋은 관계가 형성되면 일을 계속하지만 그렇지 않으면 금세 일자리를 잃고 만다. 일하는 여성이 늘어나고 휴일에 부부끼리 외출하는 사람이 많아지면서 일할 기회는 많아지고 있다. 행사 등에 아이를 데리고 참가하는 부모를 위해 베이비시터를 준비해 두는 공공시설도 늘고 있다. 자격증은 특별히 없으며 일반적으로 파견회사에 등록해 시간제로 일한다. 대학생부터 육아를 끝낸 중년층까지 베이비시터로 일하는 사람의 연령은 다양하다.

커리어 카운슬러

일이나 인생에서 전환기를 맞이한 사람을 상대로 상담을 한다. 어떤 일을 할지 고민하는 사람, 일자리를 찾는 사람과 취직자리를 연결하는 중간 역할을 한다. 상담을 통해 상담자 자신도 모르게 품고 있는 불안과 희망을 유도해 낸다. 사회·고용 환경이 빠르게 변하는 현재, 상담자 수도 계속 늘고 있다. 단순히 경력과 학력만으로 일자리를 알선하는 것이 아니라 이야기를 주의 깊게 들으며 상담자 본인도 깨닫지 못한 관심 분야와 숨겨져 있는 능력을 이끌어낸다. 고용 형태가 다양해지고 새로운 직종이 수없이 나타나기 때문에 그것을 파악하는 조사 능력도 필수적이다. 커리어 카운슬러가 되기 위한 특별한 자격증은 없다. 그러나 단순히 이야기를 듣는 것이 아니라 정확하고 성실한 조언도 할 줄 알아야 하므로 기업의 인사 담당자나 인재 소개 사원, 파견 회사 컨설턴트로 일하며 경험을 쌓는 것이 좋다. CDA(Career Development Adviser) 같은 커리어 카운슬러 실무 자격증을 취득하는 사람도 있다. CDA 자격증을 취득하려면 미국 커리어개발협회의 커리큘럼을 개량한 6개월 과정의 강좌를 수강해야 한다. 자격 취득 후에도 계속 학습해야 한다.

보건 교사

학교 보건실에 상주하며 학생이 아프거나 부상을 당했을 때 응급 처치를 하고, 건강 상담과 건강 관찰을 통해 학생들의 심신 건강을 파악한다. 보건이 주 업무이며 신체검사, 환경 위생검사, 보건 위생 교육 등을 계획하고 실시한다. 때로는 보건 교육과 성교육 수업을 하기도 한다. 보건 교사가 되려면 보건 교사 자격증이 있어야 하며, 4년제 대학 간호학과를 졸업하거나, 전문대학 간호학과에서 소정의 교직 학점을 이수해 간호사 면허증을 취득하면 보건 교사 자격증을 취득할 수 있다. 국·공립학교의 보건 교사로 들어가려면 교원 임용 시험을 치러야 한다. 최근에는 아동의 심리 치료도 중요한 업무로 여겨지고 빈번하게 발생하는 신체적·심리적 아동 학대도 보건 교사는 발견하기 쉬우므로, 조기 발견과 조기 대응에서 그 역할이 기대된다.

경찰관

경찰관의 직무로는 범죄의 예방·진압과 수사, 경비·요인경호와 대간첩작전 수행, 치안정보의 수집·작성·배포, 교통 단속과 위해 방지, 기타 공공의 안녕과 질서유지 등이 있다. 경찰관의 계급은 치안총감·치안정감·경무관·총경·경정·경감·경위·경사·경장·순경으로 나뉘어 있다. 경위 이하의 경찰관은 원칙으로 일반경과·전투경과·특수경과(해양경과·항공경과·통신경과·운전경과)로 구분한다. 경찰관 임용은 시험성적, 근무성적, 기타 능력에 따라서 행한다. 경찰관은 선서, 성실, 허위보고 금지, 복종, 직장이탈 금지, 지휘권 남용 금지, 정치 관여 금지, 집단행위 금지, 제복착용, 무기휴대 등의 의무를 가진다. 우리나라는 경찰청을 정점으로 16개 지방경찰청과 229개 경찰서, 3,229개 파출소를 두고 있다.

- 지역: 파출소 근무 등 지역과 밀접한 활동
- 형사: 범죄 수사, 취조 등
- 교통: 교통사고 방지와 처리
- 생활안전: 범죄, 소년비행, 마약과 총기 단속 등
- 경비: 요인 경호, 재해구조활동 등
- 관리: 인사, 총무 등의 사무

이와 별개로 경찰에는 형사, 오토바이·패트롤카 운전, 감식 같은 전문직도 있다. 이러한 업무를 희망하는 사람은 근무 실적 등을 고려한 뒤 연수를 받게 된다. 조건을 만족하면, 예를 들어 오토바이에 관한 특별 훈련을 받으면 그 뒤에는 각 경찰서에 배속되거나 교통기동대원이 되어 활동한다. 더욱 전문적인 지식을 습득하기 위해 외부 교육기관에 파견되기도 한다. 외국어와 컴퓨터를 비롯해 선박 조종, 항공기 조종, 경찰견 담당자

양성까지 매우 다양한 분야가 있다. 이처럼 전문화된 교육 시스템을 볼 때 경찰관의 업무도 점점 더 전문성이 요구되는 것을 알 수 있다.

응급구조사

구급차에 동승해 응급환자의 증상이 급변할 때 기도 확보, 심박 수 확인, 수액 처치 등 응급처치를 실시한다. 이 자격을 취득해도 소방대원이 아니면 일할 수 없다. 대학에서 공중위생학, 해부학, 병리학 등의 과목을 이수한 뒤 1년 이상 구급대원으로 경험을 쌓으면

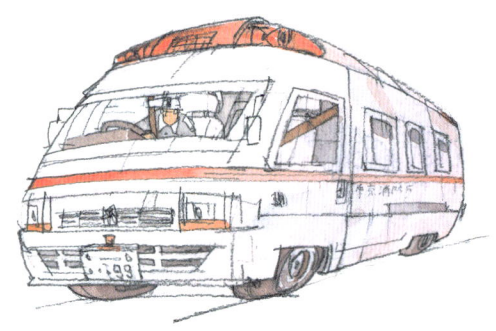

자격시험을 치를 수 있다. 주행 중인 구급차 안에서 생사와 관련된 응급처지를 하기 때문에 냉철한 판단력, 임기응변 능력과 강한 책임감이 요구된다. 병원에 도착했을 때 담당의에게 경과 상황을 정확하게 보고할 수 있어야 한다. 장차 수요가 늘어날 것으로 전망되는 직업이다. 우리나라의 경우 한국보건의료인국가시험원에서 시행하는 응급구조사 1, 2급 시험이 있다.

해양경찰관

바다의 안전을 위해 사고 대처·구조 작업 등을 수행한다. 국가공무원으로 해양경찰청 등에서 일한다. 수상한 배를 감시·단속하고 해상 교통을 정리하며 해양 사고가 발생했을 때 구조 작업을 한다. 사고에 따라서는 해상에 유출된 배의 기름과 유해물질을 제거하기도 한다. 안전한 항해를 지원하기 위해 수로를 측량하고 해양·천체관측 등을 실시해 해도를 제작하는 부서나 배가 자신의 위치를 확인할 수 있도록 등대나 부표 등 항로표지를 설치·관리하는 부서도 있다. 해양경찰청에 들어가려면 해양경찰대학교나 해양경찰학과 등을 나와야 한다. 해양경찰대학교에서는 해양경찰 업무에 필요한 고도의 기술과 기능을 가르치며 동시에 심신이 단련된 해양경찰청의 간부직원을 양성한다. 본과 졸업 후 전공과로 진학해 연습 선박으로 해양항해 승선실습을 하며 해상 실무 능력을 쌓는다. 해양경찰대학교는 해양경찰 직원으로 채용된 학생에 대해 해양경찰 업무에 필요한 학술과 기능을 가르친다. 항해 과정과 기관 과정 등 졸업 후 업무에 따라 다섯

개 과정으로 나누어 각 분야의 전문가를 길러낸다. 그 밖에 해양정보부 등에서 국가공무원 시험을 치러 이공계 인재를 모집하거나 해기사 면허 취득자를 대상으로 순시선박 직원을 모집하기도 한다.

경비원

은행의 현금 수송, 공사 현장과 주차장의 교통정리, 빌딩 출입구에서 수상한 사람을 체크하는 등 경비가 필요한 모든 분야에서 활동한다. 텔레비전 모니터를 통해 감시하는 일도 있다. 경비회사에서는 관리 업무도 중요하므로 경비원을 교육하고 고객이 필요로 하는 안전을 확보하기 위해서 경비 계획과 배치도를 만들며, 경비 증원 등을 정확하게 지시한다. 현장에서는 범죄자와 직접 대면하거나 교통사고에 연루되는 등 사건사고에 휘말리는 경우도 많다. 경찰봉 휴대가 허가된 경우도 있지만 기본적으로는 맨주먹으로 일한다. 위험에 맞서는 과감한 용기도 필요하지만 위급 상황에서 최선책을 생각하는 판단력이 무엇보다 중요하다. 고객뿐 아니라 길거리를 지나는 일반 시민들도 배려해야 하기 때문에 여성 경비원의 수요가 증가하고 있다. 18세 이상이면 경비원 국가자격을 취득할 수 있으며 자격증이 있으면 취직에 유리하다. 경찰관에서 전직하는 사람이 많으며 무술 유단자는 채용되기 쉽다. 범죄나 교통위반 등의 이력이 있는지 체크하며 문신을 새기는 것도 금한다. 신뢰와 안전 확보가 무엇보다 중요한 일이다.

교도관

교도관은 교도소, 구치소, 소년원 등에서 수용자를 관리하고 교정 교육을 한다. 사형수의 사형을 집행하며, 수용자의 행실을 시찰·기록하고 수용자가 건전한 정신과 올바른 생활 자세를 가지도록 생활지도와 더불어 교화교육, 직업훈련 등을 실시한다. 수용자들의 탈출·도주·자해행위 등을 예방하기 위해서 출입구나 교도소 등의 중요 시설을 경비하고 무기, 탄약, 기타 유해물질의 반입을 감시한다. 재소자의 건강을 관리하기 위하여 개인위생, 침구, 의류, 거실 등을 검사하며, 재소자의 규율유지, 탈출·도주·자해행위 방지 등을 위해서 출입구와 교도소 등의 중요 시설을 경비한다. 범죄를 예방히거나 범죄자를 재활하기 위하여 청소년 클럽, 지역 공동체 센터, 유사조직에서 사회, 오락, 교육활동을 조직하거나 감독한다.

교도관은 다루기 힘든 재소자의 폭행과 습격의 위험에 노출되어 있으므로 철저한 주의력과 상황 대처 능력이 필요하다. 건강한 체력과 사회정의를 위해 봉사한다는 사명감이 필요하며, 다른 사람을 훈련하거나 치료, 발달시키는 활동에 흥미가 있어야 한다. 교도관이 되는 데 학력 제한은 없으며, 전문대학이나 대학교에서 행정학, 경찰행정학, 법(률)학, 사회복지학, 상담심리학, 교육학 등을 전공하면 유리하다.

구조대원

구조대에는 소방구조대를 비롯해 민간구조대, 산악구조대, 경찰기동대 등이 있다. 화재와 지진, 태풍, 홍수 등 다양한 재해 현장에서 인명을 구조한다. 각 지자체의 소방본부에게는 해당 지역의 인명구조가 중요하기 때문에 바다가 있는 지역에서는 물난리 사고 구조에 강하고, 산이 많은 지역에서는 산악 구조에 강한 특징이 있다. 구조대원이 되려면 공무원 시험에 합격한 뒤 각 지역의 소방본부에 들어가면 된다. 지자체에 따라서는 체력시험을 보는 곳도 있다.

신입사원이 바로 구조대원이 되는 경우는 없다. 우선 소방학교(기숙사제)에서 6개월에서 1년 정도 소방에 관한 기본 연수를 받고 졸업 후 각 소방서에 배속된 뒤 다시 체력에 따라 선발되어 연수를 받고 구조대원이 된다. 따라서 구조대원이 되기 위해서 소방대원이 되었다고 해도 반드시 구조대원이 될 수 있는 것은 아니다. 구조대는 세대교체가 심해 길어야 40세 정도까지 근무할 수 있다. 구조대원 중에서 해외에서 일어난 재해 현장에 파견될 대원을 뽑는다.

경찰특공대

테러를 진압하는 임무를 수행하는 경찰 부대다. 경찰특공대가 처음 세워진 것은 1983년이다. 1986년 아시안게임, 1988년 서울올림픽을 앞두고 게릴라형 도시 범죄와 국제테러 등이 늘어날 것에 대비해 특공대를 설립했다. 미국에서 운영되는 경찰 특수기동대

(Special Weapons and Tactics, SWAT) 등이 특공대의 모델이 됐다. 경찰특공대는 1998년 교육대를 신설했다. 2000년에는 여경특공대를 새로 만들었다.

경찰특공대의 주요 임무는 테러 사건 예방과 진압, 테러 사건과 관련한 폭발물의 탐색과 처리, 인질이나 총기 사건 등 중요 범죄 예방과 진압, 각종 재해와 재난 상황에서의 인명 구조 등이다.

경호원

중요 인물이나 위험에 노출된 민간인의 신변을 경호한다. 최근에는 스토커에게 시달리는 사람을 경호하는 일도 늘고 있다. 교섭 현장에 동행하거나 해외 위험 지역에 출장 가는 사람과 동행하기도 한다. 위기 상황이 닥쳤을 때 올바르게 대처하는 위기관리 능력이 필요하다. 경호원이 되려면 전문대학이나 양성기관에서 호신술과 보행 훈련, 차량 운전 기술, 승강 훈련을 비롯해 폭발물에 관한 지식과 법률을 습득하는 것이 일반적이다. 그 후 경호업체나 경호 부서가 있는 경비회사에 취직한다. 독립해서 프리랜서로 일하거나 회사에 등록하고 필요할 때만 일하는 등록사원이 되는 방법도 있다. 아직 인재가 부족하며, 대학졸업, 자동차·오토바이 운전면허, 품행방정, 일상 영어회화 가능, 유도·격투기 경험자, 30~35세, 170센티미터, 75킬로그램 이상 등을 조건으로 하는 곳이 많다.

승려

재가 신자들을 위하여 부처의 진리를 가르치고 포교 활동을 한다. 사찰을 관리하고 정해진 시간에 법당에 불을 밝히고 분향한다. 법종, 법고, 법어, 목탁 등을 치거나 두드리며 하루의 의식을 집행한다. 수도자로서 독경과 참선을 행한다. 구족계(具足戒)와 보살계(菩薩戒)를 받은 비구와 비구니로서 불가의 진리를 실천한다. 신도들의 청에 따라 죽은 자를 위한 의식, 결혼을 위한 의식 등을 행하기도 한다. 교육기관, 교도소, 경찰, 군대 등에서 교육적·종교적 활동을 수행하기도 한다. 각 종단에서 포교사나 도제 양성, 역경(譯經), 종단의 관리, 인사, 재무, 사무 등의 일을 지도하거나 감시하기도 한다.

재가인이 처음 출가하면 승려생활을 할 수 있는지 점검하고 그 의지를 시험하는 행자(行者) 생활을 해야 한다. 행자들은 밥을 짓고 청소를 하는 등 절 생활 가운데 가장 밑바닥에 해당하는 일들을 익히게 되며, 이때 상당히 고된 수련을 한다. 1년 정도 행자 생활이 끝나면 사미계를 받고 스승을 정하게 되며, 이 사미가 스무 살이 되면 구족계를 받고 비구가 된다. 여승의 경우 사미니에서 식차마나 과정을 거쳐 구족계를 받아 비구니가 된다.

누구나 승려가 될 수 있는 것은 아니다. 정신적으로나 육체적으로 결함이 있는 신체장애자, 나쁜 버릇이 있는 사람, 도박사, 빚이 있는 사람, 부모의 허락이 없는 미성년자 등은 승려가 될 수 없다. 승려들은 세속의 직업을 멀리해야 하며, 경제행위는 금지되어 있다.

신부 · 목사

크리스트교의 성직자로, 신부는 가톨릭, 목사는 기독교의 성직자를 가리킨다. 신부는 사제라고도 불리며, 로마 가톨릭 성당에 소속되어 매일 미사를 주재한다. 성당의 관리· 운영 등을 책임지며 신자의 고민을 듣는 것(고해성사)도 중요한 업무 중 하나이다. 성서 연구와 포교 활동, 관혼상제 의식도 행한다. 신부 중에는 예수회의 수도회나 선교회에 소속된 사람도 있다. 수도회는 수도원에서 수행하는 일이 중심이고, 선교회는 해외에서 포교 활동을 하는 단체이다. 신부가 되려면 교구나 수도회, 선교회의 지도자 추천을 받아 신학교에서 공부해야 한다. 당연히 가톨릭 신자여야 한다.

교회에 소속된 목사의 업무도 가톨릭 신부와 크게 다르지 않다. 예배를 주재하고 신자에게 설교를 한다. 보통 목사의 추천을 받아 신학교에서 공부한 뒤 목사가 된다. 가톨릭이든 기독교든 교회는 신자에 의해 유지되므로 신부와 목사는 신자의 신뢰를 얻어야 한다. 세계 각지에서 발생하는 빈곤과 부정에 대해 교회의 틀을 뛰어넘어 구제와 시정에 힘쓰는 신부와 목사가 많다.

이런 **직업**도 있다 | 법무사 **p.61**/ 행정사 **p.61**/ 변리사 **p.62**/ 공무원 **p.63**/ 국제연합 직원 **p.327**/ 외교관 **p.328**/ 변호사 **p.332**/ 판사 **p.332**/ 검사 **p.333**/ 심부름센터 **p.370**

에세이 | 공정 무역

피플 트리, 글로벌 빌리지 대표 사피아 미니

패션 이면에 있는 것

일본에서도 '패스트 패션'이라는 말이 사용되기 시작했다. 패스트 패션(빠른 패션)이란 패스트푸드처럼 시대의 유행을 재빨리 파악하고 대량 생산해 값싸게 파는 패션을 가리킨다. 마치 일회용 물품처럼 가게 앞을 정신없이 거쳐 가는 상품들은 누가 만들며 왜 이렇게 싼 것일까?

일본에시 팔리는 옷의 90% 이상은 해외에서 만들이져 수입된다. 대부분 중국을 비롯한 개발도상국에서 만들어진다. 그런데 그곳에 사는 사람들이 급료를 제대로 받는지, 열악한 노동 환경에서 일하지는 않는지 생각해 본 적은 없을 것이다.

방글라데시 수도 다카에 있는 제조 공장에서 일하는 사람들이 사는 빈민가를 방문했을 때, 참혹한 광경에 경악을 금치 못했다. 도저히 사람이 사는 곳이라고는 생각할 수 없었다. 물구덩이 가운데에 세워진 집은 물론이고, 몇 미터에 달하는 대나무 뼈대 위에 지어진 집도 있었다. 하수나 쓰레기 처리장이 정비되지 않은 탓에 생활 배수와 쓰레기는 모두 그 물에 스며들었다. 복도에는 불거져 나온 수도관과 가스관이 즐비하고 발밑에 깔린 널빤지에는 구멍이 숭숭 뚫렸다. 어린아이라면 쑥 빠질 정도였다. 그런 곳에 몇 천 명이나 되는 사람이 살고 있었다. 대부분 농촌에서 돈을 벌려고 온 사람들이었다.

그 지역에는 학교가 없어 학교에 다닐 나이가 된 아이들은 부모와 떨어져 고향으로 돌아가는 일도 빈번했다. 어른들은 손바닥만 한 비좁은 방에서 두세 명이 함께 자곤 했다. 부엌도 서너 개 가스 화로를 200명 남짓이 공동으로 사용하고, 화장실과 샤워실도 하나밖에 없었다.

더욱이 주인 이야기를 들어보니 하루 12~16시간 공장에서 재봉질을 하고 받는 돈은 생활하는 데 턱없이 부족했다. 방글라데시 다카의 최저 임금은 1,660타카이지만 실제 생활하는 데는 그 세 배에 달하는 월 4,500타카 정도가 필요하다고 한다. 그런데도 일을 계속하는 이유는 다른 선택지가 없기 때문이다. 의류가 해외 수출품의 70% 이상을 차지하는 방글라네시. 선진국에서 패스트 패션이 유행하면서 의류 공장은 더더욱 싸게 물건을 만들라고 요구했고 그 여파로 인건비가 삭감되어 상황은 더욱 악화되고 있다.

공정 무역이란

이러한 문제를 해결하기 위해 공정 무역을 시작한 지 15년이 지났다. 공정 무역이란 쉽게 말해 '사람과 환경에 따뜻한 무역'이다. 아시아와 아프리카, 중남미 등의 여성과 소규모 농가를 비롯해 사회적·경제적 기반이 약한 사람들에게 일할 기회를 제공하고 공정한 대가를 지불함으로써 그들 스스로 삶의 질을 높이고 자립할 수 있도록 지원한다.

내가 설립한 공정 무역 기업 '피플 트리'에서는 빈곤과 환경문제를 해소하기 위해 의류와 액세서리, 식품, 잡화 등 공정 무역 상품을 개발도상국 생산자와 함께 제작해 일본과 영국에서 판매한다. 이익을 많이 내기 위해 사람과 자연환경을 희생하는 것이 아니라 일할 기회를 제공하고 생산자가 안정된 수입을 얻어 자기 손으로 살아갈 수 있도록 돕는 것이다.

각 나라와 지역의 전통적 수공예 기술 등을 적극적으로 활용하고 생산지에서 채굴한 풍부한 자연 소재와 오가닉 코튼처럼 농약이나 화학 비료를 사용하지 않고 자연 농법으로 만든 소재를 이용해 지속적으로 제품을 생산한다. 대량 생산된 의류나 잡화와는 다른 따스함이 느껴진다. 그러한 상품을 통해 누군가의 삶이 조금은 행복해진다는 생각에 물건을 구매하는 고객도 늘고 있다.

공정 무역 마을

무역이 공정하게 이루어지면 생산자의 삶은 어떻게 변할까? 나는 빈민가를 방문했던 그 발로 다카 북서쪽에 있는 농촌, 다나파라 마을을 찾았다. 마을 옆에는 강이 흐르고 강둑에서는 제비가 집을 짓고 있었다. 강에서는 아이들이 해맑게 놀고 있었고, 마을 안에서는 여성들이 요리를 하고 있었다.

전통적인 생활방식이 남아 있는 이 마을에, 피플 트리가 10년 이상 함께 제품을 제작하는 공정 무역 단체 '다나파라 스와로즈'가 있다. 200명 이상의 여성이 손바느질 등 전통 기술을 살려 의류 제작에 종사하고 있다. 여성들의 임금은 도시 빈민가에 살며 의류품 산업에 종사하는 사람들의 두 배 정도이다. 다나파라 마을 같은 농촌은 도시와 비교해 물가가 3분의 1 정도 싸고, 더욱이 여성들이 직접 닭이나 채소를 기르기 때문에 매달 저축도 가능하다. 스와로즈에서 일하는 여성들의 가정에는 전기가 들어오고 비가 새지 않는 지붕, 우물, 라디오 등이 있다.

그러나 인근 지역에서는 25% 정도만이 동일한 설비를 손에 넣을 수 있다. 또 인근 지역 아이들이 열두 살이 되면 학교를 그만두고 일을 시작하는 것에 비해 어머니가 스와로즈에서 일하는 아이들은 열일곱 살까지 학교에 다닌다. 공정 무역을 통해 사람들은 수입을 얻을 뿐 아니라 안전한 집과 배움 기회를 얻어 마을 발전에도 이바지한다.

공정 무역은 소셜 비즈니스(사회 기업)

이러한 활동을 하다보면 곧잘 자선 단체로 오해를 받는데, 우리가 하는 활동은 결코 자선 활동이나 자원봉사가 아니다. 우리처럼 비즈니스를 통해 사회와 환경문제를 해결하려는 기업을 '소셜 비즈니스(사회 기업)'라고 한다. 일반 기업과 다른 점은 비즈니스 활동을 통해 사회적·환경적 공헌이 가능하다는 점이다.

공정 무역에서는 제품이 완성되기 전에 생산자에게 미리 임금의 절반을 지불하기 때문에 많은 돈이 필요하다. 상품이 팔리지 않으면 다음 프로젝트를 진행할 자금을 마련할 수 없다. 또 사업으로서 기능하지 못하거나 이익을 내지 못하면 은행에서 돈을 빌리기도 어려워진다. 사업으로 성공하는 일은 쉽지 않지만 소셜 비즈니스를 하는 회사가 늘어나면 세상은 좋은 방향으로 나아갈 것이라고 믿는다.

열세 살의 여러분에게

내게는 열세 살과 열다섯 살 된 아이가 있다. 둘 다 학교 안에 있는 공정 무역 클럽에서 활동한다. 피플 트리는 무역과 패션이 안고 있는 문제와 공정 무역의 필요성을 피력하고자 연예인과 오피니언 리더로부터 응원 메시지를 받고 협업 활동을 한다. 2010년 봄에 영화 〈해리포터〉 시리즈에서 헤르미온느 역을 맡았던 영국의 여배우 엠마 왓슨과 함께 컬렉션을 발표하게 되었다. 10대에서 20대 초반을 대상으로 한 컬렉션은 처음이기 때문에 어떤 반향이 있을지 매우 기대된다.

겉모습만 그럴싸한 패션이 아니라 알맹이도 멋진 패션을 완성하고 싶다. 그것을 통해 세상을 바꿀 수 있다고 믿는다. 직접 공정 무역에 종사하지 않아도 참가하는 방법은 다양하다. 구매하는 물건을 조금씩 공정 무역 상품으로 바꾼다거나 친구와 가족에게 공정 무역에 대해 알리면 된다. 자신의 직장에서 공정 무역에 관해 설명하거나 공정 무역 상품으로 회사를 꾸밀 수도 있다. 세상을 바꾸는 것은 작은 한 걸음이다. 여러분도 세상을 바꾸는 일에 동참하기 바란다.

사피아 미니

영국에서 태어나 1990년 일본으로 건너갔다. 1991년 환경보호와 국제 협력을 위한 NGO 단체 '글로벌 빌리지'를 설립했다. 1993년 공정 무역 사업을 개시해 1995년 '공정 무역 기업(브랜드명: 피플 트리)'을 설립하고 2001년에는 런던에 자매회사를 설립했다. 공정 무역과 패션업계에 대한 공적을 인정받아 2009년 대영제국훈장 제5등급을 받았다.

NPO라는 선택지

무라카미 류

NGO는 '비정부조직(Non-government organization)', NPO는 '비영리단체(Non-profit organization)'의 머리글자를 딴 약칭이다. 둘은 거의 비슷한 조직으로 비영리 느낌이 강하면 NPO라 하고, 국제적 활동을 하는 비정부 느낌이 강하면 NGO라고 한다. 여기서는 통일하여 'NPO'라고 한다. NPO는 정치조직이나 지자체, 영리기업이 아닌 새로운 조직으로 주목받고 있는데, 대중매체 덕에 주로 일반 시민들이 모인 작은 봉사단체라는 이미지가 강하다.

그러나 비영리조직은 공익법인이나 종교법인, 의료법인, 교육법인 등에서 이미 많이 있어왔다. 예를 들어, 수많은 사립학교, 의료법인, 골수은행도 NPO이다. 하지만 NPO는 봉사단체가 아니다. 물론 봉사활동을 하는 곳도 있지만 NPO는 대부분 수입이 있다. 비영리라는 의미는 보수 없이 활동한다는 뜻이 아니라 이익을 목적으로 하지 않으며 이익을 외부에 분배하지 않는다는 의미이다. 활동해서 벌어들인 수익은 통신비, 홍보 활동비, 스태프들 급여 등으로 쓰이고 나머지는 단체의 사명과 목적을 위해 재투자된다.

우리나라의 NPO

우리나라 시민단체들은 정치사회 문제에 치우쳐 있지만 의료, 교육, 복지, 지역개발 등 폭넓은 분야에서 활약이 기대된다. 우리나라는 1980년대 후반 민주화 과정을 거치면서 사회적 이슈와 공공 서비스에 대한 요구가 다양하게 나타났으며 이러한 사회적 요구를 해결하기 위해 비영리조직이 등장하게 되었다. 많은 비영리조직이 생겨났으며 이들이 제공하는 활동과 프로그램은 수량과 내용 면에서 매우 다양하다. 비영리조직은 일상생활에 없어서는 안 될 중요한 존재로 인식되며 이들에 대한 사회적 요구와 기대는 점점 높아지고 있다. 한편에서는 이러한 요구나 기대와 함께 비영리조직을 좀 더 효율적으로 운영하는 방안을 모색해야 한다는 목소리도 나오고 있다.

장차 예상되는 NPO의 업무

앞으로 의료나 교육 분야에서 주식회사 참여가 인정되더라도 들어가는 비용과 생산성, 능력이 같다면 영리기업과 비영리법인 중 어느 쪽에게 수요가 몰릴까? 교육과 의료, 간호 서비스 기관에 기부하려는 사람은 영리기업과 비영리기업 가운데 어느 쪽을 택할까? NPO 쪽에 가능성이 있다고 생각한다. 출자금에 대한 배당이 불필요한 만큼 NPO 쪽이 유리하다. 게다가 NPO의 이미지는 깨끗하다. 장차 NPO의 활동이 기대되는 분야는 교육과 의료, 복지 분야만이 아니다. 후계자 부족으로 고민하는 농업, 어업, 임업 등의 일차산업에도 NPO가 진출할지 모른다.

NPO의 강점은 인터넷을 이용해 정보를 수집·분석하고 다른 NPO와 국제적으로 제휴할 수 있다는 것이다. 농업·어업·임업 기술자들 간에 네트워크를 형성해 각지에 파견하거나 환경 NPO, 국제교류 NPO와 제휴해 일차산업의 재생과 활성화를 담당하는 NPO가 탄생할지도 모른다. 전통공예나 전통예능, 문화사업·이벤트 등에서도 NPO의 힘이 필요해질지 모른다. 현재는 어떤 지자체가 지역을 활성화하려고 할 때 경영 컨설턴트나 두뇌 집단에 높은 보수를 지불하고 아이디어를 제공받는다.

그런데 다양한 네트워크를 갖춘 여러 분야의 NPO가 협력하면 어떤 일이 벌어질까. 일단 지역의 산업 실태를 조사한 뒤 유력한 산업을 골라 IT화를 진행하고 해외 거래처를 구하거나 해외 펀드를 찾거나 새로운 비즈니스 모델을 제시하거나 대학과 협력해 필요한 특허를 소개하는 등 다양한 일이 가능해질지도 모른다. 수제 가구를 제작하는 경우라면 국내외의 디자이너를 소개하거나 판매 경로를 바꾸거나 친환경적 배려를 하거나 다른 분야의 정보와 네트워크를 활용할 수 있을 것이다.

영리기업의 NPO화

다시 한 번 말하지만 NPO는 봉사단체가 아니다. 수익을 얻기 위해 노력하고 임원들에게 보수를 제공한다. 장차 NPO가 성공하는 사례가 많아지면, 반대로 NPO에 참여하려는 영리기업이 나타날 수도 있다. 투자가에게 배당금을 주는 것이 최우선시되고, 이익이 발생하지 않으면 현장 책임자는 물론 최고경영자도 해고되는 것이 현재 글로벌 기업의 모습이다. 앞으로는 주주들을 위해 수익을 올리기보다는 지역의 재생과 종업원의 건강과 행복을 우선시하여 사회적 가치를 높이고 사람들에게서 인정받고자 NPO화를 검토하는 기업이 늘어날지도 모른다. 이미 미국과 유럽의 다국적 기업 중 환경보호 분야 기업들은 NPO 스태프를 스카우트하거나 실제로 NPO와 업무를 제휴하는 기업이 늘고 있다.

NPO의 과제

지금까지 살펴본 것처럼 NPO에게 기대가 집중되고 있다. 하지만 NPO의 현실은 결코 낙관적이지 않다. 예전부터 있어온 '공익법인'이라고 불리는 NPO는 인·허가권을 관청이 쥐고 있어서 앞으로 기대되는 NPO 활동과는 거리가 먼 존재로 전락할 개연성이 크다. 새로운 NPO가 진출하려면 구태의연한 공익법인을 개혁할 필요가 있다. 또 NPO에 대한 과세 부과 방식도 재검토해야 한다. 더욱이 NPO에 대한 기부금의 세금공제 문제도 조속히 검토해야 한다. 이는 정치적으로 중요한 과제이지만 더욱 본질적인 문제는 따로 있다. 먼저 재정적으로 자립한 '풀뿌리 NPO', '시민 NPO'가 매

우 적다는 점이다. 또 홍보 능력이 없는 NPO가 많고, 결정적으로 NPO에 인재가 없는데다가 인재를 양성할 노하우도, 조직도 거의 없다. 이러한 NPO가 껴안고 있는 문제는 서로 연관되어 있다.

NPO는 아직 발전도상에 있고, 경우에 따라서는 이대로 역할을 다하지 못한 채 소멸할 우려도 있다. 물론 그중에는 국제적으로 활약하면서 미디어에 거론되는 NPO도 있지만 그처럼 특별한 NPO에도 인재는 항상 부족하다. 하지만 정부와 지자체, 지역 사회 등 기존의 공공단체의 힘만으로도 해결이 불가능한 문제가 늘어날 때, 상호부조·안전망으로서 기능할 수 있는 조직은 현재로는 NPO밖에 없다. 즉 현실이 비관적이고 장차 인재가 양성된다는 보장이 없더라도 이대로 NPO를 소멸시킬 수는 없다. NPO가 역할을 다하지 못하고 소멸한다는 것은, 국내외의 변화에 대응하지 못하고 위험하고 부정적인 상태에 빠졌다는 것을 의미한다.

결론: NPO라는 선택지

NPO를 둘러싼 상황을 보면 이상한 생각에 휩싸인다. 정부나 지자체 혹은 영리기업보다 NPO가 훨씬 효과적으로 대응할 수 있는 문제는 지금도 사회 전반에 퍼져 있고 앞으로도 증가할 것이다. 가령 내 자녀가 은둔형 외톨이가 됐을 때 부모는 어디에 상담을 요청하면 좋을까. 현재로서는 지역의 보건소나 정신과병원, 폭력 문제가 개입된 경우에는 경찰이나 전국에 흩어져 있는 상담소를 찾는 수밖에 없다. 그런데 상담사가 상주하고 비슷한 처지의 아

이들을 둔 부모, 정신과의사, 대안학교 등의 네트워크를 갖추고 직업 소개와 훈련을 함께 수행하는 NPO가 있다면 어떨까. 만남 사이트에서 만난 사람에게 협박을 받고 있지만 부모에게는 말할 수 없다거나 원조교제로 임신했다거나 지방에서 도시에 놀러왔다가 유흥업소에서 일하게 됐다는 등의 문제와 맞닥뜨린 미성년자는 대체 누구에게 도움을 요청하면 좋을까. 행정부는 교육, 의료, 경찰, 상담, 직업 훈련 등의 업무가 각각 다른 조직에 속해 있어서 대부분 연계되지 못하고 전국적 네트워크도 없다.

거의 모든 분야에서 행정과 영리기업만으로는 해결할 수 없는 사태가 발생하는데도 그 일을 대신할 NPO에게는 돈도 인재도 모이지 않는다. 대학을 나와서도 좀처럼 일자리를 구하지 못해 부득이하게 아르바이트하는 청년들이 많아도 NPO를 만들거나 NPO에 참가하려는 인재는 매우 적다. 장차 경제 상황이 다소 나아지더라도 고용이 단숨에 늘지는 않을 것이며, 신규 채용을 줄이고 정사원을 줄이는 경향은 변하지 않을 텐데도 여전히 많은 청년이 '취직'이라고 하면 '회사에 들어가는 것'이라고 생각한다. 사원이 되어 회사에 들어가더라도 경쟁이 기다리고 있으며, 능력이 없다고 판단되면 해고되거나 급여가 깎이는 상황이 반복될 것이 빤한데도 청년들은 대부분 여전히 '회사원' 이외의 길은 생각하지 못한다.

그러나 머지않아 상황은 변할 것이다. 중요한 것은 많은 사람이 NPO를 만들어 성공시키는 것이다. 성공해 수익을 내고 존경받는 NPO가 무수히 탄생하는 일이 무엇보다 중요하다. 그렇게 되면 '성공'이라는 이미지 자체가 점차 바뀌어 갈 것이다. 성공이란 큰 회사에 들어가 출세하고 부자가 되어 큰 저택에 사는 것이 아니라는 사실을 많은 사람이 깨닫게 될 것이다. 일에서 성취감을 느끼고 사회적으로 가치를 인정받고, 풍부한 인적 네트워크를 갖추는 것이 앞으로의 성공 기준이다. NPO는 아직 미숙한 상태이기 때문에 오히려 기회가 있다. NPO에서 필요한 지식과 기술은 무한하며, 금융에서 선전, 의료, 환경, 예술에 이르기까지 어떤 분야든 전문가는 항상 필요하다. 회사의 지명도나 실적에 연연하며 구직 활동을 계속할지, 지식과 기술을 연마해 창업을 할지, 아니면 신뢰할 수 있는 대등한 관계의 동료들과 NPO 활동을 시작할지, 선택지는 하나가 아니다.

2003년에 쓰다

참고 《NPO 입문》, 야마우치 나오토

존경받는 교사란

무라카미 류

시대에 맞지 않는 교육 시스템

내 부모님은 모두 교사였다. 두 분 모두 1970년대에 퇴직했는데, 때때로 '지금 교사를 하지 않아서 다행이야. 지금 교사들은 너무 힘들어'라는 말씀을 하셨다. 옛날과 지금의 교육이 어떻게 다르냐고 묻자 두 분은 여러 가지를 지적하셨다. 아이들이 변했다, 부모가 변했다, 교사도 관리직도 조합도 교육부도 변했다는 것이다. 다시 어떻게 변했냐고 물으니 한마디로 표현할 수는 없지만 어쨌든 변했다며 지금 교사를 하지 않아서 다행이라는 말씀을 다시 한 번 하셨다.

확실히 지난 20년간 교육 현장에서는 따돌림, 학급 붕괴, 교내 폭력, 등교 거부 같은 다양한 문제가 일어났다. 근본 원인은 고도성장 시기의 교육 시스템과 사고방식이 그대로 남아 시대에 맞지 않기 때문이다. 교육이 엉망이 된 것이 아니라 산업구조 변화, 고용 형태 변화, 사회 변화에 대응하지 못한 것뿐이다. 산업구조의 변화는 대규모 공장에서 하이테크를 중심으로 부가가치 높은 생산업과 서비스업으로 이행한 것을 가리키며, 고용 형태 변화란 종신고용제도 붕괴, 사회 변화란 '격차에 따른 다양화' 진행을 말한다.

교육에 필요한 것은 사랑이 아니라 자금

앞으로 교육 격차는 더욱 커지고 심각해질 것이다. 실제로 교육은 많은 부분이 '돈'으로 유지된다. '교육은 사랑이다'라는 생각이 틀린 것은 아니지만 너무 노골적으로 교육에는 돈이 든다. 아이들 교육 수준이 부모의 경제력에 좌우되는 사례가 많고 지방과 국가의 재정 규모나 상태에 따라 교육 성취도가 달라진다. 예를 들어, 한 반에 서른 명 이하의 소학급이 늘 화제가 되는데, 꼭 학교 건물 중·개축비와 교사의 인건비가 문제된다. 교육은 국가의 기둥이므로 돈을 가장 많이 들여야 한다는 의견은 맞지만 빚투성이인 지방 재정과 국가 재정에는 여유 예산이 없다. 게다가 쓸데없는 지출도 많다. 비효율적인 토목 공공사업비를 교육으로 돌려야 한다는 의견도 옳지만 그러기 위해서는 강한 신념을 바탕으로 한 정치적 판단이 필요하다.

시장화의 흐름은 막을 수 없을까

'민간이 할 수 있는 일은 민간에게', '작은 정부', '국가에서 지방으로'라는 슬로건은 한마디로 '국가에는 이제 돈이 없습니다. 없는 정도가 아니라 오히려 빚투성이라 국가 예산을 필요한 부분으로 돌리는 것이 더는 어렵습니다. 나머지는 국민 여러분끼리 자유롭게 경쟁하세요'라는 뜻이다. 규제 철폐나 관청이 관여된 헛된 지출을 없애는 등 구조 개혁에는 분명 좋은 측면도 있지만 국민 간의 경제 격차는 더욱 커질 것이다. 고도성장기 같은 기적적 경제 회복도 없을 것이며, 사회주의적 자원 배분의 재개를 시장은 허락하지 않을 것이다. 다른 정책을 선택할 길이 없기 때문에 격차를 낳는 구조 개혁의 흐름을 멈출 방법도 없다. 세이프티넷(safety net, 경쟁에서 탈락한 자를 구제하는 최소한의 국민 보장)을 구축하는 것을 잊은 경우, 개인의 경제 격차는 그대로 교육과 의료 서비스의 격차로 이어진다. 교육 시스템에 격차가 생기면 커다란 위험이 따른다. 경쟁에서 패배한 사람은 자신감을 잃고, 그들의 분노는 사회를 향하게 되며, 범죄나 사이비 종교, 극단적 정치사상이 그러한 사람들을 흡수한다. 그리고 심각한 사회 불안을 낳게 된다.

교육은 시장 원리와 맞지 않는다

교육은 물건을 만들거나 파는 것이 아니라 사람을 대상으로 하는 일이기 때문에 효율성과 합리성만 추구한다고 되는 것이 아니다. 따라서 교사나 교육자를 꿈꾸는 사람에게 '큰돈을 버는 학원이나 합리적으로 경영하는 사립학교에서 일할 수 있도록 스스로 능력과 지식을 연마하라'는 조언은 할 수 없다. 합리적이고 경영이 튼튼하며 높은 보수가 보장되는 학원과 교내 폭력이 없는 사립학교로 우수한 인재가 몰린다면, 공교육은 황폐해지고 사회는 불안에 휩싸이게 될 것이다. 그러나 군이 안 좋은 학교를 찾아가 학교에 적응하지 못하는 아이들을 상대하라고 권하는 것은 아니다. 일부 학교의 경우 '애정을 담아 학생들과 이야기하면 반드시 통한다'는 식의 낭만적인 생각으로 대응할 수준을 넘어섰기 때문이다. 더욱이 저출산의 영향으로 교사 채용은 점점 줄어들고 있다.

권위를 이용한 통제는 불가능하다

교사나 교육자가 되려는 어린이와 청소년에게 어떤 조언을 해 주면 좋을까. 교사는 매우 중요한 직업이기 때문에 조언이라기보다 먼저 교사가 되려는 의지와 희망이 중요하다고 말해야 한다. 국민이 하나가 되어 근대화와 고도성장을 이루는 시기에는 권위를 이용해 아이들을 통제할 수 있었다. 값싸고 품질 좋은 공업 제품이 산업의 주력을 이루던 시대에는 크고 좋은 회사에 들어가는 것이 교육의 목적이었기 때문에 학생들은 교사의 권위에 따라야 했다. 교사는 더욱 가치 있는 집단에 소속되어 수익을 약속하는 방법을 아이들에게 가르칠 수 있었다. 그러한 방식을 통해 실제로 많은 사람이 경제적으로 풍족해졌다. 물론 '좋은 관청·은행·기업·학교에 들어가기만 하면 수입이 보장'되는 상황은 이미 끝났다. 교사는 권위를 잃었고 권위를 이용한 통제는 불가능해졌다.

결론: 우선 인생을 즐겨라, 가르치는 것은 그다음부터

앞으로 요구되는 것은 교사의 권위를 부활하는 것이 아니라 학생들과 소통할 능력을 갖춘 교사이다. 장차 교사를 목표로 하는 사람은 다양한 지식과 기술을 익혀야 할 뿐 아니라 어떤 학교에서 근무하든 우선 '자신의 인생을 충실히 하고 즐기기'를 바란다. 자신의 인생을 충실히 즐기고 난 다음 아이들과 만나기를 바란다. 아이들은 매우 정확하게 교사를 관찰한다. 그 교사가 인생을 즐기는지 혹은 재미없는 삶을 사는지 꿰뚫어보는 힘이 있다. 재미없는 삶을 사는 교사가 내린 지시는 아이들에게 단순한 강제에 불과하다.

내 부모님은 쉬는 날에 제자들이 집에 찾아오면 '없다고 하고 돌려보내라'고 말씀하셨다. 쉬는 날만큼은 아이들과 상관없이 자신이 좋아하는 일을 하고 싶다고 하셨다. 화가였던 아버지는 그림을 그렸고, 어머니는 좋아하는 책을 읽었다. 자식인 내가 말하기는 좀 쑥스럽지만 제자들이 휴일에 집에 놀러올 정도로 두 분 모두 학생들에게 인기가 있었다. 교사뿐 아니라 부모도 마찬가지다. 아이들은 내내 함께 놀아주는 사람보다 '매력' 있는 교사와 부모를 원한다. 매력이 있다는 것은 인생을 충실하게, 즐겁게 산다는 뜻이다.

2003년에 쓰다

11

쉬는 시간,
방과 후,
학교 행사가
좋다

❶ 교실·교정에서 친구와 담소를 나누고 휴대전화로 통화한다

말없이 가만히 있는 걸 좋아하지 않는다. 외로워하는 친구가 있으면 그냥 두지 못하고 나도 모르게 말을 건다. 휴대전화로 수다를 떠는 것도 좋지만 친구들의 고민을 들어주는 것도 좋아해서 자주 상담을 해 준다.

헤드헌터

헤드헌터는 본래 '머리사냥(Head Hunting, 원시 부족들이 상대 부족들의 머리를 잘라오는 일-옮긴이)'이라는 의미인데, 현재는 주로 간부급 인재를 찾는 기업의 의뢰를 받아 다른 회사에서 간부를 빼오는 일을 가리킨다. 개인 헤드헌터보다는 컨설턴트 업무를 겸하는 경우가 많다. 다만 스카우트하는 측은 스카우트되는 측과 '일대일'로 마주할 경우가 많아 고도의 개인 능력이 요구된다. 일단 기업이 요구하는 인재를 정확히 파악할 줄 알아야 한다. 예를 들어 CFO, 즉 최고재무책임자를 찾을 때도 계산·회계에 능숙한 전문가가 좋은지, 국제적인 자금조달능력이 있는 사람이 좋은지, 자산운용에 뛰어난 사람이 좋은지 등 수준 높고 전문적인 이해력과 판단력이 필요하다. 그러고 나서 인재를 뽑게 되는데, 우수한 인재일수록 전직하고자 하는 의사가 거의 없다. '이 회사로 전직하지 않겠습니까?' 하고 의향을 떠봤을 때 '네, 그럴게요. 당장 전직하고 싶어요'라고 곧바로 대답하는 사람은 능력이 없는 경우가 많다.

우수한 인재는 현재 회사에 필요한 인재이고 보람 있는 일을 하며 귀한 대접을 받기 때문에 기본적으로 돈에서 자유롭다. 그래서 중요한 안건의 경우, 원하는 인재를 스카우트하는 데 몇 년이 걸리기도 한다. 헤드헌터는 쉬운 직업은 아니지만, 종신고용이 사라진 시대를 상징하는 보람이 큰 직업이다. 헤드헌터가 성공하면 인재를 구한 기업과 전직자 모두 고마워하기 때문에 다른 곳에서는 맛볼 수 없는 성취감이 있다. 인재소개 회사나 인재은행, 전직 에이전시 기업 등에 들어가 경험을 쌓고, 부단히 노력하며 다양한 비즈니스 기술을 배우고, 사람을 매료하는 개성을 갈고닦아야 한다.

365

쇼핑호스트

불황으로 물건이 팔리지 않는 시대이지만 고객과 판매원이 직접 얼굴을 보지 않는 홈쇼핑 등의 판매 형태가 매상을 올리고 있다. 여기서 말하는 쇼핑호스트는 주로 홈쇼핑 전문 채널에서 장시간에 걸쳐 상품을 소개하는 '전문가'를 가리킨다. 쇼핑·통신판매에 대한 흥미, 세일즈 마인드, 우수한 엔터테이너로서 자질, 상품 정보·프레젠테이션 등을 이해하려는 의욕, 정확한 우리말 구사, 고객에 대한 배려 등을 갖추어야 한다. 아나운서나 MC 경험이나 매스컴 업계에서 일한 경력, 접객 경험이 있으면 유리하다.

텔레비전 업계에서 일하기

우리나라 방송사에는 KBS, MBC, SBS 등과 지역 방송국, 케이블 방송국 등이 있다. 방송사마다 다르지만 제작, 기술, 아나운서 등 큰 분야로 나누어 채용하는 곳이 늘고 있다. 실제로 입사하면 일은 더욱 세분되어 제작, 보도, 편성, 영업 등으로 나뉜다. 위성 방송이나 각종 이벤트와 관련된 일도 늘어나는 추세이다. 이 가운데 편성, 영업, 보도 분야의 일은 주로 방송사 자체 사원이 담당한다. 디지털 기술이 보편화되고 많은 채널을 요구하는 목소리가 커지면서 이른바 지상파 이외의 방송사가 늘고 있다. 그중에는 기존의 방송사 산하에 있는 곳과 독립된 곳이 있으며, 다른 업종에서 진출하는 경우도 많다. 앞으로 디지털화되면 어떻게 변해 갈지는 미지수이다. 그렇지만 프로그램 수가 늘어난 것만은 확실하며 방송과 관련된 업무는 단숨에 증가했다.

이처럼 프로그램과 채널의 다양화가 가능해진 것은 제작사가 출현한 덕분이다. 프로그램을 제작할 때 국영, 민영을 막론하고 대개 제작사의 힘을 빌린다. 제작사에도 프로그램 기획부터 제작 전반에 걸쳐 중심이 되는 회사, 부분적으로 협력하는 회사, 디렉터나 어시스턴트 디렉터 등 인재를 파견하는 회사, 기술과 미술 전문 회사 등이 있다. 일반적으로 방송사 사원보다 노동 조건이 열악하다. 방송사 직원이 제작사를 차리거나 제작사 직원이 방송사에 스카우트되거나 실력 있는 디렉터가 프리랜서로 일하는 경우도 있다. 다른 매스컴과 비교해 자리 이동이 활발한 업계이다.

방송 프로듀서

텔레비전 프로그램을 기획하고 출연자를 선정하고 자금을 모은다. 프로듀서가 되려면 먼저 방송사나 프로그램 제작사에 입사해 어시스턴트 프로듀서(AP)로 일을 배운다. 프로듀서에는 중간 관리직이라는 측면이 있다. 어시스턴트에서 디렉터를 거쳐 현장 일을 하지 않는 프로듀서가 되는 경우도 있다. 좋아하는 탤런트나 배우와 함께 일할 수 있고 자신이 기획한 것을 프로그램으로 만드는 것이 즐겁다.

방송 디렉터

프로그램 제작 현장의 책임자로, 담당하는 프로그램과 근무처에 따라 업무 내용이 다른데, 일반적으로 배우의 연기 지도, 스태프 업무 체크, 수록한 VTR의 구성과 편집 등을 하고 여러 스태프와 출연자를 통솔해 프로그램을 완성한다. 디렉터가 되려면 방송사나 프로그램 제작사에 어시스턴트 디렉터(AD)로 취직해 현장 업무를 배운다. 아르바이트로 일하다가 취직하는 경우도 있지만 기본적으로 일반 회사에 들어가는 것과 같기 때문에 4년제 대학을 졸업하는 편이 유리하다.

영상 공부를 했다고 해서 반드시 방송 디렉터가 될 수 있는 것은 아니다. 방송이나 영상을 잘 아는 사람보다는 폭넓은 지식과 호기심과 체력이 있고 재미있는 사람이 호감을 얻는다. 자신이 원하는 영상을 만들거나 많은 시청자가 프로그램을 보고 즐거워하면 디렉터도 기쁨을 느낀다. 그러나 예산에 한계가 있고 팀 작업이라는 점에서 마냥 자신이 원하는 프로그램을 만들 수는 없다. 영상 소프트웨어의 수요는 늘고 있지만 그만큼 경쟁이 심화되는 면도 있다. 그렇기 때문에 재미있는 프로그램을 만들고자 하는 의욕이 있고 노력하는 디렉터가 필요하다.

비디오 저널리스트

1980년대에 시작된 비디오 테크놀로지의 급격한 발전으로 탄생한 직업이다. 소형 비디오카메라를 들고 거리에 나가 뉴스 기획, 취재, 촬영, 편집에 이르기까지 혼자서 담당한다. 방송사 기자와 달리 자기 의견을 자유롭고 대범하게 주장할 수 있다는 점이 큰 특징이다. 보통 자신이 취재한 테이프를 방송사에 가져가 파는데, 최근에는 비디오 저널리스트를 육성하는 강좌도 다수 열리고 있다. 영상 미디어 시대에 급속한 다채널화로 다양하고 개성적인 보도가 요구되어 혼자서 기획에서 편집까지 소화하는 비디오 저널리스트가 큰 주목을 끌고 있다.

리서처

텔레비전 프로그램을 제작하고 기획하기 위해 정보를 모은다. 정보 수집 방법은 다양하다. 우선 잡지나 신문기사 등의 문자 정보를 찾아본다. 인터넷을 이용하는 경우도 많다. 프로그램에 따라서는 전문가를 취재하거나 사람을 찾는 일도 한다. 지금까지 몰랐던 일이나 관심이 없었던 일을 알게 되기 때문에 호기심이 강한 사람에게 알맞은 일이다. 지적인 정보를 찾아내기 위해서는 일반 상식과 인내력, 상상력이 있어야 한다. 정보는 대개 리포트 형식으로 제출하므로 어느 정도 문장력을 갖추면 좋다. 구성작가에 비해 방송 업계의 리서처는 수입이 낮다. 지상파뿐 아니라 케이블 텔레비전과 CS방송 등 채널 수가 늘고, 방송사와 프로그램 제작사에 열의가 있는 신입사원이 적다는 점 때문에 수요가 있다. 개인적으로 활동하는 사람보다 단체에 소속되어 일하는 사람이 많다.

라디오 업계에서 일하기

라디오에는 AM, FM, 단파 방송이 있다. 라디오 방송사가 수백 개 있는 미국과 비교해 우리는 신문사나 텔레비전 방송사와 계열 관계에 있다. 라디오 제작 현장에서도 제작사와 같은 외부 스태프의 존재를 빼놓을 수 없다. 라디오 프로그램은 기본적으로 프로듀서, 디렉터, 녹음 등의 기술 스태프, 구성작가 등으로 구성된다. 프로그램의 규모에 따라 더 많은 스태프가 추가되기도 하고 반대로 1인 2역을 담당하기도 한다. 방송사와 프로그램에 따라서는 프로그램 하나가 완성되기까지 라디오 방송사 직원은 거의 관여하지 않는 경우도 흔하다. 몇 년 사이, 제3센터 방식의 라디오 방송사와 미니 FM 방송국 등이 잇달아 생겨나고 있다. 경영이 쉽지 않고 자원봉사 형태로 설립된 측면도 있지만, 손쉽게 만들 수 있다는 장점을 살려 지역 커뮤니티 미디어로 정착한 곳도 있다.

라디오 프로듀서

프로그램 기획, 출연자와 스태프 결정, 영업 등 다른 부서와의 거래, 예산 관리 등을 하는 프로그램의 책임자이다. 대개 라디오 방송사의 직원인데 방송사에 따라서는 외부 제작사가 프로그램을 통째로 기획·제작해 방송사에 납품하는 시스템을 취하는 곳도 있다. 이런 경우는 외부 제작사 측이 프로듀서인 셈이다. 실제 업무는 교섭하는 일이 많기 때문에 대개 현장에서 어느 정도 경험을 쌓은 뒤 프로듀서가 된다.

라디오 디렉터

스태프, 출연자, 프로그램 내용을 정하고 그에 따라 프로그램을 녹음하는 등 방송 전반을 도맡아 관리한다. 선곡을 하거나 녹음 프로그램의 경우 녹음 후에 테이프를 편집하는 일도 한다. 프로그램에 따라 라디오 방송사의 직원 외에 외부 제작사의 직원, 프리랜서 디렉터가 담당하기도 한다. 어느 쪽이든 디렉터 밑에서 어시스턴트로 일하며 잡다한 업무를 배우고 자립하는 것이 일반적이다. 라디오 방송사에 입사하는 방법 외에 전문학교 등을 거쳐 아르바이트 형식으로 어시스턴트 디렉터로 일하는 사례가 많다.

게임 기획자

컴퓨터 게임 제작회사에서 일한다. 게임 기획안 작성부터 완성까지 모든 작업에 관한 '사령탑'이라고도 할 수 있다. 가장 필요한 것은 재미있는 게임을 생각하는 기획력이다. 그리고 그 기획이 왜 재미있는지를 회사에 전달하는 표현력도 갖추어야 한다. 유행을 읽는 능력과 마케팅을 위한 정보 수집 능력도 요구된다. 게임 시나리오 작성에 깊이 관여하므로 문장력도 어느 정도 있어야 한다. 디자이너나 사운드 크리에이터 등 많은 전문가와 원활하게 공동 작업을 할 수 있도록 돕는 조정자이며, 그들이 기분 좋게 일할 수 있도록 잡다한 용무를 처리해야 하기

때문에 의사소통 능력도 갖추어야 한다. 게임 기획자의 가장 큰 매력은 게임이 첫 울음 소리를 내며 세상에 나오기까지 일련의 흐름을 직접 경험할 수 있다는 점이다. 전문학교도 많지만 특별한 자격증은 필요하지 않다. 컴퓨터 프로그래밍을 못해도 된다. 감각이 가장 중요한 직업이다.

탐정

의뢰받은 사건을 조사해 보고한다. 소설이나 영화, 텔레비전 드라마에서 그려지는 것처럼 범죄 사건을 조사하는 경우는 거의 없고 대개 평범한 일을 한다. 의뢰 내용은 소행 조사(외도·횡령·스토커·따돌림 등의 증거 수집), 소재 조사(가출자·실종자 수색), 기업과 개인의 신용도 조사(결혼·고용 조사), 도청기 찾기 등이다. 치안이 악화되고 범죄가 다양해지면서 탐정의 역할이 요구되고 있다. 자격증은 필요하지 않지만 자동차 운전

면허증이 있고 법률을 숙지하고 있으면 도움이 된다. 전기 공사에 관한 지식이 있으면 도청기를 찾을 때 유용하다. 대부분 탐정사무소와 연계된 탐정학교나 양성소에서 교육을 받고 탐정이 된다. 신문이나 인터넷에 구인 광고가 나오기도 한다. 사생활 관련 조사가 많기 때문에 윤리의식이 강한 사람, 미행이나 잠복 같은 고된 업무도 소화할 수 있는 강한 체력과 인내력을 갖춘 사람이 적합하다.

심부름센터

법률과 인간으로서 지켜야 할 도리를 벗어나지 않는 범위에서 고객의 모든 의뢰를 수행한다. 간단한 수도 공사와 가정 업무, 운전 대행 등이 주된 업무이다. 사랑을 대신 고백해 주거나 애인 대행을 하는 등 업무 내용은 다양하다. 일에 따라서는 고수익을 올리는 사람도 있다. 의욕만 있으면 전화와 팩스만으로도 일을 시작할 수 있고, 다양한 분야에 자신이 있고 풍부한 인맥을 갖추고 있으면 유리하다. 고령화에 따라 간호와 관련된 요구도 늘고 있으며, 컴퓨터 설정 등을 의뢰받는 경우도 많다. 일의 특성상 비밀 엄수가 절대적이다.

이벤트 기획자

라이브 콘서트나 전시회, 견본 시장, 신상품 발매 기념회, 강연회, 회사의 취업박람회 등 다양한 이벤트를 기획해 주최자와 의뢰인에게 제안하고 실행에 옮긴다. 의뢰인의 의향과 목적에 맞는 계획을 세워야 한다. 기획서 작성에서 회장 약도 준비와 스태프 선정, 출연자 교섭, 광고 준비 등을 하고 예산 관리 같은 사무적인 업무도 담당한다. 이벤트 제작사나 광고대행사에 취직해 이벤트 업무를 배우는 것이 일반적이다. 실력을 인정받으면 혼자서 일할 수도 있다. 전문학교가 있으며, 고등학교나 대학교 등의 문화제 운영에 적극적으로 참여하는 것도 도움이 된다.

연예인 스카우터

"혹시 연예인 해 볼 생각 없어요?"

길을 걷다 이런 말을 들어본 사람이 있을 것이다. 스카우트하는 사람은 주로 연예 기획사에서 일하는 신인 발굴 매니저이다. 보통 번화가에서 캐스팅하지만 입소문으로 괜찮은 아이가 있다는 말을 들으면 지방까지 내려가 스카우트하기도 한다. 이 밖에도 예능 기획사가 오디션을 열어 눈에 띄는 인재를 주시했다가 스카우트하기도 한다. 다만 길거리 캐스팅의 경우 사기를 당할 우려도 있다. 스카우트는 말을 잘하는 것보다는 성실해야 한다. 가벼운 권유만으로도 곧바로 응하는 사람은 상품으로서 가치가 낮다고 한다.

연예인 매니저

가수나 배우 등의 일정을 관리하고 시중을 들며 때때로 비서 역할도 소화한다. 방송사와 출연 일정을 협의하고 여러 오디션에 참가할 수 있도록 사전 준비를 한다. 신인 캐스팅도 주요 업무 중 하나로 새로운 인재를 발굴하는 능력도 필요하다. 기본적으로는 예능 기획사의 직원으로, 자신이 맡은 연예인 출연료에서 일부가 매니지먼트 비용이 된다. 따라서 인기 있는 연예인을 관리하면 수익도 올라간다. 톱스타 연예인을 제외하고 대부분 매니저 한 사람이 연예인을 여러 명 담당한다. 일이 매우 바쁘기 때문에 강한 정신력과 체력이 요구된다. 많은 방송 관계자를 상대하고 자신이 관리하는 연예인을 소개해야 하기 때문에 정신적 피로를 느끼기도 한다. 자신이 키운 배우가 성공하는 모습을 보는 것이 가장 기쁘다고 한다. 매니저가 되려면 무엇보다 연예계에 대한 흥미와 열정이 필수적이다.

무라카미 류

이 책을 읽는 독자들은 대부분 텔레비전의 존재가 당연하게 느껴질 것이며, 태어날 때부터 집안에 텔레비전이 있었을 것이다. 그러나 내가 속한 세대는 다르다. 우리 세대에게 텔레비전은 어느 날 갑자기 '출현한' 물건이었다. 나는 집에 텔레비전이 들어오던 날을 지금도 생생히 기억한다. 내가 여덟 살 때였다. 그것은 마치 가마처럼 전파상 아저씨의 손에 들려 우리 집 현관에 들어왔다. 종이상자 안에서 브라운관이 모습을 드러내자 모여 있던 동네 사람들은 환호성을 내질렀다. 아버지는 신제품을 좋아해서 동네에서 거의 처음으로 텔레비전을 샀다. 코드를 전원에 연결하고 안테나를 세운 뒤 스위치를 눌러 브라운관에 영상이 나타났을 때, 나는 묘한 감각을 맛보았다. 어른들은 프로레슬링 경기 장면이 나오자 소리를 지르며 흥분했지만 나는 냉정하게 그 영상이 현실인지 환상인지 열심히 생각했다.

적어도 영화와는 다르다고 생각했다. 영화는 어두컴컴한 곳에서 상영되고, 현실과 같은 스크린 속 인물에 감정이입을 할 수 있다. 주인공이 된 것처럼 기뻐하고 불안해하고 슬퍼한다. 하지만 텔레비전은 다르다고 여덟 살의 나는 생각했다. 밝은 실내의 작은 상자 속에서 영상이 비치고 있을 뿐인데, 그 정보 전달력은 대단했다. 어른들은 작은 상자의 표면에 비치는 영상을 곧바로 새로운 미디어로 받아들인 듯했다. 어른들은 분별력이 있기 때문에 이것은 영상이 나오는 라디오 같은 것이라고 자신이 가지고 있는 정보 안에서 이해한 것이다. 그로부터 반년이 지나자 마을의 모든 가정에 텔레비전이 들어왔다. 순식간에 '집에 텔레비전이 있는 것'은 당연한 일이 되었다. 그러나 텔레비전은 나에게는 여전히 '낯선 물건'이었다. 무서워한 것도 아니고 보지 않았던 것도 아니다. 단지 텔레비전이 특별한 미디어라는 생각이 무의식중에 머릿속에 강렬하게 새겨졌다.

소설가로 데뷔한 뒤 텔레비전에 출연할 때마다 언제나 위화감과 경계심을 느꼈다. 아쿠타가와 상을 받으면 수상자는 NHK 아침 뉴스에 출연하는 것이 관례였기에 나도 스튜디오를 찾아갔다. 지금도 기억하는데, 아나운서가 먼저 "마약과 섹스를 그린 충격적인 소설로 데뷔한 무라카미 류 씨입니다. 안녕하세요"라고 인사했다. 나는 "NHK에서 아침부터 섹스나 마약이라는 단어를 써도 됩니까?"라고 물으려다가 그만두었다. 내 안에 있던 위화감과 경계심이 그런 말을 하면 안 된다고 경고했기 때문이다. 윤리적 측면에서 그런 생각을 한 것은 아니었다. 또 그런 말을 하면 텔레비전을 보는 사람들이 불쾌하게 느낄 거라고 생각한 것도 아니었다. 나는 내 성격과 내 진짜 모습이 텔레비전을 통해 전국의 안방에 전달되는 것이 싫었던 것이다.

1980년대 후반부터 3년 반 정도 토크쇼 프로그램 사회를 본 적이 있는데, 지금도 왜 그 일을 했는지 잘 모르겠다. 30대 중반이 되어 '이제 될 대로 되라'고 생각한 것도 아니었다. 나는 배우가 아니기 때문에 텔레비전 카메라 앞에서 연기를 하는 것도 아니었다. 텔레비전이라는 미디어는 아무리 꾸미고 연기를 해도 출연자의 본래 모습이 드러나기 마련이다. 즉, 정신적으로 발가벗겨지는 것이다. 그 토크쇼 프로그램에서 내가 선택한 방법은 할 말이 없을 때는 말하지 않는 것이었다. 그것은 텔레비전의 원칙에 위배되는 일이다. 텔레비전은 침묵, 곧 시청자의 상상력을 자극하는 것을 가장 싫어한다. 시청자들을 언제나 수동적으로 만드는 것이 텔레비전이기 때문이다.

내 여동생은 나보다 여섯 살 아래인데, 철이 들었을 무렵에는 이미 텔레비전이 존재하는 세대였다. 내 윗세대는 텔레비전을 이성적으로 받아들일 수 있었다. 여덟 살이었던 나는 무의식중에 텔레비전의 이상한 힘을 느꼈기 때문에 위화감과 경계심을 갖게 된 것이다. 내 또래의 가수 중에는 텔레비전에 거의 출연하지 않는 사람이 많다. 아마 그들도 텔레비전에 대해 위화감과 경계심이 있기 때문일 것이다. 텔레비전은 강력한 미디어이다. 그것을 무시하는 것도 아니며 무시해도 의미가 없다. 텔레비전의 놀라운 정보 전달력을 의식하면서 위화감과 경계심을 잃지 않는 것, 그것이 내가 텔레비전을 대하는 기본자세이다.

2003년에 쓰다

❷ | 도서관에서 책을 읽는다

다른 사람들과 이야기하는 것보다 조용한 곳에서 책을 읽는 것이 마음이 편하다. 사람들과 이야기를 나누는 게 서툴러서 그러는 경우도 있고, 서투르지는 않지만 귀찮기 때문에 혼자 있기를 좋아하는 경우도 있다.

사서

전문직으로 도서관에서 일한다. 도서나 잡지의 수집, 정리, 보존, 대출을 비롯한 정보 서비스 전반을 담당한다. 따라서 일반적으로 도서관에서 근무하는 사람을 총칭하여 사서라고 하는 경우가 많다. 책을 좋아하는 사람에게는 매력적인 직업이다. 최근에는 도서관 이용자의 연령층이 다양해지고 그 수도 늘어나고 있으므로 열람자들에게 친절하게 대할 수 있는 인품도 요구된다.

컴퓨터를 이용한 검색 시스템이 보급되어 있기 때문에 컴퓨터 사용 능력은 필수이다. 사서 자격증은 4년제 대학이나 전문대학의 문헌정보학과를 나오거나 사서 교육원 과정을 마치면 취득할 수 있다. 국공립 도서관에 들어가려면 공무원 사서직 시험에 응시해야 하며, 민간 위탁이나 사립 도서관의 경우 자체적으로 실시하는 시험에 합격하면 된다. 둘 다 사서 자격증이 있어야 시험에 응시할 수 있다.

이런 직업도 있다

평론가 **p.37**/ 출판업계에서 일하기 **p.37**/ 서점 직원 **p.37**/ 편집자 **p.38**/ 원고 교정자 **p.39**/ 고서점 **p.39**/ 작가 **p.41**/ 시인 **p.41**/ 라이터 **p.42**/ 구성작가 **p.43**/ 동화작가 **p.45**/ 인터넷소설가 **p.45**/ 저널리스트 **p.61**/ 그림책 작가 **p.196**/ 큐레이터 **p.214**/ 학예연구사 **p.216**/ 미술품 감정사 **p.217**/ 스포츠 라이터 **p.286**/ 번역가 **p.323**/ 언어학자 **p.323**/ 영자신문 기자 **p.324**

❸ | 영화를 보러 간다

비디오나 DVD를 빌려서 보는 것도 좋지만 영화는 역시 커다란 스크린으로 보는 게 좋다. 흥행에 성공한 영화나 많은 사람이 본 영화가 아닌 자신만이 좋아하는 영화를 즐겨 본다.

각본가

영화전문 각본가의 수는 적지만 영화계에는 반드시 '뛰어난 작가'가 몇 명 있다. 그들이 영화의 토대를 만든다. 각본가에서 영화감독으로 진출하는 사람도 많다. 영화 관련 전문학교에서 시나리오의 기초를 배울 수 있다. 그러나 전문학교를 졸업했다고 해서 곧바로 영화 각본가가 될 수 있는 것은 아니다. 좋아하는 감독이나 프로듀서, 배우에게 각본을 보내도 대부분 읽어보지도 않는다. 보수도 그다지 많지 않다. 그러나 영화 각본은 매력적인 일이기 때문에 재능이 있는 사람들이 끊임없이 기회를 노린다. 연극과 텔레비전 드라마의 작가가 영화에 진출하거나 영화 각본을 의뢰받는 경우도 있다. 각본가가 되려면 되도록 많은 음악을 듣고 영화를 많이 보고 이곳저곳을 여행하며 세계를 아는 것이 좋다.

영화 프로듀서

영화에서 작품의 방향을 결정하는 모든 실권은 감독에게 있지만 제작비를 마련하고 감독과 스태프를 선정하는 등 사실상 제작 전반에 책임을 지는 사람은 프로듀서이다. 영화 홍보, 배급, 흥행 여부에 따르는 손익에도 책임을 진다. 영화가 흥행에 참패해 막대한 빚을 지는 프로듀서도 있다. 옛날의 촬영소 시스템에서는 대형 영화사에 소속된 샐러리맨 프로듀서밖에 없었지만 현재는 혼자서 위험을 무릅쓰고 기획하는 사람이 많다. 영화 프로듀스 과정이 있는 전문학교는 많지만 사실상 학교에서 배우는 것만으로는 프로듀서가 될 수 없다. 단, 프로듀서에 한정된 이야기는 아니지만 의욕만 있다면 전문학교에서 상당한 지식을 습득할 수 있다. 영화 관련 전문학교에 들어가는 사람이 많기 때문에 그저 졸업한 것만으로는 일자리를 얻기 어렵다. 열심히 공부하고 강사나 선배에게 질문도 많이 하며 다양한 사람에게서 정보와 지식을 얻어야 한다. 누구보다 영화를 많이 보고 책을 많이 읽어야 한다. 가령 각본가를 지망한다면 누구보다 많은 작품을 쓰는 것, 즉 일나나 의욕적으로 배울 수 있는지가 승부처가 된다.

프로듀서의 경우 다양한 현장을 아는 것이 기본이다. 영화의 기획 현장, 촬영 현장, 편집 현장, 완성된 영화의 홍보·배급 현장 등에서 경험을 쌓는 일이 가장 중요하다. 프로덕션에 제작조수로 들어가거나 프로듀서에게 고용되어 현장 경험을 쌓으면서 프로듀서의 길을 걷는 것이 일반적이다. 영화계에는 여러 유형의 프로듀서가 있다. 이들의 공통점은 실력과 인기가 있는 배우 또는 감독과 인맥이 있다는 점과 영화를 매우 좋아한다는 점이다. 다른 업종에서 돈을 벌어 제작비를 마련하면 일단 프로듀서가 될 수 있다. 그러나 그러한 사람은 오래가지 못한다.

영화감독

소재, 스토리, 대사, 배우 선정, 연기, 소도구, 무대 디자인, 의상, 로케이션 등 영화 촬영 준비에서 마무리까지 모든 과정에 대한 결정권이 있다. 자금 마련과 예산 분배처럼 영화 제작과 관련된 부분은 프로듀서가 담당하는 경우가 많지만 그중에는 감독이 모든 것을 도맡는 경우도 있다. 독립영화든 할리우드 대작이든 영화를 만들 때는 반드시 자금이 필요하기 때문에 우수한 프로듀서가 감독에게는 중요하다. 앞으로는 영화감독이 프로듀서의 자질도 갖추어야 한다고 한다.

영화감독이 되려고 영화 전문학교를 나오기도 하지만 졸업하더라도 대부분 텔레비전이나 영화의 어시스턴트로 시작한다. 하루아침에 영화감독이 되는 것은 불가능하며 평생 되지 못하는 경우도 많다. 영화감독이 되려는 사람 중에는 각본가에서 영화감독이 되는 경우처럼 '문장'이 좋아서 시작하는 사람이 있다. 또 CF 연출가에서 영화감독이 되는 사람, 무대를 연출하거나 텔레비전 드라마를 연출하다가 영화감독이 되는 사람도 있다. 영화감독이 되려면 '죽어도 영화를 찍겠다'는 강한 의지가 가장 중요하지만 그래도 영화감독이 될 수 있다고는 장담하지 못한다. 최근에는 해외에 있는 영화학교에 진학하는 사람이나 할리우드를 목표로 하는 사람도 늘고 있다. 해외로 눈을 돌리는 것도 좋은 방법이지만 영화감독이 되는 것은 본인의 노력과 의지와 재능과 운에 달려 있다.

이는 감독뿐 아니라 영화와 관련된 직업 전부에 해당한다. 8mm나 16mm의 단편영화든 아마추어 비디오 영화든 훌륭한 작품이 있다면 그 재능을 인정해 발굴하여 상업영화에서 쓰려는 경향이 나타나게 되었다. 물론 아마추어 중에서 실제로 감독이나 각본가, 카메라맨으로서 상업영화에 데뷔하는 사람은 극히 일부이다. 그래도 촬영소 시대와 비교하면 젊은 영화인이 활약할 수 있는 기회는 늘어났다.

제작 담당자

프로듀서의 보조 일을 담당한다. 프리 프로덕션(Pre-production, 촬영 전 준비 기간) 때는 주로 로케이션 장소를 물색하거나 감독과 기술 스태프와 상의해 촬영할 장소를 결정한다. 촬영에 들어가면 촬영 현장의 안전을 확보하고, 식사를 준비하고, 각 스태프들을 관리한다. 프로듀서는 촬영이 시작되면 촬영 현장을 떠나 예산과 촬영 일정 관리, 포스트 프로덕션(Post-production, 편집과 녹음 등의 마무리 작업) 준비, 홍보·배급 협의 등의 데스크 업무를 한다. 따라서 대개 제작 담당자가 현장의 제작 책임자가 된다. 제작 담당자는 먼저 프로듀서의 조수가 되어 신뢰를 얻으며 현장 경험을 쌓아야 한다. 제작 담당자 과정이 있는 전문학교도 있지만 학교를 졸업하고 곧바로 제작 담당자가 될 수 있는 것은 아니다.

제작 조수

제작 담당자 밑에서 조수로 일한다. 현장에서 마실 음료수를 준비하거나 도시락을 조달한다. 비가 내리는 장면에서는 장화나 우비를 나눠주는 등 갖가지 잡다한 일을 처리한다. 지쳐서 짜증이 난 스태프로부터 큰소리를 듣거나 잠잘 시간도 없을 만큼 일하는 경우가 많지만 그러한 현장에서 일한 경험이 훗날 제작 담당자나 프로듀서가 됐을 때 도움이 된다. 영화 관련 전문학교를 나온 사람도 있지만 아르바이트로 시작하는 사람도 있다.

영화배우

옛날에는 영화배우라고 하는 확고한 직업이 있었으나 지금은 영화에만 출연해서 생활을 유지하는 배우는 거의 없다. 텔레비전 드라마에 출연하거나 광고를 찍거나 연극 무대에 서면서 영화에 출연할 기회를 엿보는 것이 일반적이다. 그러나 그중에는 영화 스크린만 고집하는 배우도 있다. 영화 전반기와 같이 촬영소 시스템이 기능한다면 촬영소에 소속된 '신인'으로 데뷔할 수도 있으나 지금은 그것도 불가능하다. 영화배우를 지망하는 사람은 새 작품 오디션에 응모하거나 예능 기획사의 문을 두드리거나 녹립영화에 출연해 주목을 받는 방법밖에 없다.

스턴트맨

절벽이나 바다 등 위험한 장소에서 촬영하는 장면, 충돌하는 자동차와 폭주하는 열차 안에서의 액션 장면, 비행 중인 헬리콥터에 매달리거나 독사·맹수와 싸우는 장면, 높은 데서 떨어지거나 불 속에 뛰어드는 장면 등 매우 위험한 장면을 배우를 대신하여 연기한다. 총탄과 화재 장면의 촬영 기술과 장치를 개발하기도 한다. 차량 스턴트맨은 영화에서 늘 쓰이는 만큼 전문회사가 있다. 액션스쿨 등을 나와서 스턴트맨의 제자로 들어가 훈련을 받는 것이 일반적이다. 운동 신경이 없는 사람에게는 적합하지 않다. 불길에 휩싸이는 장면처럼 위험한 장면의 보수는 출연료가 1초 단위로 계산된다. 위험한 액션이나 자동차 추격전, 폭발 장면이 많은 할리우드 영화에서는 스턴트맨의 수준이 매우 높고 스턴트맨을 고용하는 회사도 많아 사업 규모가 크다.

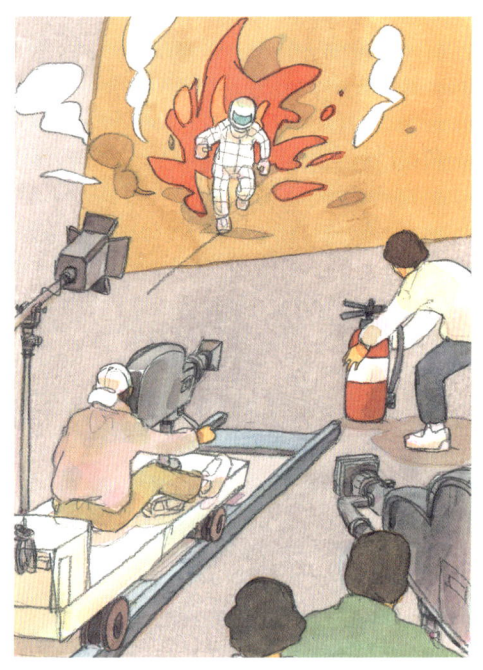

배우 담당

감독과 협의하면서 자기 인맥을 동원해 캐스팅한다. 프로듀서가 배우 섭외와 스케줄 관리를 담당하는 경우가 많지만 독립 영화 제작이 증가하면서 전문적으로 배우를 담당하는 직업이 생겨났다. 배우나 프로덕션의 신뢰를 얻어야 하며, 연예계의 생리, 서열, 규칙, 금기 등에 정통해야 한다. 배우와 유대 관계가 강한 일이기 때문에 배우 담당에서 프로듀서로 진출하는 사람도 있다. 유명한 배우와 친밀하고 스케줄을 잡을 수 있다면 그것만으로도 예산을 획득하는 경우가 많기 때문이다. 어릴 적에 아역 등으로 연예계에 진출해 연고를 만들고 지식을 쌓은 뒤 배우 담당이 된 사람도 있다.

캐스팅 디렉터

시나리오를 읽어 본 후 등장인물의 성격을 분석한다. 영화의 배역에 맞는 배우들을 선정하고 추천하며 출연 계약을 맺는 캐스팅 책임자를 말한다. 주연급 연기자들은 대부분 제작자나 감독 레벨에서 결정되므로 캐스팅 디렉터는 조연과 보조 연기자 캐스팅을 담당한다. 신인 배우를 발탁하기 위하여 공개 오디션을 주최하고, 배역 후보를 선정한다. 확정된 배우의 작품 계약을 대행하고 해당 배우의 스케줄을 관리·조정한다. 영화 제작자, 영화감독, 시나리오작가 등 영화 관련 종사자와 진행사항에 대해 협의한다. 배우 자원이 적은 우리나라에서는 이 직무의 중요성이 그다지 크지 않고 직무 개념도 분명하지 않지만 선택 대안이 엄청나게 넓은 할리우드 등에서는 캐스팅 디렉터의 역할이 제작의 효율성을 크게 좌우한다.

촬영 기사

영화 촬영의 꽃으로 불린다. 영화 카메라로 모든 장면을 필름에 기록한다. 예전에 비해 필름만이 지닌 빛과 그림자의 농염을 표현할 수 있는 사람은 줄었지만 영화 카메라를 다루는 젊고 우수한 카메라맨은 오히려 늘어났다. 영화 카메라맨이 되려면 영상 관련 전문학교를 나와서 영화·영상·CF 제작회사에 들어가 촬영 조수로 일하거나 프리랜서 카메라맨 밑에 들어가는 방법이 있다. 최근에는 8mm 영화나 개인 비디오 작품을 필름 페스티벌에 출품해 감독과 프로듀서의 눈에 드는 방법도 있다. 주목받는 작품을 찍은 젊은 카메라맨에게 기회를 주기도 한다. 하지만 이러한 예는 어디까지나 극히 일부에 불과하다. 해외에 있는 영화학교에서 유학하거나 해외에서 경험을 쌓는 사람도 늘고 있다. 할리우드에서는 촬영 감독(Director of Photography, DOP, D.P)이라고 불리며 할리우드의 촬영 감독은 조명을 포함해 촬영과 관련된 모든 일을 담당한다.

녹음 기사

영화를 촬영할 때 다이얼로그와 대사를 동시 녹음하고 주변 음을 녹음한다. 촬영 후에는 대사를 재녹음하거나 음향 효과 등을 넣는 후시 녹음을 한다. 초기에는 붐 마이크라고 불리는 긴 장대 끝에 달린 마이크로폰을 카메라 프레임에 아슬아슬하게 비치지 않을 정도까지 가까이 대고 배우의 대사를 담곤 했다. 현재 의상에 고정해 사용하는 작은 무선 핀 마이크가 있지만 의상이 스치면서 잡음이 생기기 때문에 아무래도 붐 마이크가 자주 쓰인다. 청각이 뛰어나고 소리에 민감해야 하며 기다란 붐 마이크를 계속 들 수 있는 체력도 있어야 한다. 영화 관련 전문학교를 나와 영화·영상·CF 제작 프로덕션에서 조수로 일을 시작하는 것이 일반적이지만 최근에는 프리랜서 녹음 기사의 제자로 들어가는 사람도 많다.

조명 기사

연극, 영화, 무용, 방송 드라마 등을 제작하기 위해 조명장치를 설치, 조절한다. 무대에 올릴 작품의 내용, 제작 의도, 성격 등을 파악한 뒤 대본이나 기본 설계도를 보고 조명감독과 협의해 조명계획을 세운다. 촬영현장의 여건에 따라 축전지 또는 발전기 사용 여부를 결정하고 투광조명기, 반사판, 집중조명 등 조명 장비를 설치한다. 무대나 제작환경 변화에 따른 순발력과 판단력이 필요하며, 예술적 감각과 창의성도 필요하다.

연출자를 비롯해 여러 스태프와 호흡이 중요하기 때문에 인간관계가 원활해야 하며 무거운 방송장비를 취급해야 하므로 체력도 튼튼해야 한다. 조명기사가 되기 위해 특별히 요구되는 자격이나 학력은 없으나 일반적으로 전문대학이나 4년제 대학에서 전기과, 전자과, 영상관련학과 등을 전공하면 유리하다. 직업훈련 사설학원이나 방송국 아카데미에서 훈련받을 수 있으며, 동아리 활동을 하면서 기술을 익히기도 한다.

미술감독

미술, 미술감독, 디자이너 등 불리는 이름은 다양하지만 하는 일은 같다. 미술감독 밑에는 미술 조수, 장식(예를 들어, 바 세트장에 필요한 술병을 모으는 일), 장식 조수, 세트에서 촬영용 건물 등을 만드는 대도구, 소도구(영화의 규모에 따라서는 조감독이 겸하는 경우도 많다) 담당 등이 있다. 미술감독은 감독과 협의해 세트를 디자인하고 각본과 연출 의도에 맞게 로케이션 장소와 세트를 장식하기 위한 아이디어를 낸다. 미술감독이 되려면 일반적으로 미술대학이나 영화 전문학교에서 공부하고 영화 제작회사나 영화·영상·CF 제작 프로덕션 등에 들어가 조수부터 시작하지만 프리랜서 미술감독의 제자로 들어가는 방법도 있다. 미술감독의 아이디어는 영화에 직접 반영된다. 할리우드에서는 미술감독이나 미술이라 하지 않고 프로덕션 디자이너라고 한다. 시대 고증부터 장식, 대도구, 소도구, 패션에 이르기까지 영화 전체의 미술 계획을 세운다.

헤어 메이크업 아티스트

배우의 헤어와 메이크업을 담당한다. 대개 전문학교를 나와 메이크업 회사에 들어가 기술을 닦지만 프리랜서로 활동하는 사람도 있다. 아무 드물게 유명 여배우의 눈에 들어 전속 형태로 일하는 경우도 있다. 피부의 상처, 혈흔이나 상흔, 멍이나 점, 주름 등을 연출하기도 한다. 영화 〈스타워즈〉에 나오는 특수 분장과는 다르다. 예전 영화는 필름의 감도가 낮고 항상 강렬한 라이트가 필요했기 때문에 헤어 메이크업은 패션계와 다른 기술이 요구되었으나 현재는 고감도 필름과 해상도가 높은 렌즈, 다양한 특수효과 등 영화 기술이 진보함에 따라 양쪽을 겸하는 사람이 늘고 있다.

의상 담당

주인공에서 엑스트라에 이르기까지 배우가 극에서 입는 의상을 준비한다. 그중에서도 주인공급 출연자의 의상을 관리하는 사람은 워드로브라고 한다. 유명한 패션 디자이너가 영화 의상을 담당하기도 하는데, 그것은 의상 디자이너로 별개 직업이다. 의상 담당은 패션에 정통해야 할 뿐 아니라 각본을 해석하고 극중 인물을 만들어내는 상상력이 있어야 한다. 시대극 영화의 경우 의상 회사나 프로덕션에 소속된 전문 의상 담당자가 있다. 현대극에서는 스타일리스트가 의상을 담당한다. 영화 의상회사에 들어가거나 전문학교 등을 나와 프리랜서 스타일리스트의 조수로 경험을 쌓는 것이 일반적이다.

에디터(편집)

촬영이 끝난 필름을 각본에 맞춰 편집한다. 영화 관련 전문학교를 나와 조수부터 시작한다. 필름을 실제로 자르거나 연결했지만 현재는 컴퓨터 영상 편집 프로그램을 이용하는 것이 일반적이다. 미국에서는 한 장면을 마스터 쇼트로 처음부터 끝까지 쭉 촬영한 뒤 클로즈업과 같은 픽업 쇼트를 찍는다. 쇼트에 따라 카메라를 여러 대 사용하는 경우도 있다. 마스터 쇼트와 방대한 픽업 쇼트를 편집해야 하므로 에디터라고 불리는 편집자의 감각과 재능이 영화 전체의 완성도를 좌우한다. 미국에서는 편집 일을 하다가 영화감독이 되는 사람도 있고 감독이 직접 편집을 하는 경우도 있다.

음향 효과

촬영·편집이 끝난 필름의 소리를 조정하거나 덧붙여 영화를 완성하는 작업을 한다. 때로는 작업에 필요한 효과음을 새롭게 만든다. 영화에서 소리는 매우 중요하여 영화 전체의 질이 효과음의 리얼리티와 질에 좌우되는 경우가 있다. 현실에는 없는 소리, 이를테면 영화 〈쥬라기 공원〉에 나오는 티라노사우루스의 울음소리 등을 여러 가지 현실음을 조합하거나 신시사이저로 새롭게 만들어낸다. 음향학과가 있는 대학이나 음향학 과정이 있는 전문학교를 나와 컴퓨터를 이용해 음을 자유자재로 만드는 사람이 요구된다.

네가 편집

편집·에디터 작업에 따라 네가 필름을 편집한다. 비디오카메라를 이용해 텔레비전 드라마를 촬영하고 컴퓨터를 이용한 편집 시스템이 일반화되면서 네가 편집자의 일은 많이 줄었지만 필름 영화가 있는 한 네가 편집이라는 직업은 사라지지 않을 것이다.

기록(스크립터)

영화 촬영을 기록한다. 영화는 각본 순서대로 촬영하지 않으며, 감독의 의도와 배우의 즉흥 대사로 각본 내용이 바뀌기도 한다. 또 같은 장면을 여러 번 반복해서 찍기 때문에 어떤 테이프가, 즉 몇 번째 찍은 장면이 OK컷인지, 대사가 매번 어떻게 바뀌었는지 등을 기록해 두지 않으면 편집할 때 혼란스러워진다. 다음 촬영과 자연스럽게 연결되도록 배우의 위치와 의상, 헤어 메이크업 등도 기록한다. 영화 관련 전문학교를 나와 조수부터 시작한다. 어떤 이유에서인지 스크립터는 대부분 여성이다. 미국에서는 스크립트 슈퍼바이저라고 불리는데 업무 내용은 어디나 거의 같다.

무술감독

싸움이나 살인, 난투 장면 등을 찍을 때 배우들의 액션을 지도한다. 액션 기술과 리얼리티만 지도하는 것이 아니라 촬영이 안전하게 이루어지도록 조언도 한다. 최근에는 전문학교도 생겨났다. 할리우드에서는 액션 슈퍼바이저라고 하며 액션 장면의 전체 계획을 감독과 함께 세운다.

특수효과

물탱크차에 호스를 연결하여 비를 뿌리거나 커다란 선풍기를 돌려 바람을 만든다. 기계를 이용하여 안개나 연기를 만들고, 카메라가 실린 크레인을 조작하고, 카메라 이동차를 민다. 카메라 이동차의 레일을 깔고 배선이 없는 촬영 기재 조작을 모두 담당한다. 헐레이션을 방지하는 역할은 촬영부가 담당하기도 하지만 그립이라고 불리는 특수효과부가 담당하기도 한다. 일반적으로 영화 관련 전문학교를 나와 현장에서 조수부터 시작한다.

시나리오 디벨로퍼

시나리오를 음미하며 실제로 영화 촬영에 사용될 시나리오로 '반전'한다. 감독이나 프로듀서가 담당하는 경우가 많지만 할리우드에는 전문가가 따로 있다. 어느 쪽이든 이야기, 대사, 등장인물의 성격 등에 대한 깊은 통찰력과 비판력이 필수적이다. 장차 영화계가 더욱 활성화되고 제작 편수가 늘어나면 각광받는 일이 될 것이다.

조감독

조감독은 주로 영화감독을 보좌한다. 치프(제1 조감독)는 주로 촬영 스케줄을 짜고 보조출연자의 연출을 맡으며, 각 스태프 사이를 조정하는 역할을 한다. 세컨드(제2 조감독)는 소도구를 관리하고 보조출연자들을 담당한다. 서드(제3 조감독)는 슬레이트라고 불리는 검은 칠판 같은 것을 카메라 앞에서 친다. 슬레이트에는 신 넘버, 컷 넘버, 테이크 넘버 등이 적혀 있고, 슬레이트를 칠 때 나는 소리가 필름 앞에 들어가게 되는데

이 소리는 편집할 때 중요한 사인이 된다. 우수한 조감독은 항상 부족하지만 최근에는 조감독의 역량 부족도 자주 지적되고 있다. 앞으로는 연출을 배우면서 조감독으로 일하는 전통은 점차 사라져 미국과 같이 독립된 직종이 될지도 모른다. 전문학교에서 영화의 기초를 배운 후 영화·영상·CF 제작 프로덕션에 들어가는 것이 일반적이지만, 아르바이트로 조감독을 시작하는 사람도 많다.

조연

본래 미술부에 소속되어 있으나 특수한 기술이기 때문에 독립된 일로 간주된다. 주로 크레인이나 와이어에 배우를 매달거나 매단 채로 움직인다. 그 밖에도 기계 장치로 된 괴수를 움직이거나 미니어처 마을에 전구를 장식한다. 화약을 이용한 작업(총의 발화나 작은 폭발 등)을 하기도 한다. 전문 조연(繰演)의 제자로 들어가거나 조연이 있는 프로덕션에 들어가는 것이 일반적이다. 영화뿐 아니라 CF나 무대, 쇼 등에서도 필요한 존재이다. 크레인 등에 연결된 도르래와 와이어로 사람을 묶어 움직이는 것이 기본이지만, 와이어나 크레인 조작을 컴퓨터로 제어하면서 조연의 일은 점차 변하고 있다.

현상 기사

촬영감독의 지시에 따라 주로 타이밍이라고 불리는 촬영된 필름을 현상한다. 이전의 모노크롬 시대에는 현상 시간을 바꿔 화조(畵調)를 조절했다. 그 영향으로 타이밍이라는 용어가 아직 남아 있다. 컬러 필름의 경우 네거필름에서 포지필름으로 인화할 때 빛의 양을 바꿔 화조와 색조를 변화시킨다. 필름은 카메라와 조리개나 렌즈의 밝기로 미묘하게 화조가 바뀐다. 따라서 촬영감독의 의도를 파악해 그에 맞게 필름을 현상하는 전문 기술이 요구된다. 촬영감독 중에는 전속 현상 기사를 지정하는 사람도 있다. 카메라멘 전문 과정을 마치거나 대학에서 화학을 전공하는 등 현상 기사의 출신은 다양하다. 영상회사에 들어가 경험을 쌓으면 도움이 된다.

옵티컬 기사

어두운 화면에서 점점 영상이 나타나는 페이드인, 반대로 영상이 점점 어두워지는 페이드아웃, 화면이 정지되는 스톱 모션, 복수 영상을 겹치는 오버랩(디졸브), 메인타이틀과 스태프 크레디트 등 특수 광학 처리를 담당하는 전문직이다. 오버랩 등 일부 작업은 컴퓨터를 이용한 디지털 처리도 가능하지만 그것과 구별해 옵티컬(광학)처리라고 불린다. 복잡한 옵티컬 프린터를 사용해 화상을 합성·처리하는데, 섬세한 조정이 필요하므로 지식과 함께 경험이 무엇보다 중요하다. 전문학교나 광학 커리큘럼이 있는 대학을 졸업한 후 영상회사에 들어가 경험을 쌓는 것이 좋다.

특수촬영감독(SFX 슈퍼바이저)

감독의 지시와 영화의 콘셉트에 따라 특수효과 부분의 콘티, 촬영, 편집, 합성 등 최종 영상을 책임진다. 〈고질라〉와 같이 예전 영화는 우수한 기술과 경험이 가장 많은 사람이 특수촬영 부분을 종합적으로 관리했다. 그러나 최근에는 특수효과가 세분화·전문화되어 각각의 분야에 책임자가 생겨났다. 따라서 예전에는 특수촬영감독이 SFX (Special effects, 특수효과) 슈퍼바이저, 비주얼 이펙트 슈퍼바이저 등으로 불리는 일이 많았다.

특수촬영

특수촬영에는 종류가 다양하다. 슬로모션 영상을 만드는 하이스피드 촬영도 넓은 의미에서는 특수촬영이며, 스톱 모션으로 한 컷씩 촬영하는 것도 특수촬영이라고 한다. 그러나 현재는 특수촬영이라고 하면, 파란 스크린 앞에 서 있는 배우를 촬영한 뒤 합성하는 블루 스크린 프로세스와 미니어처를 크게 보이게 하는 특수 카메라가 있는 스노클 카메라, 카메라워크가 컴퓨터로 세어되는 모션 컨트롤 카메라 등으로 한정되어 있다. 〈고질라〉 등의 괴수 영화가 만들어질 때는 특수촬영 전문 카메라맨이 있었으나 지금은 모션 컨트롤 카메라가 있다. 카메라의 위치, 방향, 이동 속도, 셔터, 포커스, 줌 등 거의 모든 조작이 컴퓨터로 제어되므로 카메라맨은 조명만 담당하는 일이 많아졌다. 특수촬영을 담당하는 사람이 카메라맨에서 컴퓨터 오퍼레이터로 바뀐 것이다. 특히 모션 컨트롤 카메라의 경우 본고장은 어디까지나 할리우드이다.

기술 담당 조수

촬영 조수, 조명 조수, 녹음 조수, 편집 조수 등 영화 제작에는 많은 기술 담당 조수가 있다. 모든 영화인은 조수부터 시작한다고 해도 지나친 말이 아니다. 전문학교를 나와 영화사에 들어가거나 아르바이트로 일하며 경험을 쌓아 기사(카메라맨, 조명 기사, 편집 등)로 성장해 나간다.

드로잉·SFX 일러스트레이터

컴퓨터가 쓰이지 않던 시대의 SFX 크리에이터들은 그림을 그리는 것부터 시작했다. 지금도 상상력을 동원해 미지의 세계를 그려내는 화가들은 SFX 제작에서 빠질 수 없는 존재이다. 먼저 화가가 감독과 상의하면서 외계인, 괴물, 공룡, 맹수, 우주, 해일, 대홍수, 전쟁, 대폭발 같은 그림을 그린다. 그 그림을 바탕으로 SFX의 전체 계획이 세워진다. 최근의 특수효과는 다양한 종류의 작업이 복잡하게 얽히기 때문에 스태프 전원이 이미지를 공유하는 것이 매우 중요하다. 영화 촬영 전 이미지를 공유하기 위한 프레젠테이션을 프리비주얼리제이션이라고 한다. 보통 각본이나 스토리 보드라고 불리는 그림 콘티가 사용되지만 지금은 3D 전용 소프트웨어도 있다. 어쨌든 영화의 핵심이 되는 아이디어를 표현하는 그림은 사전 홍보나 자금 확보에도 도움이 된다.

그 밖에 매트화라고 불리는 그림이 있다. 미술 세트를 만들면 비용이 지나치게 많이 들기 때문에 2차원 그림으로 그려진 배경 부분을 만드는 경우가 있는데, 이것이 매트화이다. 매트화는 인물 등을 합성해 넣을 때 자주 쓰인다. 매트화와 프레젠테이션용 일러스트 모두 당연히 정밀한 기술이 요구된다. SFX 일러스트레이터가 되기 위해서는 전문학교나 대학의 미술학과에서 그림을 공부하는 것도 중요하지만 미지의 것에 대한 상상력과 영화의 콘셉트를 파악하는 이해력도 필요하다.

특수조형: 미니어처

특수한 시각 효과를 얻기 위한 소형 모형물을 제작한다. 우주 기지나 길거리 등을 모형화한 것은 미니어처 세트, 자동차나 우주선·주택 등을 축소한 것은 미니어처 모델이라고 한다. 거리와 우주 기지를 실물 크기로 만들려면 비용이 많이 들기 때문에 축소한 미니어처를 만드는 것인데, 실감나게 하려면 고도의 기술이 필요하다. 세세한 부분까지 정밀하게 만들기보다는 실물로 보이게 하기 위해서 거리 축소와 재료 선택, 원근감을 주는 방법, 합성을 위한 정확한 축척 등이 무엇보다 중요하다.

작은 수영장에 군함 미니어처를 띄울 경우 파도까지 작아지기 때문에 약품을 섞어 물의 표면장력을 높이는 등 아이디어가 필요하다. 또 스노클 카메라를 사용하거나 고속촬영, 저속촬영 등 특수촬영을 하기도 한다. 미니어처는 다리나 빌딩 폭발, 대지진, 댐의 파괴, 해일 등이 일어나는 장면에서 파괴되는 경우가 많기 때문에 다른 기술과 면밀한 합의가 필요하다. 괴수, 괴물, 요정 같은 캐릭터 모델 제작과 특수 메이크업 등을 아울러 특수조형이라고 하는데 할리우드에서는 미니어처 제작이 독립된 일이다. 미니어처 조형가가 되려면 미술대학이나 전문학교에서 그림과 조각을 공부한 후 특수조형 분야가 있는 프로덕션에 들어가 경험을 쌓는 것이 일반적이다. 영화 외에도 주택 등 건축물 전시장이나 다양한 이벤트, 박물관 같은 시설의 디오라마 등 수요의 폭은 넓다.

특수조형: 애니매트로닉스

영화에서 괴물이나 괴수 등은 사람이 직접 탈을 쓰고 연기하는 경우가 많은데 할리우드에서는 컴퓨터 제어 로봇을 조형물의 내부·피부 아래에 넣는 방법이 주류를 이룬다. 길들이기 어려운 생물(뱀이나 악어, 고릴라 등)이나 공룡, 외계인 등을 만들어 골격과 근육, 얼굴 표정 등을 컴퓨터 제어 기계로 움직이게 하는 기술인데, 이를 애니매트로닉스라고 한다. 영화 〈쥬라기 공원〉처럼 모든 생물을 CG로 만드는 경우가 많지만, 공룡이나 맹수를 클로즈업하거나 배우와 함께하는 장면 등에서는 애니매트로닉스를 병용한다. 작은 공룡의 전신을 움직이게 하는 경우 얼굴, 머리, 목, 양손, 양발, 몸통, 털 등 컨트롤 박스 여러 개를 몇 사람이 조작하게 된다. 애니매트로닉스 기술을 배울 때는 공학적인 지식과 다양한 재질로 조형을 해내는 기술이 있으면 유리하지만, 영화의 경우 시나리오를 이해하고 감독의 의도를 파악하는 상상력이 요구된다. 새로운 기술이기 때문에 본격적으로 경험을 쌓기 위해서는 할리우드에 가는 것이 좋다. 애니매트로닉스는 영화뿐 아니라 CF, 각종 이벤트, 박물관, 지자체 등의 축제 등에서 다양한 수요가 뒤따른다.

특수조형: 특수 메이크업

피나 상처, 상흔, 멍, 점 등은 헤어 메이크업 아티스트가 만든다. 그에 반해 배우의 얼굴 모양을 바꾸거나 젊은 배우를 80세 노인으로 바꾸거나 인간과 원숭이, 인간과 늑대의 얼굴을 합성할 때는 특수 메이크업이라고 한다. 특수 메이크업은 무성영화 시대부터 여러 형태로 시험되어 왔다. 초기에는 연필 같은 것으로 주름을 그렸지만 그 후 다양한 소재가 개발되어 현재는 모공이 있는 인공피부까지 만들어졌다. 최근 경향은 폼 라텍스와 스몰스케일 메커니컬 두 가지이다. 폼 라텍스는 고무의 유액과 같은 물질로 가공성과 탄력성이 뛰어나기 때문에 사람의 얼굴과 밀착되어 다양한 변장이 가능하다. 1968년 제작된 오리지널판 〈혹성탈출〉에서 본격적으로 사용되었다. 현재 특수 메이크업이라고 하면 폼 라텍스를 의미할 정도로 모든 장르의 영화에서 빈번히 사용된다. 스몰스케일 메커니컬이란 컴퓨터로 제어되는 작은 장치를 내부에 심은 인공피부나 몸의 일부를 말한다. 얼굴 살이 부푼 상태로 움직이거나 얼굴 근육의 기묘한 움직임 등을 보여줄 수 있다. 시나리오와 감독의 의도를 이해하는 능력과 더불어 현장 경험이 무엇보다 중요하다. 전문학교를 나와 특수조형회사에 들어가 경험을 쌓는 것이 일반적이다.

CG · CGI

촬영을 한 후 폭발 장면 등에서 불길이 크게 보이도록 컴퓨터 처리를 하는 것을 CG(Computer Graphics) 쇼트라고 한다. 1990년대 중반부터 CG는 컴퓨터로 시뮬레이트한 영상을 가리키게 되었고, CGI(Computer Generated Image)라고 불리기 시작했다. 예를 들어 〈쥬라기 공원〉의 경우, 처음에는 모형을 이용한 스톱 모션촬영(모형 공룡을 한 장면씩 움직여서 촬영한다)이 고안되었으나 결국 대부분의 장면에서 CGI를 이용해 공룡 여러 마리가 한꺼번에 질주하는 장면을 완성할 수 있었다. CGI 기술이 더욱 진보해 비용이 좀 더 내려가면 가상 배우를 만들어내는 것도 가능할지 모른다. 그래서 할리우드 일부 배우조합에서는 CGI의 빈번한 사용에 반대하는 움직임도 있다. 하지만 맨몸으

로 하기에는 너무 위험한 연기를 하는 CG 스턴트 등은 앞으로 더욱 늘어날 것이다. 공학적 컴퓨터 기술과 그림, 조각 기술, 영화에 대한 깊은 이해가 필요하다. CG 제작회사에 들어가 경험을 쌓는 것이 일반적이지만 할리우드를 목표로 하는 방법도 있다.

디지털 애니메이션

애니메이션이란 '생명을 불어넣는다'는 의미이다. 지금까지는 주로 셀화를 사용한 애니메이션을 가리켰으나 최근에는 컴퓨터 기술의 진보로 그 정의가 바뀌고 있다. 밑그림을 스캔하여 컴퓨터로 색을 칠하거나 실제 사람의 움직임을 디지털로 측정해 자동으로 그려내거나 아예 기획부터 제작, 편집까지 모두 디지털로 처리하는 애니메이션도 나타났다. 디지털 애니메이션에는 다양한 기술이 있지만 대표적인 것은 실제 사람이나 동물의 움직임을 데이터화해 컴퓨터에 입력하는 것이다. 데이터는 모션 파일로 컴퓨터에 직접 입력되며 이 기술을 모션 캡처라고 한다. 인체나 동물의 미묘한 움직임을 정확하게 데이터화할 수 있기 때문에 실감나게 움직이는 캐릭터 애니메이션을 만들 때 사용된다. 컴퓨터를 이용한 애니메이션은 실사 필름과 합성하거나 애니매트로닉스의 제작 데이터가 되거나 CGI를 만들 때 이용된다. 공학적 컴퓨터 기술과 미술적 재능, 영화에 대한 깊은 이해가 필요하다. CG 제작회사나 디지털 애니메이션 제작회사에 들어가 경험을 쌓는 것이 일반적인데, 할리우드를 목표로 하는 것도 좋다.

예고편 제작

영화 예고편을 만든다. 촬영소 시대에는 세컨드 조감독이 예고편을 제작했다. 그러나 영화 홍보 소재로서 예고편의 중요성이 커짐에 따라 전문회사에서 예고편을 만들기 시작했다. 현재 거의 모든 예고편은 전문회사에서 만든다. 배급사에서 의뢰를 받아 외국 영화의 예고편을 만드는 경우도 많다. 영화사나 배급사와 협의를 거듭하며 해당 영화의 핵심 매력을 생각한 뒤 인상적인 대사를 뽑아 선전 문구를 만들거나 본편에는 없는 영상을 디지털로 만든다. 문자 타이틀을 디자인하거나 효과음 등을 넣기도 한다. 예고편 제작팀에는 연출, 제작, 네거 편집, CG 디자이너 등이 있다. 이 일을 하려면 영화 관련 전문학교를 나와 예고편 제작회사에 들어가는 것이 일반적이지만, 회사에서 독립해 프리랜서로 활약하는 사람도 있고, 예고편이라는 독특한 세계에 끌려 CF 업계에서 옮겨오는 사람도 있다.

영화 자막 번역

외국 영화의 대사나 내레이션에 우리말 자막을 입힌다. 인간이 문자를 읽는 속도는 1초에 4글자 정도라고 한다. 따라서 아무리 긴 대사라도 정해진 글자 수 안에서 정확하고 이해하기 쉽게 번역해야 한다. 그러기 위해서는 외국어뿐 아니라 우리말 문장력도 갖춰야 한다. 아무리 대사가 많은 영화라도 기본적으로 일주일에 한 편 완성한다고 한다. 영화 자막 번역가가 되려면 자막 번역 기술을 가르치는 전문 강좌를 들은 뒤 영화 자막 제작회사를 통해 일을 알선받는다. 영화 소재가 다양하기 때문에 폭넓은 지식이 필요하고 은어에도 정통해야 한다. 극장 개봉 영화 외에도 비디오나 자료 영상에 자막을 입히는 일도 있다. DVD 등 자막 번역 기술이 필요한 분야가 증가한 만큼 이전보다 많은 사람에게 문이 열려 있다.

영화 배급

외국 영화를 국내에서 상영할 권리를 사들인다. 그런 다음에는 상영할 영화관을 정하고 홍보를 시작한다. 외국 영화사와 교섭해야 하므로 외국어 실력을 갖추어야 한다. 전문가가 되면 칸이나 베니스 등 화려한 영화제에 참가할 수도 있다. 반드시 영화 관련 학과를 나올 필요는 없고 영화 제작에 관한 지식도 필요하지 않다. 그보다는 비즈니스 능력과 어떤 영화가 흥행에 성공할지, 상품으로서 영화를 보는 눈이 있어야 한다. 물론 영화에 대한 애정이 없으면 성공할 수 없다. 대학에서 경제학이나 경영학을 공부하거나 문학·외국어를 공부한 사람 등 출신은 다양하다. 영화 배급사에 들어가 경력을 쌓는 것이 일반적이지만 경험을 쌓은 뒤 직접 회사를 세우거나 프리랜서로 활약하는 사람도 있다. 현재, 인디 배급사를 보면 개인이 시작하는 경우가 많은데 독립하려면 상당한 지식과 경험이 필요하다.

영화 홍보

예전에는 제작·배급사 안에 홍보부가 있었다. 그러나 최근에는 영화만 취급하는 홍보회사가 늘고 있다. 경우에 따라서는 기획 단계부터 영화 제작에 참가해 메이킹 필름을 제작하고, 출판사에 원작 작품의 출판을 의뢰하고, 영화 개봉에 맞춰 홍보 전략을 세운다. 그러한 업무를 혼자 담당하는 프리랜서 영화 홍보 프로듀서도 있다. 문제는 홍보할 영화의 매력을 확실히 파악해야 한다는 것이다. 여러 대중매체에 인맥이 있으면 유리하

다. 최근에는 영화 홍보회사나 배급사 홍보부에서 시작해 경험을 쌓는 것이 일반적이다. 단 신규 채용을 하는 기업이 적어 대부분 인맥을 이용하거나 아르바이트부터 시작한다. 홍보 프로듀서에서 영화 프로듀서로 진출하는 사람도 있다. 사원이 얼마 되지 않는 인디 홍보회사도 늘고 있다. 그러한 회사는 신문이나 잡지 등 활자 매체를 비롯해 텔레비전·라디오, 인터넷 같은 여러 매체를 활용한 홍보 전략을 세우고 매체와 교섭한다.

폭넓은 인맥과 신선한 아이디어가 필요하다. 홍보의 경우, 배급사나 홍보회사를 옮겨 다니는 사람은 많지만 독립하는 사람은 드물다. 체력이 없으면 하기 어려운 일이고 영어를 잘하면 일하는 데 유리하다.

이런 **직업**도 있다

편집자 **p.38**/ 작가 **p.41**/ 시나리오작가 **p.44**/ 탤런트 **p.50**/ 성우 **p.52**/ 수중 비디오카메라맨 **p.153**/ 특수효과원 **p.160**/ 화가 **p.195**/ 일러스트레이터 **p.195**/ 그림책 작가 **p.196**/ CG 크리에이터 **p.198**/ 만화가 **p.207**/ 애니메이터 **p.208**

무라카미 류

프란시스 포드 코폴라가 일본에 오면 자주 가는 가게가 롯폰기에 있다. 나는 그 가게의 주인과 친구였기에 코폴라를 알게 되었고 25년 전 〈지옥의 묵시록〉 촬영 중에 그를 필리핀에서 만나게 되었다. 마닐라에서 차를 타고 두 시간 정도 걸리는 팍상한이라는 마을의 유명한 폭포 근처에 장대한 로케이션 세트가 세워져 있었다.

나는 5일 동안 그곳에 머물렀는데 촬영을 지켜본 건 겨우 여섯 장면뿐이었다. 〈지옥의 묵시록〉은 분명히 20세기를 대표하는 영화 중 하나지만, 촬영 중 코폴라는 탈장으로 고생해서 몸 상태가 좋지 않았다. 정글에서 호랑이에게 공격당해 주인공 일행이 기관포를 난사하면서 보트를 타고 도망치는 장면을 찍을 때의 일이다. 공포에 휩싸인 주인공 일행이 "빌어먹을 호랑이!"라고 외치며 서둘러 보트를 꺼내는 40초 정도의 장면이었다.

상공에는 헬리콥터가 날며 바람을 만들어내고 카메라 앞의 맹그로브나무에는 앵무새와 닮은 열대조 두 마리가 앉아 있었다. 그 새를 배경으로 카메라가 주인공 일행을 찍는 것이다. 그런데 새가 얌전히 앉아 있을 리가 없어 새의 다리를 철사로 나무에 고정해 두었다. 코폴라는 짧은 반바지만 입고 윗옷은 벗은 채 그 장면의 연출 의도에 관해 출연자들에게 설명하고 몇 번 가벼운 리허설을 마친 뒤 마침내 카메라가 돌아갔다.

비명을 내지르며 정글에서 도망쳐 나온 주인공 일행이 보트에 올라타 시동을 걸고, 기관포수가 호랑이가 아닌 적의 습격이라고 착각해 기관총을 난사한 뒤, 보트가 자취를 남기고 멀어져 가는 장면이었다. 상공에서는 헬리콥터가 맹렬한 기세로 바람을 만들어내며 수면에 파문을 일으켰는데 그것이 영상에 긴박감을 더할 것이었다. 그런데 코폴라가 "액션" 하고 외치는 순간, 헬리콥터가 낮게 하강하면서 그에 놀란 새들이 격렬하게 날갯짓을 하기 시작했고 그 바람에 철사가 틀어져 새가 나무에 거꾸로 매달리고 말았다.

새가 나무에서 날아오르는 장면은 촬영할 가치가 있으나 나무에 거꾸로 매달린 장면은 도저히 현실과 맞지 않아 사용할 수 없었다. "저 새 좀 어떻게 해 봐!"라고 코폴라가 외쳤다. 카메라는 계속 돌고 있었다. "어떻게 좀 하라니까!" 코폴라가 계속 외쳤지만 새가 매달려 있는 나무는 낭떠러지에서 수면으로 평행하게 뻗어 있어 보트 위의 누군가가 손을 뻗는다고 해결될 문제가 아니었다. 새를 어떻게든 하려면 탁한 갈색 호수 속을 헤엄쳐 나무가 뻗어 있는 곳까지 가야 했다. 호수는 더러울 뿐 아니라 표면에 기분 나쁘게 생긴 벌레들이 헤엄치고 있었다.

새를 철사로 나무에 묶을 때는 현지인 남성 두 명이 낭떠러지에서 나무 위로 기어 올라가 겨우 작업을 끝냈다. 코폴라가 아무리 소리쳐도 그 두 사람은 시치미를 떼고 있었다. 내 일이 아니라는 식이었다. 조감독과 촬영 조수도 바닥만 쳐다보며 아무것도 하지 않았다. 누구도 물속에 들어가고 싶지 않았던 것이다.

10초 정도 외쳐대던 코폴라는 아무도 물속에 들어가려 하지 않는다는 사실을 깨닫고 직접 호수로 뛰어들었다. 그리고 나무까지 헤엄쳐 가서 거꾸로 매달린 새 두 마리를 철사째 잡아 올린 뒤 수초와 벌레가 잔뜩 묻은 얼굴로 카메라를 돌리라고 외쳤다. 카메라가 돌아가는 동안 그는 자신의 모습이 보이지 않도록 물속에 숨어 있었다. 조감독이 내 옆에서 "미쳤어"라고 중얼거렸다. 촬영이 미친 짓이라는 건지 코폴라가 미쳤다는 건지 알 수 없었다. 아마 둘 다였을 것이다.

그날 밤 코폴라가 저녁 식사에 나를 초대했다. "오늘 촬영 굉장했어"라고 내가 말하자 "어떤 촬영?" 하고 되물었다. 새를 말하는 것이라고 하자 "아, 그것 말이군" 하고 고개를 끄덕였다. "촬영이 길어져 스태프들이 지쳤을 땐 감독이 해야지." 나는 그런 일을 해도 탈장은 괜찮으냐고 물으려다 말았다. 당시 나는 스물여섯 살로 막 작가로 데뷔해 영화를 찍고 싶어할 때였다. 하지만 영화 현장에 대해 아무것도 몰랐고, 영화를 만드는 방법도 몰랐으며, 조감독 경험도 없었다.

파스타를 다 먹고 나서 와인을 마시며 사실 나도 영화를 만들고 싶다고 조심스럽게 말했다. 그러자 코폴라는 얼굴을 들고 "만들면 되잖아"라고 아무렇지도 않게 말했다. 이어서 "영화감독은 누구나 될 수 있어. 세상에서 가장 쉬운 일이야"라고 말했다.

"배우는 훈련이 필요하고 시나리오 작가는 철학과 문학적 재능이 필요하고 카메라맨은 경험이 필요하고 미술감독은 재능이 필요하고 프로듀서는 자금과 인망과 신뢰가 필요하지만 감독은 아무것도 못하는 사람이라도 할 수 있어." 영화감독이 정말로 세상에서 가장 쉬운 일일까? 나는 반신반의했다. 지금도 그 답은 알지 못한다. 다만 코폴라는 이렇게 말하고 싶었던 게 아닐까. "영화를 만들고자 하는 강한 의지가 있는 사람에게 영화감독이 되는 것은 이 세상에서 가장 쉬운 일이야"라고 말이다.

그 뒤 나는 영화를 다섯 편 찍었는데, 촬영 중에 곤란한 일이 생길 때면 수초와 벌레가 잔뜩 묻은 코폴라의 얼굴과 영화감독이 세상에서 쉬운 일이라던 코폴라의 말을 반드시 떠올렸다.

395

2003년에 쓰다

SFX와 할리우드

무라카미 류

SFX의 주요 기술은 대부분 할리우드에서 개발되었다. 초기 SF 영화에서는 파노라마처럼 퍼져가는 배경 화면을 사용해 어두운 하늘에 바늘로 구멍을 뚫고 반대쪽에 조명을 비추어 반짝이는 별을 만들어냈다. 스탠리 큐브릭이 〈2001년 스페이스 오디세이〉를 만들 때 더글러스 트럼볼이라는 젊은이가 참가했다. 트럼볼은 시각 효과와 특수 촬영을 공부하고 있었는데, 큐브릭의 요구는 그것을 훨씬 뛰어넘는 것이었다. 불가능해 보이는 촬영이 계속되고 극한의 궁리를 거듭한 끝에 마침내 〈2001년 스페이스 오디세이〉가 완성되었다.

트럼볼은 이어서 자신의 영화 〈침묵의 질주〉를 만드는데, 그 촬영에 참가한 사람이 당시 대학에서 공업 디자인을 공부하던 존 다이크스트라였다. 다이크스트라는 영화에 대해서는 거의 무지했지만 〈침묵의 질주〉를 제작하는 과정에서 방대한 지식을 습득했다. 그리고 조지 루카스가 〈스타워즈〉를 만들 때 다이크스트라는 SF 영화를 좋아하는 로스앤젤레스의 젊은이 집단을 지휘하게 된다. 할리우드 SFX 기술은 그렇게 진보해 왔다. 즉 처음부터 막대한 자금과 지식과 기술이 있었던 것은 아니다.

CG(컴퓨터로 현상 처리를 하는 것) 전성시대인 지금도 그러한 전통은 살아 있다. 로스앤젤레스에 있는 수많은 SFX 전문회사는 지금도 연구에 연구를 거듭하며 계속해서 새로운 기술을 개발한다. CG나 모션 컨트롤 카메라(카메라의 움직임을 컴퓨터로 제어한다)와 같은 기술이 할리우드 SFX 영화의 질을 높인 게 아니라 할리우드 SFX 영화 제작자의 정열이 신기술을 만들어낸 것이다.

현재 할리우드에는 수많은 SFX 기술자가 있다. 컨셉추얼 아티스트, 스페이스 아티스트로 불리는 '디자인 원형'을 그리는 화가가 있고, 우주선의 미니어처 모형을 만드는 디자이너와 제작자, 우주인의 원형을 만드는 조각가도 있다. 우주선에서 나오는 광선이나 불꽃을 그리는 애니메이터도 있고, 그것들을 컴퓨터로 만들어내는 CG 전문가도 있다. 모션 컨트롤 카메라의 오퍼레이터도 있고 에이리언 내부 장치를 설계·제조하는 사람도 있다. 물론 특수 메이크업과 폭발 전문가도 있다.

로스앤젤레스에는 그러한 전문가를 양성하는 학교도 있지만 그 학교를 나왔다고 해서 할리우드에서 반드시 SFX와 관련된 일을 하게 되는 것은 아니다. 〈아폴로 13호〉의 감독인 론 하워드는 다음과 같이 말했다.

"내가 생각한 것이 실현되어 가는 그 과정이 최고이다."

궁리에 궁리를 거듭하며 떠오른 생각을 실현하는 과정을 즐길 줄 알고 SF 영화가 좋아서 어쩔 줄 모르는 사람이라면 할리우드를 목표로 해야 한다. 아마 로스앤젤레스에 가서 SFX를 배우면 자신이 얼마나 SFX를 좋아하고 영화를 좋아하는지 느끼게 될 것이다. 지금은 많은 이들이 할리우드의 SFX 세계에서 활약하고 있다. 선택된 사람, 특별히 우수한 사람이 할리우드에서 성공하는 것이 아니다. 절대로 포기하지 않는 사람, 도전을 즐기는 사람, SFX와 영화를 좋아하는 사람이 성공할 수 있다.

2003년에 쓰다

참고 DVD 〈영화 SFX 대전집 무비 매직 스페셜 전 4권〉

❹ | 여행을 하며 비행기나 기차, 자동차를 탄다

자동차의 핸들과 계기판을 보면 가슴이 설렌다. 얼른 커서 직접 운전하고 싶다. 비행기 타는 것을 좋아하고 비행기가 하늘을 나는 모습을 보기만 해도 기분이 좋아진다. 기차가 홈에 들어올 때 아름다운 유선형 형태에 시선을 빼앗긴다. 우리를 먼 곳까지 데려다주는 모든 탈것이 멋지게 느껴진다.

파일럿

항공사의 파일럿이 되는 길은 두 가지가 있다. 하나는 대학을 졸업한 후 항공사가 주최하는 파일럿 채용 시험에 합격하여 사내에서 양성 수업을 받는 것이고, 다른 하나는 항공대학에 입학하여 2년간 훈련을 받은 뒤 항공사에 입사하는 방법이다. 항공대학교를 졸업했다고 해서 반드시 파일럿이 될 수 있는 것은 아니지만, 정기 채용을 하지 않는 회사에 들어가는 등 방법은 많다. 훈련이나 실무를 하면서 여러 자격증을 취득해야 하는데, 여객기 부조종사라면 사업용 조종사 자격증, 기장이라면 그보다 한 단계 높은 정기 운송용 조종사 자격증이 필요

하다. 정기적인 신체검사와 무선에 관한 면허 그리고 기종마다 다른 기능 증명서를 받아야 한다. 그 밖에 사업용 소형기, 전세기와 사진촬영을 하는 회사에 소속된 파일럿이 있으나 규모가 작아 채용되기 어렵다. 드물기는 하지만 경찰 등 관공서에서도 파일럿을 채용한다. 이 또한 사업용 조종사 면허증이 필요하다.

헬리콥터 조종사

근무지는 관공서와 민간 항공회사로 나뉜다. 관공서에서는 경찰청과 해양경찰청, 소방청의 항공 관련 부서에 소속되어 패트롤과 운반, 인명 구조 등을 담당한다. 민간 항공회사에서 하는 일은 다양하다. 사람과 물자를 운반하는 일을 하는데, 예를 들어 산 정상에 건설한 레이더 돔에 필요한 물자를 운반한다. 논밭에 농약을 뿌리거나 송전선 순찰 작업도 한다. 유람 비행이나 항공사진 촬영도 중요한 업무이다. 방송사나 신문사가 소유한 헬리콥터를 위탁받아 조종하기도 한다. 일반적으로 민간 항공학교에서 공부한 뒤 면허를 취득한다.

카 레이서

카 레이서만큼 '프로'의 정의가 어려운 직업도 없다. 예를 들어 레이스의 최고봉인 F1에 출전하는 레이서는 물론 프로이다. 연봉 300억 원이 넘는 슈마허를 비롯해 고액을 받는 레이서도 많다. 그러나 한편에서는 수십억을 긁어모아 팀에 지불하고 F1 시트를 확보하는 사례도 흔하다. 다른 스포츠에 비해 복잡한 이유는 거액의 스폰서 비용이 큰 비중을 차지하기 때문이다. 스폰서는 팀을 지원하기도 하지만 레이서 개인을 지원하기도 한다. 아마추어로 하위 레이스에 나가도 좋은 활약을 보여줘 주목을 받으면 큰 팀에 스카우트되거나 스폰서가 붙게 된다. 카 레이서가 되려면 한국자동차협회와 한국자동차경주협회에서 발행하는 협회라이선스와 서킷에서 발행하는 서킷라이선스를 취득해야 한다. 라이선스는 용인 스피드웨이와 한국자동차협회, 한국자동차경주협회 세 곳에서 발급한다. 이들 모두 소정의 교육과 시험을 통과해야 한다.

택시 운전기사

승객을 목적지까지 안전하게 데려다준다. 영업용 택시 운전기사와 개인택시 운전기사가 있다. 택시 운전기사는 1종 보통 이상의 자동차운전면허를 소지하고 택시 운전 자격증을 취득해야 한다. 택시회사에서는 보통 차 한 대를 두세 명이 교대로 사용한다. 개인택시 사업자가 되려면 자격이 매우 엄격하다. 자격은 연령별로 운전 경력이 정해져 있다. 확실한 운전 실력을 갖추고 지리·교통 사정에 밝으며 친절한 자세가 요구된다.

전세버스 운전기사

택시처럼 거리를 다니며 손님을 찾는 것이 아니라 영업소에서 대기하며 회사나 개인에게서 주문을 받아 차를 운전하다. 대개 전용 기업이 있어 그 기업의 사원이나 내빈을 태우고 다닌다. 친절한 말투와 행동이 필수이며, 비가 올 때는 우산을 들고 나가는 등 항상 정중한 자세를 유지해야 한다. 전세버스 전문회사나 전세버스 부문이 있는 택시회사에 취직한다.

버스 운전기사

마을버스, 시내버스, 시외버스, 좌석버스, 고속버스 등의 노선버스와 관광버스, 학원

버스, 학교버스, 회사버스로 나뉜다. 노선버스는 지역과 밀접한 공공성 높은 교통수단으로 안전성이 가장 중요하지만 손님을 대하는 태도도 중요하며, 차 안에서 발생하는 작은 소란에도 배려가 필요하다. 도시에는 고령자나 장애인을 위한 차량, 심야버스나 한정된 공간을 운행하

는 미을버스도 있다. 버스 노선밖에 교동수단이 없는 지방에서는 지역주민들의 유일한 발이 된다. 관광버스는 단체손님을 태우고 목적지까지 이동하는데, 주행 중에도 버스 가이드와 협력해 승객이 즐겁게 보낼 수 있도록 배려해야 한다. 도시와 지방을 잇는 고속버스도 있는데 기차보다 소요시간은 길지만 요금이 싸고 환승하지 않아도 된다는 점에서 수요가 많다. 버스 운전기사가 되려면 버스회사에 운전기사로 취직하면 된다. 1종 대형 자동차 운전면허가 있어야 한다.

트럭 운전기사

운송회사에서 근무하며 화물을 모아 운송하거나 트럭 터미널 간의 장거리 수송을 하는 운전기사를 가리킨다. 화물을 내리는 데 필요한 지게차 조종 방법과 화물을 적재하는 방법, 로프를 묶는 방법 등 배워야 할 것이 많다. 장거리 운전기사는 노동시간이 길기 때문에 가족과 지내는 시간이 적다는 점을 각오해야 한다. 안전하고 무사하게 정해진 시간에 운송을 완료해야 하므로 규칙적인 생활을 해야 한다. 독립트럭을 소유해 화주와 계약하는 경우도 있다. 차량의 적재적량에 따라 1종 대형 또는 1종 보통 자동차운전면허가 있으면 된다.

택배 운송기사

회사, 사무실 또는 개인에게 주문을 받아 물품을 모아서 영업점으로 옮기고 영업점에 도착한 물품을 목적지까지 배달한다. 신규 고객을 늘리는 것도 중요한 업무 중 하나이다. 대규모 택배회사는 전국에 네트워크를 형성하고 있으며, 심야 장거리 운송을 하는 기사도 있다. 시간 지정 배달이나 부재중 재배달을 포함해 아침부터 밤늦게까지 일하므로 강한 체력이 필요한 직업이다. 현재 무점포 형태의 인터넷 판매를 통한 상품 배송이 증가하고 있어 수요는 점점 늘어날 것으로 전망된다. 취직하는 데 꼭 필요한 조건은 없지만 자동차 운전면허증을 취득한 뒤 1년 정도 운전 경험이 필요한 경우가 많다.

오토바이 퀵서비스

손님에게서 위탁받은 물건을 오토바이로 목적지까지 운반한다. 퀵서비스회사와 계약해 일을 한다. 2종 소형 면허가 있으면 좋고 오토바이는 대개 본인의 것을 사용한다. 배달하는 물건은 매우 다양하다. 예를 들어, 매스컴 관련에서는 원고, 사진이나 비디오 필름, 일반 회사에서는 서류, 제조회사에서는 작은 기계 부품 배달 등이 많다. 대도시에서 빠른 시간에 물건을 운반하는 것이 강점이므로 속도·안전은 물론 확실하게 전달하는 운전 기술과 신뢰성이 요구된다. 급여는 사람에 따라 천차만별이다. 한 달 꼬박 일하면 어느 정도 고수입을 올릴 수 있다. 주 3일 이상 근무하지 못하는 회사가 많기 때문에 자유롭게 일하고 싶고 오토바이를 좋아하는 사람에게 적합하다.

케이블카·로프웨이 운전

케이블카, 로프웨이에는 운전기사가 없다. 둘 다 급격한 경사면을 오르기 위한 교통수단이지만, 케이블카는 특수 구조의 레일 위에 있는 차량에 케이블을 연결해 정상에 있는 기계가 끌어당기는 구조이고, 로프웨이는 공중을 가로지르는 로프로 차량을 옮긴다. 케이블카의 경우 차장만이 탑승하고 지상에 있는 동력실에서 제어·관리하는 경우가 많다. 로프웨이는 탑승구에 승객 안내 겸 감시실이 있을 뿐 내부에는 사람이 없는 경우가 많고 역시 지상에 있는 운전 지령소 등에서 조작한다. 둘 다 운전은 스위치 조작이 중심이며, 자동화되어 있는 곳도 많다. 안전 확보가 중요하며, 날씨의 영향을 크게 받기 때문에 기상 상황을 정확하게 판단하고 운행해야 한다. 시스템으로 운행되기 때문에 운전면허 등은 필요하지 않다. 보통 케이블카나 로프웨이가 운영되는 등산철도 등에 취직하여 역무원이나 차장을 거쳐 선발된 뒤 교육을 받는다.

철도 기관사

철도나 지하철 기관사는 승객과 화물을 목적지까지 안전하게 수송하기 위해 철도 열차와 지하철의 운행을 담당한다. 운행 스케줄을 확인하고 전달사항, 운행 주의사항, 운전조건 등에 대하여 운행일지에 기록한다. 열차의 진행 방향과 철로를 관찰하며 정지, 지연, 소통에 관한 정보를 주고받기 위하여 열차승무원, 교통 통제 직원과 의사를 교환하거나 신호를 주고받는다. 운행 전후에 기관차를 점검하며 전기 또는 기계장치를 시험하고 연료, 물 등이 적당하게 공급되는지 확인한다.

철도 기관사는 때때로 수천 명에 달하는 승객의 안전을 책임지므로 사명감과 책임의식이 투철해야 하며, 성실함과 자기 통제능력이 필요하다. 집중력과 주의력, 문제가 발생했을 때 신속하게 처리할 수 있는 판단력이 필요하고 운송과 기계에 관한 기본 지식이 있어야 한다. 철도 기관사가 되려면 한국철도대학을 졸업하는 것이 유리하다.

자동차 디자이너

자동차라는 공업 제품을 디자인한다. 외관은 물론 소재와 기능성, 인테리어 등 관련 분야는 폭넓다. 생산할 차의 종류와 크기를 결정한 뒤, 경쟁회사의 차량 등을 조사하고 소비자의 욕구와 시장 상황 등을 분석해 만든 기초 자료를 바탕으로 색연필, 마카펜, 각종 그래픽프로그램을 이용하여 구체적으로 그림을 그린다. 자동차의 내외장에 쓰이는 섬유, 플라스틱, 우드그레인 등은 물론 시트의 색상과 재질, 조명 기구의 색상, 자동차 외형의 색깔, 재질 등에 대해 연구·개발한다. 자동차회사의 디자인 부서나 일부 전문 디자인사무실에서 일하는 것이 일반적이다. 자동차 디자이너가 되려면 자동차회사에 취직하는 것이 가장 빠르지만, 카로체리아(Carrozzeria)라고 불리는 이탈리아의 일류 디자인 공방에서 공부하거나 미국의 디자인 전문대학에서 유학하는 사람도 있다.

자동차 정비사

자동차 정비 분야에 대한 공학적 지식을 바탕으로 자동차의 엔진, 전자 제어장치, 전기, 새시 부분을 점검해 직접 정비하거나 정비를 지도·감독한다. 냉각수, 윤활유, 충전 상태, 유압 등 사고 예방을 위한 일상점검과 정기점검을 실시하며 낡은 부품을 교체하거나 정비를 수행한다. 엔진 부분, 전기 부분, 새시 부분으로 나누어 업무를 수행한다. 정비사가 되려면 한국산업인력공단에서 발행하는 자동차정비기사 1·2급, 자동차정비기능사 1·2급 등을 따면 된다. 주로 자동차 업체의 생산 현장이나 판매, 서비스 부서, 외제차 수입업체, 자동차 정비업체, 자동차 운수업체에 취업하며, 일부는 카센터, 카인테리어, 배터리점, 튜닝전문점, 오토매틱전문점을 개업한다. 자동차관리법에 따라 자동차 운수사업체, 자동차 점검정비업체의 정비 관리자로 고용될 수 있다.

슈퍼카 전문 정비사

페라리, 람보르기니 등 주로 이탈리안 슈퍼카를 수리·보수·검사한다. 외제차 정비회사에서 근무한 뒤 독립하는 것이 일반적이다. 슈퍼카는 단순한 이동 수단이 아닌 '공예품' 같은 존재로, 수리하는 데도 그만큼 신경을 쓴다. 기본 구조는 일반 자동차와 같지만 페라리·람보르기니와 국산차·대량 생산차는 정비 방법이 조금 다르다. 슈퍼카는 빠른 속도를 내도록 설계·제조되어 엔진과 브레이크 구조가 다르기 때문에 그에 관해 자세히 알아야 한다. 이탈리아에서 공부하거나 경험을 쌓는 것이 중요하다. 자동차와 기계에 대한 경의와 흥미가 있어야 하며, 페라리를 만지고 싶다, 타고 싶다 등 가벼운 동기로는 금세 좌절하고 만다. 이탈리아어는 못해도 괜찮으나 정비 매뉴얼은 영어가 많기 때문에 영어를 할 줄 알면 유리하다.

레이싱팀 정비사

레이싱 카를 전문으로 정비하는 사람이다. 기본 지식과 기술은 일반 자동차 정비사와 크게 다르지 않지만 레이스 종류에 따라 스피드는 물론 내구성과 기능성에 관한 독특한 노하우가 필요하다. 프로젝트마다 경험자를 모집하는 경우가 많은데, 팀에 따라서는 일반 정비사 중에서 모집하는 곳도 있다.

오토바이 정비사

오토바이의 수리와 점검, 정비를 담당한다. 대개 자동차 수리 공장이나 자동차 용품점, 주유소에서 일한다. 차체의 파손된 부분을 찾아 수리하는 전 과정을 혼자 힘으로 해낼 때 큰 보람을 느낀다. 기계의 디지털화가 두드러지면서 많은 정비사가 고민에 빠져 있지만 기술 발달에 따라가는 노력은 게을리할 수 없다. 자동차 정비사와 마찬가지로 국가자격에 1~3급의 이륜자동차 정비사가 있는데, 이 자격증은 정비사의 능력을 판단하는 기준이 된다. 자격증을 취득해 두면 취직에 유리하지만, 3급은 현장 실무경험이 1년 이상 있어야 취득할 수 있고, 2급은 3급을 취득한 뒤 실무경험이 3년 이상인 사람에게 응시자격이 주어진다. 따라서 취직해 일을 하면서 자격증을 하나씩 취득해 나가는 것이 일반적이다.

자전거 정비사

자전거 정비와 수리, 안전 점검을 한다. 기본적으로는 판매점이 수리도 담당하며, 판매점 직원이 정비사인 경우가 많다. 자전거의 기본 구조를 이해하고 해체에서 조립까지 모두 혼자서 소화할 수 있는 능력을 갖추어야 한다. 어린이가 안전하게 통학할 수 있도록 자전거를 점검하고 조언해 주는 일도 하며, 운동선수들이 가져오는 자전거를 오버홀(overhaul, 해체 수리-옮긴이)하는 역할도 한다. 최근 산악용 자전거나 로드레이스 같은 스포츠 등의 인기로 정비사의 수요는 증가하고 있다. 대표적인 자전거 정비사 자격은 민간자동차안전정비사와 자전거조립정비사인데, 시험을 보려면 실무경험이 2년 이상 있어야 한다. 일단 자전거 판매점이나 회사 등에 취직해 일하면서 시식과 기술을 쌓는 것이 중요하다.

기구 조종사

기구라고 하면 대개 열기구이다. 프로판가스를 버너로 연소해 구피 내의 공기를 데워서 생기는 부력으로 비행한다. 자연스럽게 바람에 맡기면 수평 비행을 하고, 고도에 따라 다른 방향에서 불어오는 바람이나 속도를 이용해 비행한다. 이륙 지점으로 되돌아오기는 어렵고 지상에서 자동차가 열기구를 따라간다. 지도자가 되면 지도비행이나 강습회 활동이 가능하고 수입을 올릴 수 있다. 열기구는 4, 5명을 태우고 비행할 수 있기 때문에 이벤트로 체험 비행을 하거나 풍선광고를 띄우는 사람도 있다. 열기구조종사면허를 취득해야 한다.

항공 교통 관제사

항공기의 안전한 이착륙을 돕기 위하여 비행기 조종사에게 기상, 풍속 등의 정보를 제공하고 항공 교통을 지휘한다. 관제탑에서 항공기의 이륙과 착륙 신고서를 확인하고 활주로와 공항 주변의 기상 상태를 점검한다. 이착륙하고자 하는 항공기 조종사와 항공기의 목적지, 항공기 상태, 연료의 잔유량 등에 대해 교신한다. 항공기의 진입 순서, 경로, 이착륙, 진입 시 대기 등을 지시하는 진입 관제, 정밀 진입 레이더를 이용해 착륙하는 항공기의 고도와 경로를 지시하는 착륙 유도 관제 등도 담당한다. 비상 상황이 생겼을 때 관련 기관에 연락하고 비상 착륙 방법과 비상 활주로에 대해 안내한다.

실수가 허용되지 않는 일이므로 정확한 판단력과 집중력이 필요하며 기상이변 등 상황에 대한 대처 능력과 외국어 구사 능력을 갖추어야 한다. 작은 실수가 항공 사고로 연결될 수 있기 때문에 책임감이 있어야 하고, 항공 통신 장비와 각종 첨단 장비를 사용하므로 기계 장비에 대한 흥미도 있어야 한다. 항공 교통 관제사가 되려면 전문대학 이상의 교육기관에서 관련학과를 전공하면 유리하며 건설교통부 지정 전문교육기관 등에서 항공 교통 관제사가 되기 위한 교육과 훈련을 받을 수 있다.

항공 정비사

　항공기의 안전한 운행을 위해 고도로 정밀화된 기체를 구성하는 수만 개의 부품이 올바르게 기능하는지를 점검·보수한다. 공구에 따라 수작업을 하는 경우도 있으며, 방진 장치가 설치된 청정실에서 컴퓨터 장치를 보수·정비하기도 한다. 방사선 투시나 통전 처리로 눈에 보이지 않는 작은 균열까지 검사한다. 연료와 오일 보충, 기체를 청소하는 일도 한다. 항공기가 착륙한 후 작업하기 때문에 야간작업도 많다. 국가자격증이 필요하며 항공기의 중량 등에 따라 1급에서 3급까지 있다. 실무경험과 연령에 따라 응시자격이 다르다. 공업고등학교나 항공고등전문학교, 이공계 대학을 졸업한 사람이 많고 항공회사 정비 부서에 취직해 사내 연수를 받고 시험을 치르는 것이 일반적이다. 대다수가 입사 후 5~7년이면 자격증을 취득한다. 기업과 함께 신형 항공기 개발에 종사하는 경우도 있어 역할이 더욱 중요해지고 있다.

항공기 유도원(마샬러)

　공항의 활주로에 착륙한 여객기를 주기장으로 유도하는 등 공항 내에서 항공기를 적

절한 위치까지 유도한다. 조종실 내의 조
종사는 정지 위치가 보이지 않기 때문에
항공기 유도사가 리프트 위에서 페달로 선
회·직진·서행·정지 신호를 보내 항공기
를 유도해야 한다. 항공기는 기본적으로
후진이 불가능하므로 정지 위치를 크게 벗
어나면 토잉카로 견인하기도 한다. 이륙하
는 항공기를 유도하는 일도 한다. 자격증
은 필요하지 않다. 각 항공회사의 관련 회
사가 업무를 담당하므로 항공서비스를 가
르치는 전문학교를 나와 취직하는 것이 일

반적이다. 항공 지식을 공부하고 전문 훈련을 받은 뒤 사내 시험에 합격하면 된다. 최근
에는 여성 항공기 유도원도 등장하고 있다.

테스트 드라이버

　개발 중이거나 개발 전의 자동차에 시승하는 일이다. 레이스팀의 테스트 드라이버와
는 다르다. 테스트 드라이버에게 필요한 자질은 화려한 운전 기술이 아닌 여러 번 반복
해서 같은 운전을 할 수 있는 정확함과 위험을 간파하고 순간적으로 대응할 수 있는 냉
정함이다. 테스트 드라이버가 시험 주행에서 느낀 점에 따라 제품이 개량되기 때문에
자신이 받은 인상을 정확하게 제작 부서에 전달하는 능력도 필요하다. 자동차회사나 타
이어회사에 취직해 개발 부서에서 경력을 쌓기 시작하는 것이 일반적이다. 테스트를 담
당하는 엔지니어는 테스트 주행을 통해 문제점을 추출할 수 있는 운전 기량과 분석력,
연구 개발을 하는 데 필요한 최신 기술 동향을 파악해 두어야 한다.

12

좋아하는 것이 없어
실망한 어린이를 위한
특별편

좋아하는 것이 없어 실망한 어린이를 위한 특별편

이 특별편에서는 보통 나쁜 것이라고 생각하는 전쟁, 야한 것, 싸움을 좋아하는 것에 관해 생각해 본다. 또 '인터넷 게임', '만화', '노래방' 등 많은 아이가 좋아하는 것을 직업으로 소개하지 않은 이유를 밝힌다.

의문과 호기심을 가지면 좋아하는 것을 만날 수 있다

좋아한다는 말은 매우 애매하다. '좋아한다'는 말은 '싫지 않다'에서 '그게 없으면 죽을지도 몰라'에 이르기까지 폭넓은 뜻을 나타낸다. 부모님과 선생님은 "좋아하는 것을 찾아보세요"라고 말한다. 그러나 앞으로 인생을 지탱해 줄 '좋아하는 것'을 찾는 일은 그렇게 간단하지 않다. 좋아하는 것을 찾는 일은 레스토랑의 메뉴판에 나열된 음식 중에서 하나를 고르는 문제가 아니기 때문이다.

좋아하는 것은 찾기보다는 만나는 것일지도 모른다. 좋아하는 것은 텔레비전 속에, 책 속 대사에, 누군가 했던 말 속에 숨어 있다가 돌연 그 사람을 매료하는 것일지도 모른다. 이 책을 읽으면서 '나는 좋아하는 게 하나도 없어'라고 실망할 필요는 없다. 이 세상에 좋아하는 것이 하나도 없는 게 아니라 아직 만나지 못했을 뿐이다. 좋아하는 것 찾기를 포기해서는 안 된다. 계속해서 찾지 않으면 막상 만났을 때 그것이 자신이 좋아하는 일이라는 사실을 깨닫지 못하기 때문이다. 하지만 굶주린 사람이 먹을 것을 찾아 헤매듯 항상 눈을 크게 뜨고 이것도 아니고 저것도 아니라고 초조해하며 찾을 필요는 없다. 마음속으로 '내가 좋아하는 건 무엇일까?'라는 의문을 항상 간직하고 있으면 그걸로 충분하다. 그리고 호기심을 잃지 않으면 언젠가 반드시 '좋아하는 것'과 만날 수 있다. 이 세상에는 셀 수 없을 만큼 많은 학문과 직업과 표현 방법이 있으며 그것들은 여러분과 만날 날을 기다리고 있다.

한편, 공부나 스포츠 중에는 좋아하는 것이 없지만 다른 분야에는 좋아하는 것이 있는 어린이가 많은 것 같다. 이를테면, 야한 것이나 전쟁, 칼, 무기, 싸움 등을 좋아하는 어린이가 있을 수 있다. 사실은 나도 열세 살 때는 그런 것들을 좋아했다. 그런데 사람들은 그것을 '나쁜 일'이라고 생각한다. 그리고 어른들이나 선생님에게 "전쟁이 좋아요", "야한 게 좋아요", "싸우는 게 좋아요"라고 솔직하게 고백하면 걱정을 사거나 혼나기 일쑤다. 그러나 야한 것과 전쟁과 싸움을 좋아하는 아이는 분명히 있다. 이것을 어떻게 생각하면 좋을까.

만화, 게임, 노래방은 어떨까. 그런 것들을 싫어하는 열세 살 어린이는 거의 없을 것이다. 이 책에서는 '만화를 좋아한다', '게임을 좋아한다', '애니메이션을 좋아한다', '노래방을 좋아한다' 같은 항목은 만들지 않았다.

❶ | 전쟁이 좋다

전쟁 영화나 전쟁 뉴스, 전쟁 드라마를 보며 설레는 어린이는 의외로 많다. 특히 남자아이들이 그럴 것이다. 그런 어린이가 딱히 공격적인 것은 아니다. 그런 어린이는 전쟁의 스펙터클함, 즉 장대한 장치와 시선을 빼앗는 총탄의 작열과 폭발 등에 매력을 느끼는 경우가 많다. 그런 어린이는 '불꽃과 폭발을 보고 실험한다' 항목을 읽어 보기 바란다. 전쟁 영화를 보고 감동하는 어린이는 전쟁터에서의 팀워크와 승리에 매력을 느끼는 경우가 많다. 그런 어린이는 '축구 등 운동경기를 직접 하거나 관람한다' 항목을 읽어 보기 바란다. 전쟁과 스포츠는 분명히 다른 것이지만 팀워크를 중시하고 이기면 기분이 좋다는 점에서는 비슷하다.

남자아이들은 대부분 소년기가 지나면 전쟁에 흥미를 잃는다. 정확하게 말하면 다른 흥미로운 것을 발견한다. 그것은 미래를 준비하는 공부일 수도 있고, 여자친구와 사귀는 것일 수도 있고, 마음에 드는 스포츠일 수도 있다. 그리고 전쟁은 사람을 해치거나 죽이는 것이 목적이며 엄청난 희생이 따르고 전혀 합리적이지 않다는 점을 깨닫게 된다. 청년기가 되어도 전쟁에만 관심이 있는 사람은 인생에서 선택의 폭이 매우 제한되어 큰 손해를 본다. 그 손해가 생명과 관련된 것일 수도 있다.

군사 평론가

전쟁이나 내란이 일어났을 때 군사 지식에 근거해 전시 상황을 적절히 설명하고 평론한다. 1991년 걸프 전쟁과 2003년 이라크 전쟁이 발발했을 때, 텔레비전 해설을 통해 전시상황을 널리 알렸다. 그러나 평상시에는 주로 외국의 전문 잡지나 군사 관계 연감, 보고서 등을 보고 최신 군사정보를 수집하는 평범한 일을 한다. 최소한 영어 독해 실력이 필수적이다. 최근에는 전쟁이 국가 간 충돌뿐 아니라 내전, 게릴라전, 국제 테러 등으로 변하기 때문에 각 나라와 지역의 민족, 종교, 문화, 정치 등 역사적 이해도 필요하다. 항공 평론, 미국 군사 연구, 방위 담당 신문기자로 활동하면서 군사 평론가에 관심을 가진 사람이 대부분 평론가로 일한다.

전장 비디오 저널리스트

전쟁·분쟁 지역을 취재하고 대중 매체에 영상 보고서를 보낸다. 대개 프리랜서로 활동하지만 연합 팀도 있다. 신문·잡지사나 방송사와 계약을 맺고 활동한다. 이전에는 스틸 사진을 이용한 보도가 많아서 전장 카메라맨으로 불렸다. 베트남 전쟁 때는 많은 전장 카메라맨이 활약했고 퓰리처상을 받은 저명한 카메라맨도 있다. 그러나 다재다능한 젊은 카메라맨이 여러 명 목숨을 잃었다. 최근에는 작고 가볍고 화질이 좋은 비디오 카메라가 많이 개발되고 인터넷을 이용한 영상 송신 기술과 위성 전화의 발달 덕분에 텔레비전 방송 일이 늘고 있다. 방송사에 영상 보고서를 팔 때는 1초당 계약하는 경우가 많다.

항상 죽음과 어깨를 나란히하고 일한다. 열악하고 가혹한 환경과 부족한 수면, 공복과 갈증, 신경을 깎아내는 듯한 스트레스를 견뎌야 한다. 위험을 줄이는 노력을 항상 게을리하지 않고 24시간 위기감을 지녀야 하며, 해당 지역의 언어와 문화, 역사와 민족성에 경의를 갖고 그것을 배울 의욕이 있어야 한다. 불공정성을 혐오하면서도 그 속에서 일어난 일을 객관적으로 전달하는 능력, 무모함과 용기의 차이를 아는 것, 극한 상황에서도 냉정함을 잃지 않는 것 그리고 죽음을 두려워하는 사람만이 살아남을 수 있다는 점에서 특별한 일이다.

다시 한 번 말하지만 전쟁을 좋아하는 어린이는 무언가를 대신할 존재로 전쟁을 좋아한다고 생각하는 경우가 많다는 사실을 잊지 말아야 한다. 도무지 전쟁 이외에는 흥미가 생기질 않고, 계속해서 전쟁을 생각하지 않으면 폭발해 범죄를 일으킬 것 같다는 사람을 위해 다음 직업을 소개한다.

용병

외국 군대에 고용되어 일하는 병사이다. 프랑스의 외인부대가 세계적으로 잘 알려져 있다. 프랑스 외인부대의 경우 20세부터 40세의 남자를 대상으로 국적을 불문하고 용병을 선발한다. 가명으로 신청하는 것도 가능하지만 지문을 검색해 인터폴에 수배된 사람이 아닌지 확인한다. 범죄자가 섞이는 것을 막기 위해서이다. 훈련은 매우 고되며 프랑스어 수업도 있다. 고문을 받거나 중상을 입거나 사망하더라도 불만이 없다는 내용이 기록된 계약서에 사인한 뒤

입대하게 된다. 프랑스군이 해외로 출병할 때 선봉장으로 투입된다. 최근에는 미국에서 일어나는 분쟁과 내란에 참가하는 일이 많다.

미국군 병사

미국군은 외국인 입대를 허용한다. 어떤 사람이 고등학교 시절에 유학하던 텍사스의 작은 마을에서, 영어를 잘 못했던 탓에 축제 속에서 열리던 미국 해군 병사 모집에 입대 수속이라는 것을 모르고 서류에 사인을 했다. 그리고 대학을 졸업한 뒤 해군에 입대해 결국 12년간 미국 해군 병사로 지내며 걸프 전쟁에도 참가했다고 한다. "전쟁은 지옥이다"라고 그 사람은 말한다. 그 사람은 해군 정보부원으로, 이라크의 사담 후세인이 화학 병기로 크루드인을 학살한 현장에 갔다가 이페리트(신경성 독가스) 때문에 피부가 짓무르고, 안구와 내장이 튀어나오고 복부에 쌓인 가스가 파열되어 죽어가는 사람을 빈번히 목격했다. 그 뒤 그 사람은 생물화학 병기가 얼마나 공포스러운지 알리고 테러 예방을 호소하는 활동을 계속하고 있다.

❷ | 칼이 좋다

칼을 사용한 사건이 일어날 때마다 칼의 위험성이 지적되는데, 나쁜 것은 칼이 아니라 칼을 사용하는 사람이다. 칼을 손에 쥐면 가슴이 두근두근 고동친다는 어린이는 의외로 많다. 특히 남자아이들이 그렇다. 사실 아웃도어 라이프를 즐기는 데 칼은 매우 귀중한 도구이다. 칼은 인류가 최초로 손에 넣은 도구이다. 그러나 칼을 쥐면 자신이 강해지는 것처럼 느끼는 어린이는 '절대로' 칼을 들어서는 안 된다. 다음은 칼을 좋아하는 어린이가 참고할 만한 직업이다.

칼 전문가

주머니칼, 잭나이프, 아미나이프 등 옛 기술을 구사해 다양한 수제 칼을 만드는 전문가들이 있다. 섬세하면서도 남자답고 균형 잡힌 칼이 부드럽게 움직이는 모습에 매료되는 사람이 적지 않다. 공방에는 펑 페달로 움직이는 그라인더와 작은 톱 정도가 있을 뿐 최첨단 기계는 없다. 칼 제작에 빠질 수 없는 담금질을 옛 방식 그대로 코크스 난로 위에서 작업하는 곳도 있다. 명인이 만든 칼은 수십만 원에서 수백만 원에 거래될 정도로 고가이며, 애호가들에게 동경의 대상이다. 보통 전문가의 제자로 들어가는 길밖에 없으

며, 모든 기술을 익히는 데 적어도 5년은 걸린다. 그 밖에 칼 제조·판매회사에서 전속으로 칼을 만드는 사람도 있고, 아웃도어용 칼을 만드는 전문가도 있다. 수집 용도뿐 아니라 도구 역할도 중요하다고 한다.

❸ | 무기·병기가 좋다

무기와 병기를 좋아하는 어린이는 의외로 많다. 특히 남자아이들이 그렇다. AK47이나 M16 같은 소총, 각종 기관총과 로켓 란처, 옛날의 패튼 전차와 티거 전차, 현대의 에이브람스 전차와 군용차 허머 그리고 아파치·코브라·하인드 같은 공격용 헬리콥터, 스텔스·해리어 같은 전투기, 항공모함과 원자력 잠수함은 막대한 자금을 들여 만들어져 매우 기능적이고 매력적으로 보인다. 어린이가 그 모습에 마음을 빼앗기는 것도 당연하다.

　무기와 병기를 좋아하는 어린이는 그래서는 안 된다고 꾸짖으면 더욱 무기와 병기에 집착하는 경향을 보인다. 무기와 병기를 진심으로 좋아하는 어린이는 매우 드물다. 다른 대다수 어린이는 학교 수업을 듣거나 집에 있는 게 따분해서 혹은 괴로워서 기분을 풀고자 무기와 병기를 좋아하게 된다. 다음은 무기·병기를 좋아하는 어린이가 참고할 만한 직업이다.

무기·병기 평론가

전투기 마니아, 군함 마니아들은 사진을 모으고 성능을 조사하는 일에 열중한다. 전쟁사와 관련된 잡지를 사 모으고 조종사와 무기 기술자들의 회고록을 읽으며 애호가끼리 이야기를 나눈다. 이처럼 제2차 세계대전 당시 병기에만 관심을 가지는 사람도 있지만, 현대의 무기·병기로 관심을 넓히는 사람도 있다. 구식의 수준 낮은 병기와 현대식의 수준 높은 병기는 느낌이 다르다고 하는데, 최첨단 병기는 군사 평론가의 전문 영역이 되고 있다. 전문가라 해도 수입은 마니아 잡지나 병기 도감에 글을 쓰고 받는 원고료가 주이며, 다른 일을 하며 취미이자 부업으로 하는 경우가 많다. 그 밖에 소총이나 칼을 좋아하는 사람은 위장복을 입고 공기총을 손에 들고 싸우는 컴뱃 게임이나 서바이벌 게임의 해설자가 되기도 한다. 어린 시절의 취미를 살려 전문가가 된 사람이 많다.

모델 건 제조

실제 총 구조와 똑같은 모델 건을 제조해 화약을 넣고 폭발음을 즐기기 위해서는 모델 건을 얼마나 실제 모습에 가깝게 재현하느냐가 중요하며 독창성은 필요하지 않다. 예전에는 사진을 보고 실제 구조를 추측해 만들었지만, 현재는 발사 기능을 없앤 '무가동 실총'을 입수할 수 있게 되면서 더욱 진짜 같은 건이 만들어지고 있다. 철제 모델 건의 경우 금색으로 칠해서는 안 되고 총신 구멍을 뚫어서도 안 되는 등 총기법에 접촉되는 사항을 알아두어야 한다. 모델 건을 제조하려면 장난감 총 제조회사에 들어가 제조 부서에서 일하면 된다. 자격증은 따로 없고 공업이나 기계 관련 대학, 전문학교를 졸업하면 유리하다.

프라모델 제조

6-① '그림을 그리고 포스터를 디자인하고 찰흙을 가지고 논다'를 참조

모형점 경영

6-① '그림을 그리고 포스터를 디자인하고 찰흙을 가지고 논다'를 참조

❹ | 아무것도 하지 않고 자는 것이 좋다

무엇을 해도 귀찮기만 하고 그냥 자는 것이 좋다는 어린이는 의외로 많다. 항상 무기력하고 공부도, 운동도, 이성 교제도 모두 시시하게 생각하는 의욕 없는 아이들이다. 그러한 어린이는 크게 두 유형이 있다. 하나는 천재라서 또래의 학교 공부와 스포츠의 틀을 뛰어넘는 재능을 지닌 경우이다. 다른 하나는 처음부터 무언가를 찾거나 무언가에 빠져들기 위한 호기심과 에너지를, 학교 선생님이나 부모님 혹은 심술궂은 친구들에게 빼앗긴 경우이다.

천재인 어린이는 그냥 내버려두어도 언젠가 자신이 몰두할 일을 찾게 된다. 문제는 호기심과 에너지를 빼앗긴 어린이인데, 그런 어린이에게는 사회의 도움이 필요하다. 그런 어린이들은 마치 마그마처럼 실제로는 몸과 마음에 에너지가 쌓여 있는 경우가 많다. 사회적 도움이 있으면 그 에너지를 발산하는 일은 어렵지 않으며, 그러한 어린이가 거물로 변신해 위대한 일을 해낼 수도 있다.

사회의 도움을 기대할 수 없는 어린이는 어쩌면 자신도 에너지를 빼앗겼을지 모른다고 생각하고, 충분히 잔 뒤 에너지를 비축하고 나서 이 책을 처음부터 다시 읽어 보기를 바란다. 반드시 무언가 흥미로운 것을 발견할 것이다. 모든 어린이는 태어날 때부터 호기심이라는 에너지로 가득 차 있다. 빼앗긴 호기심을 되찾는 일부터 시작하자.

❺ | 야한 것이 좋다

야한 것을 좋아한다는 것은, 야한 생각을 하면 흥분되어 다른 일은 하나도 못하게 되는 것을 말한다. 이러한 어린이는 의외로 많다. 남자아이뿐 아니라 여자아이 중에도 많다. 그런 어린이들은 자신을 부끄럽게 여겨 탓하거나 야한 것을 좋아한다고 누구에게도 말하지 못하는 경우가 많다. 그러나 별로 걱정할 필요는 없다. 정도 차이는 있지만 누구나 열세 살쯤에는 야한 것을 좋아한다.

야한 것에 단순히 관심을 가지는 정도가 아니라 이상할 정도로 집착하는 어린이는 가정에서 대화가 잘 되지 않아 마음에 상처를 입은 경우가 많다. 마음에 상처를 입은 어린이의 특징은 외로움을 많이 타면서도 친구를 사귀지 못한다는 것이다. 이러한 어린이들 중에는 사회의 도움이 필요할 정도로 깊은 상처를 입은 아이도 있다.

마음에 상처를 입은 어린이는 데인 관계에도 서툴다. 자신을 표현하시 못하는 어린이가 많다. 그러나 그러한 어린이에게는 다른 어린이에게는 없는 가능성이 있다. 그런 어린이에게는 지금까지 사용하지 않았던 에너지가 쌓여 있다. 그런 어린이가 무언가를 발견한다면 에너지가 폭발하여 큰 성과를 낳기도 한다.

그렇다면 무엇을 찾아야 할까? 진정한 자기 자신을 찾으면 될까? 그런 애매한 게 아니다. 살아가는 데 필요한 무기, 즉 장래 직업을 찾아야 한다. 누구에게도 기대지 않고 혼자서 살아갈 수 있는 일, 그것을 찾을 수 있다면 자신감을 얻고 조금씩 타인과 거리를 줄이며 친구를 사귈 수 있게 된다.

야한 것을 좋아하니까 유흥업소에서 일하면 되겠다고 생각할 수도 있다. 이 사회에는 그런 일이 많다. 그러나 유흥업소 일은 위험하다. 질병에 걸릴 수도 있고 나이를 먹으면 할 수 없다는 단점도 있다. 무엇보다 큰 위험은 성취감과 보람을 느낄 수 없다는 것이다. '나도 꽤 잘하잖아', '나도 쓸모없지는 않구나'라는 생각이 일을 통해 얻을 수 있는 가장 중요한 것인데, 유흥업소에서 일하면 성취감과 자신감, 자랑스러움, 보람을 느낄 수 없다.

야한 것을 좋아하는 어린이 중에는 인간관계나 타인과 의사소통에 민감한 어린이가 많다. 그런 어린이들은 일단 이 책의 '도덕 시간이 지루하지 않다' 항목을 읽어 보기 바란다. 사실 야한 것을 좋아하는 아이들에게 적합한 일은 얼마든지 있다. 다음은 야한 것을 좋아하는 어린이들을 위한 참고 직업이다.

신경정신과 의사 · 임상심리사

10-① '의견을 말하고 토론한다' 참조

작가

1-② '시와 작문 등 문장을 쓴다' 참조

❻ | 내기와 승부를 가리는 일이 좋다

당구선수

당구는 크게 나눠 '포켓 게임'과 '캐럼 게임'이 있으며 각각 프로 선수가 있다. 포켓은 포켓이 있는 당구대에서 공을 집어넣는 것을 겨루고, 캐럼은 포켓이 없는 당구대에서 득점을 겨룬다. 프로가 되기 위한 자격시험이 있다. 포켓의 경우 프로포켓당구연맹, 캐럼의 경우 프로당구연맹이 필기와 실기시험을 시행한다. 프로 선수는 대부분 당구장을 경영하거나 종업원으로 일하거나 계약 강사 혹은 당구 용품 회사에 전속되어 활동한다. 물론 전혀 다른 일을 하며 경기에 참가하는 선수도 있다. 당구로 돈을 벌기보다는 경기를 순수하게 즐길 줄 아는 사람이 계속할 수 있다.

카지노 딜러

카지노의 꽃이라 불리는 카지노 딜러는 기본적으로 바카라, 룰렛, 포커, 블랙잭 등의 게임 규칙을 완벽하게 익힌 상태에서 한 테이블에서 게임을 진행한다. 카드를 능숙하게 다루는 기술이 중요하며 게임 규칙, 배팅에 대해 참가자에게 설명한 뒤 게임을 진행한다. 카지노 산업은 많은 국가에서 보편화된 관광 산업으로 고부가가치 외화 획득 사업이다.

딜러의 공인 자격증제도는 없으나 카지노업체의 전문딜러 양성 과정이 있고 대학에서 전공학과를 개설해 양성한다. 카지노업체에서 일정 기간 훈련 과정을 거치면 카지노 딜러로 활동할 수 있으며 3년 정도 숙련도가 쌓이면 전문딜러로 활동하게 된다.

외환 딜러

서로 다른 통화를 교환하고 외국환을 다룬다. 환율은 시시각각 변한다. 예를 들어 1달러가 1,200원일 때 원을 달러로 바꾼다. 그 후 원화가치가 떨어지고 달러가치가 높아져 환율이 1달러에 1,300원이 되었다. 이때 조금 전 바꾼 달러를 원으로 바꾸면 100원의 이익을 얻게 된다. 반면에 원화가치가 높아지고 달러가치가 떨어져 1달러에 1,100원이 되면 100원을 손해 보게 된다. 이처럼 통화의 교환(매매)을 반복해 이익을 얻는 것을 '외환 딜링'이라고 한다. 원래 환율이 문제가 되는 것은 외국에 돈을 보내거나 무역을 할 때이다. 그런데 금융 자유화, 국제화와 함께 자금이 대량 외환 시장에 흘러들어 와 거액의 이익과 손실이 발생하게 되었다. 딜러 한 사람이 수십 억, 때로는 수백억 원을 가지고 외국환 시장에 참가한다.

경마 예상 전문가

경마에서 말이 들어오는 순서를 예상한다. 시합 당일 말의 털 상태와 걸음걸이, 지금까지의 성적, 조교사로부터 수집한 정보 등 방대한 데이터를 토대로 경주 결과를 예측한다. 직접 돈을 걸고 그 배당액으로 생활하는 사람이 있지만 아무래도 도박이기 때문에 운에 좌우되는 부분이 많다. 경마장에 공간을 마련해 자신의 예상을 '파는' 전문가도 있다. 기본적으로는 각 경마장의 허가를 구해야 하는데, 이 또한 오래 살아남을 수 있느냐는 실력에 달려 있다. 가장 현실적인 것은 경마 전문 신문사나 잡지사에 취직하는 것이다. 텔레비전 프로그램 등에서 경마 예상을 하는 전문가는 그러한 회사에서 일하는 기자나 리포터일 경우가 많다. 정말로 말을 좋아하고 경마를 좋아하는 마음이 없으면 계속하기 어려운 일이다.

환경

에세이 | **21세기의 빅 비즈니스**

무라카미 류

지구는 함부로 다루어도 괜찮은가

'생태계를 고려한', '친환경적인'과 같은 말을 들으면 줄곧 위화감이 들었고 지금도 그렇다. 현재 일어나고 있는 다양한 환경문제는 '지구'의 문제가 아닌 '인류'의 문제라고 생각하기 때문이다. 이산화탄소 배출량이 한없이 증가해 지상에서 산소가 사라지더라도 혐기성(산소와 접하면 죽는 생물) 박테리아는 살아남는다. 대기권의 오존층이 완전히 파괴되어도, 대류권의 대기오염이 더욱 심해져도, 모든 국가와 지역의 토양과 지하수가 다이옥신에 오염되어도, 모든 하천이 말라붙어 온 지구가 사막으로 변해도, 온난화로 기온이 10도 이상 올라가도 살아남는 생물은 있고, 오히려 그런 환경이 더 살기 적합한 생물도 있다.

우리는 지구상의 생물을 대표해서 다른 생물들을 위해 환경문제와 씨름하고 있다는 오만한 착각에 쉽게 빠진다. 실제로 우리가 환경에 대해 생각하는 것은 지구를 위해서도 아니고 지구상의 다른 생물을 위해서도 아니다. 우리는 우리 자신에게 '유리한' 지구환경을 지키려고 할 뿐이다. 게다가 지구환경을 지금처럼 심각한 상태로 만든 것은 인류 자신이다. 지구는 인류가 굳이 아끼지 않아도 존속하며 어떤 형태로든 생태계도 유지된다. 환경을 배려한 제품이란 '친환경적인'이 아닌 '인류 존속에 유리한' 제품인 것이다.

지구환경을 지키는 것은 합리적이다

지구환경을 지키는 것은 합리적이며 우리는 오염되고 파괴된 자연을 되살려야 한다. 하지만 대체 누가, 왜, 무엇을 위해 자연환경을 파괴하고 오염시켰는지를 생각해 봐야 한다. 지구를 오염시키고 파괴한 것은 인류인데, 그중에서도 주로 선진공업국의 사람들이다. 그리고 얄궂게도 현재 지구환경 보전에 가장 열심인 것도 선진국 사람들이다. 개발도상국 사람들은 대부분 환경에 관심을 기울일 여유가 없다. 당장 먹을 것이 없는 사람들이 환경에 신경이나 쓸 수 있을까. 빈곤에 고통받는 남미의 원주민이 굶고 있는 자기 아이를 위해 정글을 불태우는 것을 비난할 수 있을까. 환경문제는 발전도상국과 선진국의 이해관계가 얽히고 대립하는 중요한 '남북문제'이다.

환경문제의 비즈니스화라는 큰 흐름

그러나 한편에서는 지금까지 계몽적인 봉사활동 수준이었던 환경 보전 활동이 '비즈니스'로 정착하고 있다. 이와 같은 환경문제의 비즈니스화는 물론 선진국이 주도한다. 그리고 경제적 합리성과 기업 이익이라는 자본주의 원칙을 환경문제에 적용하려는 시도는 앞으로 더욱 가속화될 것이다. '지구환경을 지키자'라는 계몽적인 외침이 아니라 '지구환경을 지키는 자치단체와 기업과 개인에게는 확실한 이익이 있다'는 외침이 더 설득력 있기 때문이다. 예전에는 대부분의 국가와 지역에서 환경문제는 공해문제였다. 환경문제는 바다와 하천과 토양과 대기의 오염이 심각해지는 것을 억제하기 위한 생각에서 시작했다. 물론 현재도 그 과제를 안고 있지만, 이제는 경제적 합리성을 도입해 지구를 고려하며 더욱 적극적이고 전략적인 방법을 모색하고 있다.

국제환경 조약

환경문제의 비즈니스화를 재촉한 것으로 먼저 국제환경 조약을 들 수 있다. 1972년 스톡홀름에서 열린 국제연합 인간환경회의에서 인간환경선언이 채택되었고, 1980년대에 들어서 범지구적으로 환경문제가 대두되면서 1990년대에는 리우데자네이루에서 지구 회의가 개최되어 '지구환경을 적극적으로 지키자'라는 국제적 물결이 본격화되었다. 국제적 법 규제도 강화되었다. 지역적으로 가까운 두 국가나 여러 국가가 환경문제와 관련해 조약을 맺는 움직임도 시작되었다. 공업화가 급속하게 진행되는 중국의 산성비는 주변 국가에도 큰 영향을 미친다. 중국의 환경문제는 우리의 환경문제이기도 하며, 앞으로 다국간에 환경조약을 맺고 공동으로 문제 해결에 임하는 사태가 닥칠 수도 있다. 그리고 전지구적으로 환경문제에 대처하는 자세는 세계 시장의 기본 약속이 되고 있어, 앞으로 무역과 거래를 하는 데 환경에 대한 배려가 부족한 기업은 불리해질 것으로 예상된다.

환경세 도입

여러 형태의 환경세를 생각할 수 있다. 도쿄의정서에서 온난화 가스 배출량을 줄이자는 목표가 제시되었는데, 그 실현을 위한 탄소세를 신설하는 것이다. 탄소세는 석유나 석탄 등 연료 속의 탄소 함유량에 따라 세금을 부과하는 제도로 핀란드, 스웨덴 등 유럽 일부에서는 이미 도입되었다. 그러나 탄소세가 탄소 함유량을 줄이는 데 유효하다는 것을 알아도 기업과 개인에게 비용 부담을 주기 때문에 당장 경제 활동이 억압되게 된다. 큰 흐름을 볼 때 앞으로 환경세 도입은 본격화될 것이다. 그리고 새로운 개발 전략과 자금이 없는 기업은 도태되고 그곳에서 새로운 비즈니스가 탄생할 것이다. 즉, 탄소의 배출을 줄일 수 있는 기술을 개발하지 못하면 국제 경쟁에 뒤처지기 때문에 기업은 설비투자를 하고, 그 과정에서 새로운 비즈니스가 탄생하는 것이다.

국제규격 ISO14001

기업이 환경을 배려하도록 동기 부여하는 방법으로 ISO14001로 대표되는 국제규격의 취득이 있다. ISO14001은 ISO·국제표준화기구가 인정하는 환경관리 시스템 국제규격으로, 공장 폐기물의 수치 등을 규제하는 것이 아니라 사원에게 어떤 환경 교육을 하고 있고 사무소의 전력비용을 줄이기 위해 어떤 노력을 기울이는지를 묻는다.

환경관리 시스템 국제규격 덕분에 기업이 환경을 배려하게 된 것은 사실이지만 비용이 들기 때문에 발전도상국 기업에게 ISO14001 취득은 쉽지 않다. 또 ISO14001에 따른 환경관리 시스템은 ISO14001을 취득하지 않은 기업과의 거래를 규제함으로써 도상국의 수입 증가를 억제하는 선진국에게 유리한 시스템이라는 비판도 있다.

그러나 확실히 환경관리 시스템은 앞으로 기업을 경영하는 데 필수적인 요소가 될 것이다. 환경에 대한 배려가 없는 경영 자세는 국내에서는 물론 국제적으로도 외면당하고 있다. 공해를 일으키고, 에너지를 대량으로 소비하고, 폐기물과 화학물질을 마구 뿌려대고, 자연환경을 파괴하는 기업은 환경 NGO로부터 비판받거나 주민에게 소송당하거나 막대한 비용을 지불해야 한다. 최근에는 ISO14001의 취득이 비즈니스 파트너를 고르는 조건이 되기도 한다. 환경에 대한 배려가 없거나 부족하다고 간주되는 기업은 살아남지 못하는 구조가 형성되고 있다.

환경 NGO와 기업의 연계

삼림은 목재, 종이 펄프의 원재료일 뿐 아니라 지하수, 풍부한 미생물과 토양, 약초와 식재료, 그리고 무엇보다도 '산소'를 제공하는 지구의 귀중한 자원이다. 삼림을 적극적으로 보호하는 제도인 FSC(Forest Stewardship Council, 삼림관리협의회) 인증을 중점적으로 담당하는 단체는 지금까지 기업 측과 대립해 온 환경 NGO이다. 기업 중에는 환경 NGO의 인재를 환경 매니지먼트의 책임자로 영입하는 곳도 늘고 있다. 기업, 지자체, NGO와 시민단체가 공동으로 환경보전 활동에 참여하는 흐름이 형성되고 있다. 앞으로 '환경을 배려한 기업이 더욱 유리하다'는 인식은 바뀌지 않을 것이다.

결론 1: 지구환경을 지키려는 마음

물론 환경을 지키는 활동은 기업의 노력에만 의지해서는 안 된다. 환경문제는 도로와 다리, 철도, 공항, 상하수도, 에너지 등의 사회적 인프라, 식재료, 의약품, 의복, 주택, 공기와 물 등 그야말로 우리 생활 전반에 걸친 문제이다. 환경을 적극적으로 지키는 활동의 기본 책임은 개인에게 있다는 것을 잊지 말아야 한다. 우리 자신과 우리 아이들이 살아가는 데 '유리한' 지구환경을 지키겠다는 일종의 '욕망'이 환경운동에는 필요하지 않을까. 또 환경을 적극적으로 지키는 활동은 필연적으로 범지구적인 동시에 지역적일 수밖에 없다. 산림과 하천, 바다, 발전소와 쓰레기처리장, 농지, 목장 등은 우리가 생활하는 '지역'에 존재하고, 그것들은 공기와 물의 흐름으로 혹은 물류나 교통, 무역을 통해 '지구'와 연결되어 있다.

결론 2: 지역의 재생

이 책을 만드는 과정에서 정말 많은 분야에서 '지역'에 대해 생각하게 되었다. 고용 자체가 지역 문제이고 전통공예품처럼 구체적으로 지역과 이어지는 것도 있었다. 농업과 어업, 식품 비즈니스의 새로운 흐름에는 지역의 자립과 자각이 필수적이고 금융, 교육, 의료, 간호, 복지 등 지금까지 국가 중앙정부가 관여해야만 했던 분야에서도 지역의 자각과 자립이 요구되고 있다.

환경 비즈니스의 개관

이제부터 구체적으로 환경 비즈니스의 개념을 소개할 것이다. 흥미 있는 열세 살은 앞으로 환경과 환경 비즈니스만을 생각할 것이 아니라 다양한 분야에도 관심을 가지길 바란다. 환경은 우리의 생활 전반과 관련 있는 것으로 환경문제만 공부해서는 해결되지 않는다. 환경을 지키는 활동에는 법률가, 금융맨, 의사, 교사, 과학자, 아티스트 등 모든 분야의 인재가 필요하기 때문이다.

태양·풍력·수소 에너지

석유·석탄 등의 화석연료 대신 새로운 에너지를 개발하고 그것을 관리하거나 판매하는 비즈니스이다. 대표적인 새로운 에너지에는 태양 에너지, 풍력 에너지, 파력 에너지 등이 있다. 태양 에너지는 이미 솔라 시스템으로 실용화되어 있다. 또 산의 능선에 설치된 풍차나 윈드팜에서 얻을 수 있는 풍력 발전은 깨끗한 에너지의 상징이다. 21세기는 '수소 문명의 시대'로 일컬어지며 수소와 산소를 연속적으로 화학반응시켜 전기 에너지를 얻는 연료전지도 주목받고 있다. 이러한 신에너지는 기본적으로 대기업이 개발하므로 이 분야에서 일하고 싶다면 화학, 공학, 지질학, 농학, 생태학 등의 전문 지식을 습득한 후 관련 기업에 입사하는 것이 일반적이지만 환경 NPO에 참가해 지식과 경험을 쌓는 방법도 있다.

바이오매스 에너지

바이오매스 에너지는 폐자재와 식품 폐기물에 있는 미생물이 방출하는 발효열을 에너지원으로 이용하는 것이다. 목질 바이오매스는 대량으로 버려지는 폐자재와 건축 해체 현장에서 나오는 건설 폐자재, 간벌된 삼림에 방치된 나무 등을 이용한다. 그중에서도 목재 펠릿으로 불리는 낱알 형태의 연료는 톱밥과 나무껍질 등 지금까지 버려지던 것을 이용한 것으로 가정용 난방 에너지로 주목받고 있다. 목재 펠릿은 임업, 목공업과 연결되어 임업과 관련된 몇몇 기업이 제조하고 있다. 바이오매스에는 나무를 원료로 하는 것 외에 하수의 분뇨나 식품 폐기물 등을 메탄과 발효해 에너지로 만드는 유기물 바이오매스 에너지 등이 있다. 태양광과 풍력에 비해 새롭게 개발할 여지가 있는 분야이다. 바이오매스와 관련된 일을 하려면 화학과 공학, 농학 등을 공부한 뒤 관련된 회사나 지자체에 취직하거나 환경 NPO의 일원이 되어 사업에 참가하거나 창업하는 방법이 있다. 어떤 경우든 전문 지식과 인적 네트워크가 중요하다.

리사이클

리사이클이란 '지금까지는 버리던 것'을 다시 이용하거나 자원으로 사용하는 것을 말한다. 일회용품 사용을 제한하고 자원 낭비를 막기 위한 의미의 '순환형 사회'라는 개념이 그 바탕에 있다. 아래와 같이 폐기물 리사이클에는 몇 가지 'RE'가 있고 그에 따른 비즈니스가 탄생하고 있다.

- REFINE: 사용이 끝난 제품의 분리 · 분해
- REDUCE: 쓰레기를 줄이는 일
- REUSE: 재사용
- RECYCLE: (좁은 의미에서) 폐기물의 재자원화
- RECONVERT TO ENERGY: 폐기물을 연소시켜 에너지를 회수
- REPAIR · REFORM: 수리 · 수선(건축물의 보수 · 개수도 포함)

'RE' 비즈니스에는 대기업에서 중소기업까지 이미 많은 기업이 참여하고 있다. '지금까지는 버리던 것'이란 한마디로 쓰레기를 가리키는데, 쓰레기 종류만큼 'RE' 비즈니스 종류가 있다. 일회용 의료용품, 플라스틱, 가구, 가전제품, 컴퓨터, 건설자재, 음식물, 의류품, 신발, 사무용품, 신문과 잡지 등의 종이, 건전지, 유리, 그리고 가축의 분뇨까지 오래되면 모든 것이 쓰레기가 되므로 그 종류는 거의 끝이 없다. 그런 쓰레기를 분리하고 분해하고 소각하는 기술을 개발하거나 장치, 기계를 발명하는 것만으로도 비즈니스가 된다. 예를 들어, 버려진 플라스틱에서 쓸 만한 것을 추출하거나 폐기된 컴퓨터에 있는 부품을 재활용하려는 아이디어만 있어도 비즈니스가 된다. 앞으로 리사이클은 '비즈니스'가 아니라 '산업'이 될 것이다. 리사이클과 관련된 일은 쓰레기와 제품의 종류만큼 많다. 지식과 기술과 아이디어가 있는 사람은 정말로 쓰레기 산을 보물 산으로 바꿀 수 있을지도 모른다.

친환경소재

친환경소재란 물건을 생산하거나 사용할 때 혹은 폐기할 때 지구환경을 오염시키지 않는 소재를 가리킨다. 또 재활용이 가능한 소재, 에너지 절약에 우수한 소재도 포함한다. 지구환경에 대한 관심이 높아짐에 따라 기업이 제품을 개발·제조하는 경우, 비용과 수요에 맞춰 '에코 디자인'이라는 새로운 분야가 필요하게 되었다. 즉, 물건을 만들 때 어떻게 하면 소비되는 재료를 줄일지, 어떻게 하면 지구환경을 오염시키지 않고 오래 사용할 수 있는 물건을 만들지 생각하는 것이다. 지구환경을 오염시키지 않는 소재와 재료를 고르는 일도 에코 디자인의 중요한 요소이다. 구체적으로는 자연계의 미생물이 분해할 수 있는 플라스틱 소재(생분해성 플라스틱)가 대표적이며, 그 밖에 유해물질을 방출하지 않는 도료, 콩 등의 식물성 기름을 사용한 인쇄용 잉크, 납을 사용하지 않은 납땜과 도금, 크롬을 사용히지 않은 아연도금동판, 할로겐을 사용하지 않은 접착제 등이 있다.

생분해성 플라스틱은 실용화하기 위해 다양한 기술과 제품이 개발되지만 아무래도 일반 플라스틱보다 값이 비싸기 때문에 현재로서는 수요가 매주 적다. 그러나 대기업에서 중소기업에 이르기까지 많은 제조회사가 친환경소재를 경쟁적으로 개발하고 있다. 친환경소재와 관련된 일을 하려면 화학적인 지식과 기술을 배우는 것이 필수적이지만 창조성과 독창성도 요구된다.

비오톱

비오톱이란 독일어로 생물을 의미하는 '비오'와 장소를 뜻하는 '톱'이 합성된 단어로, 특정 지역과 장소를 본래 자연환경으로 되돌리는 것이다. 즉 공업화나 공장·택지 개발 등으로 파괴되고 오염된 자연을 본래 모습으로 되돌리고 야생 조류와 동물, 곤충, 물고기 등의 생물을 불러들이는 것이다. 환경 교육의 하나로 학교 안과 학교 근처의 자연환경을 복원하는 '학교 비오톱' 등도 주목받고 있다. 시냇물과 숲, 해안 등 자연환경을 복원하는 일이므로 아무래도 사업규모는 커지게 되고 주로 종합 건설회사 등이 기본 노하우를 축적하고 있다. 그러나 실제로는 토목공사 기술뿐 아니라 동식물 등의 생태계에 관한 정보와 지식, 토양과 수질 등에 관한 회학적·지질학적 지식, 비오톱의 개념을 지역에 이해시기기 위한 설명 능력도 있어야 한다. 즉, 비오톱에 관련된 일을 하려면 토목·건설기술을 배우거나 화학·지질학을 전공하거나 생물학·생화학을 배우는 등 다양한 방법이 있다.

환경 컨설팅

환경에 관한 컨설팅 비즈니스로 그린 컨설팅이라고도 한다. 기업에 친환경적인 경영과 개발, 제조 노하우와 매뉴얼을 제공하거나 자치단체와 교육기관에 환경 교육과 연수 등의 컨설팅도 한다. 주로 친환경적 경영 시스템을 개발하거나 매뉴얼을 개발하거나 직원의 의식과 지식을 높이기 위한 연수를 한다. 환경 비즈니스는 매우 다양한 분야로 나뉘어 있고 동시에 몇 가지 분야에 걸쳐 있기도 하다. 따라서 컨설팅 내용도 한 기업이 사용하는 에너지의 효율을 높여 에너지를 절약하고 소비를 줄이는 것과 그에 필요한 설비를 갖추거나 실제로 만드는 것, 산업 폐기물 처리와 재활용을 위한 아이디어를 내는 것까지 종류가 매우 다양하다. 환경 컨설팅 업무에서는 환경문제에 전문적인 사람뿐 아니라 폭넓은 시야와 지식, 비즈니스 감각을 갖춘 사람이 요구된다.

그린 투어리즘

환경을 오염시키거나 파괴하지 않고 자연을 배운다는 생각으로 하는 여행을 에코투어리즘이라고 하며, 도시에 사는 사람이 휴가를 이용해 농촌에서 농사 체험을 하거나 강에서 생태계를 배우거나 어촌에서 어로 체험을 하는 것을 그린 투어라고 한다. 유럽에서 시작된 이런 새로운 '관광 여행'이 국내에도 퍼지면서 그린 투어리즘이라고 불리게 되었다. 여행사가 기획하는 것부터 지자체가 주최하는 것까지 다양한데, 환경을 잘 아는 코디네이터나 가이드가 필요하며 지역 주민과 NPO, NGO와 협력하는 사례도 많다. 친환경적인 숙박시설(에코 호텔, 에코 리조트)도 늘고 있다. 지역과 지자체에 따라서는 폐교를 개조해 여행자가 숙박할 수 있도록 만들거나 모내기, 산나물 캐기, 석탄 때기, 짚신 만들기, 민속 공예품 만들기 등 계절에 맞는 이벤트를 개최하는 곳도 있다. 그린 투어리즘은 기본적으로 지역에 뿌리내린 비즈니스이므로 이와 관련된 일을 하려면 그 지역의 자연을 아끼는 마음을 갖추고 지역의 풍습, 생태계 등에 대해 잘 알아야 한다.

조사·계획 엔지니어

도시계획이나 건설계획이 새롭게 세워질 때, 해당 지역과 장소의 생태계와 환경을 자세히 조사한다. 건설 컨설팅 회사에서 일하는 것이 일반적이며 수질 조사, 대기 조사, 소음 검사, 생태계 검사 등의 전문 분야로 나뉘어 있다.

참고 《신 지구환경 비즈니스 2003-2004 자율적 발전 단계에 있는 환경 비즈니스》

IT

2

IT (Information Technology)

무라카미 류

IT 비즈니스는 예전의 중공업과 마찬가지로 상당한 고용을 창출할 것으로 기대되는 분야이다. 그러나 기존의 사례를 보고 아직 발전 단계에 있는 IT 비즈니스의 미래를 예측하기는 매우 어렵다.

컴퓨터의 탄생

현재 널리 보급된 컴퓨터는 1945년 헝가리 출신의 미국 수학자 존 폰 노이만의 이론을 바탕으로 만들어졌다. '전자계산기'라고 명명된 이 초기 컴퓨터는 '계산을 위한 기계'였다. 초창기의 '전자계산기'는 오펜하이머가 이끈 미국의 국가 프로젝트 '맨해튼 계획(원자폭발 개발)'에서 핵분열반응을 계산하는 데도 사용되었다. 에니악(ENIAC)이라고 불리는 세계 최초의 전자식 컴퓨터는 길이 약 24미터, 높이 약 2미터, 폭 약 1.5미터의 거대한 컴퓨터로 2만 개에 가까운 진공관이 사용되었고, 6,000개의 스위치가 있었으며, 각 부품과 전원 장치, 냉각 장치를 합하면 무게가 30톤 이상이나 되었다. 게다가 프로그램을 바꿀 때마다 스위치를 다시 설정하고 케이블도 교체해야 했다.

하드웨어와 소프트웨어

계산 장치인 컴퓨터는 '명령'을 내리기 위해 '언어'를 필요로 하며, 그 언어를 프로그램이라고 한다. 에니악은 실제로 스위치를 조절하거나 회로의 배선을 바꾸어 프로그램을 변경했지만, 폰 노이만 연구팀은 프로그램을 컴퓨터 내부에 짜 넣는 데 성공했다. 다양한 프로그램을 컴퓨터 내부에 데이터 형태로 '수납'해 두고 수시로 바꿀 수 있게 한 것이다. 컴퓨터는 크게 하드웨어와 소프트웨어로 나뉘는데, 폰 노이만 연구팀이 소프트웨어라는 개념을 만든 것이다. 하드웨어는 CPU라고 불리는 중앙연산장치와 메모리 등의 컴퓨터 본체 그리고 디스플레이 모니터와 프린터 등의 출력 장치와 주변 기기를 가리킨다. 소프트웨어는 본래 컴퓨터를 효율적으로 작동하기 위한 프로그램을 의미했으나 현재는 영상, 화상, 음악 프로그램 등 다양한 응용 기술 전체를 뜻한다. 실리콘 위에 집적회로를 새기는 기술과 다양한 '명령 언어' 개발 등 하드웨어와 소프트웨어가 진화하는 가운데 컴퓨터는 급속도로 작고 가벼워졌으며, 마침내 1975년에 최초로 가정용 컴퓨터가 개발되었다.

인터넷의 등장

그러나 컴퓨터가 일반 사람들에게 널리 보급된 것은 1990년대에 인터넷이 등장하면서부터이다. 원래 인터넷은 미국 국방성이 중심이 되어 개발한 군사용 통신 기술이었다. 전시에도 파괴되지 않는 통신 수단으로, 지령·관리 중추가 없는 컴퓨터 네트워크가 고안되어 인터넷의 원형이 탄생했다. 구소련이 붕괴되고 동서 냉전이 종결되자 군사 목적으로 개발된 기술이 민간에 전용되게 되었다. 그리하여 이미 대학이나 연구기관 등에서 이용하던 인터넷은 민간에게 개방되었다. 사용하기 편리해진 퍼스널 컴퓨터가 인터넷을 기반으로 국경을 넘어 세계적으로 연결되었고, 이메일을 보내거나 개인과 기업, 정부기관 등의 데이터를 열람할 수 있는 환경이 조성되었다. 컴퓨터만 있으면 개인이 세계를 향해 정보를 발신할 수 있게 전 세계에서 정보를 입수할 수도 있게 된 것이다. 이 획기적 매체는 폭발적으로 보급되었다. 그러한 배경에서 IT라는 용어가 등장했다. IT는 정보통신에 관한 기술 전반을 가리키는 말로, 컴퓨터와 인터넷을 기반으로 한 새 기술이 새로운 산업과 회사를 창출하지 않을까 하는 기대가 담긴 말이다.

IT의 미래

IT를 이용해 이메일과 인터넷 쇼핑, 인터넷 금융거래 등 다양하고 새로운 서비스가 생겨났다. 컴퓨터뿐 아니라 휴대전화, 자동차 내비게이션, 텔레비전 등의 기기를 정보 단말기로 다루는 비즈니스도 시작되었다. 지금까지 IT와 관계되는 일이라고 하면 시스템 엔지니어 등의 기술자를 가리키는 경우가 많았다. 그러나 IT의 세계는 급격하게 진보하기 때문에 장차 어떤 비즈니스가 생겨나고, 어떻게 사회를 변화시키며 거기에서 또 어떤 직업이 탄생할지 예측하기는 매우 어렵다. 새로운 기술이 순식간에 진부해지고 비즈니스 모델은 항상 변한다. 현재 IT 업계를 지배하는 대기업이 10년 뒤에도 살아남을지는 알 수 없다.

2003년에 쓰다

IT의 현재와 가능성

이토 조이치

IT의 미래상

질문: IT에 관한 일을 열세 살 어린이에게 어떻게 설명하면 좋을까요?

이토: 전기를 예로 들면 이해하기 쉬울지도 모릅니다. 전기와 관련된 일을 하는 곳에는 전력회사와 가전제품회사 등이 있습니다. 전기에너지와 전기제품을 사용하여 일하는 사람도 많습니다. 이를테면, 디자이너와 가수도 각각 조명기구와 전자악기를 사용합니다. 그렇게 해서 완성된 작품을 파는 것이 직업인 사람도 있습니다. 이처럼 전기를 공급하고 전기제품을 만들고 그 제품을 사용해 일을 하거나 작품을 만들고, 완성된 작품을 파는 등 다양한 직종의 사람이 있는데, 그들을 통틀어 전기와 관련된 일을 한다고 하지는 않지요. 그런데 IT의 경우, 그것을 전부 통틀어서 IT 관련 업무라고 하는 것 같습니다. 하지만 그런 상황은 지금의 열세 살 어린이가 성인이 될 쯤에는 상당히 바뀔 것으로 예상됩니다. 앞으로 대부분 직업에서 IT가 사용될 것이므로 어느 정도는 공부를 해야 합니다. 다만 IT종사자의 일은 평범한 일이 될 것입니다.

SE(시스템 엔지니어)

사용자의 요구에 맞춰 컴퓨터 시스템을 설계하고 사양서를 작성하는 일로, 일하는 분야와 내용은 고객의 업무와 요구에 따라 바뀐다. 기업 등의 조직이 새롭게 시스템을 도입하는 경우, 통상 영업직이 그 업무를 수주하고 SE가 설계하며 그것을 바탕으로 프로그래머가 프로그램을 만들어 나간다. 그런데 만약 영업직이 기술적인 문제에 대처하지 못하면 고객과 직접 거래를 하게 되고 반대로 고객에게 제안하는 경우도 있다. 개발팀 리더로서 프로그래머를 비롯한 다른 스태프를 관리해야 한다. 컴퓨터와 주변기기에 정통해야 하는 것은 물론이고 업무와 경영 능력을 비롯해 고객 요구에 대응할 수 있을 정도로 지식이 있어야 한다. SE는 사용자 측 기업에서 컴퓨터 기술을 배우고 나서 되는 경우와 프로그래머 등 컴퓨터 전문기술자가 실적을 쌓아서 되는 경우가 있다. 특별히 필요한 자격증은 없으나 정보처리기술자 시험 1급을 취득하면 SE로서 능력을 보여주는 하나의 기준이 된다.

프로그래머

컴퓨터가 정보를 처리하는 순서는 C언어나 JABA, Basic 같은 프로그램 언어로 불리는 전문 언어로 기록된다. 프로그래머는 SE가 만든 설계사양서에 따라 프로그램 언어를 이용해 프로그램을 작성한다. 하나의 프로그램을 구축하기 위해 많은 프로그래머가 관여하기도 한다. 프로그래머가 될 수 있는 특별한 자격이나 조건은 없다. 전문학교 등에서 컴퓨터에 관해 공부한 뒤 진출하는 사람이 많은데, 필수 지식인 프로그램 언어를 비롯해 기업에서 어느 정도 훈련을 받으면 충분히 일할 수 있다. 어느 정도 경험을 쌓으면, 예를 들어 고객 업무에도 정통해지면 SE로 한 단계 다가설 수 있다.

질문: IT종사자란 SE나 프로그래머를 말합니까?

이토: SE나 프로그래머가 IT종사자를 대표할지도 모르겠군요. 예를 들어, 오리코미라는 광고회사가 오리콤이라는 광고대행사가 되고, 광산회사가 히타치 제작소가 된 것처럼 IT기업이라고 불리던 것들이 다른 방향으로 흘러갈 가능성이 있습니다. 현재 인터넷용 전화회선을 거의 독점하고 있는 전화회사도 어쩌면 평범한 회사가 될지도 모릅니다. 여전히 유화 그림이나 조각품이 만들어지듯 예술가와 같은 일은 천 년이 지나도 변하지 않습니다. 하지만 IT는 해마다 변합니다. 홈페이지를 만드는 거대한 시스템인 콘텐츠 매니지먼트 시스템이라는 것을 예로 들어보지요. 그것은 수십억을 들여 수십 명의 SE가 완성했지만, 같은 것을 웹 로그 소프트웨어로 간단하게 만들 수 있습니다. 그러면 SE라는 직업, 그것을 안고 있는 업계가 통째로 사라질지도 모릅니다. 새로운 기술이 나오면 수만 명 단위로 고용이 사라집니다. IT업계에서는 실제로 그런 일이 일어납니다.

콘텐츠 매니지먼트 시스템
텍스트나 화상, 음성 등으로 표현되는 정보를 콘텐츠라고 한다. 홈페이지를 작성하기 위해서는 이런 콘텐츠가 필수적이다. 콘텐츠 매니지먼트 시스템은 콘텐츠의 수집, 작성, 관리, 발신 등을 일괄적으로 지원하기 위한 시스템으로 주로 대형 IT기업이 제공한다.

웹 로그
웹페이지 형식의 하나로 개인의 의견 등을 표현하는 데 적합하다. 겉보기에는 텍스트 사이트에 가깝지만 웹로그 시스템을 사용하면 편집 등 업무 대부분이 자동화되고 조작이 쉬워진다. 미국에서는 개인이 발신하는 사이트가 급증해 커뮤니티 형성 수단으로 주목받고 있다.

텔레비전을 보는 사람, 만드는 사람, 분해하는 사람

질문: 컴퓨터와 IT를 설명할 때 하드웨어와 소프트웨어로 나누는 경우가 많은데, 그런 것에도 변화가 일어날까요?

이토: 하드웨어와 소프트웨어에도 혼란이 찾아오고 있어요. 앞으로 몇 년 안에 가전이 인터넷의 메인 인터페이스가 되리라고 생각합니다. 게임기와 휴대전화, 텔레비전, 디지털카메라로 인터넷을 할 수 있게 되어 컴퓨터는 정말로 필요한 사람, 정말로 하고 싶은 사람만이 사용하게 될 겁니다. 가전제품을 만드는 회사는 IT업계에서는 하드웨어와 소프트웨어를 만드는 회사나 사람과 같아요. 그 가전제품을 이용해 음악을 만드는 사람은 컴퓨터를 이용해 일을 하는 사람이죠. 그 음악을 듣는 사람이 소비자가 되는 셈인데, 음악을 만드는 사람과 소비자의 경계도 점차 불분명해질 거라고 생각해요.

다만 핵심적인 IT업계는 그러한 일반적 기업과 사용자에게서 떨어진 곳에 마니아 형태로 남지요. 텔레비전을 예로 들면, 텔레비전을 분해해서 부품을 만지거나 다시 조립하는 것을 좋아하는 사람은, 수는 적겠지만 분명히 있지요? 그리고 텔레비전 프로그램을 기획하거나 제작하는 사람은 텔레비전을 분해하는 사람보다 많아요. 텔레비전을 보는 사람은 분해하는 사람보다, 프로그램을 만드는 사람보다 많고요. 그것과 마찬가지로 컴퓨터를 만지는 게 좋은 사람은 하드웨어와 소프트웨어를 공부해서 IT업계에 들어가면 되지만, 텔레비전을 보는 게 좋은 사람, 즉 인터넷을 즐기고 싶은 사람은 하드웨어와 소프트웨어를 만들 필요가 없어요. 그리고 텔레비전 프로그램을 기획·제작하고 싶어하는 사람, 즉 IT를 이용해서 창조적인 일을 하고 싶은 사람은 IT의 사용자로서

하드웨어

키보드와 디스플레이 화면, 프린터 등 컴퓨터 본체와 주변기기, 관련기기를 가리키는 말이다. 하드웨어를 개발하는 곳은 컴퓨터회사를 비롯해 반도체, 가전, 과학기계, 정밀기계 등의 기업이 중심이 된다. 휴대전화나 디지털카메라 등 새로운 제품의 개발과 함께 하드웨어가 의미하는 범위도 확대되고 있다. 장차 주된 경쟁시장은 컴퓨터와 가전이 융합된 정보가전 분야로 일컬어진다.

소프트웨어

컴퓨터를 효율적으로 가동하기 위한 수법, 기술 등의 총칭이다. 프로그램은 소프트웨어 중 하나이지만 프로그램 자체를 가리켜 소프트웨어라고도 한다. 산업으로서 소프트웨어를 보면 하드웨어와 비교해 설비투자를 필요로 하지 않고 그 대신 인적 자원에 의존하는 부분이 크다. 또 소프트웨어 산업은 주로 일반 사용자를 위한 개발제품형 소프트웨어와 각 기업을 대상으로 한 수주형 소프트웨어로 크게 구별된다. 미국에서는 전자가, 일본에서는 후자가 주류이며, 수주형 소프트웨어 개발의 경우 서비스업 측면이 강하다.

전문가가 되어야 해요. 계속해서 다양하고 새롭게 출시되는 컴퓨터와 인터넷 도구를 능숙하게 다룰 수 있도록 공부할 필요가 있지요.

웹 디자이너가 불필요한 시대

질문: 현재, 인터넷 비즈니스라고 불리는 것은 주로 양조장이 인터넷에서 와인을 파는 식의 형태를 말합니다. 그리고 그 덕분에 홈페이지의 디자인과 결제 시스템을 프로그래밍하는 SE와 웹 디자이너가 대표적인 직업으로 떠오르고 있습니다. 인터넷 비즈니스도 앞으로 변하게 될까요?

이토: 양조장이 인터넷에서 와인을 파는 경우는, 인터넷 몰 등을 이용해서 등록하면 되기 때문에 엔지니어가 필요 없어요. 무라카미 씨는 본인이 지은 책을 한 권씩 서점에 갖다주지 않지요? 그것과 마찬가지로 인터넷 비즈니스라는 건 아직 택배가 발달하지 않았던 시절의 물류 같은 것이라고 생각하면 됩니다. 열차나 트럭이나 자동차를 가진 회사나 사람이 짐을 맡아서 하나에 얼마씩 보냈는데, 택배가 생기면 그런 업종은 불필요해지지요.

질문: 일반적인 종이매체의 디자이너가 인터넷의 HTML을 다루지 못하는 상황에서는 웹

인터페이스
서로 다른 성질의 것을 이어주는 것 또는 그 경계선을 의미한다. IT업계에서 사용될 때는 서로 다른 두 장치를 접속하기 위한 중개 장치, 특히 컴퓨터와 인간의 교점이 되는 장치를 가리킨다.

인터넷 비즈니스
정확한 정의는 확립되지 않았지만 인터넷을 이용해 시간과 장소, 비용의 효율성을 높이고 상품과 서비스를 제공하는 비즈니스 전반을 가리킨다. 인터넷을 통해 다양한 물건을 판매하는 사업을 비롯해 금융, 레저, 각종 콘텐츠 사업에서 옥션, 이메일 매거진 발행까지 다양한 분야에 이른다. 옛날에는 인터넷 비즈니스 자체가 하나의 산업으로 여겨지기도 했지만 현재는 비즈니스 형태 중 하나로 정착하고 있다. 대부분의 분야에서 참여하기 쉬운 만큼 경쟁이 심화되고 있다.

웹 디자이너
고객의 요구에 따라 이미지대로 홈페이지를 디자인한다. 문자와 사진, 일러스트 등 기본이 되는 소재는 종이 매체와 같지만 각종 소프트웨어를 다루는 것과 동시에 이용자가 접근하기 쉬운 구조를 만들고 데이터 용량을 가볍게 하는 기술 등이 요구된다. 단, 소프트웨어의 보급으로 일반 사람도 간단히 웹을 디자인할 수 있게 됨에 따라 더욱 고도의 디자인 능력과 기술력이 요구된다.

HTML
네트워크에 있는 다양한 정보를 누구나 접근할 수 있도록 공개한 시스템에 월드 와이드 웹(www)이 있다. HTML은 www에서 다루는 정보를 표현하기 위한 일종의 언어 같은 것이다. 문자뿐 아니라 음성과 동영상을 집어넣을 수 있으며, 다른 정보로 쉽게 링크할 수 있기 때문에 인터넷 보급과 함께 널리 퍼졌다.

디자이너가 특별한 직업으로 자리 잡습니다. 하지만 누구나 웹 디자이너가 된다면 전문적인 지식과 기술은 불필요해지고, 단순히 디자인의 재능을 묻는 문제가 된다는 뜻인가요?

이토: 웹 로그라는 소프트웨어를 이용하면 HTML을 사용하지 않고도 홈페이지를 디자인할 수 있습니다. 앞으로 인터넷에 관한 직업은 템플레이트를 만들어 고객을 감싸 안는 방향으로 나간다든지 브라우저의 디자인만 생각한다든지, 몇 가지 유형으로 나뉩니다. 다만 브라우저 디자인만 생각해도, 브라우저의 색상을 어떻게 할지, 문자 폰트를 어떻게 할지 등과 같은 일은 HTML을 모르는 일반 종이매체의 그래픽 디자이너라도 간단히 할 수 있게 됩니다.

질문: 홈페이지 제작회사도 불필요해질까요?

이토: 아마존 시스템처럼 거대한 시스템과 수만 페이지나 되는 홈페이지를 만들 때는 필요하다면 필요할 수도 있어요. 다만 그 일이라는 게 크게 템플레이트를 디자인하는 사람과 홈페이지 문장을 쓰는 사람, 하루에 몇 백만 건이나 되는 액세스를 관리하는 사람으로 나뉘어 있어요. 그러한 일을 분산해서 개별적으로 아웃소싱을 하거나 자신이 직접 해결하면 제작회사에 기댈 필요는 사라지겠죠.

템플레이트
어플리케이션 소프트웨어에 부속된 샘플 문서. 문서 종류에 맞는 형식으로 만들어지며 문서 작성에 적용할 수 있다.

브라우저
'인터넷 익스플로러'와 같이 www 등의 사이트를 열람, 이용하기 위한 소프트웨어이다.

문자 폰트
디스플레이 화면상의 명조체, 고딕체 같은 문자의 서체이다.

홈페이지 제작회사
홈페이지 디자인을 비롯해 제작 전반, 운영, 관리 등을 담당한다. 발주처는 대부분 기업이며 비즈니스를 위해 홈페이지를 공개한다. 제작회사는 이러한 고객의 요구에 따라 홈페이지를 제작할 필요가 있다. 제작회사에는 디자인과 광고, 인쇄, 컴퓨터 시스템 등 원래 다른 사업을 하면서 이 분야로 진출한 곳과 웹만 전문으로 하는 곳이 있다. 전자의 경우 콘텐츠 제작과 광고, 사내 시스템 구축 등 기존 사업과 관련된 분야에서 강세를 보인다. 후자의 경우 소수로 구성되어 지역에 뿌리를 내리고 활동하는 곳과 기업의 프로모션이나 시스템 구축 등에 종합적으로 관여하는 곳까지 다양한 제작회사가 있다.

아마존
아마존 닷컴. 1995년 미국 시애틀에서 출발한 온라인 서점이다. 그 후 서적 외의 상품도 취급하면서 성장했다. 세계 최대 데이터베이스를 가지고 있다.

지나치게 많은 삼나무와 SE

질문: 장차 SE를 꿈꾸는 열세 살에게 도움말 한마디 해 주세요.

이토: 프로그램 기술에 흥미가 있다면 공부를 해야겠지만, SE라는 건 전자계산기가 보급되기 전의 주판 전문가 같은 존재입니다. 소프트가 변하면 이전의 프로그램 기술은 쓰레기가 되는 일이 종종 있습니다. Y2K문제가 대두되었을 당시에도 그런 사건이 있었습니다. Y2K문제로 위험시되던 옛날 컴퓨터 중에 코볼(Cobol)이라는 프로그램 언어가 사용된 것이 있었는데, 문제는 코볼이라는 프로그램을 만든 사람들은 이미 죽어서 없다는 겁니다. 대처법을 찾아야만 하는데 앞으로 결코 쓰일 리 없는 언어인 코볼을 누가 배우려고 할까요. 결국 인도인에게 의뢰해서 해결책을 찾았어요. 하지만 비참하죠? 1년, 2년의 시간을 들여서 코볼이라는 프로그램을 공부하고 Y2K문제에 대처할 수 있는 소프트를 만들고 나면 그 기술은 완전히 무용지물이 되는 겁니다.

프로그램을 만들 수 있다는 건 체력이나 완력과 비슷합니다. 다른 건 아무것도 못해도 프로그램만 만들 수 있으면 당장은 일이 있습니다. 하지만 지금도 이미, 대부분 SE 업무라는 게 온종일 같은 형태로 쌓인 나무 위에 나무를 또 쌓는 것과 같은 단순 노동입니다. 물론 그것과는 별개로 천재적 SE도 있지만, 그것은 체력, 완력으로 말하면 올림픽 선수가 되는 것과 같은 수준의 재능과 노력이 필요합니다.

질문: IT로 고용을 수십만 명 창출하는 일이 가능한가요?

이토: 예로 든 SE라는 직업은, 계속해서 새로운 기술이 탄생하고 소프트웨어가 변해 가다 보면 몇 가지 예외를 제외하면 최종적으로 불필요해질지도 모릅니다. 그걸 알면서도 SE를 계속 육성하는 것은 옛날에 임업에 관한 국가 프로젝트에서 숲에 삼나무를 엄청 심은 것과 비슷하지요. 그때 심은 삼나무는 간벌과 잡초 제거 등 손질하기가 힘들어 잘라서 팔아도 타산이 맞지 않습니다. 게다가 지금도 지나치게 많아서 오히려 산림이 망가지는 것 아니냐는 우려까지 나옵니다. IT도 노동 비용 면에서 더는 중국과 인도를 이길 수 없습니다. 따라서 SE 같은 단순 노동이 아닌 창조적인 분야에 어린이와 청소년의 관심이 몰려야 합니다.

채팅

컴퓨터 네트워크를 통해서 실시간으로 문자 베이스의 회화를 하는 시스템. 일대일로 하는 것과 동시에 여러 명이 참가하여 하는 것이 있다. 컴퓨터 통신 서비스 기능의 하나로 제공되었는데, 현재는 IRC(Internet Relay Chat) 같은 인터넷을 통해서 이용할 수 있는 것도 있다. 비디오나 음성으로 채팅할 수 있는 서비스도 있다.

IT는 장벽을 뛰어넘는다

질문: 결국 IT가 보급되면 될수록 IT에 정통한 사람보다는, 좀 더 일반적으로 창조성과 독창성이 있는 사람과 커뮤니케이션 기술이 있는 사람이 유리하다는 말씀인가요?

이토: 미래 사회가 되면 어떤 일이든 IT와 깊은 관련을 맺게 됩니다. 따라서 공부는 꼭 해야 합니다. 다만 그 공부라는 게 일단은 컴퓨터를 만지는 것부터 시작하더라도, 예를 들어 인터넷으로 외국인과 친구가 되거나 채팅을 하거나 인터넷 커뮤니티에 참여하면서 무엇이 본인에게 맞는지, 어떻게 하면 자신감이 생기는지를 생각하는 겁니다.

　이 에피소드는 여러 곳에서 보도됐는데, 살람 팍스라는 바그다드에 거주하던 20대 건축가가 전쟁 전부터 웹 로그를 이용해 인터넷에 일기를 쓰고 있었어요. 전쟁이 가까워지자 점차 일기 내용이 심각해졌고, 전 세계 사람들이 그의 일기를 읽게 되었지요. 전쟁 중에 전원과 회선이 떨어지자 인터넷으로 친구가 된 이슬람 여성에게 디스크를 보내 올리기도 했는데, 결국 영국의 신문사가 그를 칼럼리스트로 고용해서 지금도 연재를 하고 있습니다. 그가 성공한 이유는 먼저 영어를 할 줄 알았다는 점, 인터넷을 이용해 자신의 뜻을 피력한 점, 그 내용이 재미있었다는 점 등을 들 수 있습니다. 그리고 그는 몇 달 만에 세계적 칼럼리스트가 되었지요. 결국 IT라는 것은 언어의 장벽, 국경의 장벽, 계급의 장벽, 문화의 장벽, 민족과 종교의 장벽 등 다양한 장벽을 뛰어넘는 수단이라고 생각합니다.

이토 조이치

1966년 출생. 크리에이티브 커먼즈 CEO. 주식회사 디지털 개리지 공동창업자 겸 대표이사. 몇몇 기업의 경영에 종사. 일본에서 인터넷 분야의 지도적인 비전가이자 기업가. 장기간에 걸쳐 인터넷 분야에 공헌한 점을 높이 인정받아 우정대신상 수상. 미국 〈타임〉 선정 '사이버 엘리트', 미국 〈비즈니스위크〉 선정 '일본 인터넷 빌더', 기술 분야에서 세계에서 영향력 있는 50인 중 한 사람으로 소개되었다. 저서에 《개인을 바라보는 다이얼로그》(무라카미 류와 공저) 등이 있다.

구글팀: 사토 요이치 경영전략 파트너 디벨로프먼트 매니저
오이카와 타쿠야 시니어 프로덕트 매니저
하라다 마사노리 소프트웨어 엔지니어

모두 미니 CEO

무라카미:《13세를 위한 헬로 워크》의 개정판을 만들고 있습니다. 초판 발매가 2003년 11월이다 보니 인터넷 관련 내용 등이 시대와 맞지 않더군요. 그때는 이토 조이치 씨와 오이식스의 다카시마 씨와 이야기를 나누었습니다. 이도 조이치 씨가 당시 '앞으로 이렇게 될 것이다'라고 말했던 게 거의 실현됐고, 인터뷰도 재미있어서 그대로 남겨둘 생각입니다. 이번에는 인터넷에 관한 이야기를 구글(Google)로 좁혀서 해 보려고 하는데, 이미 인터넷 비즈니스라는 단어가 죽은 말이 됐지요. 그래서 아마존처럼 인터넷으로 물건을 파는 행위는 이제 평범한 소매점이나 유통이 인터넷을 이용하는 것과 같을 뿐 더는 인터넷 비즈니스의 범주가 아니라는 생각이 듭니다.

인터넷으로 사업을 하는 의미에서 어쨌든 구글의, 개인적으로는 장대하면서도 시시한 그 이념이 좋습니다. 글을 쓰는 사람에게는 구글이 그다지 좋은 인상은 아닌 것 같은데, 나는 좋아요. 아주 자신 있게 말할 수는 없지만요. 다른 비즈니스에서도 그렇지만 처음부터 인터넷 기술을 이용해서 돈을 벌려고 생각하면 오히려 남는 게 없습니다. 인터넷이라는 강력한 도구를 사용해서 원대한 꿈을 추구하다 보면 자연스럽게 비즈니스가 발생하는 거지요. 나는 '인터넷=구글'이라고 생각해요. 그리고 이름만큼은 중학생도 다 아는 구글에서 대체 무슨 비즈니스를 하고, 무엇을 하려고 하는지, 그 일을 하기 위해서 어떤 사람들이 있는지부터 먼저 정리하려고 합니다. 현재 구글에 소속된 직원들은 어떻게 나뉩니까?

오이카와: 모든 지점에서 절반이 소프트 엔지니어입니다.

무라카미: 가장 구글다운 직원이 엔지니어군요?

오이카와: 그렇게들 말합니다.

무라카미: 오이카와 씨도 엔지니어로 일하십니까?

오이카와: 아니요. 하라다 씨가 엔지니어이고, 엔지니어 이외에 엔지니어와 함께 일하는 저 같은 프로덕트 매니저가 있습니다. 프로덕트 매니저라고 하면 일반 회사에서는

엔지니어 안에 포함될 텐데, 구글에서는 코드는 만들지 않으면서 제품을 세상에 출시하기 위해 엔지니어를 돕는 일을 합니다. 따라서 전체적인 프로젝트를 조정한다든지, 어떤 제품을 출시해야 사용자들이 좋아할지 만들고 싶은 제품을 생각해서 엔지니어와 의논하지요. 제품을 최종적으로 세상에 출시할 때 필요한 여러 가지 공정을 담당하는 것도 프로덕트 매니저의 일입니다.

무라카미: 브랜드디자인, 프로듀서, 관리직이군요.

오이카와: 좀 대단하게 말하면 미니 CEO라고 불리기도 합니다. 하나하나의 제품을 만드는 부서는 매우 작습니다. 그것이 하나의 유기체로 독립해서 움직이는데, 거기서 CEO가 꼭 대단한 것은 아니지만 CEO처럼 전원이 그곳의 책임자라는 생각으로 일하고 있습니다.

무라카미: 오이카와 씨와 같은 위치에서 일하려면 엔지니어나 시스템에 관해 잘 알아야겠군요?

오이카와: 그렇습니다. 어떤 사람이 프로덕트 매니저가 되냐고 묻는데, 컴퓨터사이언스 학위가 있거나 그와 동등한 경험이 있어야 한다고 적혀 있습니다. 소프트웨어 개발 경험이 없으면 할 수 없는 일이지요.

무라카미: 미국에 있는 구글 본사에 들어가고 싶어하는 엔지니어도 많을 텐데 아무래도 가장 우수한 학교의 인재들만 들어가겠죠?

오이카와: 학교를 보고 뽑지는 않고, 배경이 다양한 사람을 채용하려고 합니다. 결과적으로 이렇게 우수한 사람이 많다는 게 정말 다행이지요.

무라카미: 미국에서도 결국 구글의 급여나 장래성보다는 구글이 추구하는 길에 공감해서 일하는 사람이 많지 않습니까?

오이카와: 맞습니다. 구글은 비교적 엔지니어가 자유로운 회사가 아닌가 싶습니다. 엔지니어가 자신이 만들고 싶은 걸 만들어서 그대로 시장에 출시하는 사례도 상당히 있습니다. 다른 회사나 직원 같은 경우에는, 기획자가 기획을 하고 다른 누군가가 설계를 하고, 포장은 또 다른 사람이 하는 경우가 많지만 구글은 아이디어가 떠오르면 엔지니어가 개발까지 하는 경우가 자주 있습니다.

기술이 뛰어난 사람이 재미있어 하는 것

무라카미: 일단 저는 엔지니어에 대해 잘 알지 못합니다. 새로운 기획이란 건 프로그래밍과 그것으로 무엇을 할 것인지가 함께 제출되는 겁니까?

하라다: 구글의 경우는, 일단 시범적으로 데모를 만들어서 그것이 쓸 만한 물건이 될지

판단하는 경우가 많습니다.

오이카와: 다양한 패턴이 있습니다. 예를 들어, 엔지니어가 프로젝트를 주도하는 경우에는 지금 말씀하신 것처럼 두 개를 한 번에 할 수 있습니다. 엔지니어들은 괜찮겠다 싶으면 바로 코드 작성에 들어가기 때문에 우수한 엔지니어의 경우는, 뭘 원한다고 했을 때 거의 제품에 가까운 형태로 만들어냅니다. 한편, 우리 같은 프로덕트 매니저의 경우에는 목업(mock-up)이라고 하는 실물 크기의 모형만 먼저 만드는 경우가 많습니다. 어떻게 작동할지 대략적 틀은 잡았지만 아직 기능적으로는 빈틈이 많은 데모이거나, 화면 디자인 정도에 불과한 것을 만들어서 엔지니어에게 보여주고 의기투합해서 제대로 만들어내지요.

하라다: 하드웨어 계열 회사에서는 처음 설계에 엄청난 시간을 들여서 그걸로 가기로 결정되면 만들기 시작하지만, 소프트웨어 세계에서는 하루 이틀이면 일단은 움직이는 걸 만들어낼 수 있지요.

무라카미: 그것도 제품이라고 할 수 있습니까?

오이카와: 제품의 전 단계죠.

하라다: 전 단계, 즉 데모 수준이지만 일단은 뭔가를 만들어 보고 쓸 수 있는지 없는지 판단하는 것이 기획 단계에서 의논하는 것보다 빠른 경우가 많습니다.

오이카와: 하드웨어도 그렇지만 보통 소프트웨어를 제작하는 정통적인 프로젝트에서는 일단 기획안이 있고 기획회의에서 기획안이 통과되면 다음 단계에서 그것을 어떤 식으로 만들지 세세한 디자인이 결정되고, 실제로 개발을 시작해서 마지막으로 품질 관리를 하는 것이 일반적인 흐름입니다. 하지만 구글의 경우는 첫 부분에 상당히 응축되어 있습니다. 처음 공정 3개 정도가 하나가 되어서, 늦어도 일주일이면 움직이는 걸 만들지요. 실제로 움직이지 않는 단계에서 아무리 생각해 봤자 의미가 없기 때문에 곧바로 다음 단계로 넘어갑니다.

무라카미: 자동차와는 다르군요. 예를 들어, 친환경적인 연료전지 자동차를 개발할 경우에는 조정기간이 상당히 길고 전지가 작아지면 디자인도 변하거나 하는데, 그것과는 크게 다르군요.

오이카와: 그것이 가능한 이유는 구글이 가진 개발 인프라스트럭처, 즉 기반에 있습니다. 인프라라고 하면 구글에 모인 우수한 인재가 될 수도 있지만 세계 각지의 데이터 센터에 분산되어 있는 막대한 수의 머신도 구글이 자랑하는 인프라스트럭처입니다. 이 인프라는 전 세계적으로 봐도 비슷한 수준을 갖춘 곳이 거의 없습니다. 어떤 학술기관에 가더라도 일단은 이런 인프라가 없기 때문에 하고 싶어도 하지 못

하는 일이 많지요. 그러나 구글의 엔지니어는 이 막대한 머신 리소스를 구사해서 일하기 때문에 간단한 아이디어를 단숨에 계산해서, 일반 회사나 조직에서는 못해도 몇 년은 걸리는 일을 며칠 만에 완성해 내는 겁니다.

원대한 목표를 공유한다

무라카미: 현재 여러 작가의 아카이브를 만들어 일부를 소개하는 게 문제가 됐어요. 미국에서는 재판까지 열렸습니다. 저작권을 가진 작가로서는 불만이 있겠지만, 그것을 다른 사람이 하려고 하면 어렵지 않겠습니까?

오이카와: 어렵지는 않겠지만 현실적으로 '누가 가능할까?'라는 생각은 듭니다.

무라카미: 그렇군요.

사토: 알고 계신 대로 구글은 북서치 프로젝트 자체로 돈을 벌겠다는 생각이 전혀 없습니다. 이런 프로젝트는 수익이 발생하지 않아도 괜찮다는, 패기로 일하는 회사가 아니면 지속할 수 없습니다. 어느 정도 꾸준히 이익이 발생하지 않으면 사용자에게 도움이 안 되는 세계이기 때문에 그렇게 참고 참으면서, 아니 즐기면서 완성하는 문화가 가장 큰 차이일지도 모릅니다.

무라카미: 그렇군요. '이렇게 하면 이만큼 돈벌이가 될 것 같으니까 하자'는 식으로 시작하지는 않는군요. 거의 모든 정보를 아카이브화하겠다는 원대한 목표, 요컨대 그 안에 이념이 응축되어 있기 때문에 일단 그런 이념을 모두가 공유하는 것이 급선무이겠군요.

오이카와: 맞습니다. 그래서 우리 이념은 상당히 단순하지만 꽤 매력적이고, 사원은 어떻게든 이 이념에 기여하는 형태로 일할 수 있는 겁니다. 따라서 구글에 엔지니어라든지 프로덕트 매니저라든지 여러 사람이 모여드는 것은, '그 이념 아래에서 세상을 좋은 방향으로 바꿀 수 있지 않을까' 하고 생각하기 때문일 것입니다. 내가 하는 일이 전 세계 사람들에게 보여지고, 긍정적인 자극을 줄 수 있다는 건 대단한 일이지요.

무라카미: 저는 원대한 목표, 아니 이념이라고 할까요, 구글 입장에서는 미션이라고 하는데, 항상 생각하는 것이 타임캡슐입니다. 어떤 마을에서 종종 미국인이 타임캡슐에 여러 가지를 넣어서 묻습니다. 그것은 물리적으로 그런 상자가 없어도 되기 때문입니다. 전 세계적인 타임캡슐은 아무래도 어렵기 때문에 그것을 가상 디지털 신호로 어딘가에 차곡차곡 저장하는 것은, 하나의 베이스를 가지고 오랜 세월 계속해 온 노하우라고나 할까 이념 같은 것이 생긴 것이지요. 그래서 예를 들어 엔지니어가 제안하면 그 역사와 막대한 데이터와 이념과 대조해서 인가도 빨리 떨어

질 것이고 그것이 어떤 식으로 작용할지 판단하는 것도 빨라 유리합니다. 계속해 온 거니까요.

오이카와: 뭐, 그렇지요. 좀 전에 말한 인프라에 포함되는 이야기라고 생각하지만 분명 그렇다고 생각합니다.

무라카미: 그럼 엔지니어로 일할 때 가장 중요하다고 생각하는 것은 무엇인가요?

하라다: 글쎄요. 뭘까요.

오이카와: 스피드 아닌가요?

하라다: 스피드는 비교적 중요합니다. 인터넷 업계라면 구글이 아니더라도 어디든 그럴 텐데, 아이디어를 떠올리는 사람은 많아도 빠른 자가 이긴다고 해야 할까, 최초로 실현해 낸 쪽이 승리하는 경우가 많거든요.

구글에서 일하기 위해 필요한 것

무라카미: 구글 내부가 아닌 좀 더 넓게 볼 때, 예를 들어 구글 안에서 뭔가 요구되기보다는 구글에 들어오거나 구글에서 일하기 위해서 대학생 때 뭘 하면 좋을까요?

하라다: 간단히 말하면, 프로그래밍 능력입니다. 일본에서 전문가로 일하는 프로그래머 중에도 대학에서 공부를 안 했거나 컴퓨터사이언스를 취득하지 않은 사람이 많습니다. 아마 절반 정도는 문과 졸업생일 겁니다. 실제 모집하는 기업을 봐도 미경험자를 환영하는 곳도 많습니다. 문턱이 낮다는 건 좋은 면도 있지만, 미국이나 인도라면 컴퓨터사이언스는 열심히 공부한 사람이나 경험자가 아니면 취득하지 못하는 것이 일반적입니다.

무라카미: 구글에서 미경험자를 환영한다니 믿기지 않는 이야기이군요.

하라다: 엔지니어의 경우에는 좀 어렵습니다. 엔지니어도 경험이 없는 사람을 채용하기는 하지만, 단지 그것은 컴퓨터에 관해서는 전문가가 아니라는 말입니다. 아마추어라도 일요일에 프로그래밍을 하는 사람이 많고, 그런 사람이라면 전혀 문제가 없기 때문입니다. 그러한 경우는 컴퓨터사이언스를 전공하지 않은 사람도 있습니다.

오이카와: 즉시 써먹을 수 있거나 어느 정도 써먹을 수 있으면 된다는 말이지요.

하라다: 실제로 프로그래밍 실력에 관해서는 거의 차이가 없어요.

무라카미: 구글이 채용하는 엔지니어와 규모로 따지면 결코 크지 않은 회사에 들어가 어느 기업의 인터넷 판매 시스템을 짜는 엔지니어는 어떤 점이 가장 다릅니까?

오이카와: 열의를 가지고 일한다면 둘 다 차이는 없다고 봅니다. 다만, 자신이 하는 일이 어

떤 성과물로 나타날지, 또 개발 과정에서 중요한 의사결정에 자신도 참여할 수 있을지는 엔지니어의 동기에 큰 영향을 준다고 생각합니다. 구글의 경우, 프로덕트 매니저와 엔지니어가 의기투합해서 아이디어를 짜고 그 기세로 거의 제품에 가깝게 만들어낼 수 있는데, 이와 같은 일을 할 수 있다면 어떤 환경이든 차이는 없을 겁니다.

사토: 오이카와가 꼭 '프로덕트 매니저와 엔지니어가 의기투합해서'라고 말하는 것이 구글의 재미있는 점입니다. 프로덕트 매니저가 엔지니어에게 이걸 하라는 식으로 명령할 수는 없어요. 프로덕트 매니저는 엔지니어가 자신의 아이디어를 재미있게 생각해 주면 기쁠 뿐 엔지니어가 누군가에게 '이걸 하세요'라는 말을 듣고 일하는 경우는 구글 안에는 없습니다.

오이카와: 좀 전에 CEO 같다고 말했는데, 사실은 대단하지 않습니다. 굳이 말하자면 어딘가 다녀오면서 선물을 사와 직원들에게 나눠주고 앞으로도 힘내자고 말하는 셈이지요.

무라카미: 그렇다면 프로덕트 매니저는 엔지니어의 동기를 자극할 만한 아이디어를 생각해 내야 하는 건가요?

오이카와: 그게 맞는 경우도 많아요. 아무래도 기술적으로 능력이 뛰어난 사람이 재미있다고 생각하지 않으면 그 아이디어는 실패할 확률이 높지요.

무라카미: 만드는 사람이 재미있다고 생각하지 않으면요?

오이카와: 구글 내부의 엔지니어는 단순히 무기질적인 코드를 만드는 것이 아니고, 다들 그런 아이디어가 있기 때문에 엔지니어가 재미있다고 생각하지 않으면 실패할 확률이 높은 제품인 거지요.

하라다: 구글은 사용자를 최우선으로 생각한다고들 말하는데, 한편으로는 일단 생각이 떠올랐는데 기술적으로 재미있고, 가능하니까 해 보는 식이 많다고 생각합니다. 그런 방식이 좋은 점도 있어요. 다른 회사가 쉽게 따라할 만한 것은 결국 출시해도 성공하지 못하니까 기술적으로 도전해서 구글만이 할 수 있는 것을 하는 게 중요하지요.

무라카미: 모두 그렇게 생각하겠지요, 분명.

하라다: 그렇죠. 아무래도 직접 멋진 제품을 만들어 동료들한테서 대단하다는 말을 듣고 싶어서 하는 부분도 있습니다. 그런 유형의 사람이 구글에 가장 어울린다고 생각해요.

계속되는 커뮤니케이션

오이카와: 구글리(Googly)라는 말이 있습니다. '구글답다'라는 뜻의 사내 속어죠. 뭔가를 만들 때 그것이 구글리한지 아닌지 가장 주시합니다. 예를 들어, 다른 회사에서 먼저 어떤 제품을 만들었다고 해 봐요. 구글의 엔지니어는 뒤늦게 시작해도 곧바로 같은 것을 만들 수 있어요. 하지만 그것을 구글의 핵심 유저가 봤을 때 어떻게 생각할지 고려하는 것입니다. 유저가 바라는 '뭔가 다른 것'이 없으면 그대로 회사에서 폐기처분합니다. 구글리하지 않으니까요.

무라카미: 그건 이미 하나의 짧은 역사군요.

오이카와: DNA 같은 거지요.

무라카미: 기업 문화지요. 그런 것은 어떻게 배양합니까?

오이카와: 입으로 전해진다고 할까요. 제가 막 입사했을 때 홈페이지 디자인을 바꾸고 있었어요. 그것을 검토하는 미팅 도중에 누군가 구글리하지 않다고, 구글리라는 단어가 나오지 않았더라도 어쨌든 '이건 구글답지 않다, 다시 한 번 고려해 봐야 한다'라고 꼭 말을 합니다. 회사가 젊기 때문에 10년 선배가 별로 없어요. 2, 3년 또는 반년 전일지도 모르지만 점차 모두가 같은 가치관을 공유하며 일하게 되지요.

무라카미: 이렇게 하면 이런 회사가 된다는 것이 없으니까요. 역시 인간과 인간의 커뮤니케이션이 계속해서 쌓이고 사방으로 확대되면서 문화가 완성되는 거지요.

사토: 옛날 구글 엔지니어와 이야기해 보면 그때는 리소스도 없었고 파워도 없었고 여러 가지가 없었지만 '이런 걸 만들면 재미있겠네요'라고 생각한 것을 계속해서 실현했다고 합니다. 컴퓨터사이언스가 나아가야 할 방향이라고나 할까요. 공통의 좌표축 같은 곳에 응축되어 있기 때문에 누가 등 떠밀지 않아도 다들 몰려들었지요. 할 수 있다면 해 보자는 생각을 다들 같은 벡터에 수렴하는 겁니다.

사용자들에게 기쁨을 준다

무라카미: 모두의 동기가 매우 중요하고 구글리한 것이 요구된다면, 경영적 면에서는 이익을 내기 어렵지 않습니까? 연구 자세라든지 연구 대상은 훌륭하지만 전혀 돈이 없는 연구소 같다는 느낌이 있습니다. 그런데도 모두가 깜짝 놀랄 만한 사업을 잇달아 계속하고, 기본적으로 광고일지도 모르지만, 잇달아 생각한다는 것은 어떤 것입니까?

오이카와: 광고는 완전히 별개의 부서이지만, 엔지니어나 프로덕트 매니저가 있지요. 사용자가 행복해지는 형태로 매상을 끌어올릴 필요가 있기 때문에 그 안에 독창적인 아이디어가 들어 있습니다. 하라다나 제가 하는 것은 돈과 직접 얽히는 분야는

아니지만, 사용자가 기뻐하면서 인터넷을 하게 되면, 마치 나비효과처럼 돈을 먼저 생각하지 않더라도 자연스럽게 다른 부서가 생각한 광고 비즈니스에 영향을 주게 됩니다.

무라카미: 제휴가 아주 잘되어 있군요.

오이카와: 구글이 좋아하는 것만 하고 있는 것처럼 보일지 몰라도 '사용자에게 기쁨을 주기 위해'라는 지표가 확실히 있어요.

무라카미: 물론 유저가 기뻐하면 모두가 행복하겠지만 구글의 경우에는 응석을 부리지 않는다고 할까요. 응석을 받아주는 것도 힘들지만, 예를 들어 세일을 하는 슈퍼마켓 같은 느낌은 아니지만, 설명하기가 힘든데, 사용자와의 커뮤니케이션이나 사용자와 기업이 만드는 것은 곧잘 정보의 비대칭이 지적되는데, 그러한 사용자도 이것은 구글답다고 생각하며 기쁘게 사용하는 좋은 관계가 형성되어 있지 않나요?

448

스페셜 챕터 2

숫자가 말하는 것

오이카와: 맞아요. 유저가 어떤 식으로 감동해서 어떻게 행동할지는 알 수 없지요. 따라서 전부 숫자로 봅니다. 아까 말한 것처럼 엄청난 스피드라는 단어로 집약할 수 있을 것 같은데, 이 회사에 들어와서 엄청 재미있다고 생각한 것이 실험입니다. 사내에서 열심히 세운 계획을 가지고 회의를 계속하다 보면 밖으로 돌리라는 말이 나옵니다. 그 결과, 이것이 성공한 것인지 실패한 것인지, 버튼 위치가 좋지 않았다든지 같은 정보를 얻어서 그걸 가지고 다시 수정에 들어갑니다. 엔지니어나 프로덕트 매니저나 회사 측의 생각을 담아 제품을 만들지만 정말로 우리의 가설이 맞는지를 유저들 판단에 맡기는 거지요. 여기서 마케트인(market+in, 시장의 요구에 따라 제품과 서비스를 제공하고자 하는 방법-옮긴이)이 생겨났고, 우리는 유저들의 목소리에 귀 기울이죠. 유저들이 제품을 어떤 식으로 사용했는지를 숫자들이 말해 주니까 그것을 반영해서 조금씩 개량해 나가는 겁니다.

무라카미: 제품이 자동차나 요구르트가 아니라서 다행이군요.

하라다: 어쨌든 실험이 많은 회사라고는 생각합니다. 예를 들어 사내의 Dog Food 프로젝트, 즉 인간도 먹을 수 있지만 맛은 없을지도 모르기 때문에 상품을 발매하기 전에 모두에게 시식하듯이 사용해 보게 한 다음 그 피드백을 바탕으로 수정해 나가기도 합니다. 기존에 나온 제품도 항상 먼저 사용자에게 써보게 한 다음에 피드백을 받는데, 그것도 실험에 가까울지도 모릅니다.

무라카미: 실험에 돈이 들지 않는군요.

오이카와: 그렇지요. 전혀 안 드는 것은 아니지만 인터넷이라면 처음부터 비용이 낮게 책정되는 부분이 있습니다. 아까 말한 자동차 같은 경우는 처음에 플롯을 만들고 테스트 드라이브를 하기 때문에 시간과 돈이 엄청나게 들어가는데, 그것과 비교하면 아무것도 아니죠.

무라카미: 요구르트 같은 경우도 시제품을 여대생이나 여고생 그룹에게 마셔 보게 하거나 제품 포장에 대한 의견을 구하면 비용과 시간이 엄청나게 들어가는데, 그런 상품은 없군요.

오이카와: 있기는 있지요. 예를 들어 화면의 디자인을 일반 유저에게 보여주고 좋은지 싫은지를 묻는데, 그것만으로는 아무래도 부족한 부분이 많아서 실제로 사용해 보게 하는 편이 훨씬 낫지요.

중학생 때부터 프로그래밍을 시작한다

무라카미: 구글의 중심이 엔지니어라면 구글의 엔지니어를 동경해서 구글에 들어오고 싶어 하는 중학교 2, 3학년 학생에게 해 줄 조언은 없습니까? 시간을 어떻게 활용하라 든지 어떤 식으로 흥미를 가지라든지. 그렇다고 해서 구글에 들어올 수 있는 건 아니겠지만, 나는 이렇게 했다, 구글이란 이런 회사니까 이렇게 생활하면 된다, 또는 이런 것을 해 두면 도움이 된다 같은 것이 있으면 말씀해 주세요.

하라다: 중학생이라면 프로그래밍을 시작해야 합니다. 프로그램밍을 해서 실제로 기능하 는 것을 만들어 보고 그 즐거움을 맛보는 겁니다. 저도 초등학교 3학년 무렵에 이 미 기초적인 건 카피하고 그랬어요. 의미도 모른 채 베끼기만 했지만, 잡지를 사 와서 잡지의 맨 뒤에 실려 있는 프로그래밍을 베껴서 실행하는 것이 당시에는 일 반적이었어요. 지금은 어느 집에나 컴퓨터가 있고 학교에도 있기 때문에 홈페이 지에 접근해서 뷰소스를 보면서 얼마든지 공부할 수 있습니다. 요즘 중학생이라 면 프로그래밍을 하는 사람이 많을 텐데, 그 연장선으로 더욱 심화된 취미를 만 들어 가는 거지요. 또 뭐가 있을까요. 이공계적인 감각이 있으면 좋겠지만, 프로 그래밍에서 숫자만 붙잡고 있지는 않으니까요.

무라카미: 이공계적인 감각이란 구체적으로 무엇인가요? 자연과학을 바탕으로 생각하는 건 가요?

하라다: 자연과학과는 조금 다른 느낌이 드는데, 숫자를 이용해서 방정식을 직접 푸는 일 은 없다는 거지요. 프로그래밍은 데이터를 입력하고, 여기를 이렇게 바꾸고 저기 를 저렇게 바꾸는 작업의 연속이기 때문에 그렇게 하나하나 머리를 쓰지 않지만, 끈기 있고 실수하지 않고 꾸준히 할 수 있는 노력이 필요합니다.

오이카와: 제가 생각한 것은, 이상한 점은 이상하다고 생각하는 겁니다. 디지털 기구 같은 것이 점점 고도화되면 어떻게 작동하는지는 모르면서 편리함에만 빠지는 경우가 있습니다. 예를 들어, 아날로그 텔레비전이 전부 사라지고 디지털화될 때, 그 구 조를 조금이라도 알아두거나 전기공학이 좋아서 집안에 있는 가전제품을 드라이 버로 뜯어보는 아이가 있지 않습니까? 그런 아이들은 중학생 정도가 되면 라디오 를 실제로 직접 조립해 보고는 합니다. 뭔가를 보면 '이건 어떻게 움직일까?' 하 고 생각하는 거지요. 점점 고도화되고 있지만, 한편으로는 그런 정보가 흘러넘치 기 때문에 하려고 들면 얼마든지 알 수 있는 수단이 있어요. 모르는 것을 모르는 채 넘어가지 말아야 합니다. 흥미, 호기심이 중요하지요. 구글에서 일하는 엔지 니어는 그렇지 않지만 밖에 나가면 특정 레이어밖에 모르는 엔지니어가 많아요.

예를 들어 웹 개발자를 보면, 사실 인터넷 워크라는 것이 밑에 다양한 계층, 즉 레이어가 있어서 최종적으로 상대에게 도달하는 것인데, 그런 것을 전혀 모르는 사람이 있어요.

하라다: 웹의 경우, 어플리케이션 세계가 있고, 그 아래에는 특정 코멘트를 보내면 특정 응답이 돌아오는 HTTP 레이어가 있고, 그 아래에는 IP(인터넷 프로토콜)의 패킷이 루팅되는 레이어가 있고, 가장 밑에는 이더넷(Ethernet)이 있어요. 거꾸로 위로 올라가면 비즈니스의 레이어 이야기가 되는데, 예를 들어 아마존에서 버튼을 클릭하면 무슨 일이 벌어질까요? 클릭했더니 상품이 장바구니에 담기고, 결제 버튼을 눌렀더니 결제되는 경우, 어디에서 어디로 어떤 정보가 흘러가서 무슨 일이 일어나는지 전부 설명할 수 있는 사람이 아마 가장 우수한 엔지니어일 겁니다.

오이카와: 나머지는 잘 모르는 부분을 모른다고 생각하고 만다는 점입니다. 모르는 것을 안다고 하거나 자기 담당이 아니라고 생각하지 말아야 합니다. 이상하다 싶으면 기회가 있을 때 조사해 보고 다른 사람에게 물어보는 호기심과 흥미를 항상 가지고 있는 것이 중요합니다.

예술적인 감각을 배양한다

무라카미: 중학교 과목에 국어, 수학, 과학, 사회 등이 있습니다. 도덕과 체육도 있고요. 구글 엔지니어는 어떤 과목을 좋아하는 사람에게 적합할까요?

하라다: 만들기요. 디자인 같은 예술적인 감각도 배양한다면 좋겠지요. 레고 블록을 쌓는 것 같은 부분이 있거든요.

무라카미: 체육은 그다지 관계가 없을까요?

하라다: 체력은 있는 게 좋겠지요.

무라카미: 예전에 게임 제작 회사에 견학을 간 적이 있어요. 제 아들이 아직 중학생이었을 때였는데, 아들 친구가 게임 디자이너가 되고 싶다고 해서 같이 갔죠. 홍보 담당자에게 아들 친구가 "저도 게임 디자이너가 되고 싶은데 어떻게 하면 돼요? 계속 게임만 하면 돼요?"라고 물었습니다. 그랬더니 홍보 담당자가 "아니, 게임 디자이너는 이야기를 만드는 것이 중요하기 때문에 책을 읽는 것이 좋아. 만화가 아니라 이왕이면 책을 읽으렴"이라고 말했죠. 아들 친구는 실망했지요. 그 홍보 담당자는, 게임을 가장 잘 아는 사람은 이야기를 이해하는 사람이므로 책을 읽으라고 말했는데, 아무래도 구글의 프로그래머는 프로그램을 만드는 게 좋겠지요?

하라다: 컴퓨터는 나날이 진보하는 세계라는 말을 자주 듣지요. C언어라는 건 1970년대부터 존재했는데 의외로 그런 기본은 바뀌지 않기 때문에 하나를 정확히 이해한

다면 그다음도 계속할 수 있어요.

무라카미: 사토 씨나 오이카와 씨는 책 같은 걸 좀 읽습니까?

오이카와: 자주 읽어요. 독서는 매우 중요하죠. 그런데 왜 중요할까요?

사토: 동료들은 북서치를 다들 좋아해서, 직접적인 담당자가 아니라도 여러 가지를 서로 신경 써 줘요. 독서를 많이 하는 사원의 비율은 상당히 높다고 생각해요.

무라카미: 기본적으로 독서를 좋아하는 사람들이 모인 조직이 아니면 그런 건 잘 안 해요.

사토: 그러네요.(웃음)

오이카와: 지금 막 생각났습니다. 왜 국어가 중요하냐면, 읽는 것과 마찬가지로 쓰는 것도 중요하기 때문이지요. 어쩌면 모두, 모두는 아니지만, 내가 알고 있는 엔지니어는 블로그나 기사 같은 걸 잘 써요. 엔지니어에게 구성은 중요한 일이죠. 모듈로 나눠서 가독성이 있게 하거나 문자를 컴퓨터가 스스로 처리하게 하는데, 그것과 문장 구성 능력은 닮은 점이 있는 것 같아요. 따라서 어떤 식으로 하고 싶다는 생각과 프로그래밍의 흐름을 생각하는 점이 닮은 것 같아요. 이야기를 쓰는 건 중요하다고 봅니다. 제 경우, 예전에는 엔지니어였고 지금은 프로덕트 매니저인데, 이런 경우에는 이야기를 쓰거나 말을 하거나 사람들과의 의사소통이 중요하기 때문에 국어능력이 중요합니다.

영어 실력도 필요

무라카미: 하라다 씨처럼 순수한 엔지니어라고 하면 세상의 상식 같은 건 전혀 모르고 오로지 프로그램에만 몰두하는 이미지가 있는데, 구글의 경우는 어떤가요?

오이카와: 어느 정도 말은 하는 사람이에요.

하라다: 말이 안 통하는 사람도 있지만 그것도 그 나름이 아닐까 생각합니다. 커뮤니케이션 능력은 정말 중요하지요. 특히 구글처럼 어느 정도 큰 조직에서는 프로그램을 공동으로 만들기 때문에 커뮤니케이션이 필요합니다.

오이카와: 커뮤니케이션은 대화만을 말하는 게 아닙니다. 제 경우에는 영어와 일본어가 필수이고, 엔지니어의 경우는 이메일이나 채팅, 소스코드 안의 코멘트 등 다양한 커뮤니케이션을 다루죠. 따라서 항상 디스플레이만 들여다보며 등을 돌리고 앉아 있는 사람도 다른 사람과 채팅 등으로 이야기를 나누거나 합니다. 그런 의미에서 팀워크가 결여된 사람은 없습니다.

하라다: 말이 없는 사람은 있지만 그런 사람이 이메일은 의외로 길게 쓰지요.

오이카와: 영어도 중요합니다.

무라카미: 영어요?

오이카와: 자격증도 중요하지만 글로벌한 회사는 1980년대 후반부터 점점 줄어들고 있어요. 이렇게 되면 단순히 영어를 할 수 있느냐 없느냐가 아니라 세계화 속에서 같은 프로토콜로 일을 할 수 있어야 합니다. 학교 영어시간에 열심히 공부하는 것만으로 영어는 할 수 있으니까요. 오늘날 영어 교육은 학교마다 노력을 기울인 덕분에 수준이 높아졌죠.

무라카미: 프리우스 개발 책임자에게도 엔지니어에 대한 관한 글을 받았어요. 엔지니어는 항상 변하기 때문에 매우 폭넓다고 했는데, 굳이 써달라고 했더니 영어라고 하더군요. 여러 가지가 필요하지만 최종적으로 영어라고 했어요.

오이카와: 전에 다니던 회사의 인도인 동료가 "대학 친구 100명 중에서 몇 명이나 외국에 나가?"라고 묻는데, 의미를 알 수 없더군요. 인도의 경우 50퍼센트에서 80퍼센트가 인도를 떠나 미국이나 다른 나라에 간답니다. 거기서 착실하게 일하며 기술을 배우고 나서 다들 돌아온다고 하더군요. 앞으로는 세계로 나가야 하기 때문에 대학을 나와 2분의 1이든 3분의 1이든 일단 밖에 나가서 공부를 하고 돌아올 필요가 있다고 봅니다.

무라카미: 옛날에 셰프나 소믈리에, 파티시에, 와이너리를 배우러 갔던 사람들은 돌아왔지만 최근 5, 6년 동안 외국으로 공부하러 간 사람들은 돌아오지 않는다고 합니다. 사회 전체가 점차 활력을 잃고 있는 것 같아요.

사토: 저는 문과·이과를 굳이 빨리 생각할 필요는 없다고 봐요. 영어를 못하니까 이과, 수학이 어려우니까 문과로 쉽게 나누는데, 그런 식으로 가능성을 좁힐 필요는 없어요.

오이카와: 장차 문과 계통에서 일하게 되더라도 중학교 시절에 배운 이공계적인 지식은 도움이 되니까요. 관심 있는 분야를 열심히 파고드는 자세가 중요합니다.

사토 요이치

와세다대학 제1문학부 졸업. 출판사에서 근무하다 1998년부터 2006년까지 마이크로소프트에서 마이크로소프트프레스(마이크로소프트 공식 해설서) 출판 사업 담당. 2006년 구글에 입사. 주로 구글 북스(구글 북서치)에 관한 출판사·도서관과의 파트너십 구축 담당

오이카와 타쿠야

구글 시니어 엔지니어링 매니저(대담할 때는 시니어 프로덕트 매니저). 와세다대학 이공학부 졸업 후 외국계 컴퓨터회사를 거쳐 마이크로소프트에서 윈도우 개발 담당. 2006년 가을에 구글로 전직. 프로덕트 매니저로 웹 검색과 구글 뉴스를 담당한 후 2009년 10월부터 현직. 구글 크롬 등의 클라이언트 제품 개발 담당

하라다 마사노리

1996년 도쿄대학 교육학부 재학 중에 최초의 일본어 검색 엔진 ODIN을 개발한 후 정보검색 시스템 연구 개발에 매진. 1998년 도쿄대학 대학원 종합문화연구과 수료. 일본 전신전화주식회사에서 분산정보검색기술 연구에 종사한 후 2004년 구글 입사. 스위스와 미국 본사 근무를 거쳐 2005년 10월부터 현직. 주로 검색 서비스의 사용자 인터페이스 개발

맺음말

이 책이 '본서'와 '별책' 두 권으로 나뉜다고 했을 때 패키지를 만들어야겠다고 생각했습니다. 그리고 디자인을 '학교법인·전문학교 HAL도쿄·HAL오사카·HAL나고야'와 '학교법인·전문학교 도쿄모드학원·오사카모드학원·나고야모드학원'에 의뢰했습니다. 나는 니시신주쿠에 있는 'HAL도쿄'와 '도쿄모드학원'을 찾아가 학생 수백 명에게 기획 의도를 설명하고 마지막으로 다음과 같은 말을 덧붙였습니다.

"보통이라면 여기서 여러분의 훌륭한 아이디어를 기대하겠다고 말하지만 저는 하지 않겠습니다. 뛰어난 작품 하나만 있으면 되기 때문입니다. 즉 여러분 모두가 다 잘할 필요는 없습니다. 의욕이 있는 사람만 하나를 디자인해 주면 됩니다."

지금 생각하면 상징적인 말이었다고 생각합니다. 7년 전 《13세를 위한 헬로 워크》 구판을 만들었을 때보다 개인의 능력이 요구되는 경향이 강해졌기 때문입니다. 그만큼 지금 사회는 청년들뿐 아니라 많은 사람이 살아가기 힘든 상황입니다. 가장 큰 문제는 '어떻게 살아갈까?'라는 간단하고도 곤란한 물음의 해답을 찾기가 어렵다는 데 있지 않습니다. 해답은 하나가 아닙니다. 100명이 있으면 답이 100개 있다는 것이 가장 큰 문제입니다. '개인적인 해답'을 찾기 위해 다양한 선택지를 제시한 가이드북으로서 이 책을 만들었습니다.

유통·판매의 사정으로 '본서'와 '별책'을 함께 포장하는 패키지는 결과적으로 하지 않게 되었습니다. 그러나 HAL과 모드학원 학생들의 열의와 아이디어는 대단했습니다. 협력해 주신 '학교법인·전문학교 HAL도쿄·HAL오사카·HAL나고야' 와 '학교법인·전문학교 도쿄모드학원·오사카모드학원·나고야모드학원'에 깊은 감사의 말씀을 드립니다.

이 책에서는 엔지니어와 의료 관계, 금융, 공정 무역, 일차산업 등에 관해 많은 전문가가 에세이를 써주셨습니다. 구판 이상으로 자세한 정보가 실려 있다고 자부합니다. 변함없이 멋진 일러스트를 그려준 하마노 유카 씨에게도 진심으로 감사의 뜻을 전합니다. 하마노 씨와 함께 일한 지 10년이 지났는데, 그 기념이 될 책이 완성되어 매우 기쁩니다.

2010년 3월 무라카미 류

찾아보기

457

459

기타

교과목별로 정리한 **직업 백과사전**

1판 1쇄 인쇄 I 2013년 2월 20일
1판 1쇄 발행 I 2013년 2월 25일

지은이 무라카미 류 I 그린이 하마노 유카 I 옮긴이 김남미

펴낸이 안동명 · 정연미 I 펴낸곳 에듀멘토르

책임편집 이상희 I 편집디자인 북큐브 I 마케팅 이훈섭 · 나길훈 I 경영지원 박은정
내용문의 mentorbook@naver.com

등록 2011년 3월 16일 제2009-16호 I 주소 서울시 광진구 중곡1동 647-21 3층
전화 02-711-0911 I 팩스 02-711-0920

ISBN 978-89-94127-62-0 (13030)